Über dieses Buch Die Geschichte der Bundesrepublik Deutschland beginnt nicht erst im Frühjahr 1949 mit der Verkündung des Grundgesetzes oder im Herbst 1949 mit der Vereidigung des ersten Adenauer-Kabinetts. Die Anfänge reichen vielmehr zurück in die sogenannte Bizone, die 1946 durch einen amerikanisch-britischen Vertrag ins Leben gerufen wurde.
In vieler Hinsicht erwies sich die Bizone in ihrer ersten Phase bis Mitte 1947 als ein Fehlschlag. Die chaotischen Nachkriegsverhältnisse auf den Gebieten Wirtschaft, Ernährung, Verkehr, Post und Finanzen konnten nicht gebessert werden. Dies änderte sich indessen in der Folgezeit, als sich in Frankfurt, der Hauptstadt des »Vereinigten Wirtschaftsgebiets«, eine Art Regierung bildete, die im Juli 1947 bereits bei den Direktorenwahlen die künftige Koalition von CDU/CSU und FDP vorwegnahm.
Die Bizone war institutionell Keimzelle und Vorform der Bundesrepublik. In Frankfurt wurden auf wirtschaftlichem und sozialem Gebiet viele Weichen endgültig gestellt. Vor allem das spätere »Wirtschaftswunder« hatte seinen Ursprung in Frankfurt im Gefolge der Währungsreform vom Juni 1948.
Die wichtigsten politischen Entscheidungen – die Option für den Weststaat und die Festlegung der verfassungsrechtlichen Strukturen – erfolgten freilich nicht auf der Ebene der Bizone, sondern auf der der Ministerpräsidenten. Sie akzeptierten im Juli 1948 den alliierten Auftrag zur Staatsgründung und zur Konstituante, die als trizonales Verfassungsparlament (unter Einschluß der französischen Besatzungszone) in Bonn das Grundgesetz ausarbeitete.
Die Jahre 1946 bis 1949 gehören also mit ihrer Vielfalt und dem schwer durchschaubaren Geflecht alliierter und deutscher Zuständigkeiten auf Länder-, Zonen- und überzonaler Ebene ebenso zur Geschichte der Bundesrepublik wie die eigentlichen Gründungsakte im Herbst 1949.
Der vorliegende Band steht im engen Zusammenhang mit dem von Wolfgang Benz herausgegebenen Werk Die Bundesrepublik Deutschland. Geschichte in drei Bänden: Politik, Gesellschaft, Kultur (Frankfurt 1983, Fischer Taschenbücher 4312–4314).

Der Autor Wolfgang Benz, geb. 1941, Dr. phil., Mitarbeiter des Instituts für Zeitgeschichte, veröffentlichte u. a. Süddeutschland in der Weimarer Republik. Ein Beitrag zur deutschen Innenpolitik 1918 bis 1923 (Berlin 1970); Politik in Bayern 1919–1933. Berichte des württembergischen Gesandten Carl Moser von Filseck (Stuttgart 1971); (zusammen mit G. Plum und W. Röder:) Einheit der Nation. Diskussion und Konzeption zur Deutschlandpolitik der großen Parteien seit 1945 (Stuttgart 1978); Bewegt von der Hoffnung aller Deutschen. Zur Geschichte des Grundgesetzes (dtv-Dokumente 1979); (Hrsg. zus. mit Hermann Graml:) Sommer 1939. Die Großmächte und der europäische Krieg (Stuttgart 1979); Weltprobleme zwischen den Machtblöcken (Frankfurt 1981, Fischer Weltgeschichte Bd. 36); Europa nach dem Zweiten Weltkrieg (Frankfurt 1983, Fischer Weltgeschichte Bd. 35); (Hrsg.) Rechtsextremismus in der Bundesrepublik (Frankfurt 1984, Fischer Taschenbuch 4259) sowie Die Gründung der Bundesrepublik (München 1984).

Wolfgang Benz

Von der Besatzungsherrschaft zur Bundesrepublik

Stationen einer Staatsgründung 1946–1949

Fischer
Taschenbuch
Verlag

Lektorat: Walter H. Pehle

Originalausgabe
Veröffentlicht im Fischer Taschenbuch Verlag GmbH,
Frankfurt am Main, September 1984

Umschlaggestaltung: Jan Buchholz/Reni Hinsch
Foto: Hans Jaeger
Gesamtherstellung: Clausen & Bosse, Leck
Printed in Germany
1480-ISBN-3-596-24311-4

Inhalt

Vorbemerkung

Das Foto auf dem Buchumschlag zeigt den Kanzler der gerade gegründeten Bundesrepublik Deutschland beim Verlassen des Amtssitzes der Alliierten Hohen Kommission im November 1949: Viereinhalb Jahre nach der bedingungslosen Kapitulation der deutschen Wehrmacht, nach dem Untergang des Deutschen Reiches präsentieren alliierte Soldaten auf dem Petersberg bei Bonn vor einem deutschen Regierungschef die Gewehre. Der Bundesrepublik, als einem der beiden Staaten, die im Herbst 1949 auf dem Restgebiet des ehemaligen Deutschen Reiches konstituiert wurden, fehlten noch die Insignien der Souveränität, und vieles erinnerte daran, daß der selbstbewußt dahinschreitende Bundeskanzler Adenauer einen Staat regierte, der seine Existenz von Gnaden der Westmächte ableitete. Die Stationen dieser Staatsgründung, die 1946 mit dem Entschluß zur Fusion der amerikanischen und der britischen Besatzungszone begann und drei Jahre später, im September 1949, ihren formalen Abschluß fand, sind Gegenstand dieses Buches.

Die entscheidenden Stationen der Staatsgründung waren die Bizone, die Währungsreform und die Erledigung des Auftrags zur Ausarbeitung einer Verfassung durch die westdeutschen Ministerpräsidenten und den Parlamentarischen Rat. In drei Phasen entwickelten sich in der Bizone die organisatorischen Strukturen der Bundesrepublik, und dort wurde über deren Wirtschaftsordnung entschieden. Mit der von den Westalliierten durchgeführten Währungsreform wurde die ökonomische Hypothek des Dritten Reiches abgelöst, und das European Recovery Program der Amerikaner, der Marshall-Plan, war im Zusammenhang mit der Währungsreform wirtschaftlich und psychologisch eine Starthilfe, die nicht unterschätzt werden darf. Das Grundgesetz schließlich bildete die letzte Etappe auf dem Weg zur Bonner Republik. In dieser Perspektive haben Ereignisse wie die Münchner Ministerpräsidentenkonferenz vom Juni 1947 oder die Blockade Berlins im folgenden Jahr geringere Bedeutung: Sie haben nichts ausgelöst, sie waren Auswirkungen längst vollzogener Weichenstellungen und dramatische Zeichen für den jeweiligen Stand der Dinge in Deutschland.

Dieses Buch steht im Zusammenhang mit den drei Bänden zur Geschichte der Bundesrepublik Deutschland (Band 1: Politik, Band 2: Gesellschaft, Band 3: Kultur), die im November 1983 als Fischer Taschenbücher erschienen. Dort sind in Form historischer Längsschnitte die wichtigsten Linien von 1945 bis zur Gegenwart gezeichnet; die politische Entwicklung der Spaltung Deutschlands, die Vorgeschichte der Bundesrepublik im engeren Sinne ausführlich darzulegen, bot die Konzeption der dreibändigen Geschichte der Bundesrepublik freilich nicht genug Raum. Die komplizierten Zustände, Ereignisse und Prozesse, die zur Gründung des deutschen Weststaats führten, werden hier unter dem Titel »Von der Besatzungsherrschaft zur Bundesrepublik« beschrieben; im Vordergrund steht dabei der Anteil, den die Deutschen an der Errichtung der Bonner Republik hatten. Das bedeutet keineswegs, daß die Initiativen und die Verantwortung der Alliierten gering geschätzt würden. Im Gegenteil: Ein eigener Band, verfaßt von Hermann Graml, wird als Pendant zu diesem ganz dem Problem *Die Alliierten und die Teilung Deutschlands* gewidmet sein.

Einige Bemerkungen zur Entstehung des Buches sind notwendig. Der Text basiert auf einem Manuskript, das für das Buch »Jahr der Besatzung 1945–1949« geschrieben wurde, als dessen Hauptautor Theodor Eschenburg in Erscheinung trat. Es handelt sich um den ersten der fünf Bände einer repräsentativen »Geschichte der Bundesrepublik«, die in der Deutschen Verlags-Anstalt Stuttgart und bei F. A. Brockhaus erscheint. Viele Hände waren bei der Zurichtung der Texte für Theodor Eschenburgs Buch am Werk, daher Interpretationsschwierigkeiten und konzeptionelle Probleme (die in Hinzufügungen wie Weglassungen Ausdruck fanden) vielleicht unvermeidlich. Dort mitzuwirken war gleichwohl ehrenvoll, und die heiteren und dankbaren Empfindungen überwogen allemal. Daher wurde auch etlichen Zumutungen entsprochen. Der Kompromiß, der letztlich Frieden stiftete, bestand darin, daß die DVA die freundliche Erlaubnis gab, das Manuskript in seiner originalen Gestalt separat zu verwenden. Für dieses Taschenbuch sind neue Forschungsergebnisse und Quellenfunde eingearbeitet worden, und der Text wurde an einigen Stellen erheblich erweitert. Die beiden Kapitel »Anfänge der Besatzungsherrschaft« und »Grundlagen des Wirtschaftswunders« wurden erst für diese Publikation geschrieben.

Die Darstellung stützt sich auf umfangreiche Recherchen in zahlreichen Archiven. Die Anmerkungen zum Text sollen den daran Interessierten die notwendigen Belege für Zitate und vielleicht erwünschte Hinweise auf die verwendeten Quellen bieten. Auf Exkurse, Verweise und allgemeine Literaturdiskussion im Anmerkungsapparat wurde aber gerne Verzicht geleistet. Dagegen erschien eine etwas ausführlichere Bibliographie im Rahmen des Quellen- und Literaturverzeichnisses sinnvoll. In den Anmerkungen wird die Literatur im allgemeinen mit Kurztiteln zitiert. Nach Möglichkeit wurde bei den Quellenangaben der jeweils am leichtesten zugängliche Fundort angegeben.

Ein anderer Hinweis erscheint ebenfalls nötig: Mein ungefähr zeitgleich mit diesem in einem anderen Taschenbuchverlag erscheinendes Buch »Die Gründung der Bundesrepublik. Von der Bizone zum souveränen Staat« ist zwar dem gleichen Gegenstand gewidmet, folgt aber gänzlich anderer Intention und Konzeption. Die beiden Bücher sind in jeder Beziehung eigenständig: Was hier in Einzelheiten geschildert ist, wird dort im Überblick beschrieben, während hier das Gewicht darauf liegt, die Entwicklung zum Weststaat auf den verschiedenen Handlungsebenen in Deutschland en detail zu analysieren, werden dort auch die Grundzüge der internationalen Zusammenhänge, der alliierten Entscheidungen über Deutschland dargelegt. Von der Anlage und Absicht her ergänzen sich die beiden Taschenbücher, sie konkurrieren nicht miteinander.
Der Verfasser weiß sich vielen zu Dank verpflichtet. In allererster Linie Sybille Benker und Margit Brandt für ihre Hilfe, die weit über die Herstellung des druckfertigen Manuskripts hinausging. Das Register erstellte Dr. Angelika Baumann. Dr. Walter Pehle hat seines Amtes als Lektor mit Nachsicht, Freundlichkeit und Geduld gewaltet.

München, im April 1984 Wolfgang Benz

I. Die Anfänge der Besatzungsherrschaft

1. Vier Zonen – vier Welten: Beobachtungen und Erfahrungen 1945/1946

Paul Moldenhauer, ein liberaler Politiker der Weimarer Republik, DVP-Abgeordneter im Reichstag und 1929/1930 Reichsminister, im Hauptberuf Professor für Versicherungswissenschaft, lebte, fast siebzig Jahre alt, am Kriegsende in Bad Homburg. Wie der Mehrzahl der bürgerlichen Politiker der ersten Republik, die sich in die »Innere Emigration« begeben hatten und dem NS-Staat nicht opponierten, war ihm von den Machthabern des Dritten Reiches nichts geschehen. Moldenhauers Name steht hier für viele, die, unbelastet und an den Greueln der Nationalsozialisten unbeteiligt, mit Bangen der Zukunft Deutschlands entgegensahen. Mitte Mai 1945 notierte Moldenhauer in sein Tagebuch: »Es scheint, als ob unsern Feinden allmählich auch die Schwierigkeiten der Lage in Deutschland aufdämmern. Ich hörte wenigstens durch die Tür einen Bericht am Radio, in dem ausgeführt wurde, daß noch niemals ein so großes Reich ohne jede Regierung und Verwaltung gewesen sei. Staatsrechtlich ist ein schwieriger Zustand vorhanden. Auch nach der Besetzung gab es noch ein Belgien und ein Holland, auch ein Frankreich. Aber ein Deutschland gibt es jetzt nicht mehr. Es gibt keine auswärtigen Vertretungen. Der Deutsche im Ausland ist staatsrechtlich eigentlich staatenlos. Außer den Lokal- und einigen Provinzialverwaltungen gibt es keinerlei deutsche Zentralverwaltung. Aber auch von der Gegenseite ist diese Verwaltung noch nicht eingerichtet. Es wird nur gesagt, daß in den einzelnen Besatzungszonen eine Militärverwaltung geschaffen werden solle, unter der deutsche Behörden, die von den Feinden ernannt werden, nach deren Weisungen arbeiten. So werde sich allmählich auch eine deutsche Regierung bilden, zu der man aber Personen auswählen werde, die seit 1933 außerhalb Deutschlands geweilt haben, also im wesentlichen wohl ausgewanderte Juden, also Personen, die wiederum in keiner Weise das Vertrauen der Bevölkerung genießen. Darüber steht dann die Alliierte Kontrollkommission. Nun ergeben sich folgende Fragen. Wird sich Rußland für den von ihm besetzten Teil diesem Regime anschließen oder werden wir ein Regime westlich und eins östlich der Elbe haben? Nach dem Radiobericht sollen wir die Kosten der Besatzung und dieser ganzen Verwaltung aufbringen. Es wird also, wenn es so bleibt, wie es scheint, ein ungeheurer Verwaltungsapparat aufgezogen. In jeder der drei Besatzungszonen außer der russischen gibt es die Ministerien der Alliierten, darunter die entsprechenden deutschen Behörden. Nun ist es auf der andern Seite doch unmöglich, daß jeder einzelne Sektor für sich arbeitet. Wie wird es mit den Steuern? Soll jeder Sektor seine eigenen erheben, so daß die sparsamer arbeitende Verwaltung geringere Steuern braucht? Wie wird es mit den Zöllen? mit der Handelspolitik? Muß ein Betrieb, der in einem Sektor sitzt, aber im andern arbeiten will, dazu eine besondere Erlaubnis haben? Man denke an Banken, Versicherungsgesellschaften und große Industriekonzerne, soweit diese bestehenbleiben. Aber es braucht nicht einmal ein großer Konzern zu sein. Man denke an eine Kohlengesellschaft wie Hugo Stinnes, die ihre Zechen in der einen Zone hat, aber ihre Absatzorganisationen auch in den beiden andern. Wie wird es mit der Währung? Es ist zwar gesagt, daß in Washington der Dollar gleich RM 10,– gesetzt worden ist. Das besagt noch nicht, daß die Mark im Innenverkehr um vier Fünftel entwertet ist. Aber diese Folge muß eintreten, wenn nicht eine ganz straffe Devisenordnung besteht und andererseits Ein- und Ausfuhr einer genauen Kontrolle unterliegen. Sonst wird versucht, mit dem hochvalutarischen Geld Deutschland auszukaufen, also uns Rohstoffe zu entziehen, die wir brauchen, und andererseits werden uns wie nach dem Weltkrieg Waren aufgedrängt, die wir in keiner Weise brauchen. Wo ist die Stelle, die über die Währung wacht? In den Berichten tut man sich leicht, indem man nur an die Ernährung denkt und von der Förderung der Landwirtschaft spricht. Der gestrige Bericht ging sogar so weit, daß er erklärte, man wolle eine ausgesprochene Hungersnot verhindern, weil durch die dadurch hervorgerufenen Seuchen oder Unruhen die Besatzung gefährdet werde. Aber nur etwa 30% der Bevölkerung sind in der Landwirtschaft beschäftigt. Wovon sollen die andern Menschen leben, wenn keine Verdienstmöglichkeit da ist? Gerade im industriellen Westen wird die Frage besonders brennend. Auffallend ist, wie geflissentlich die Russen betonen, daß sie in ihrem Gebiet sorgen, ganz besonders für Berlin, wo schon wieder Elektrische und U-Bahn fahren, während in Frankfurt/Main, das in keiner Weise durch die Kämpfe gelitten hat und das schon drei Wochen vorher besetzt worden ist, noch alle Verkehrsmittel ruhen. Auch betont der Berliner Sender, daß die Russen ernstlich bestrebt sind, den Deutschen zu helfen. Ist das alles nur Propaganda? Oder wollen sie sich wirklich vorteilhaft von den Westmächten abheben? Ein Mann ist aus Berlin gekommen, der angeblich die Richtigkeit der russischen Meldungen bestätigt. Aber wer sieht heute durch die Dinge hindurch? Es ist uns verboten, ausländische Zeitungen zu kaufen. Wir sind lediglich auf die von der Militärregierung herausgegebene sehr dürftige Frankfurter Presse angewiesen.«[1]

Sprache und Diktion dieser Aufzeichnungen sind typisch für die Zeit; deutschnationale Phraseologie und nationalsozialistischer Jargon prägten noch weit über den 8. Mai 1945 hinaus den Stil öffentlicher und privater Sprache in Deutschland. Der evangelische Landesbischof von Württemberg schrieb am 18. Mai 1945 einen Brief an den Chef der Französischen Militärregierung, in dem er die kirchliche Sorge und Verantwortung für junge deutsche Mädchen artikulierte: »Ein Urteil über die Notwendigkeit von Militärbordellen steht mir nicht zu« – schrieb Bischof Wurm – »Aber ich meine, daß auch in einem völlig besiegten Staat, in dem aber doch die christliche Kirche wieder voll zur Geltung gebracht werden soll, es nicht verantwortet werden kann, daß weiße Mädchen und Frauen in Bordelle für afrikanische Soldaten gebracht werden, die doch völlig andere Begriffe über Frau, Sitte und Geschlechtsverkehr haben. ...«[2]

Die Umstände der Besetzung waren in der französischen Zone ähnlich dramatisch wie in der sowjetischen, die Klagen über Ausschreitungen der ein- und durchmarschierenden Truppen waren schier endlos. Ende Mai 1945 wurde z. B. aus dem schwäbischen Maulbronn berichtet: »Unmittelbar nach dem Einmarsch französischer Truppen haben viele Vergewaltigungen von Frauen und Mädchen der Gemeinde Maulbronn stattgefunden, auch Plünderungen und Beschädigungen in den Wohnungen waren zahlreich. Vorstellungen gegen diese Vorkommnisse, die auch ich bei einem französischen Oberleutnant, der zu mir kam, erhob, wurden immer dahin beantwortet, die deutschen Soldaten, besonders die SS, hätten es gerade so gemacht. Auch die ausländischen Arbeiter, besonders Polen und Russen beiderlei Geschlechts, haben sich an den Plünderungen beteiligt. Manche Leute retteten nur, was sie auf dem Leibe trugen.«[3]

In Stuttgart richteten Anfang Juni 1945 die beiden ranghöchsten Ortsgeistlichen der Evangelischen und der Katholischen Kirche gemeinsam – dies war das Zeichen einer neuen Zeit – eine Petition an den französischen General Schwartz. Eine der vorgebrachten Beschwerden war die folgende: »Vielfach wurden deutsche Kriegsgefangene, die von den Amerikanern mit gültigen Entlassungspapieren versehen und mit Lastkraftwagen bis nach Stuttgart gebracht wurden, von französischen Soldaten zum Teil bereits beim Aussteigen von neuem verhaftet und in Gefangenschaft genommen. Die deutschen Kriegsgefangenen und deren Angehörige wurden davon aufs schmerzlichste berührt. Bei allen Bewohnern der Stadt hat aber gerade dieser Vorgang größte Beunruhigung hervorgerufen und ist geeignet, den guten Willen so vieler zu enttäuschen.«[4] Die beiden Priester baten eindringlich darum, daß »die Sicherheit des persönlichen und privaten Lebens wieder hergestellt« und daß »Rechtssicherheit in den besetzten Gebieten aufgerichtet werde«. Und sie beschworen in aller Demut den Geist der Versöhnung: »Wir sind uns bewußt, daß wir als besiegtes Volk nichts zu fordern haben; aber wir hatten Grund, zu hoffen, daß das Prinzip der Vergeltung, aus dem immer nur neu Haß geboren wird, von den alliierten Regierungen und Heeren endgültig abgetan würde, daß die notwendigen Bestrafungen und Aburteilungen auf Grund der göttlichen und allgemeinen menschlichen Gesetze erfolgen und dadurch wieder im Gegensatz zu den vergangenen 12 Jahren für Volk und Kirche eine neue Zeit beginnen würde. *Dies alles wird, wenn solche Maßnahmen andauern, aufs Spiel gesetzt.*«[5]

Wenn deutsche Bittsteller auf solche Vorstellungen von Vertretern der Besatzungsmächte eine Antwort erhielten, so enthielt sie nahezu ausnahmslos Hinweise auf die Greueltaten, die in den von der deutschen Wehrmacht und der SS besetzten Gebieten Europas verübt worden waren; dann wurden die Konzentrations- und Vernichtungslager genannt, in denen Millionen Menschen gequält und ermordet worden waren, und ebenso wurden die Beschwerdeführer an die Ausplünderung des ehemaligen deutschen Herrschaftsgebiets erinnert. Daß die Hauptschuldigen an den nationalsozialistischen Verbrechen, daß die Exponenten des NS-Regimes bestraft werden sollten, daß sie für das Vergangene büßen müßten, war eigentlich unumstritten. Das Elend in den zerbombten deutschen Städten, Hunger und Obdachlosigkeit, die Ströme der Heimatvertriebenen aus den ehemaligen deutschen Ostgebieten, aus der Tschechoslowakei, aus Ostmitteleuropa, dies alles schien Anklage genug.

Mit der Bewältigung des eigenen Leids schien aber auch die Phantasie der Mehrzahl ausgefüllt: Von den Konzentrationslagern, deren Augenschein die Alliierten bewegte und empörte, wollten die Deutschen lieber nichts wissen. Die Bevölkerung der Umgebung von Dachau mußte zum Beispiel auf Geheiß der Amerikaner das Lager nach der Befreiung zwangsweise besichtigen. Scham und Schuldgefühle der Deutschen wurden durch die eigenen Leiden kompensiert; eine kollektive Schuld wollten die meisten nicht akzeptieren, weil sie individuell ja nichts Böses getan hatten, aber auch aus Gefühlen verletzter nationaler Ehre heraus. Auch nach dem Ersten Weltkrieg waren französische Kolonialtruppen auf deutschem Boden Gegenstand besonderer Empörung, und 1945 waren die Aufwallungen gegen die nordafrikanischen Soldaten in französischer Uniform besonders heftig: Ihnen gegenüber fühlte man sich kulturell, zivilisatorisch und – vor allem – rassisch überlegen. Von denen besiegt und besetzt zu sein, wurde als verletzend empfunden.

Die Gefühle individueller Unschuld und nationaler »Ehre« kulminierten im Unbehagen gegenüber dem Internationalen Militärtribunal und dem Hauptkriegsverbrecherprozeß, der im November 1945 in Nürnberg begann. Daß die Gerichtshoheit bei den vier großen Siegernationen lag, daß die Anklageschrift gegen die übriggebliebenen Spitzen des Dritten

Reichs Verbrechen aufzählte, die, formal-juristisch betrachtet, erst aus Anlaß dieses Prozesses kodifiziert wurden (Verbrechen gegen den Frieden, Verbrechen gegen die Menschlichkeit), das waren Punkte, an denen sich der Vorwurf einer Siegerjustiz festmachen ließ. So schrecklich die Verantwortung und die Taten der Angeklagten von Göring bis Speer waren, man hätte sie vor deutschen Gerichten aburteilen sollen, meinten viele. Der mißverständliche Terminus »Kriegsverbrechen« weckte weitere unerwünschte Assoziationen in Deutschland, und die feierliche Versicherung der Alliierten, daß die Bestrafung der Kriegsverbrecher eines der wichtigsten Kriegsziele sei, machte das Verfahren nicht akzeptabler. Diese Feststellung war seit der Londoner Erklärung vom Januar 1942 mehrmals wiederholt und zuletzt im Juli/August 1945 in Potsdam bekräftigt worden.
Die Einigkeit der Sieger beim Ziel, die Urheber des Zweiten Weltkriegs zu bestrafen, sowie Nazismus und Militarismus auszurotten, bestand im Sommer 1946, als in Nürnberg die Urteile (zwölfmal Tod durch Erhängen, siebenmal bis zu lebenslänglich Gefängnis, drei Freisprüche) verkündet wurden, im Grundsatz weiter. In der Praxis wendeten sie aber ihre eigenen und jeweils recht unterschiedlichen Methoden an. Prozesse unter internationaler Hoheit gab es fortan nicht mehr, wohl aber zahlreiche Verfahren in allen Besatzungszonen vor Militärgerichten der einzelnen Mächte. In Nürnberg führten die Amerikaner bis 1949 zwölf große Prozesse gegen Ärzte, KZ-Personal, hohe Beamte, Industrielle, Militärs, Diplomaten, Funktionäre der SS, der Gestapo und des Sicherheitsdienstes. Gegen Prominente und Schergen des NS-Staates waren auch in allen ehemals von Deutschland besetzten Ländern bis in die 50er Jahre Strafverfahren eingeleitet worden. Vor deutschen Gerichten wurde nichts verhandelt; sie durften zwar 1946 wieder in Tätigkeit treten, hatten aber keine Zuständigkeit für Verbrechen, die außerhalb deutschen Territoriums verübt worden waren. Dies sollte später der Bundesrepublik Probleme im Zusammenhang mit der Verjährung bringen.
Parallel zur Bestrafung der Hauptverantwortlichen hatten sich die Sieger die Reinigung aller vom Nationalsozialismus infizierten Deutschen vorgenommen. Im Potsdamer Protokoll vom 2. August 1945 war die Richtung bestimmt worden: Die NSDAP mit Gliederungen und Unterorganisationen sei zu vernichten, und alle Mitglieder, die mehr als nominell an ihrer Tätigkeit Anteil genommen hatten, und »alle anderen Personen, die den alliierten Zielen feindlich gegenüberstehen«, sollten aus »den öffentlichen oder halböffentlichen Ämtern und von den verantwortlichen Posten in wichtigen Privatunternehmen«[6] entfernt werden. Die Ausführung dieser Richtlinien lag in der Hoheit der jeweiligen Besatzungsmacht. Im Januar 1946 hatte der Alliierte Kontrollrat zwar eine Direktive verkün-

det, die ein einheitliches Vorgehen gewährleisten sollte, die Praxis der Entnazifizierung blieb in den einzelnen Zonen aber höchst unterschiedlich.

Die Amerikaner waren zunächst am rigorosesten, und sie entfalteten in ihrer Zone einen gigantischen Apparat mit Befreiungsministern auf Länderebene an der Spitze, nachgeordneten Spruchkammern und Spruchgerichten, die unter Zuhilfenahme des berühmten »Fragebogens« Hunderttausende von Menschen in Kategorien – Hauptschuldige, Belastete, Minderbelastete, Mitläufer, Entlastete – einteilten und entsprechend Sühnemaßnahmen – von der Geldbuße über Berufsverbot zum Arbeitslager – verfügten. Die Prozedur war höchst schwerfällig, erzeugte mehr Verdruß, als daß sie reinigend wirkte, vor allem deshalb, weil die kleinen Parteigenossen zuerst abgeurteilt wurden. Die großen wurden aufgespart, und als sie drankamen, war das Feuer des Purgatoriums nahezu erloschen.

In der britischen und in der französischen Zone ging es weniger systematisch und kategorisch zu: Die Entnazifizierung wurde dort als personelle Säuberung verstanden und ausgeübt, nicht als generelle Durchleuchtung der Gesinnung aller über 18jährigen von Geburt an. In der sowjetischen Besatzungszone wurde wieder anders verfahren: Die Entnazifizierung war dort ein Teil der drastischen Reform des ganzen politischen, ökonomischen und sozialen Systems; sie wurde als Instrument beim Elitenaustausch benützt und im Februar 1948 von der sowjetischen Militäradministration feierlich als abgeschlossen deklariert.

Die Entnazifizierungspraxis war nur ein Indiz für die unterschiedlichen Formen politischen Lebens in den einzelnen Besatzungszonen. Rolf Lahr, damals Gelegenheitsangestellter im britisch besetzten Hamburg, früher Beamter in Berlin im Reichswirtschaftsministerium und später Staatssekretär im Auswärtigen Amt in Bonn, schrieb Mitte August 1946 an seine Schwester, die in der US-Zone in München lebte, daß er hoffe, sie bald besuchen zu können, da am 1. September 1946 der Reiseverkehr zwischen der britischen und der amerikanischen Besatzungszone freigegeben werden solle. Er sei gespannt, wie es in der amerikanischen Zone aussehe; die Amerikaner hatten in der britischen Zone einen besseren Ruf als die Engländer: »Der grundlegende Fehler der Engländer ist wohl der, daß sie hier mit einem auf dem Bild des Deutschen aus der Zeit vor dem Zusammenbruch aufgebauten, exakten System der Bestrafung und Umerziehung angekommen sind, das auf die Deutschen von heute nicht mehr paßt. Als ob der Blick auf 5 Millionen Tote und auf die zerstörten Städte, der Sturz vom Wohlstand in bitterste Armut, der Untergang des Reichs und die Schande über die an Juden begangene Massenvernichtung auf die Deutschen ohne Wirkung geblieben wären! Als ob diese in der großen Masse noch glaubten, nur Verrat und Sabotage seien an allem schuld gewesen! Und als ob auch nur eine der Parteigrößen – die sich zumeist so eilig aus dem Staube gemacht oder sich durch Selbstmord aus der Geschichte davongeschlichen haben wie Hitler, der sich wie in einem minderwertigen Film zusammen mit der Geliebten umgebracht hat – noch politischen Kredit besäße! Der heutigen Lage in Deutschland würde es entsprechen, die Hauptverantwortlichen zur Rechenschaft zu ziehen, den Unbescholtenen Verantwortung anzuvertrauen und der großen Masse, statt sie durch ›Entnazifizierung‹ zu verbiestern, die Rückkehr zur Demokratie zu erleichtern. Aber das ist wohl so: Ist ein politischer Plan erst einmal etabliert, muß er durchgeführt werden.«[7]

Über die Zonengrenzen Reisende erlebten bei ihren mit aller denkbaren Mühsal verbundenen Fahrten die Unterschiede der politischen, sozialen, wirtschaftlichen Situation in den einzelnen Machtsphären und bewerteten sie am heimischen Maßstab. Hermann Mau, Dozent an der Universität Leipzig, Historiker und politisch aktiv in der CDU, reiste im März 1946 nach München, um sich über ein Angebot der dortigen Universität zu entscheiden. Seine Eindrücke faßte er in einem Bericht zusammen, in dem es heißt: »Die erregendste Erfahrung meiner Reise deutete ich anfangs schon einmal an: die Zonen entwickeln sich mit gefährlicher Schnelligkeit auseinander. Es wird offensichtlich immer schwieriger, sich von den westlichen Zonen aus ein klares Bild von der Entwicklung der östlichen zu machen. Und umgekehrt gilt dasselbe. Die Vorstellungen von der russischen Zone, auf die man jenseits der Zonengrenze trifft, sind oftmals grotesk. Hier macht sich geltend, daß das Bild weithin bestimmt wird durch die Berichte derer, die als enteignete Grundbesitzer, von Verhaftung bedrohte Stabsoffiziere oder als sonstige Leidtragende der sozialen Umwälzung, die sich hier auf kaltem Wege abspielt, emigriert sind und nun in dem Bestreben, ihre Emigration vor sich und anderen zu rechtfertigen, ihrem sehr verständlichen Ressentiment freien Lauf lassen. Andererseits macht sich bei vielen, die mit der Entwicklung der Dinge in der amerikanischen Zone unzufrieden sind, die Neigung bemerkbar, den Weg der russischen Zone in verklärtem Licht zu sehen. Es wird nicht mehr lange dauern, bis sich da so eine Art Mythos von der russischen Zone gebildet hat. Dieser Neigung liegt einmal die in allen Zonen verbreitete und psychologisch so verständliche Meinung zugrunde, daß die Misere des eigenen Lebens eine Angelegenheit der Zone sei, in der man lebt, und daß man nur in die andere überwechseln müsse, um sich von ihr zu befreien – wobei man stillschweigend die jeweilige Besatzungsmacht für Verhältnisse verantwortlich macht, für die zunächst nicht diese, sondern der unglückliche Kriegsausgang verantwortlich ist. Zum anderen spielt wohl bei der relativ optimistischen Beurteilung unserer Zone, wie ich sie gerade bei einsichtigen und politisch modern denkenden Leuten öfters gefunden habe, das Mißvergnügen an der politischen Rückständigkeit der Amerikaner mit und das Unbehagen über soviel Illusionismus und Verschrobenheit, wie sie sich im Schatten dieser Rückständigkeit breitmachen könne. Man spürt ganz einfach, was sich auch mir während meiner Reise immer wieder bestätigt hat, daß man in der russischen Zone der Realität unendlich viel näher ist als in Bayern (wo man ihr allerdings ferner sein mag als in irgendeinem anderen Teil Deutschlands). Es ist mir auf meiner Reise seltsam ergangen: ich fuhr hier ab, mißmutig, pessimistisch hinsichtlich meiner Existenzmöglichkeiten in dieser Zone, verärgert über soviel deprimierende Erfahrungen im Täglichen und voller Hoffnung, in der anderen Zone andere Perspektiven zu finden. Was ich fand, war in mancher Hinsicht lockend: ein Leben, das soviel bunter, entspannter und bürgerlicher ist, als wir es hier in Leipzig haben, wo das Leben allerdings schon immer sehr viel grauer war als anderwärts; eine öffentliche Meinung, die von Menschen meiner Art zu denken und zu sprechen bestimmt wird, und ein öffentliches Leben, in dem sich die Minderwertigkeit nicht so aufdringlich bemerkbar macht wie hierzulande. Und doch schien mir, im Vergleich zu meinem ersten Besuch vor fünf Monaten, über vieles, was mir damals als hoffnungserweckende Triebe zu einem neuen Leben erschien, der Frost gekommen und die allgemeine Stimmung sehr viel gedrückter. Und dann bin ich doch in keinem Augenblick das unbehagliche Gefühl losgeworden, daß über all dem, was mich – im Vergleich zu dem, was ich von hier gewohnt bin – anzog, ein ›noch‹ steht, daß dies alles heute ›noch‹ so ist und man dort morgen die Nöte und Sorgen haben wird, mit denen wir uns heute hier herumschlagen. Die deutsche Wirklichkeit, wie sie langsam auch in den anderen Zonen erkennbar werden wird, ist wohl doch ein graues, angespanntes und unbürgerliches Leben. Meine angestrengten Überlegungen, was nun eigentlich das Charakteristische der russischen Zone ist, zu denen mich die stereotype Frage ›Wie sieht es in der russischen Zone aus?‹ immer wieder zwang, haben mich in der Absicht bestärkt, daß wir in der Entwicklung den anderen Zonen um einige Schritte voraus sind und nicht etwa einen Weg gehen, der uns von den anderen Zonen auf die Dauer völlig trennen würde. Die resignierte Befriedigung darüber, daß wir hier durch ein Fegefeuer gehen, das keinem von uns erspart werden wird, gibt mir für mein Leben hier wieder einigen Mut.«[8]

Der Optimismus des Christdemokraten Hermann Mau – sein Bericht war vermutlich für den CDU-Vorsitzenden Berlins und der Ostzone, Jakob Kaiser, bestimmt – hielt den Realitäten nicht stand. Mau, der im Herbst 1947 vom NKWD verhaftet wurde, kehrte im Januar 1948 der sowjetischen Besatzungszone den Rücken und zog nach München.

Die Beobachtungen und Erfahrungen aus dem Besatzungsalltag der

Jahre 1945 und 1946 sind als authentische Belege zitiert worden, und zwar dafür, wie sich in den vier Besatzungszonen politisches und gesellschaftliches Eigenleben entwickelte. Die Zonen schienen beinahe zwangsläufig auseinanderzustreben.

2. Kriegsziele der Alliierten

Die Gründe für die Zersplitterung des Deutschen Reiches in mehrere Territorien von unterschiedlichem Status, ungeklärter Zukunft und – das war in der ersten Nachkriegszeit am spürbarsten – weitgehender Abschottung gegeneinander reichten in die Zeit des Zweiten Weltkriegs zurück. Im Januar 1943 hatten der amerikanische Präsident Roosevelt und der britische Premierminister Churchill in Casablanca die »bedingungslose Kapitulation« Deutschlands (und seiner Verbündeten Italien und Japan) als Kriegsziel der Vereinigten Staaten und Großbritanniens vor der Weltöffentlichkeit propagiert. Stalin schloß sich wenig später an und erklärte, die Sowjetunion habe dasselbe Kriegsziel.

Vom Frühjahr 1943 an wurde in den Hauptstädten der Alliierten auch geplant, wie mit Deutschland nach der Kapitulation (die nach Kriegslage nur eine Frage der Zeit sein konnte) verfahren werden sollte. So vage die Überlegungen auch noch waren, so stand doch fest, daß Deutschland nach Kriegsende von alliierten Truppen besetzt sein würde, die es ermöglichen sollten, daß – anders als nach dem Ersten Weltkrieg – das deutsche Kriegspotential zerschlagen und jegliche Möglichkeit zu künftigen, von Deutschland entfachten Kriegen beseitigt werden würde. Von Bestrafung der »schuldigen barbarischen Führer« und von Vergeltung war im Frühjahr 1943 ebenfalls die Rede. Churchill kündigte im Juni 1943 an, daß Maßnahmen getroffen würden, »die notwendig sind, um die Welt davor zu bewahren, noch einmal durch die abgefeimten Machenschaften und räuberischen Überfälle solcher Leute in Raserei, Zerrüttung und Todesnacht gestürzt zu werden. Es bedeutet nicht, und kann niemals bedeuten, daß wir unsere siegreichen Waffen durch Unmenschlichkeit oder schiere Rachlust beflecken sollen ...«[9] Churchill nannte die Maßnahmen, die seiner Meinung nach ergriffen werden sollten und über die Einigkeit zwischen Moskau, London und Washington bestehe: nämlich die Aufteilung Deutschlands in mehrere Staaten unter endgültiger Abtrennung von Ostpreußen und der deutschen Gebiete östlich der Oder. Preußen würde zerschlagen, und das Ruhrgebiet und die anderen Zentren der Kohle- und Stahlproduktion müßten dem Einfluß Preußens entzogen werden. Über

Preußen (das seit Bismarcks Zeiten drei Fünftel des Territoriums des Deutschen Reiches einnahm und tatsächlich in allen Bereichen dominierte) wurde auf seiten der Alliierten überhaupt viel nachgedacht. Auf der Konferenz in Washington im Mai 1943 debattierten Churchill und Roosevelt über eine Donauföderation mit Wien als Hauptstadt und die gleichzeitige Trennung Preußens von Deutschland bzw. die Zerschlagung Preußens in mehrere Teile. In Quebec erörterten im August des gleichen Jahres die Außenminister der beiden Westmächte die Aufteilung Deutschlands in mehrere unabhängige Staaten. Dies sollte aber nicht mit Gewalt geschehen.

Ende Oktober 1943 verständigten sich in Moskau die Außenminister der Antihitler-Koalition auf einige Grundzüge der Deutschlandpolitik, die zum Teil später sogar realisiert werden sollten: Das Gebiet des Deutschen Reiches wurde als das Territorium innerhalb der Grenzen vom 1. Januar 1937 definiert. Das bedeutete, Österreich und alle anderen annektierten Gebiete würden nach der Kapitulation nicht mehr zu Deutschland gehören, das unter Besetzung durch sowjetische, britische und amerikanische Truppen käme. Die Regierungsgewalt in Deutschland sollte von einer interalliierten Kontrollkommission übernommen werden. Deren vordringliche Aufgabe würde die Entmilitarisierung, Entnazifizierung und Demokratisierung sein. Die Kriegsindustrie sollte zerstört werden, und zur Wiedergutmachung des durch Deutschland angerichteten Schadens müßten Reparationsleistungen erbracht werden. Dieses Programm basierte im wesentlichen auf amerikanischen Vorschlägen, denen Eden und Molotow zugestimmt hatten. Die Details sollten von einem ständigen Ausschuß, der »European Advisory Commission« (EAC), ausgearbeitet werden. Die Kommission nahm ihren Sitz in London und machte sich im Januar 1944 an die Arbeit, »die im Zusammenhang mit der Beendigung der Feindseligkeiten auftauchenden europäischen Fragen zu untersuchen und den drei Regierungen entsprechende Empfehlungen vorzulegen«. Ab Ende November 1944 war auch Frankreich in der EAC vertreten. Formell waren die bis zum Sommer 1945 dauernden Kommissionssitzungen Gespräche auf Botschafterebene, materiell erhielten die EAC-Beschlüsse aber erhebliche Tragweite.

In Teheran, wo vom 28. November bis 1. Dezember 1943 Roosevelt, Churchill und Stalin erstmals gemeinsam am Konferenztisch saßen, war auch, nebenbei und ziemlich allgemein, von der Möglichkeit die Rede, Polen nach Westen zu schieben, also sowjetische Ansprüche auf polnisches Gebiet im Osten durch deutsche Abtretungen an Polen im Westen zu kompensieren. Auf der Teheraner Konferenz zeichneten sich auch die Konturen eines zerstückelten Deutschland ab, jedoch blieb alles in der Schwebe. Roosevelt dachte daran, Deutschland in fünf selbständige Staaten aufzugliedern und weitere Gebiete, nämlich Kiel, den Nord-ostsee-Kanal und Hamburg sowie die schwerindustriellen Gebiete an der Ruhr und an der Saar unter internationale Verwaltung zu stellen. Churchill propagierte seine Lieblingsideen der Trennung Preußens vom übrigen Deutschland und der Errichtung einer süddeutsch-österreichisch-ungarischen Donauföderation. Stalin schien demgegenüber Zurückhaltung zu üben – es sei verfrüht, über sowjetische Forderungen zu sprechen –, aber er versicherte sich der Zustimmung der Westalliierten gegenüber seinen Polen-Plänen und zur sowjetischen Forderung auf das ostpreußische Königsberg (wegen des eisfreien Hafens) nebst Umgebung.

Im Lauf des Jahres 1944 einigten sich die Vertreter der drei Großmächte in der EAC über die grundsätzliche Struktur der Besetzung und Verwaltung Deutschlands. Vorgesehen wurde erstens die Einteilung Deutschlands in drei Besatzungszonen. Die Einteilung folgte im wesentlichen britischen Plänen; sie sah drei der Bevölkerungszahl nach etwa gleich große Gebiete vor (die sowjetische Zone war der Fläche nach freilich fast genauso groß wie das von Engländern und Amerikanern zu besetzende Gebiet). Im übrigen entsprachen die Grenzlinien zwischen der östlichen und der nordwestlichen (britischen) und südwestlichen (amerikanischen) Zone schon exakt der späteren Demarkation zwischen den beiden deutschen Staaten Bundesrepublik und DDR. Die Gebiete, die unter sowjetische und polnische Hoheit fallen sollten – Ostpreußen, Danzig, Schlesien, Pommern –, waren bei der Einteilung in Besatzungszonen schon nicht mehr berücksichtigt worden. Zweitens einigte man sich in der EAC im September 1944 darauf, daß Berlin, in Sektoren geteilt, als besonderes Territorium durch eine gemeinsame »Kommandatura« von den Alliierten gemeinsam verwaltet werden sollte. Und drittens wurde beschlossen, daß die Militärgouverneure der drei Besatzungszonen gemeinsam zuständig sein sollten für Angelegenheiten, die Deutschland insgesamt betrafen. Die Lenkungsbehörde würde der Alliierte Kontrollrat sein, der in Berlin seinen Sitz haben sollte. Mit diesen Beschlüssen war der technische Mechanismus der Besatzungsherrschaft, wie sie unmittelbar nach der Kapitulation Deutschlands eingerichtet werden sollte, konstruiert worden, nichts weiter. Was politisch aus Deutschland werden sollte, ob es nun in Einzelstaaten aufgelöst, oder in Form eines Staatenbundes föderalisiert werden, ob es entindustrialisiert und agrarisiert werden oder ob seine Bodenschätze und das deutsche Schwerindustriepotential auf Dauer unter fremde Verwaltung kommen sollte – all diese Deutschland betreffenden Überlegungen waren ebenso unscharf wie disparat. Aber es waren nicht nur die Vorstellungen – Pläne konnte man sie kaum nennen –, die sich voneinander unterschieden, auch in London und in Washington propagierten die militärischen Planungsstäbe andere Ideen als die Beamten des Außenministeriums oder die Berater des US-Präsidenten.

So entstand im August und September 1944 in Washington der nach dem Finanzminister Henry Morgenthau benannte Deutschlandplan, nach dem u. a. eine nahezu totale Demontage der Industrie und die Umwandlung Deutschlands in ein Agrarland durchgeführt werden sollte. Der Morgenthau-Plan war ein Reflex auf Überlegungen im US-Außenministerium und bei den militärischen Stäben, die zu jener Zeit Instruktionen für die Besatzungstruppen entworfen hatten. Ebenso wie die deutschlandpolitischen Konzepte des State Department – festgelegt in der »Denkschrift über Deutschland« vom Sommer 1944 – erschien das geplante »Handbuch für die Militärregierung in Deutschland«, das Kriegsminister Stimson verantwortete, den Falken in der Umgebung Roosevelts nicht als ausreichend hart gegenüber Deutschland.

Der Morgenthau-Plan blieb aber Episode. Außenminister Cordell Hull und Kriegsminister Stimson opponierten so heftig und erfolgreich, daß der Plan, obwohl Roosevelt ihn paraphiert hatte und Churchill ihn bei der zweiten Quebec-Konferenz (11.–19. September 1944) widerwillig zustimmend zur Kenntnis genommen hatte, am 1. Oktober schon wieder begraben war. Ein offizielles Dokument der amerikanischen Politik war er nie gewesen, aber Nachwirkungen hatte der Morgenthau-Plan natürlich doch. Der Geist des Plans war zu Beginn der Besatzungszeit noch in der Direktive JCS 1067, die in der US-Zone galt, zu spüren. Auch in Jalta waren beim zweiten Gipfeltreffen der Großen Drei im Februar 1945 einzelne Elemente des Morgenthau-Plans noch im Gespräch.

Für einen Programmpunkt, der auch in den Überlegungen der Morgenthau-Gruppe zentrale Bedeutung hatte, war auf der Krimkonferenz im Februar 1945 sogar ein eigener interalliierter Ausschuß gegründet worden, der das Problem der Aufteilung Deutschlands behandeln sollte, aber die Zeit der Zerstückelungspläne war eigentlich schon wieder vorbei. Stalin hatte offenbar schon 1944 das Interesse daran verloren, Deutschland auf diese Art zu schwächen und auf Dauer niederzuhalten. Es lag auf der Hand, daß ein zwar um die Ostgebiete zugunsten Polens und der Sowjetunion verkleinertes, im übrigen aber einheitliches Restdeutschland sowjetischer Politik die besseren Möglichkeiten zur Einflußnahme (und zur Gewinnung von Reparationen) bieten würde als ein Bündel von Kleinstaaten, die danach streben würden, sich in die Rolle von Satelliten Frankreichs, Großbritanniens und der USA zu begeben.

Stalin ging es in Jalta vor allem darum, Ost- und Südeuropa weitgehend als Interessensphäre der Sowjetunion anerkannt zu erhalten oder, weil Churchill so stark bremste, doch wenigstens auslegungsfähige Formeln hinsichtlich Polens (Forderung nach Zustimmung zur Curzon-Linie als

Ost- und der Oder-Neiße-Linie als Westgrenze) und der sowjetischen Rolle gegenüber den Balkanstaaten festschreiben zu lassen. Ferner war Stalin an der Festsetzung der Reparationssummen interessiert, die Deutschland auferlegt werden (sein Vorschlag: 20 Milliarden US-$) und am Anteil, den die UdSSR erhalten sollte. Stalin verlangte 10 Milliarden US-$; diese Forderung war in Jalta noch theoretisch zu erörtern, ein halbes Jahr später in Potsdam trug das stereotype Zehnmilliardenpostulat schon erheblich zur Verschlechterung der Beziehungen der Sowjetunion zu den Westmächten bei.

Des amerikanischen Präsidenten Roosevelt Anliegen bei der Jalta-Konferenz bestanden vor allem darin, von Stalin die Zusage zum Kriegseintritt gegen Japan (nach der Niederlage Deutschlands) zu erlangen, er wollte sich aber auch der Kooperation der Sowjetunion bei der Etablierung der Vereinten Nationen versichern – die Gründung einer dauerhaften Friedensorganisation war seit 1941 das wichtigste Kriegsziel aller Alliierten. Und drittens wollte Roosevelt, ebenso wie Churchill, den Expansionsdrang der Sowjets in Ost- und Südeuropa in einer Art freundschaftlichen Mißtrauens nicht ganz außer Kontrolle geraten lassen.

Die Verhandlungen in Jalta gestalteten sich, weil die westlichen Verbündeten dem östlichen Partner mißtrauten, weil soviele Wechsel auf eine ungewisse Zukunft ausgestellt werden mußten und weil die Interessen der Beteiligten und ihrer verschiedenen Klientel so differierten, als recht chaotisch, und die Tragweite etlicher Beschlüsse oder Verabredungen sollte sich erst viel später herausstellen. So etwa die verhängnisvollen Konsequenzen für Hunderttausende von Sowjetbürgern, die im Gefolge der deutschen Wehrmacht – freiwillig oder unfreiwillig – ihre Heimat verlassen hatten und die nach dem 8. Mai 1945 durch Repatriierungskommissionen, ob sie wollten oder nicht, in die Sowjetunion gebracht worden waren, wo auf die meisten düstere Geschicke warteten.

Für Nachkriegsdeutschland relevant war der Beschluß der großen Drei, »die vollständige Entwaffnung, Entmilitarisierung und Zerstückelung Deutschlands« sicherzustellen. Und von erheblicher Bedeutung war auch das Übereinkommen, Frankreich (das hieß, dessen provisorische Regierung unter General de Gaulle, die im Herbst 1944 zuerst von den Westmächten und etwas später auch vom Kreml anerkannt worden war) als Vierte Macht zur Teilnahme an der alliierten Kontrolle Deutschlands einzuladen und den Franzosen eine eigene Besatzungszone einzuräumen. Die französische Besatzungszone sollte im Südwesten aus dem amerikanischen und dem britischen Okkupationsgebiet herausgeschnitten werden, die sowjetische Zone würde unverändert bleiben.

Die Absicht, Deutschland zu zerstückeln, wie sie auf der Teheraner Gipfelkonferenz der Antihitler-Koalition propagiert und auf der Krimkonfe-

renz scheinbar bekräftigt und durch die Einsetzung der entsprechenden Kommission institutionalisiert worden war, wurde tatsächlich schon im Frühjahr 1945, vor der Kapitulation des Dritten Reiches, begraben, bzw. zur bloßen Drohung herabstilisiert.[10] Wollte Stalin die deutsche Kuh, von der soviel Milch erwartet wurde, nicht schlachten, so wollten sich die ökonomisch denkenden Politiker in Washington und London doch auch nicht ins eigene Fleisch schneiden: Eine kontrollierte Industrie würde bei gleichzeitiger Entwaffnung und Entmilitarisierung Deutschlands sowohl Sicherheit garantieren als auch den britischen Wirtschaftsinteressen entsprechen. Davon versuchte der britische Außenminister Eden die Nur-Revanchepolitiker zu überzeugen; eine Handvoll deutscher Kleinstaaten würden ökonomisch für die Sieger des Weltkriegs ein Ballast und politisch eine Irredenta sein, beides zusammen würde für die erhoffte Neue Ordnung Europas eine schwer erträgliche Hypothek bilden.
Zur Zeit der Jalta-Konferenz lag der NS-Staat schon in Agonie, drei Monate später kapitulierte die deutsche Wehrmacht bedingungslos, nachdem die Truppen der Alliierten ganz Deutschland besetzt hatten. Der »Führer« des Deutschen Reiches hatte sich Ende April durch Selbstmord aus der Verantwortung gestohlen; die Regierung des Großadmirals Dönitz, die durch Hitlers Testament eingesetzt worden war, wurde am 23. Mai 1945 in Flensburg-Mürwik verhaftet. Zu regieren hatten »Reichspräsident« Dönitz und »Reichskanzler« Schwerin-Krosigk ohnehin nichts mehr gehabt; ihre Aufgabe hatte darin bestanden, die Generalität kapitulieren zu lassen, und die Regierung Dönitz hatte in der Stunde des Untergangs noch ein übriges getan: die Auflösung der NSDAP verfügt und den Reichsführer SS Heinrich Himmler, der sich wenig später in britischer Gefangenschaft umbrachte, seiner sämtlichen Ämter enthoben. Die Regierung Dönitz war von den Alliierten nicht ernst, ja kaum zur Kenntnis genommen worden.
Entscheidend für die staatsrechtliche Situation Deutschlands waren zwei Dokumente: zum ersten die Kapitulationsurkunde vom 8. Mai 1945, in der sich die Streitkräfte des Deutschen Reiches auf Gnade und Ungnade ergeben hatten, und zum zweiten die »Erklärung in Anbetracht der Niederlage Deutschlands und der Übernahme der obersten Regierungsgewalt hinsichtlich Deutschlands«, die am 5. Juli 1945 in Berlin von den vier Oberbefehlshabern der alliierten Armeen veröffentlicht wurde. Diese »Berliner Deklaration« machte kund, daß die oberste Gewalt in Deutschland von den Regierungen Großbritanniens, der USA, der Sowjetunion und der Provisorischen Regierung der Französischen Republik wahrgenommen würde, und zwar »einschließlich aller Befugnisse der deutschen Regierung, des Oberkommandos der Wehrmacht und der Regierungen, Verwaltungen oder Behörden der Länder, Städte und Gemeinden«. Die

Mehrzahl der Bestimmungen des Dokuments bezogen sich auf die Entwaffnung, regelten quasi die Abwicklung des Krieges, die Sicherstellung von Unterlagen, die Freilassung von Kriegsgefangenen der Alliierten usw. Die einschneidende Wirkung der vollständigen Niederlage geht aber auch aus dem Artikel der Berliner Deklaration hervor, der »bis zur Herbeiführung einer Aufsicht über alle Nachrichtenverkehrsmittel durch die Alliierten Vertreter« jeden Funk- und sonstigen Nachrichtenfernverkehr verbot.

Die Berliner Deklaration war ein Provisorium, sie vermittelte aber die für die Deutschen wesentliche Erkenntnis vollständiger Ohnmacht, das Ende einer deutschen staatlichen Existenz. Das Ausmaß der Staatskatastrophe verbarg sich freilich hinter juristischen Formulierungen, die umfassenden Anspruch erhoben: »In Ausübung der obersten Regierungsgewalt in Deutschland«, heißt es im Artikel 13, »werden die vier Alliierten Regierungen diejenigen Maßnahmen treffen, die sie zum künftigen Frieden und zur künftigen Sicherheit für erforderlich halten, darunter auch die vollständige Abrüstung und Entmilitarisierung Deutschlands. Die Alliierten Vertreter werden Deutschland zusätzliche politische, verwaltungsmäßige, wirtschaftliche, finanzielle, militärische und sonstige Forderungen auferlegen, die sich aus der vollständigen Niederlage Deutschlands ergeben. Die Alliierten Vertreter bzw. die ordnungsgemäß dazu ermächtigten Personen oder Dienststellen werden Proklamationen, Befehle, Verordnungen und Anweisungen ergehen lassen, um solche zusätzlichen Forderungen festzulegen und die übrigen Bestimmungen dieser Erklärung auszuführen. Alle deutschen Behörden und das deutsche Volk haben den Forderungen der Alliierten Vertreter bedingungslos nachzukommen und alle solche Proklamationen, Befehle, Anordnungen und Anweisungen uneingeschränkt zu befolgen.«[11] Das war die vorläufige staatsrechtliche Grundlage des Besatzungsregimes in Deutschland. Über die politischen Geschicke Deutschlands mußten sich die Regierungen in Washington und Moskau, in London und Paris erst noch schlüssig werden.

In den einzelnen Besatzungszonen übten inzwischen – also vor interalliierten Absprachen über deutschlandpolitische Konzepte – die militärischen Statthalter der alliierten Regierungen Administrations- und Regierungsfunktionen aus. Ganz selbstverständlich wurde damit, ohne daß die Handelnden ausdrücklich darüber nachdachten, ein Ausspruch Stalins Wirklichkeit: Der sowjetische Generalissimus hatte im Frühjahr 1945 im Gespräch mit einer Delegation jugoslawischer Kommunisten erklärt, dieser Krieg sei nicht mit denen der Vergangenheit zu vergleichen: »Wer immer ein Gebiet besetzt, erlegt ihm auch sein eigenes gesellschaftliches System auf. Jeder führt sein eigenes System ein, so weit seine Armee vordringen kann.«[12]

So wurde in der US-Zone schon Ende Mai 1945 ein Ministerpräsident (Fritz Schäffer) und eine vorläufige Landesregierung für Bayern ernannt, in der sowjetischen Besatzungszone wurden am 10. Juni politische Parteien und Gewerkschaften erlaubt, und im Juli errichtete die sowjetische Militäradministration elf Zentralverwaltungen für die Ostzone, im September begann man in Sachsen schon mit der Bodenreform, zur gleichen Zeit, als in der US-Zone politische Parteien zugelassen wurden, und zwar erst einmal auf Kreisebene. Das sind nur Beispiele, die sich genauso auch für die unterschiedlichen Regierungs- und Verwaltungspraktiken in der französischen oder der britischen Zone anführen lassen. In der letzteren wurde z. B. straff zentralisiert, und britischem Befehl unterstehende Behörden (Zentralämter) nahmen ähnlich wie in der SBZ auf Zonenebene ressortmäßig Verwaltungsaufgaben (Verkehr, Landwirtschaft, Wirtschaft usw.) wahr. Dagegen achteten die Franzosen sehr auf die möglichst extreme Föderalisierung in ihrer Zone; oberhalb der künstlich gebildeten Länder sollte es keine deutschen Instanzen geben, und auch in den Ländern lag die Entwicklung politischen Lebens den Franzosen nicht sonderlich am Herzen.

Übrigens wurde es Sommer, bis die Grenzziehung der Besatzungszonen »endgültig« wurde. Die von der European Advisory Commission im Einklang mit den Beschlüssen von Jalta festgelegten Zonen stimmten unmittelbar bei Kriegsende noch nicht mit den militärischen Realitäten überein. Die Amerikaner waren weiter ostwärts vorgedrungen, als vorgesehen. Sie räumten Anfang Juli 1945 Mecklenburg, Sachsen und Thüringen; dafür zogen die Westalliierten (mit mehr oder minder symbolischen Kontingenten) nach Berlin, wo am 11. Juli 1945 die erste Sitzung der Alliierten Kommandatura, der Viermächteverwaltung der ehemaligen Reichshauptstadt, stattfand. Im Südwesten hatten die Amerikaner mit den Franzosen Probleme, die wenig Lust zeigten, sich in das ihnen zugedachte Gebiet zurückzuziehen. Erst Anfang Juli verließen die Franzosen den Raum Stuttgart, in den dann die Amerikaner einrückten. Am 30. Juli 1945 trafen sich die Militärgouverneure der vier Besatzungszonen zur konstituierenden Sitzung des Alliierten Kontrollrats in Berlin. Die Besatzungsherrschaft war damit etabliert.

3. Potsdam und die Folgen

Zur Lösung der politischen, territorialen und ökonomischen Probleme, die der Zweite Weltkrieg in Europa hinterlassen hatte – in Ostasien dauerte er noch bis in den September – reisten Mitte Juli 1945 die Regierungschefs der USA, Großbritanniens und der Sowjetunion nach Potsdam, wo im Schloß Cäcilienhof die letzte (und längste) der alliierten Kriegskonferenzen abgehalten wurde. Von den Großen Drei, die sich in Teheran und Jalta getroffen hatten, war am Ende der Potsdamer Konferenz nur noch Stalin übrig. Anstelle des im April verstorbenen Franklin D. Roosevelt vertrat der neue Präsident Harry S. Truman die Vereinigten Staaten, und der britische Premierminister hieß ab 26. Juli 1945 nicht mehr Winston Churchill, sondern Clement Attlee. Churchill hatte die Konferenz, die am 17. Juli begann und am 2. August endete, am 25. Juli verlassen, um das Ergebnis der britischen Unterhauswahlen in London abzuwarten. Der konservative Premier rechnete mit einem strahlenden Sieg, nach dem er an den Konferenztisch in Potsdam zurückkehren würde. Statt dessen erlitt er eine bemerkenswerte Niederlage, reichte am 26. Juli sein Demissionsgesuch ein, und zwei Tage später, am 28. Juli, erschienen auf der Berliner Konferenz – so hieß die Veranstaltung offiziell – der neue Labour-Premierminister Clement Attlee in Begleitung des neuen Außenministers Ernest Bevin.

Die Sitzungen in Potsdam waren keineswegs Gespräche der Regierungschefs unter vier Augen. In 13 Vollsitzungen (meist nachmittags), die jeweils durch Sitzungen der Außenminister vorbereitet wurden, saßen die Delegationen der drei Staaten miteinander am Tisch. Täglich konferierten auch Kommissionen von Sachverständigen und Beratern. Frankreich fehlte. Obwohl schon in Jalta in den Rang einer Besatzungsmacht erhoben und im Alliierten Kontrollrat vertreten, wurde die Provisorische Regierung der Französischen Republik nicht einmal zur Entsendung einer beobachtenden Delegation eingeladen. In Paris empfand man die Zurückweisung als ungemein kränkend; daß die Franzosen in den nächsten Jahren den beiden anderen Westmächten das Leben schwermachten, im Kontrollrat Obstruktion leisteten, erst spät und nur widerwillig zu Kompromissen bei der westlichen Deutschlandpolitik bereit waren, hatte eine Ursache auch in der Brüskierung in Potsdam. Frankreich wurde einen Tag vor Veröffentlichung des Schlußkommuniqués über die Dreimächtekonferenz – des sogenannten Potsdamer Abkommens – vom Inhalt der Vereinbarungen durch den US-Botschafter in Paris unterrichtet, und die französische Regierung bekundete wenig später formell ihr Einverständnis zum »Abkommen von Potsdam«.

Im Schloß Cäcilienhof hatten die Grundsätze einer Friedensordnung in

Europa, und in diesem Zusammenhang spielte das Deutschlandproblem die Hauptrolle, zur Debatte gestanden. Die Grundsätze von Potsdam sollten einem Rat der Außenminister, der bei dieser Gelegenheit institutionalisiert wurde, als Richtlinien für die Ausarbeitung von Friedensverträgen mit Deutschland und dessen Verbündeten und zur Regelung der territorialen Probleme dienen. Der Rat der Außenminister sollte außer von den drei Großmächten, die ihn in Potsdam erfanden, noch von Frankreich und China (wegen der analogen Probleme im Fernen Osten nach dem Sieg über Japan) beschickt werden. Mit einem ständigen Sekretariat in London war der Rat der Außenminister in gewissem Sinn auch der Nachfolger der EAC, die aufgelöst wurde.
Wie wenig tragfähig die Grundsätze von Potsdam in der Praxis waren, zeigte sich dann auch bei den Konferenzen der Außenminister, die im Hinblick auf die deutschen Fragen eine Kette herber Enttäuschungen bildeten. Außer den Friedensverträgen für die ehemaligen europäischen Verbündeten und Satelliten Deutschlands brachten die Außenministerkonferenzen keine Ergebnisse (die Mitgliedschaft Chinas im Rat der Außenminister erlosch sehr bald). Bis zum formlosen Ende der Institution nach der sechsten Konferenz, die am 23. Mai 1949 in Paris begann – am Tage der Verkündung des Grundgesetzes für die Bundesrepublik Deutschland –, verhandelten die Außenminister zum ersten Mal im September/Oktober 1945 in London, dann im Frühjahr/Sommer 1946 in Paris; die dritte Sitzung fand im November/Dezember 1946 in New York statt, die vierte im März/April 1947 in Moskau und die fünfte, bei der das Deutschlandproblem im Mittelpunkt erbitterten Streits zwischen den ehemaligen Alliierten stand, wurde im November und Dezember 1947 in London abgehalten.
Nach dem Wortlaut des Kommuniqués der Potsdamer Konferenz sah es freilich so aus, als seien die Alliierten einig, Deutschland zwar eine Art Fegefeuer zu verordnen, an dessen Ende aber die Wiederaufnahme in die Völkerfamilie stattfinden sollte: »Das Ziel dieser Übereinkunft bildet die Durchführung der Krim-Deklaration über Deutschland. Der deutsche Militarismus und Nazismus werden ausgerottet, und die Alliierten treffen nach gegenseitiger Vereinbarung in der Gegenwart und in der Zukunft auch andere Maßnahmen, die notwendig sind, damit Deutschland niemals mehr seine Nachbarn oder die Erhaltung des Friedens in der ganzen Welt bedrohen kann. Es ist nicht die Absicht der Alliierten, das deutsche Volk zu vernichten oder zu versklaven. Die Alliierten wollen dem deutschen Volk die Möglichkeit geben, sich darauf vorzubereiten, sein Leben auf einer demokratischen und friedlichen Grundlage von neuem wiederaufzubauen. Wenn die eigenen Anstrengungen des deutschen Volkes unablässig auf die Erreichung dieses Zieles gerichtet sein werden, wird es

ihm möglich sein, zu gegebener Zeit seinen Platz unter den freien und friedlichen Völkern der Welt einzunehmen.«[13]
Die politischen Grundsätze, die im Anschluß an diese Absichtserklärung dekretiert wurden, brachten gegenüber den Vereinbarungen von Jalta keine Überraschungen. So wurde als Ziel der Besetzung – und das war praktisch die Arbeitsanweisung an den Alliierten Kontrollrat in Berlin – die völlige Abrüstung und Entmilitarisierung Deutschlands und die Ausschaltung bzw. Überwachung der gesamten Kriegsproduktionsindustrie in Aussicht genommen. Zu diesem Zweck wurden alle deutschen Streitkräfte, die NSDAP nebst ihren organisatorischen Verzweigungen aufgelöst, alle nationalsozialistischen Gesetze sollten außer Kraft gesetzt werden, Kriegsverbrecher, hohe Funktionäre des NS-Regimes waren zu verhaften und zu internieren, und ehedem aktive NSDAP-Mitglieder sollten aus Ämtern und Stellungen entfernt werden. Erziehungswesen und Rechtspflege waren nach demokratischen Gesichtspunkten zu reorganisieren – an dieser Forderung knüpften die Maßnahmen an zur »Umerziehung«, »Reorientation«, »Re-education« oder wie immer sie in den einzelnen Zonen genannt (und entsprechend unterschiedlich gehandhabt) wurden. Die Verwaltung sollte künftig nach den Prinzipien der »Dezentralisation der politischen Struktur und der Entwicklung einer örtlichen Selbstverantwortung« organisiert sein, und dazu sollten »in ganz Deutschland« die lokale Selbstverwaltung wiederhergestellt und (ebenfalls »in ganz Deutschland«) demokratische politische Parteien erlaubt und gefördert werden[14]. Diese Grundsätze standen zwar nicht im Widerspruch zu der in Potsdam protokollierten Selbständigkeit der Besatzungszonen, in der Realität wurden alle diese Prinzipien aber dann von Zone zu Zone so verschieden gehandhabt, daß der Grundsatz »soweit dieses praktisch durchführbar ist, muß die Behandlung der deutschen Bevölkerung in ganz Deutschland gleich sein«[15] bald die reine Ironie war.
Als Beweis dafür, daß die Besatzungsmächte, oder doch wenigstens die drei Großmächte, in Potsdam nicht an eine Aufteilung oder Zerstückelung Rumpfdeutschlands dachten, ist die folgende Ankündigung und Absichtserklärung im »Potsdamer Abkommen« von großer Bedeutung: »Bis auf weiteres wird keine zentrale deutsche Regierung errichtet werden. Jedoch werden einige wichtige zentrale deutsche Verwaltungsabteilungen errichtet werden, an deren Spitze Staatssekretäre stehen, und zwar auf den Gebieten des Finanzwesens, des Transportwesens, des Verkehrswesens, des Außenhandels und der Industrie. Diese Abteilungen werden unter der Leitung des Kontrollrates tätig sein.«[16] Diese Staatssekretariate wurden nie errichtet, weil Frankreich dagegen opponierte, und weil im Kontrollrat keine Einigung darüber zu erzielen war.
Unter den Prinzipien, die von der Potsdamer Konferenz über die Be-

handlung der deutschen Wirtschaft aufgestellt wurden, war – politisch gesehen – dieses das bemerkenswerteste: »Während der Besatzungszeit ist Deutschland als eine wirtschaftliche Einheit zu betrachten.«[17] Wenig erfreuliche Absichtserklärungen standen freilich dieser Feststellung gegenüber. Die deutsche Industrie sollte erheblichen Restriktionen unterworfen werden, und zwar aus zwei Gründen. Zum einen war beabsichtigt, das industrielle deutsche Kriegspotential zu vernichten; dazu wurde selbstverständlich die Herstellung von Waffen, Kriegsausrüstungen, Schiffen und Flugzeugen verboten, aber auch die Erzeugung von Metallen und Chemikalien sowie der Maschinenbau sollte überwacht und beschränkt werden. Die Produktionskapazität sollte sich zum anderen am Reparationsplan orientieren: Was die Bedürfnisse der alliierten Reparationskommission und das vom Kontrollrat noch zu definierende Niveau der künftigen Friedenswirtschaft überstieg, sollte entfernt oder vernichtet werden. Das war die Ankündigung der Demontagen, die von da an fast ein Jahrzehnt lang für Aufregung sorgten.
Ein weiteres Postulat warf düstere Schatten auf das deutsche Wirtschaftsleben. Verlangt war, daß es »in praktisch kürzester Frist« zu dezentralisieren sei »mit dem Ziel der Vernichtung der bestehenden übermäßigen Konzentration der Wirtschaftskraft, dargestellt insbesondere durch Kartelle, Syndikate, Trusts und anderer Monopolvereinigungen«[18]. Die Entflechtung der deutschen Konzerne erwies sich dann als mühsames Geschäft, das in den einzelnen Zonen mit unterschiedlichem Elan und unterschiedlichem Erfolg betrieben wurde.
Über die Höhe der Reparationsleistungen, die Deutschland auferlegt werden sollten, konnten sich die Alliierten in Potsdam ebensowenig wie in Jalta einigen. In einer anderen Frage gab es ebenfalls keine Verständigung: Die Sowjetunion war der Ansicht, Reparationen müßten Vorrang haben vor der Finanzierung deutscher Importe. Diese waren zur Verhinderung einer Hungersnot aber notwendig, und wenn die Deutschen sie, weil sie selbst nichts zu verkaufen hatten, nicht bezahlen konnten, mußten die Besatzungsmächte einspringen, wollten sie die Deutschen nicht verhungern lassen. Die beiden Westmächte konnten der Ausplünderung Deutschlands durch die Sowjetunion nicht zustimmen, weil das letzten Endes indirekten amerikanischen und britischen Reparationsleistungen an die UdSSR gleichgekommen wäre. Stalin setzte seine Forderung auf eine Kriegsentschädigung im Wert von zehn Milliarden Dollar zugunsten der Sowjetunion nicht durch, die Westmächte kamen ihm aber auf andere Weise entgegen. Anders als nach dem Ersten Weltkrieg bestand 1945 kein Interesse an Barleistungen durch Deutschland. Der für die Kriegsschäden und Kriegsanstrengungen der Alliierten zu leistende – »größtmögliche« – Ausgleich würde in Gütern aus deutscher Produktion, aus einem

Teil der Produktionsmittel selbst (in der Form demontierter Fabrikanlagen) und in Arbeitsleistungen bestehen. Über die Modalitäten einigte man sich in Potsdam folgendermaßen: Die Ansprüche der Sowjetunion sollten aus der sowjetisch besetzten Zone befriedigt werden, und die Sowjetunion sollte davon auch Polen entschädigen. Die Forderungen der USA, Großbritanniens und aller anderen Nationen sollten aus den westlichen Besatzungszonen abgegolten werden. Die UdSSR sollte aber, und darin bestand das Entgegenkommen der Westmächte, über die Entnahmen aus der Ostzone hinaus auch an den Demontagen in der Westzone beteiligt werden. Ohne Gegenleistung wurden Moskau 10% der für die künftige deutsche Friedenswirtschaft unnötigen industriellen Ausrüstung, die auf Reparationskonto aus den Westzonen zu entnehmen war, in Aussicht gestellt und weitere 15% der »verwendungsfähigen und vollständigen industriellen Ausrüstung, vor allem der metallurgischen, chemischen und Maschinen erzeugenden Industrien, soweit sie für die deutsche Friedenswirtschaft unnötig und aus den westlichen Zonen Deutschlands zu entnehmen«[19] seien. Für diese Güter sollten im Austausch Nahrungsmittel, Kohle, Kali, Zink, Holz und andere Waren »nach Vereinbarung« in die Westzonen geliefert werden.

Die Entnahmen von Reparationsgütern hatten gleich nach der Kapitulation im Mai 1945 begonnen, der Umfang dessen, was von Deutschland, besser gesagt: den einzelnen Besatzungszonen, zu leisten war, wurde nach langen und zähen Verhandlungen im Alliierten Kontrollrat Ende März 1946 im Industrieplan[20] bekanntgegeben. In der Praxis hatten die Demontagen in allen Zonen also einen großen Vorsprung vor den Ausführungsbestimmungen zu den Potsdamer Verabredungen. Bei ordentlicher Verrechnung der Güter über Reparationskonto wäre das weiter nicht tragisch gewesen. Schlimm war jedoch, daß sich die Sowjetunion auch nicht an die Grundverabredung hielt und die Gegenleistungen aus der Ostzone für die zusätzliche 15%-Quote an demontierten Industrieausrüstungen aus den Westzonen schuldig blieb. Das brachte, zusammen mit der französischen Eigenbrötelei im Südwesten und der de-facto-Annexion des Saargebiets durch Frankreich, das Wirtschafts- und Ernährungssystem Restdeutschlands vollends durcheinander. In Potsdam hatte immerhin Konsens geherrscht, daß die vier Besatzungszonen zusammen einigermaßen im ökonomischen Gleichgewicht bleiben sollten. In der US-Zone reagierte dann General Clay im Mai 1946, indem er die Notbremse zog und damit die Lieferungen aus Demontagen an die Sowjetunion einstellte.

In die Konkursmasse des Deutschen Reiches fielen nach den Vereinbarungen der Potsdamer Konferenz auch die deutsche Kriegs- und Handelsmarine, die deutschen Auslandsguthaben sowie deutsche Patente und

Gebrauchsmuster und – last not least – deutscher Sachverstand. Experten für bestimmte Technologien wurden manchmal zusammen mit ihren Laboratorien in die USA oder die Sowjetunion transferiert, im einen Fall mehr durch Lockung, im anderen eher durch Zwang.

Die Frage, welches Territorium der polnischen Nation zugestanden würde, stand – wie so oft in der Geschichte des 19. und 20. Jahrhunderts – auch in Potsdam wieder auf der Tagesordnung. Verhandelt wurde auch darüber, welche Verpflichtungen die neue polnische Regierung – sie war aus dem von Stalin protegierten Lubliner Komitee hervorgegangen, im Juni 1945 durch einige Exilpolen ergänzt und daher von den Westmächten noch vor Beginn der Potsdamer Konferenz anerkannt worden – übernehmen sollte. Mit formelhaften Erklärungen wie der Zusicherung freier und demokratischer Wahlen und der baldigen Rückkehr aller Exilpolen ließen sich die beiden Westmächte darüber beruhigen, daß Polen ein Satellitenstaat Moskaus sein würde.

Weniger umstritten als die Legitimität der dem Kreml genehmen Regierung war das Problem der polnischen Westgrenzen. Im Grundsatz waren die drei Großmächte mit der Provisorischen Polnischen Regierung einig, daß »bis zur endgültigen Festlegung der Westgrenze Polens« die deutschen Gebiete östlich der Oder-Neiße-Linie einschließlich der früheren Freien Stadt Danzig und einschließlich des südlichen Teils Ostpreußens unter »die Verwaltung des polnischen Staates kommen und in dieser Hinsicht nicht als Teil der sowjetischen Besatzungszone in Deutschland betrachtet werden sollen«[21].

Ebenfalls »vorbehaltlich der endgültigen Bestimmung der territorialen Fragen bei der Friedensregelung« war das nördliche Ostpreußen mit Königsberg von Deutschland amputiert und der Sowjetunion angegliedert worden. In diesem Punkt gaben die Regierungschefs der USA und Großbritanniens sogar ausdrücklich zu Protokoll, daß sie diese Regelung bei der »bevorstehenden Friedensregelung unterstützen«[22] würden. Der rechtliche Status der deutschen Ostgebiete war im Sommer 1945 aber nicht das ärgste Problem. Gravierender war der Beschluß der drei Großmächte, die deutsche Bevölkerung aus Polen, der Tschechoslowakei und Ungarn auszuweisen. Unter dem Stichwort »ordnungsgemäße Überführung deutscher Bevölkerungsteile« spielte sich seit dem Frühjahr 1945 die millionenfache Tragödie der Vertreibung Deutscher aus Ost- und Südosteuropa ab. Zusammen mit den seit 1944 vor der vordringenden Roten Armee westwärts Fliehenden waren es schließlich mehr als zwölf Millionen Menschen, die ihre Heimat verloren. Sie mußten vom restlichen Deutschland aufgenommen, ernährt, gekleidet und behaust werden. Da in der französischen Zone bis 1949 praktisch keine Flüchtlinge aufgenommen wurden, drängten sie sich in den drei anderen Besatzungszonen; und viele der zunächst im sowjetischen Besatzungsgebiet Aufgenommenen wanderten in die britische und die amerikanische Zone weiter. Mehr als 7,5 Millionen Heimatvertriebene wurden 1950 in der Bundesrepublik gezählt.

Das Gipfeltreffen in Potsdam fand unter Ausschluß der Öffentlichkeit statt, die Presse war nicht zugelassen. Interessierte Zeitgenossen wurden durch das amtliche Kommuniqué vom 2. August 1945 (das »Potsdamer Abkommen«) über die Konferenzergebnisse unterrichtet. Der amerikanische Präsident hielt am 9. August eine Rundfunkansprache, der aber nicht viel mehr zu entnehmen war, als daß die Besprechungen mit Generalissimus Stalin, Premierminister Churchill und dessen Nachfolger Attlee aus der Sicht Trumans im Geist des Verstehens und der Freundschaft geführt worden waren. Wer ganz genau hinhörte, erfuhr auch, daß die Reparationsfrage und das Problem der Grenzen und der Legitimität der polnischen Regierung etwas heikel gewesen war. Stalin äußerte sich erstmals 1946, aber nur, um der Welt klarzumachen, daß nach sowjetischer Auffassung die polnischen Westgrenzen in Potsdam endgültig definiert worden seien.

Winston Churchill, der am 16. August 1945 im britischen Unterhaus seine erste große Rede als Oppositionsführer hielt, beurteilte im Rückblick auf die Zeit des Weltkriegs die Potsdamer Konferenz eher skeptisch. Ein Deutschland ohne Kopf sei am Ende des Kampfes den Eroberern in die Hände gefallen, es werde vielleicht viele Jahre dauern, bis irgendein staatlicher Aufbau in Deutschland möglich sei. In der Zwischenzeit müsse die Verantwortung von deutschen lokalen Körperschaften übernommen werden, die unter alliierter Kontrolle für die Erhaltung des Lebens der Bevölkerung Sorge tragen müßten: »Die deutschen Massen dürfen uns nicht zur Last fallen und erwarten, jahrelang von den Alliierten ernährt, organisiert und erzogen zu werden. Wir müssen tun, was wir können, um das Unglück einer Hungersnot abwehren zu helfen. Es wäre aber unnütz, wollten wir uns auf unserer kleinen Insel, die selbst die Hälfte ihrer Nahrung einführen muß, einbilden, wir könnten einen merklichen Beitrag in dieser Hinsicht leisten ...«[23]. Als seine persönliche Meinung gab Churchill zu Protokoll, »daß die Polen zugestandene, provisorische Westgrenze, die von Stettin an der Ostsee, längs der Oder und ihrem Nebenfluß, der westlichen Neiße, verläuft und ein Viertel des Ackerlandes ganz Deutschlands umschließt, kein gutes Vorzeichen für die künftige Karte Europas ist«[24]. Voll Sorge erwähnte er dann die Berichte über die Umstände der Vertreibung der Deutschen aus Polen; für den bevorstehenden Exodus der Sudetendeutschen aus der Tschechoslowakei fürchtete er die Wiederholung der traurigen Zustände: »Spärliche und vorsichtige Berichte über die Dinge, die vor sich gingen und gehen, sind durchgesickert; es ist aber nicht ausgeschlossen, daß eine Tragödie ungeheuren Ausmaßes sich hinter dem Eisernen Vorhang, der Europa gegenwärtig entzweischneidet, abspielt.«[25] Im August 1945 war »Eiserner Vorhang« noch eine brillante Formulierung, bald gehörte sie im Zeichen des Kalten Kriegs, der seinen Höhepunkt in Europa im Sommer 1948 in der Berlin-Blockade haben sollte, zum alltäglichen Wortschatz.

Zu beiden Seiten des Eisernen Vorhangs begann, ziemlich bald nach der Potsdamer Konferenz, aber zunächst noch unsichtbar und teilweise sogar unbewußt die Entstehung neuer staatlicher Existenz. Die Teilung Deutschlands vor dem Hintergrund des Ost-West-Konflikts war im Laufe von wenig mehr als vier Jahren abgeschlossen. Im Herbst 1949 waren der Weststaat Bundesrepublik und der Oststaat DDR bereits aus der Taufe gehoben.

II. Die Bizone 1946–1949: Vorform des Weststaats

1. Der Zerfall der deutschen Wirtschaftseinheit

Im Frühjahr 1946 war mindestens bei den Amerikanern, genauer gesagt, bei ihrem Statthalter in Deutschland, dem Stellvertretenden Militärgouverneur Lucius D. Clay, die Hoffnung auf eine gemeinsame Verwaltung Deutschlands durch die vier Siegermächte geschwunden. An den Sonderinteressen der Sowjetunion und vor allem Frankreichs waren alle Bemühungen gescheitert, das Minimalziel der Potsdamer Konferenz, die Behandlung Deutschlands als wirtschaftlicher Einheit, durchzusetzen.

General Clay hatte sich seit Herbst 1945 energisch darum bemüht, aber namentlich bei seinem Kollegen, dem Chef der französischen Militärregierung für Deutschland, General Koeltz, immer wieder auf Granit beißen müssen. Im September 1945 hatte sich Koeltz z. B. geweigert, dem amerikanischen Vorschlag zur Gründung einer zentralen deutschen Transportbehörde zuzustimmen. Eisenbahnen seien Kriegspotential, hatte er erklärt, und eine Zentralverwaltung der Eisenbahn sei folglich genauso gefährlich wie der deutsche Generalstab[1]. Die Wirtschaftseinheit Deutschlands war das Problem Nummer eins, nicht nur für die Deutschen, sondern auch für die Alliierten, soweit sie am Erfolg der in Potsdam verabredeten Besatzungsziele Interesse hatten. Ganz abgesehen von den Schwierigkeiten der Ernährung des deutschen Volkes, setzte die alliierte Reparations- und Entindustrialisierungspolitik einen einheitlichen deutschen Wirtschaftsraum voraus. Der spektakuläre Demontagestopp, den General Clay in der US-Zone Anfang Mai 1946 anordnete, gehörte zu seinen Bemühungen, den Grundsätzen der Potsdamer Konferenz Geltung zu verschaffen. Die Einstellung von Reparationslieferungen aus der amerikanischen Zone sollte nicht etwa der Sowjetischen Militäradministration einen Kurswechsel der amerikanischen Politik signalisieren (so wurde die Entscheidung Clays nämlich oft und gern verstanden), der Demontagestopp war in erster Linie als Demonstration gedacht, mit der die Verbündeten an die Potsdamer Absprachen nachdrücklich erinnert werden sollten. Die Demonstration fand in der Konferenzpause der Pariser Tagung des Rats der Außenminister statt. Zum gleichen Zeitpunkt hatte General Clay auch Gelegenheit, die Haltung Washingtons zu beeinflussen.

Zur Vorbereitung auf die zweite Phase der Pariser Außenministerkonferenz im Juni und Juli 1946 hatte das Kriegsministerium in Washington einen Bericht der amerikanischen Militärregierung angefordert, der Empfehlungen zur Lösung der deutschen Probleme – Reparationen, künftige politische Struktur, Wirtschaftseinheit usw. – enthalten sollte.[2] Eine Kursänderung der amerikanischen Deutschlandpolitik war nicht geplant, weder in Washington noch im Berliner Hauptquartier der US-Militärregierung, aber das Stadium der Stagnation sollte überwunden werden. General Clay telegrafierte seinen Bericht am 26. Mai 1946 nach Washington, den Status quo in Deutschland hatte er darin mit folgenden Sätzen umrissen: »Nach einem Jahr Besatzung bilden die Zonen hermetisch abgeschlossene Gebiete mit fast keinerlei freiem Austausch an Gütern, Personen und Ideen. Deutschland besteht heute aus vier kleinen Wirtschaftseinheiten, die miteinander nur auf Vertragsbasis verkehren können, trotz der Tatsache, daß keine dieser Einheiten sich selbst erhält, obwohl das für die britische und die russische Zone erreichbar wäre. Wirtschaftseinheit kann nur durch einen freien Handel innerhalb Deutschlands und durch eine gemeinsame Außenhandelspolitik, die auf ganz Deutschland berechnet ist, erreicht werden. Eine gemeinsame Finanzpolitik ist von gleicher Wichtigkeit. Eine hemmungslose Inflation, begleitet von wirtschaftlicher Lähmung, kann jeden Augenblick losgehen. Drastische Steuerreformen – zur Verminderung von Geldumlauf und Zahlungsansprüchen, sowie zur Schuldenregelung – sind zum frühest möglichen Termin wesentlich. Mit unabhängigen finanziellen Maßnahmen in den einzelnen Zonen ist nichts zu erreichen. Gemeinsame Richtlinien und ihre Durchführung im ganzen Land sind gleicherweise bedeutend für Verkehr, Nachrichtenwesen, Lebensmittelversorgung und Landwirtschaft, sowie Industrie und Außenhandel, wenn der wirtschaftliche Wiederaufbau ermöglicht werden soll.«[3]

Clay verwies auch auf die Widersprüche zwischen dem Industrieplan des Alliierten Kontrollrats vom März 1946 (mit dem Industrieniveau und Lebensstandard in Deutschland auf den Stand des ökonomischen Krisenjahrs 1932 festgeschrieben werden sollte) und der wirtschaftlichen Realität: »Der Deutschland zu belassende Nachkriegs-Industriestand, der die Grundlage der Reparationen ist, setzt die Behandlung Deutschlands als eine Wirtschaftseinheit voraus. Andernfalls wäre es völlig unmöglich ihn beizubehalten, und dies müßte zum wirtschaftlichen Chaos in Deutschland führen. Das träfe besonders die amerikanische Zone, die keine Rohstoffe hat, und würde eine dauernde finanzielle Belastung der Vereinigten Staaten auf Jahre hinaus schaffen. Da die Abmachungen fehlen, die für eine wirtschaftliche Einigung erforderlich sind, haben wir die Demontage von Reparationswerken eingestellt; ausgenommen bleiben jene, die für Vorauslieferungen bestimmt waren. Wenn es uns nicht gelingen sollte, die wirtschaftliche Einheit zu erreichen, wäre eine weitere Demontage eine Katastrophe. Sollte dies der Fall sein, dann dürften von der amerikanischen Zone nur solche Werke entfernt werden, die ausschließlich zur Fertigung von Kriegsgerät errichtet sind. Wenn die wirtschaftliche Einheit hergestellt wird, besteht kein Grund, den Reparationsplan nicht prompt wiederaufzunehmen.«[4]

General Clay hielt ferner den Zeitpunkt für gekommen, eine provisorische deutsche Zentralregierung zu bilden. Als Modell schwebte ihm dabei der Länderrat der US-Zone vor: Die Ministerpräsidenten aller vier Besatzungszonen sollten das maßgebliche Übergangsgremium bilden, die sofort (wie in Potsdam vereinbart) zu errichtenden zentralen Verwaltungsstellen beaufsichtigen, einen Verfassungsentwurf für den künftigen demokratischen deutschen Bundesstaat ausarbeiten und einer gewählten verfassunggebenden Versammlung unterbreiten. Bedingung für Clays Deutschlandmodell war das Verbleiben von Rheinland und Ruhrgebiet im deutschen Staatsverband. Das betonte der Militärgouverneur ebenso ausdrücklich, wie er die Kontrolle der Kohlen- und Stahlindustrie durch eine internationale Ruhrbehörde empfahl. Über die Chancen der Verwirklichung seiner Vorschläge gab sich Clay allerdings keinen Illusionen hin: »Schließlich sind wir der Ansicht, daß diese unsere Vorschläge im allgemeinen für die Briten annehmbar sind. Theoretisch, da sie mit Potsdam übereinstimmen, sollten sie es auch den Russen sein, obwohl sich in Einzelheiten zahlreiche Meinungsverschiedenheiten mit den russischen Vertretern ergeben dürften. Grundsätzlich ist zu erwarten, daß die Franzosen diesen Vorschlägen starken Widerstand entgegensetzen werden. Falls jedoch in der nahen Zukunft keine Übereinstimmung entsprechend diesen Grundzügen erzielbar ist, stehen wir einer sich verschlechternden deutschen Wirtschaft gegenüber, die einen Zustand politischer Unruhe heraufbeschwören wird, der die Entwicklung des Kommunismus in Deutschland begünstigt und die Demokratisierung behindert. Der nächste Winter wird auf alle Fälle kritisch werden, und wenn es nicht gelingt, die wirtschaftliche Einigung vor seinem Anbruch durchzusetzen, wird er fast unerträglich werden. Die Leiden der deutschen Bevölkerung werden einen schweren Vorwurf gegen die Demokratie bilden und Gefühle des Mitleids erwecken, die sehr wohl unsere anderen Ziele in Deutschland unerreichbar machen könnten. Die britische und amerikanische Zone würden vereint binnen weniger Jahre dazu gelangen, sich selbst zu erhalten; allerdings müßte sie während dieser Periode mit Nahrungsmitteln versorgt werden, bis die Industrie so weit wiederaufgebaut ist, daß sie die erforderlichen Ausfuhren zur Bezahlung der Lebensmittelimporte aufzubringen vermag. In klarer Erkenntnis der politischen Folgerungen aus einer solchen Verschmelzung glauben wir hier doch, daß diese Folgerungen weniger schlimm wären als das Weiterbestehen der jetzigen hermetisch abgeschlossenen Zonen. Wenn es nicht möglich ist, die französische und die russische Einwilligung zu diesen Grundsätzen zu erlangen, würden wir sehr empfehlen, an die Briten heranzutreten, um ihre Bereitwilligkeit, ihre Besatzungszone mit der unsrigen zu vereinen, festzustellen. Wenn die Briten zum Vollzug dieser Verschmelzung bereit sind, sollten die französischen und die russischen Vertreter darauf hingewiesen werden, daß wir diese Verschmelzung noch vor dem Winter durchzuführen beabsichtigen, obwohl wir es weit lieber sähen, wenn eine Einigung unter den Alliierten über die Behandlung Deutschlands als Ganzes erreicht werden könnte.«[5]

Clay hatte diese Gedankengänge im Frühjahr 1946 am Rande der Pariser Konferenz schon mit Außenminister Byrnes besprochen, eine offizielle Reaktion aus Washington auf seinen Bericht vom 26. Mai war aber ausgeblieben. Clay blieb jedoch hartnäckig am Ball und drängte bei den maßgeblichen Stellen in Washington, dem Kriegsministerium, dem er unterstellt war, und dem Außenministerium, mit dessen Chef Byrnes er sich gut verstand, auf Entscheidungen. Auf der Regierungsebene agierte Amerika allerdings zurückhaltender: die Idee einer provisorischen Regierung für Deutschland wurde in Washington verworfen, die Aufforderung an die Alliierten zur Verschmelzung ihrer Zonen mit der amerikanischen zu einem einheitlichen ökonomischen Gebilde ohne politische Qualität hingegen vom amerikanischen Außenminister am 11. Juli 1946 ausgesprochen. Byrnes hatte die amerikanische Offerte am vorletzten Tag der Pariser Außenministerkonferenz abgegeben, nach ausweglosen Debatten mit Molotow über das Reparationsproblem, unter ebenso deutlichem Hinweis auf den provisorischen Charakter der propagierten Zonenvereinigung wie mit der bestimmten Feststellung, daß Amerika die Verantwortung für das Chaos nicht übernehmen könnte, das entstünde, wenn Deutschland weiterhin in der Gestalt »vier luftdichter Kammern« verwaltet würde.

Den Franzosen sollte das Angebot durch die Sanktionierung der Abtrennung des Saargebiets schmackhaft gemacht werden. Im Alliierten Kontrollrat erneuerte der amerikanische Vertreter General McNarney am 20. Juli 1946 die Aufforderung zum Zusammenschluß der US-Zone mit einem oder mehreren der übrigen Besatzungsgebiete, um die Behandlung Deutschlands als wirtschaftliche Einheit zu beschleunigen. Realisiert werden sollte der amerikanische Vorschlag durch »Verwaltungsmaßnahmen« im Finanz-, Transport- und Nachrichtenwesen sowie auf dem Gebiet der Industrie und des Außenhandels. Die Oberbefehlshaber der drei anderen Besatzungszonen nahmen das Programm zur Kenntnis. Der Kontrollrat vertagte sich ohne Diskussion.

Zehn Tage später, in der nächsten Kontrollratssitzung – der 35. Zusammenkunft der alliierten Statthalter –, erklärte Sir Sholto Douglas im Namen der britischen Regierung, er sei ermächtigt, das amerikanische Angebot anzunehmen. Die Hoffnung, daß sich die Vertreter der Sowjetunion und Frankreichs anschließen würden, bestand schon nicht mehr, das hatte man in der Zwischenzeit bereits in der Prawda lesen bzw. einer Rede des französischen Außenministers Bidault entnehmen können. Vor diesem Hintergrund versicherte das englische Kontrollratsmitglied, daß seine Regierung weit davon entfernt sei, die anglo-amerikanische Zonenverschmelzung als einen Schritt zur Teilung Deutschlands anzusehen. Sir Sholto Douglas interpretierte das Zusammengehen Washingtons und Londons als einen Schritt zur Behandlung Deutschlands als wirtschaftlicher Einheit im Einklang mit den Potsdamer Vereinbarungen. Marschall Sokolowski bezweifelte die Klugheit des britisch-amerikanischen Zusammengehens, und General Koenig erklärte, er habe keine Weisungen aus Paris erhalten.

Die Sowjetunion und Frankreich hatten damit de facto die Fusion aller vier Zonen abgelehnt. Ernsthaft gerechnet hatten Amerikaner und Engländer aber kaum mit der Möglichkeit, daß Moskau und Paris der Einladung folgen würden. Allenfalls auf die französische Mitwirkung hatten sie ein bißchen gehofft, dafür sprach das Zugeständnis, die französischen Ansprüche auf das Saargebiet zu unterstützen. Diesem Opfer versagte aber der Kreml seine Zustimmung, und das brachte wiederum Paris in Verlegenheit, denn an der französischen Regierungskoalition war die Kommunistische Partei beteiligt.[6]

Am 6. September 1946 verdeutlichte der amerikanische Außenminister Byrnes in seiner Stuttgarter Rede die Leitlinien der amerikanischen Deutschlandpolitik, in der die künftige Bizone ein sichtbarer Baustein war. Die Byrnes-Rede als Standortbestimmung der amerikanischen Außenpolitik, als Gegengewicht zu Molotows Erklärungen auf der Pariser Außenministerkonferenz wird bis heute unterschiedlich interpretiert. Unter Historikern ist immer noch strittig, ob die amerikanischen Rügen für das Nichteinlösen des Potsdamer Besatzungsprogramms in erster Linie den Herren im Kreml oder hauptsächlich denen am Quai d'Orsay galten, ob die feierliche Ansprache des US-Außenministers einen Wendepunkt der amerikanischen Politik markierte oder lediglich den bislang mehr stillschweigend verfolgten Kurs der Militärregierung in Deutschland öffentlich sanktionierte. Die Rede wurde als Abrechnung mit der französischen Obstruktion im Kontrollrat verstanden[7], aber auch als Liebeswerben um Frankreich[8]. Byrnes betonte jedenfalls mehrmals die Absicht der Amerikaner, an den wesentlichen Potsdamer Vereinbarungen, vor allem an der Wiederherstellung der wirtschaftlichen Einheit Deutschlands, festzuhalten, notfalls allerdings im kleineren Rahmen der angloamerikanischen Kooperation.

Die amerikanische Initiative zur Zonenfusion im Sommer 1946 war aber noch keine Absage an eine gesamtdeutsche Lösung. Politische Intentionen für einen Weststaat gab es zu dieser Zeit weder bei General Clay noch bei Minister Byrnes[9], auch wenn deren Hoffnung auf Kompromisse mit der Sowjetunion nahe dem Nullpunkt angelangt war.[10] Die späteren politischen Konsequenzen des Zonenzusammenschlusses wurden im Sommer und Herbst 1946 bei Amerikanern und Briten allenfalls geahnt. Solches Ahnen wurde mit Aktionen wie der Byrnes-Rede auf hohem Niveau beschwichtigt, auf niedrigerer Ebene wurde peinlich darauf geachtet, die Kooperation der beiden Besatzungszonen strikt auf ökonomische und administrative Maßnahmen zu beschränken. Aber mehr noch als die Alliierten lebten die meisten Deutschen zu jener Zeit im Stadium der Illusion; das Gespenst des Zerfalls der deutschen Nation war ihnen noch nicht erschienen.

Am 2. Dezember 1946 unterzeichneten in New York die Außenminister Bevin und Byrnes das Abkommen über die Zusammenlegung der britischen und der amerikanischen Besatzungszone. Mit dem Ziel, die wirtschaftliche Selbständigkeit des Gebiets bis Ende 1949 zu erreichen, war darin die Absicht beurkundet worden, die einheimischen Hilfsquellen dieses Gebiets und alle Einfuhren zusammenzufassen, um einen gemeinsamen Lebensstandard herzustellen. Unter Verantwortung des amerikanischen und des britischen Oberbefehlshabers sollten die notwendigen deutschen Verwaltungsbehörden eingesetzt werden. Das Abkommen sollte gelten, »bis ein Abkommen über die Behandlung ganz Deutschlands als wirtschaftliche Einheit abgeschlossen wird«, und in jährlichen Abständen sollte es überprüft werden. Am 1. Januar 1947 wurde der britisch-amerikanische Vertrag rechtskräftig. Das war die offizielle Geburtsstunde der Bizone.

2. Die Fusion der amerikanischen mit der britischen Zone. Der erste Versuch

In die Tat umgesetzt wurde der Entschluß zur Verschmelzung der beiden Zonen aber schon im September 1946. Am 6. August hatte General Clay im Länderrat der amerikanischen Zone in Stuttgart die süddeutschen Ministerpräsidenten von den Fusionsplänen offiziell unterrichtet und sie beauftragt, mit deutschen Repräsentanten der britischen Zone die notwendigen Vereinbarungen auszuarbeiten. Die Richtlinien dazu seien innerhalb sehr kurzer Zeit zu erwarten. Eine Woche später, am 14. August, wurden auch die deutschen Politiker in der britischen Zone von General Robertson instruiert. Seiner Ansprache vor dem Zonenbeirat des britischen Besatzungsgebiets in Hamburg waren bereits die Grundzüge der künftigen Organisation zu entnehmen, über die sich die beiden stellvertretenden Militärgouverneure Clay und Robertson am 9. August verständigt hatten: Für die fünf Sachgebiete Wirtschaft, Ernährung und Landwirtschaft, Verkehr, Finanzen sowie Post- und Fernmeldewesen waren gemeinsame Verwaltungen vorgesehen, deren Personal aus beiden Zonen rekrutiert werden sollte.

Äußerlich fügten sich die britische und die amerikanische Zone aufs beste zueinander. In der Bizone, die 58 % des Territoriums und 58,7 % der landwirtschaftlichen Nutzfläche des unter alliierter Kontrolle stehenden Rests des Deutschen Reichs umfaßte, lebten Ende 1946 fast 39 Millionen Menschen, das waren 60,4 % der Bevölkerung aller vier Zonen, darunter mehr als 3 Millionen Heimatvertriebene und Flüchtlinge im britischen und über 2,7 Millionen im amerikanischen Besatzungsgebiet.[11]

Als gemeinsamer Wirtschaftsraum hatte die Bizone ziemlich exakt die gleiche wirtschaftliche Struktur wie das Deutsche Reich der Vorkriegszeit; die beiden Zonen ergänzten sich geradezu ideal. In der britischen Zone gab es Rohstoffe und Grundindustrien, vor allem die lebenswichtige Kohle, in der US-Zone dominierte die verarbeitende Industrie. Die Landwirtschaft war in beiden Gebieten ungefähr gleich stark. Die amerikanische Zone verfügte über ein größeres Arbeitskräftepotential (gut ein Drittel des Gesamtpotentials aller vier Zonen), dafür wurde in der britischen Zone 1946 mehr als ein Drittel des gesamten Volkseinkommens erwirtschaftet.[12]

So harmonisch sich die beiden Teile der Bizone in ökonomischer Ergänzung zusammenfügen ließen, so problematisch waren die Unterschiede ihrer administrativen und politischen Strukturen. Die Amerikaner hatten in ihrer Zone schon im Herbst 1945 den drei Ländern Bayern, Hessen und Württemberg-Baden gesetzgebende, vollziehende und richterliche Gewalt übertragen, die unter der Kontrolle der Militärregierung voll ausgeübt werden durfte. Ebenfalls im Herbst 1945 war der Länderrat als Koordinierungsinstrument für gemeinsame Belange und als Instanz zur Regelung von Problemen oberhalb der Länderebene installiert worden. Der Länderrat, der regelmäßig in Stuttgart tagte, bestand aus den drei süddeutschen Ministerpräsidenten (der Bremer Bürgermeister kam 1947 dazu), deren Beschlüsse einstimmig gefaßt werden mußten. Sachfragen wurden in Hauptausschüssen, Ausschüssen und Unterschüssen (die Mitglieder waren Vertreter der Landesregierungen) geklärt. Das Generalsekretariat, im Juni 1946 zum Direktorium erweitert, bereitete die Sitzungen des Länderrats vor, führte dessen Beschlüsse aus und steuerte die Tätigkeit der Ausschüsse.

Die politische Geographie der britischen Zone sah völlig anders aus. Die Länder Niedersachsen, Nordrhein-Westfalen und Schleswig-Holstein wurden erst Ende 1946 konstituiert, bis dahin existierten als Verwaltungseinheiten neben den kleineren Ländern Braunschweig, Lippe, Oldenburg und Hamburg die ehemals preußischen Provinzen Westfalen, Hannover und Schleswig-Holstein sowie Teile der Rheinprovinz. Diese Territorien waren mit erheblich geringeren Befugnissen als die Länder der US-Zone ausgestattet, die Gesetzgebung war ausschließlich Sache der Engländer. Als deutsche Hilfsorgane der Militärregierung waren zonale Zentralverwaltungen errichtet worden, die nach britischen Weisungen arbeiteten und nach dem zentralistisch-monokratischen Behördenprinzip der früheren Reichsverwaltung aufgebaut waren. Der Zonenbeirat in Hamburg hatte als quasi parlamentarisches Organ, in dem Vertreter von Parteien, Ländern, Provinzen, Gewerkschaften und Fachleute aus den Zonenzentralämtern saßen, ebenfalls nur die Aufgabe, die britische Militärregierung zu beraten.

Im Widerstreit lagen aber nicht nur die Maximen der Administration, das föderalistische Kollegialprinzip im Süden und das zentralistische Behördenprinzip im Norden. Auch das politische Bewußtsein unterschied sich in beiden Zonen, einerseits als Folge des amerikanischen Stils, von unten her zu demokratisieren und Verantwortung möglichst früh auf gewählte deutsche Gremien zu übertragen, andererseits als Wirkung der britischen Besatzungspolitik, die wesentlich später und in viel geringerem Umfang Befugnisse in deutsche Hände gab. Amerikaner und Deutsche in der US-Zone waren darin einig, daß deren »politisches System« – falls es erlaubt ist, diesen Begriff auf die Situation im amerikanischen Besatzungsgebiet anzuwenden – das bestmögliche sei, und sie waren gegenüber der britischen Zone nicht ohne missionarischen Eifer. Reinhold Maier, der temperamentvolle Ministerpräsident Württemberg-Badens, war des unausgesprochenen Beifalls seiner amerikanischen Kontrolleure sicher, als er in der verfassunggebenden Landesversammlung in Stuttgart Ende September 1946 unter lebhaftem Applaus erklärte: »Für das zukünftige Deutschland liegt das Heil nicht in gigantischen Zentralämtern, die, vollgepfropft mit der aus Berlin geflohenen Reichsministerialbürokratie, in deren Manier weiterarbeiten.«[13]

Am liebsten hätten die süddeutschen Ministerpräsidenten die Länderratsidee auch in der britischen Zone verwirklicht gesehen und gemeinsam mit ihren norddeutschen Kollegen am Neubau eines föderalistisch organisierten Gesamtstaats gearbeitet.

Daß mit der Fusion der beiden Besatzungzonen kein politischer Zusammenschluß beabsichtigt war und die Organisation der Bizone die unterschiedlichen politischen Strukturen ihrer beiden Bestandteile, den amerikanischen bzw. den britischen Herrschaftsbereich in Deutschland, nicht tangieren sollte, hatten sowohl Clay (am 6. August) als auch Robertson (am 14./15. 8. 1946) mit aller Deutlichkeit zu erkennen gegeben. Der amerikanische General hatte in Stuttgart erklärt: »Ich möchte Sie jedoch davon unterrichten, daß die wirtschaftliche Einigung unserer beiden Zonen in einer Weise durchgeführt werden wird, daß die politische Struktur, wie sie jetzt in der Zone der Vereinigten Staaten besteht, nicht beeinträchtigt wird.« Der Chef der britischen Militärregierung hatte in Hamburg die unterschiedlichen Auffassungen noch schärfer betont: »Einige Probleme, die sich bei dieser Neuordnung ergeben, sind die großen Verschiedenheiten der britischen und amerikanischen Zone bezüglich der Verwaltung. Wie das britische Beispiel ist, wissen Sie. In der amerikanischen Zone sind die Regierungsgewalten zum großen Teil dezentralisiert im Länderrat. Und General Clay ist sehr darauf bedacht, daß dieser neue Plan den Länderrat nicht beeinflussen dürfte. Ich habe mir ein Vergnügen daraus gemacht, ihm zu erklären, daß ich nicht die Absicht und den Wunsch hätte, mich in seine Angelegenheiten zu mischen, solange er nicht die Absicht und den Wunsch hat, sich in meine Angelegenheiten zu mischen. Insofern glaubt er, daß er ein gutes System ausgearbeitet hat. Es ist ihm lieb geworden. Mir ist unser System auch lieb geworden. In dieser Beziehung bin ich sicher, daß sich keine Schwierigkeiten ergeben, sicherlich nicht in der nächsten Zukunft.«[14]

Tatsächlich ging es unter dem Termindruck, den die Besatzungsmächte erzeugten, schnell und scheinbar auch reibungslos vorwärts. Noch im August 1946 trafen sich deutsche Delegierte beider Zonen, um die Einzelheiten der Fusion auszuarbeiten. Für die amerikanische Zone hatte der Länderrat für jedes Ressort je einen bayerischen, hessischen und württemberg-badischen Vertreter ernannt; für die britische Zone, in der die späteren Länder noch nicht existierten, waren die deutschen Vertreter direkt von der Militärregierung bestimmt worden, und zwar überwiegend die Chefs der zentralen Zonenämter wie der Leiter des Zentralamts für Ernährung und Landwirtschaft, Reichsminister a. D. Hans Schlange-Schöningen, und der Leiter des Zentralamts für Wirtschaft, Viktor Agartz. In Ausführung der britischen und amerikanischen Vorgaben handelten die deutschen Zonenvertreter untereinander und mit den Militärregierungen fünf Verwaltungsabkommen aus, von denen die ersten am 10. September, das letzte am 1. Oktober 1946 unterzeichnet und wenig später von den Militärregierungen genehmigt wurden. In der US-Zone waren die Verwaltungsabkommen im Länderrat erörtert und gebilligt worden, in der britischen Zone fand keine Überprüfung durch deutsche Gremien statt.

Mit diesen Abkommen wurden fünf bizonale Ressorts geschaffen, deren Aufbau sofort begann. Anglo-amerikanischer Intention entsprechend – jeder Anschein einer politischen Fusion und einer zweizonalen Hauptstadt sollte ja peinlich vermieden werden – wurden die fünf Verwaltungen über das ganze Gebiet der Bizone verstreut. Die Verwaltung für Wirtschaft wurde in Minden etabliert, das Ressort Ernährung und Landwirtschaft kam nach einigem Hin und Her (Bad Kissingen war ursprünglich vorgesehen) nach Stuttgart, die Verkehrsverwaltung residierte in Bielefeld (sie hatte eine Außenstelle für Seehäfen und Küstenschiffahrt in Hamburg), die Verwaltung für Finanzen hatte ihren Sitz in Bad Homburg v. d. H., und das Post- und Fernmeldewesen wurde von Frankfurt aus dirigiert. Um den Sitz der einzelnen Verwaltungen hatte es unter Deutschen wie zwischen Amerikanern und Briten ein Tauziehen gegeben. Der bayerische Wunsch, die Wirtschaftsverwaltung in Bad Brückenau anzusiedeln, war in der britischen Zone belächelt worden, wie das hessische Verlangen, dieses – das wichtigste – Ressort nach Hessen zu bekommen, erfolglos blieb. Sachzwänge, nämlich die Existenz des Zentralamts für Wirtschaft der britischen Zone in Minden, das in der neuen bizonalen Verwaltung aufgehen sollte, und die Forderung der britischen Militärregierung, die dieses Amt in ihrer Zone haben wollte, sprachen für Minden, die endgültige Entscheidung war nach stundenlanger Debatte zwischen Amerikanern und Briten zustande gekommen: die Amerikaner hatten als Sportsleute schließlich Losentscheid durch das Werfen einer Münze vorgeschlagen und verloren. Um die süddeutschen Gefühle zu schonen, war wenigstens vereinbart worden, daß der Verwaltungsrat für Wirtschaft mindestens zu Beginn seiner Tätigkeit auch in Frankfurt tagen durfte.

Die Abkommen vom September/Oktober 1946, mit denen die bizonalen Organisationen gegründet wurden, waren in Form und Sache so weit wie möglich gleichlautend abgefaßt worden. Die Spitze jeder der fünf Fachverwaltungen bildete ein Verwaltungsrat (so war »Executive Committee« übersetzt worden), der mit Ausnahme der Postverwaltung jeweils aus den drei Fachministern der Länder der US-Zone sowie aus drei – von der dortigen Militärregierung ernannten – Vertretern der britischen Zone gebildet wurde. Anfang 1947, nach der Konstituierung der Länder im britischen Besatzungsgebiet, wurden die Ressortchefs von Niedersachsen, Schleswig-Holstein und Nordrhein-Westfalen Vertreter in den bizonalen Verwaltungsräten. Im Frühjahr 1947 kamen zwei neue Verwaltungsratsmitglieder in jedem der fünf Gremien hinzu, je einer für Bremen und für Hamburg.[15]

In den Verwaltungsräten wurde mit einfacher Stimmenmehrheit be-

schlossen. Der Vorsitzende, der vom Verwaltungsrat gewählt wurde, war zugleich Chef der entsprechenden Behörde, des Verwaltungsamts. Die einzelnen Ämter waren in ihrer Funktion und ihrem Aufbau höchst unterschiedlich konstruiert. Die Verkehrsverwaltung in Bielefeld war eine kleine Zentralbehörde mit Koordinationsaufgaben für die Bereiche Eisenbahn, Seehäfen und Binnenschiffahrt (Straßenverkehr blieb Ländersache). Beim Post- und Fernmeldewesen existierte lediglich ein Sekretariat, das die Beschlüsse des Verwaltungsrats an die Nachfolgeinstanzen der Reichspost auf bizonalem Gebiet weitergab. Auch der Deutsche Finanzrat – so die offizielle Bezeichnung der bizonalen Finanzverwaltung – konnte sich dank der Strukturunterschiede in beiden Zonen auf wenige Sachverständige beschränken. Generell war der Finanzrat zuständig für Steuern, Zölle, Finanzausgleich, Kriegsschulden und Besatzungskosten, Bankenaufsicht, Versicherungen usw. Während in der US-Zone die Länder die ausschließliche Finanzhoheit besaßen, waren die Zuständigkeiten im britischen Besatzungsgebiet auf zonaler Ebene zentralisiert.
Aufgrund der Unvereinbarkeit der beiden Systeme war die Tätigkeit des Finanzrats in Bad Homburg darauf beschränkt, Koordinationsbeschlüsse für die Länder der US-Zone bzw. Empfehlungen für die Militärregierung der britischen Zone auszuarbeiten. Auf bizonaler Ebene fungierte der Finanzrat als Prüfungsinstanz für die Haushalts- und Stellenpläne aller Verwaltungsbehörden.[16]
Ganz andere Dimensionen hatten die Verwaltungen für die beiden damals wichtigsten Bereiche, für Ernährung und Landwirtschaft und für Wirtschaft. Hier waren die größten Probleme zu lösen, und hier gab es auch die größten politischen Schwierigkeiten. An der Spitze der Verwaltung für Ernährung und Landwirtschaft in Stuttgart stand der Liberale Hermann Dietrich, der als Reichsminister für Ernährung (1928–1930), für Wirtschaft (1930) und als Reichsfinanzminister im Kabinett Brüning (1930–1932) einschlägige Erfahrung als Fachmann und Ressortchef hatte. Im Winter 1946 war er mit seinem Verwaltungsrat für die Erfassung, Ablieferung und Verteilung, die Rationierung und Lagerung der Nahrungsmittel, ferner für den Ausgleich zwischen den Ländern der Bizone und für die Planung und Verteilung der Nahrungsmitteleinfuhren aus dem Ausland oder den anderen Besatzungszonen zuständig. Auf dem Erzeugungssektor oblagen ihm der jährlich aufzustellende Erzeugungsplan, die Bestimmung des Bedarfs wie die Zuteilung von Düngemitteln, landwirtschaftlichen Maschinen, Schädlingsbekämpfungsmitteln und die Saatgutbeschaffung. Mit anderen Worten: Das Stuttgarter »Verwaltungsamt für Ernährung und Landwirtschaft des amerikanischen und britischen Besatzungsgebiets« – man hätte sagen können, das Ernährungsministerium der Bizone – mußte rigorose Zwangswirtschaft betreiben im

Kampf gegen Länderegoismen und gegen die Konkurrenz des Zentralamts für Ernährung und Landwirtschaft in der britischen Zone, das fortbestand. Der Leiter dieser Behörde, der ehemalige Reichsminister Schlange-Schöningen, war übrigens Stellvertreter Dietrichs im bizonalen Ernährungsrat in Stuttgart, er hatte sich im zweiten Wahlgang gegen den damaligen Vorsitzenden des Westfälischen Bauernbundes, Heinrich Lübke, durchsetzen können.
Am stärksten prallten die Gegensätze zwischen Nord und Süd, zwischen den politischen Exponenten der britischen und der amerikanischen Domäne, im Bereich der Wirtschaftsverwaltung aufeinander. Hier wurde auch schon am heftigsten wieder Politik gemacht. Den Grundstock des Verwaltungsamts für Wirtschaft in Minden bildete das dortige Zentralamt für Wirtschaft in der britischen Zone. Die bizonale Wirtschaftsverwaltung hatte im Herbst 1946 ihre Tätigkeit aufgenommen, die förmliche Überführung des Zentralamts unter Viktor Agartz dauerte aber bis Anfang 1947. Bis dahin diente das Zentralamt auch der bizonalen Instanz als Vollzugsorgan. Diese Situation war kompliziert genug, hinzu kam aber noch, daß man in Süddeutschland dem Zentralamt für die britische Zone und seinem Leiter seit langem mit großem Mißtrauen und tiefer Skepsis gegenüberstand. Viktor Agartz, Sozialdemokrat marxistischer Observanz und Gewerkschafter, galt nicht zu Unrecht als Exponent zentralistischer Gedankengänge, der im beginnenden Streit um die Legitimität der nationalen Repräsentation – Ministerpräsidenten oder Parteien – frühzeitig Position gegen jede Länderhoheit bezogen hatte. Er lehnte logischerweise die Kontrolle bizonaler Gremien durch Länderinstanzen oder -vertreter ab. In Übereinstimmung mit Kurt Schumacher wäre ihm am liebsten gewesen, wenn alle Hoheitsfunktionen bis zum Zusammentreten einer deutschen Nationalversammlung von den Militärregierungen wahrgenommen würden. Aus süddeutsch-föderalistischer Sicht war diese Haltung aber im August 1946 schon ein Rückschritt gegenüber den Verhältnissen in der US-Zone.[17]
Während die Verhandlungen über die zweizonalen Verwaltungsabkommen liefen, hatte sich der Generalsekretär des Stuttgarter Länderrats, der Sozialdemokrat Erich Roßmann, einen Eindruck vom »Mindener Geist« – das Schlagwort kursierte im US-Zonen-Länderrat – verschafft. »Die Verhandlungen fanden in einem sehr freundschaftlich gehaltenen Ton statt«, schrieb Roßmann in seinem Reisebericht, »aber ich schied doch unter dem Eindruck, daß in den Mindener Kreisen ein starker zentralistischer Machtwille entwickelt ist, hinter dem sich vielleicht auch persönliche Interessen verbergen. Die Atmosphäre, wie ich sie empfand, läßt mich das Auftreten großer Schwierigkeiten befürchten ... Der Apparat scheint mit treibhausartiger Raschheit entwickelt worden zu sein, wobei

ich dahingestellt sein lasse, ob man damit für die kommenden Verhandlungen bewußt ein fait accompli schaffen wollte.«[18] Nachdem Minden zum Sitz der bizonalen Verwaltung für Wirtschaft bestimmt worden war, brachten die süddeutschen Ländervertreter auf Weisung ihrer Ministerpräsidenten wenigstens die Kandidatur von Agartz – die von den Vertretern der britischen Zone ebenso wie von der britischen Militärregierung und vom SPD-Parteivorstand unterstützt wurde – zu Fall. Der bayerische Wirtschaftsminister, der parteilose Professor Ludwig Erhard, hatte bei der ersten Sitzung des Verwaltungsrats für Wirtschaft erklärt, der Name Agartz sei in Süddeutschland ein Programm, er stehe für Zentralisierung, Planwirtschaft, Sozialisierung, insofern sei die Wahl des Vorsitzenden eine politische Wahl, da Süddeutschland in dieser Hinsicht eine andere Haltung einnehme.[19] Am 24. September wurde der hessische Wirtschaftsminister Rudolf Mueller, ein Liberaler, zum Vorsitzenden des Verwaltungsrats und zum Leiter seines Vollzugsorgans, des Wirtschaftsamts, gewählt. Agartz und mit ihm der Parteivorstand der SPD waren schwer verstimmt. Zwei Tage nach der Wahl wetterte Kurt Schumacher auf einer SPD-Delegiertenkonferenz in Köln gegen die Besatzungsbehörden und gegen die neuen Zweizonendienststellen, die von Kapitalisten kontrolliert seien. Die SPD-Minister in den Ländern wurden zum Rücktritt aufgefordert, wenn die Westmächte nicht der sozialdemokratischen Forderung nach einem Einheitsstaat nachkämen.[20]

Unter Leitung Rudolf Muellers nahm der Verwaltungsrat für Wirtschaft noch im September 1946 seine Tätigkeit auf; er widmete sich zunächst dem Aufbau der Behörde (also der Umstrukturierung des Zentralamts für die britische Zone), der Personalbesetzung, der Besoldung, wobei die Ministerialzulagen nicht vergessen wurden. Der Haushalt wurde mit einem Vorschuß von 600000 RM (von denen die britische Zone die Hälfte und die Länder der US-Zone je 100000 RM aufbrachten) in Gang gesetzt. Bald kümmerte sich die Wirtschaftsverwaltung auch um grundsätzliche Dinge wie die Neuordnung des Preis- und Lohnsystems, die Reform des Geldwesens, die Beseitigung produktionshemmender Steuergesetze, die Einstellung der Demontagen, die Aufstellung eines Wirtschafts- und Ausfuhrplans und anderes mehr.[21] Betrüblich war nur, daß dem Verwaltungsamt für Wirtschaft für die Lösung solcher Probleme größtenteils die Kompetenz fehlte. Zum Zuständigkeitskatalog des Amts gehörten Grundsatzfragen des Wirtschaftsrechts, der Außen- und Interzonenhandel und der Binnenhandel, die Planung und Produktionslenkung der Gütererzeugung, die Verkaufs- und Verbrauchslenkung der Güter, Preisbildung und Preislenkung, industrielle Normung, Wirtschaftsstatistik und die Erzeugung, Zuteilung und Verteilung von Gas, Wasser und Elektrizität.

Die beiden wichtigsten Industriezweige waren jedoch deutschem Einfluß weitgehend entzogen. Die Eisen- und Stahlunternehmen der britischen Zone waren seit Anfang 1946 beschlagnahmt. Sie unterstanden seit August 1946 der North German Iron and Steel Control in Düsseldorf, der die Verwaltung bis zum Vollzug der in Potsdam beschlossenen Entflechtung der Konzerne und Kartelle oblag. In den einzelnen Fabriken saßen britische Kontrollbeamte, unterstützt von Fachkräften der deutschen Treuhandverwaltung. North German Iron and Steel Control wurde Ende 1948 in die britisch-amerikanische Steel Group umgewandelt und im April 1948 durch Beitritt der Franzosen zur Combined Steel Group erweitert.
Die Kohlengruben unterstanden seit Juli 1945 der North German Coal Control in Essen-Heisingen, das Vermögen der 67 Gesellschaften wurde von der britischen Militärregierung verwaltet. Im Oktober 1947 wurde, als Folge der Ruhrkohlenkonferenz in Washington, eine gemeinsame britisch-amerikanische Kontrollbehörde geschaffen (UK/US Coal Control Group), die im November 1947 der neugeschaffenen Deutschen Kohlenbergbauleitung in Essen die Aufgabe übertrug, die Produktion zu lenken und vor allem zu steigern.[22] Die Oberaufsicht im gesamten Kohle- und Stahlbereich blieb bei den Besatzungsmächten.
Im Januar 1947 ergab sich die politische Konstellation, in der die Sozialdemokraten die bizonale Verwaltung für Wirtschaft mit ihrem Wunschkandidaten besetzen konnten. Eine Voraussetzung war die Neubildung der Kabinette in den süddeutschen Ländern nach den Landtagswahlen und Volksabstimmungen über die neuen Verfassungen (am 24. November in Württemberg-Baden und am 1. Dezember 1946 in Bayern und Hessen) gewesen. In Württemberg-Baden war unter Reinhold Maier (DVP/FDP) eine Allparteienregierung aus den Wahlen hervorgegangen, in Bayern regierte unter Hans Ehard (CSU) eine Koalition aus CSU, SPD und der Wirtschaftlichen Aufbauvereinigung (WAV) von Alfred Loritz, in Hessen war eine Große Koalition aus SPD und CDU mit Ministerpräsident Christian Stock (SPD) gebildet worden. Die Wirtschaftsministerien wurden in allen drei Ländern von Sozialdemokraten besetzt, in Stuttgart mit Hermann Veit, in München mit Rudolf Zorn und in Wiesbaden mit Harald Koch. Die andere Voraussetzung für den Wechsel an der Spitze der Mindener Wirtschaftsverwaltung war die Entscheidung der Engländer vom 13. Januar 1947, künftig automatisch die Wirtschaftsminister der Länder ihrer Zone in den Verwaltungsrat für Wirtschaft zu entsenden.
Ebenso wie in den Hansestädten, die im Februar 1947 Stimmrecht in den Verwaltungsräten erhielten, gehörten die Wirtschaftsminister in Niedersachsen (Alfred Kubel), Schleswig-Holstein (Bruno Diekmann) und Nordrhein-Westfalen (Erik Nölting) der SPD an. Der Sturz des Vorsit-

zenden des Verwaltungsrats für Wirtschaft vollzog sich am 16. Januar 1947 in der 7. Sitzung des Gremiums. Vorbereitet worden war der Handstreich – der freilich in Form und Sache völlig legal war – im SPD-Hauptquartier in Hannover; dort war das Mißtrauensvotum gegen Rudolf Mueller, den »herzlosen, gewandten Rechtsanwalt, der es sehr geschickt mit den Besatzungsmächten kann« und dem »kapitalistische Einstellung« vorgeworfen wurde, am Vorabend der Verwaltungsratssitzung beschlossen worden. Einzelne Vorbehalte, etwa des Bremer Wirtschaftssenators Harmssen, aber auch Erik Nöltings, wurden der Parteiräson geopfert. Zu Beginn der Sitzung am 16. Januar verlas der Hamburger Senator Borgner »als erster im Alphabet« die von den Länderministern unterzeichnete Erklärung, die wirtschaftspolitische Einstellung und die bisherige Tätigkeit Muellers und seines Vertreters böten keine Gewähr für eine vertrauensvolle Zusammenarbeit. »Die unterzeichneten Wirtschaftsminister sind der Überzeugung, daß mit der Leitung des Verwaltungsrates Persönlichkeiten betraut werden müssen, die in ihren wirtschaftspolitischen Ansichten und in der Durchführung der praktischen Aufgaben des Amtes den wirtschaftlichen Notwendigkeiten für den Aufbau Deutschlands und Europas entsprechen.«[23]

Unmittelbar darauf wurde – wie in Hannover vorbereitet – Viktor Agartz zum neuen Vorsitzenden gewählt. Das Bild der Einstimmigkeit wurde lediglich von der Stimmenthaltung des bayerischen Vertreters getrübt; Minister Zorn war kein Freund von Agartz, er hatte vergeblich die Neuwahl aufzuschieben versucht und zuvor Beratungen in den Länderkabinetten verlangt.

Mit Agartz gelangte im Januar 1947 der wirtschaftspolitische Cheftheoretiker der SPD an die Spitze der Mindener Organisation. Agartz, der bis 1933 an leitender Stelle im Genossenschaftswesen praktische Erfahrungen gesammelt hatte, die er anschließend als Wirtschaftsprüfer noch ausbauen konnte, spielte beim Wiederaufbau der Gewerkschaften und der SPD eine wichtige Rolle; seit 1946 gehörte er dem Landtag von Nordrhein-Westfalen und dem Parteivorstand der SPD an. Er beriet Schumacher in allen Fragen der Wirtschafts- und Gesellschaftspolitik und begleitete ihn im Dezember 1946 auch auf seiner Englandreise. Agartz, ein eigenwilliger und im Umgang mit Andersdenkenden nicht eben konziliant zu nennender Mann – Anfang 1946 hatte er gegenüber britischen Offizieren erklärt, die Nazis hätten ihn nicht zwingen können, Nazi zu werden, und die Engländer könnten ihn auch nicht zwingen, einen Posten zu übernehmen, den er nicht wolle –, war ein unbedingter Verfechter einer gelenkten Wirtschaft, gesellschaftspolitisch kämpfte er für eine neue Wirtschaftsdemokratie. Er galt als Doktrinär und stand im Ruf, schroff und abweisend zu sein.[24]

Der Strategie des sozialdemokratischen Parteivorstands entsprechend, der freilich unter süddeutschen SPD-Politikern grundsätzliche und persönliche Vorbehalte gegenüberstanden, war die Schlüsselposition bizonaler Politik in Minden endlich mit dem richtigen Mann besetzt worden. Anderthalb Jahre nach Kriegsende, im Katastrophenwinter 1946/47, war freilich etwas anderes als die Planwirtschaft bei der Verwaltung des Hungers und des Mangels noch nicht denkbar. Im Mindener Wirtschaftsamt, das im Aufbau und in seiner Organisation dem ehemaligen Reichswirtschaftsministerium recht ähnlich war, wurde aber auch der Stellhebel für die wirtschaftspolitischen Weichen in die deutsche Zukunft vermutet, und zwar aus der Sicht der Hannoveraner SPD-Zentrale ebenso – daher ihr Interesse an dieser Position – wie in den Augen süddeutscher Föderalisten, deren Argwohn sich nach Agartz' Wahl verstärkte.
Über die Gründe der Abwahl Muellers gab es Anfang Februar eine kurze Unterhaltung zwischen Hans Möller, einem Referenten des Verwaltungsamts, der bei der Sitzung dabeigewesen war, und Gerhard Weisser, dem Generalsekretär des Zonenbeirats der britischen Zone. Der Sozialdemokrat Weisser erklärte Möller, der darüber einen Aktenvermerk anfertigte, die Sache folgendermaßen: »Vom Osten her sind die Bestrebungen zur Aufrichtung einer Diktatur des Proletariats wirksam, da man dort überzeugt sei, in einer bürgerlichen Demokratie den Sozialismus nicht verwirklichen zu können. Die Arbeiterschaft im Westen tendiert ebenfalls zu einer radikalen Lösung und sei nur durch eine sofortige Sozialisierung zu beruhigen. Da eine Sozialisierung auf parlamentarischem Wege zu lange dauert und womöglich überhaupt nicht zu realisieren ist, ergibt sich die Alternative für den Westen: Diktatur des Proletariats nach östlichem Vorbild oder schnelle Sozialisierung unter dem Schutze der Besatzungsmacht vor Wiederherstellung geordneter staatlicher Verhältnisse. Für Herrn Dr. Schumacher sei es klar, daß nur der zweite Weg in Betracht kommt, deshalb die Eroberung der Wirtschaftsministerien, die Besetzung des Verwaltungsamtes für Wirtschaft durch die SPD, die nun den Weg der Sozialisierung beschreiten würde. Dies die Theorie Dr. Weissers, der nach seiner Äußerung nicht mit Dr. Schumacher darüber gesprochen habe. Trotzdem sei anzunehmen, daß Dr. Schumacher ähnliche Gedankengänge habe.«[25]
Die Alliierten waren vom Mindener Handstreich überhaupt nicht begeistert. Clay und Robertson bestätigten zwar auf dem Dienstweg die Wahl von Agartz, ließen den Verwaltungsrat für Wirtschaft aber gleichzeitig wissen, daß es ihrer Ansicht nach von großer Bedeutung sei, »eine zweckmäßige Kontinuität der vollziehenden Leiter der bizonalen Verwaltungen in ihrem Amte zu erhalten, und daß sie im allgemeinen von den Verwaltungsräten nicht abberufen werden sollten, es sei denn aus begründetem

Anlaß«. Dem gestürzten Rudolf Mueller wurden ausdrücklich Dank und »Wertschätzung seiner Leistungen« übermittelt.[26]

Vom 23. bis 25. Januar 1947 waren die Ministerpräsidenten der Bizonen-Länder in Begleitung ihrer Wirtschafts- und Arbeitsminister ins Ruhrgebiet gereist. Es war eine Art Inauguralfahrt zur Bekräftigung der Zonenverschmelzung. In Essen gab es eine Konferenz in der Villa Hügel mit den beiden Militärgouverneuren, bei der das Problem der Kohlenförderung im Mittelpunkt stand. Anschließend durften die Deutschen im Sonderzug der alliierten Generale (die Salonwagen waren früher in Diensten nationalsozialistischer Prominenz gestanden) nach Minden mitfahren. Eine Aufzeichnung über die Reise, verfaßt von einem Beamten der bayerischen Staatskanzlei für Ministerpräsident Ehard, ist für die gegenseitigen Ressentiments aufschlußreich: »Am 25. 1. empfing vormittags Agartz die Generale Robertson und Keating im Verwaltungsamt für Wirtschaft. Die Ministerpräsidenten wurden hierbei von Agartz nicht begrüßt und nicht erwähnt, obgleich sie anwesend waren. Anschließend wurden die Abteilungsleiter des VAW den Generalen vorgestellt, was etwa eine Stunde dauerte, während niemand sich um die Ministerpräsidenten kümmerte. *MinPräs. Ehard* benutzte die Gelegenheit, sich einige Informationen über das VAW zu verschaffen, dessen Personalstand auf 1700 Personen angewachsen ist. Mueller hatte 800 Personen als notwendigen Stand bezeichnet. Die außerordentliche grundsätzliche Gefahr für die süddeutschen Staaten besteht darin, daß das VAW die Aufgaben des Zentralamtes für Wirtschaft der britischen Zone übernommen hat, da dort die Befugnisse der Wirtschaftsministerien nicht annähernd so weit gehen wie in der US-Zone. Es wird in der englischen Zone sozusagen der letzte Hosenknopf in Minden verplant: Die vorhandene Bürokratie beansprucht nun die gleichen Zuständigkeiten auch für die US-Zone.«[27]

Aber nicht nur Mißtrauen und Argwohn erschwerten das Funktionieren der bizonalen Organe. Deren Konstruktionsmängel standen vor allem der Verschmelzung der amerikanischen und der britischen Zone zu einer wirtschaftlichen Einheit – mehr war ja nicht beabsichtigt gewesen – im Weg. Die räumliche Trennung der zentralen Instanzen erwies sich als kaum überwindbares Hindernis, die desolate Situation der Transport- und Kommunikationsverhältnisse machten jeden Verständigungsversuch zu einem Abenteuer. Es gab auch, und das war ein weiterer entscheidender Mangel, keine Koordination zwischen den fünf Verwaltungen des Zweizonengebiets. Die gelegentlichen Besprechungen ihrer Vorsitzenden waren kein Ersatz für ein die Zusammenarbeit lenkendes gemeinsames Organ. Unbefriedigend war auch das Fehlen einer deutschen Kontrolle der bizonalen Einrichtungen. Durch die Fachminister der Länder, die in den Verwaltungsräten saßen, andererseits aber auch ihren Regierungen und (in der US-Zone ab Ende 1946) den Landtagen verantwortlich waren, existierte zwar eine gewisse Kontrolle der Zweizonenverwaltungen, bei der Kontrolleure und Kontrollierte allerdings personengleich waren. Der Süddeutsche Länderrat hatte schon im September 1946 gegenüber der amerikanischen Militärregierung dafür plädiert, die gemeinsamen Einrichtungen der beiden Zonen einem parlamentarisch organisierten Überwachungsausschuß zu unterwerfen.

Auf der Konferenz der Ministerpräsidenten beider Zonen in Bremen am 4. und 5. Oktober 1946 – die Veranstaltung war nicht als Bizonenkonferenz geplant gewesen, aber die Teilnehmer aus der französischen und der sowjetischen Besatzungszone hatten absagen müssen, ihre Sessel standen symbolisch-demonstrativ leer im Sitzungssaal[28] – hatten die Ländervertreter eine demokratisch-parlamentarische Überwachung der bizonalen Organe gefordert, und zwar durch Beiräte, die sich aus Mitgliedern der Landtage zusammensetzen sollten.[29] Die beiden Besatzungsmächte reagierten auf die deutschen Bitten nicht. Eine deutsche parlamentarische Kontrolle der Bizonenämter hätte nach ihrem damaligen Konzept der Verschmelzung ihrer Zonen einen unerwünschten politischen Anstrich gegeben.

Die Aufsicht der Verwaltungsräte durch die Militärregierungen war dagegen lückenlos und in mehreren Stufen organisiert. Jedem Verwaltungsrat stand eine paritätisch besetzte anglo-amerikanische Arbeitsgruppe (Bipartite Group) gegenüber, diesen vorgesetzt waren die »Bipartite Panels« in Berlin, Arbeitsstäbe, die aus den Abteilungsleitern der britischen und amerikanischen Militärregierung gebildet waren. Die alliierte Bizonen-Organisation endete an der Spitze im Bipartite Board, der aus den beiden Militärgouverneuren bestand.

Die Verwaltungsräte legten ihre Beschlüsse der zuständigen alliierten Instanz vor, das weitere fand sich dann innerhalb der Militärregierungsbürokratie. Auf dieser Ebene ging es um Zustimmung oder Ablehnung, die Ausführung der Beschlüsse war Sache der Deutschen. Dabei gab es beträchtliche Probleme. Nach dem Text der Verwaltungsabkommen waren die Länder verpflichtet, die Weisungen der Verwaltungsräte auszuführen, aber wie das bewerkstelligt werden sollte, war unklar geblieben. Über das Problem der Transformierung der Beschlüsse der Zweizonen-Verwaltungen in jeweiliges Landesrecht zerbrachen sich die Juristen bis ins Frühjahr 1947 hinein die Köpfe[30]. Die Staatsrechtler kamen schließlich zum Ergebnis, daß die Verwaltungsräte keine Befugnisse zu unmittelbaren Rechtsetzungsakten hatten. Die Militärregierungen gelangten im März 1947 zur gleichen Auffassung: Die Verwaltungsräte konnten lediglich Gesetze empfehlen, keineswegs erlassen. In der Praxis bedeutete das, da der Empfehlungsweg außerordentlich kompliziert war und außerdem die unterschiedlichen staatsrechtlichen Verhältnisse in der amerikanischen bzw. britischen Zone berücksichtigt werden mußten, daß keine einzige Gesetzempfehlung eines bizonalen Verwaltungsrats realisiert wurde.

Die Organisation der Bizone war im ersten Anlauf gescheitert, aber nicht nur an ihren Konstruktionsmängeln und am Mangel deutscher Kompetenzen. Zum Fiasko, wie es im Frühjahr 1947 auch die Militärregierungen empfanden, hatten auch die Gegensätze zwischen Nord und Süd beigetragen, die zwar durch die unterschiedlichen Zielvorstellungen der Amerikaner und Briten Ende 1946 schon stabilisiert waren, aber dank der Anpassungsbereitschaft der deutschen Politiker an die von der jeweiligen Besatzungsmacht geförderten Verhältnisse ungemein verstärkt wurden. Selbstverständlich spielten ältere Traditionen auch ihre Rolle. In Süddeutschland war die Neigung zum Zentralismus ja nie groß gewesen, und in den ehemals preußischen Provinzen der britischen Zone waren föderalistische Bestrebungen auch früher nicht eben gefördert worden. Jedenfalls hatten sich die Deutschen in den beiden Teilen der Bizone recht schnell an die von den Besatzungsmächten geschaffenen Strukturen gewöhnt und verteidigten sie notfalls auch gegeneinander.

Zum Mißerfolg der ersten Phase der Bizone hatte aber auch die Diskrepanz zwischen den Erwartungen der Anglo-Amerikaner und den Hoffnungen und Sehnsüchten der Deutschen beigetragen: Die Alliierten hatten bei der Verschmelzung ihrer Zonen an eine ökonomische Sofortmaßnahme zur Linderung der Not gedacht, die Deutschen zeigten demgegenüber großes Interesse an Grundsatzfragen, erörterten staats- und verfassungsrechtliche Prinzipien beim Aufbau der Zonenämter, die lediglich wirtschaftliches Krisenmanagement betreiben sollten, und diskutierten dort Probleme einer künftigen Wirtschafts- und Gesellschaftsordnung. Anders gesagt: Amerikaner und Engländer hatten bei der Zusammenlegung ihrer Zonen in erster Linie akute ökonomische Schwierigkeiten mit Hilfe deutscher Auftragsverwaltungen in den Griff bekommen wollen, für die Deutschen stand der Wiederaufbau ihrer Staatlichkeit im Vordergrund des Strebens. Die Anfänge der Bizone waren daher für alle Beteiligten enttäuschend.

3. Ein Parlament und eine Hauptstadt: Der zweite Versuch im Krisenjahr 1947

Die industrielle Produktion in der amerikanischen und in der britischen Zone, die im Sommer 1945 wieder in Gang gekommen war und sich dank vorhandener Ressourcen und Kapazitäten sehr viel günstiger entwickelt hatte, als gemeinhin vermutet wird, erlitt im Winter 1946/47 einen erheblichen Rückschlag, der im Februar 1947 seinen Tiefpunkt erreichte. Statistisch gesehen waren in beiden Zonen 1946 fast 40% des Vorkriegsstandes der Industrieproduktion wieder erreicht worden, im Februar 1947 waren es noch 29%. Das industrielle Rekonstruktionspotential hatte sich im Winter 1946/47 erschöpft.[31]

Der zweite Nachkriegswinter wurde für die ganze Wirtschaft eine dramatische Ouvertüre zum Krisenjahr 1947. Drei Frostwellen, die erst im März 1947 verebbten, brachten das gesamte Transportsystem an den Rand des Zusammenbruchs. Die Binnenwasserstraßen waren vereist, die Eisenbahn, die den weitaus überwiegenden Anteil an Verkehrs- und Transportleistungen erbringen mußte, befand sich in kläglichem Zustand, nicht so sehr mehr wegen der zerstörten Strecken als wegen des Mangels an rollendem Material, an betriebsfähigen Lokomotiven und an Kohle. Die Transportkrise allein war schlimm genug, sie verschärfte aber auch die Energiekrise (die lebenswichtige Kohle lag im Ruhrgebiet auf Halde, während die Industrie zum Stillstand kam und Schulen und Krankenhäuser ungeheizt blieben), und sie beschleunigte den Ausbruch der Ernährungskatastrophe.

Hatte der Ernährungsstandard in Deutschland im Jahre 1936 mit 3113 Kalorien pro Kopf und Tag noch über der vom Völkerbund aufgestellten Norm von 2400–3000 Kalorien gelegen, so war er bis zum Frühjahr 1945 allmählich auf 2010 abgesunken, um 1946 bei 1451 das statistische Minimum zu erreichen, das regional aber noch beträchtlich unterschritten wurde. Im Ruhrgebiet sanken die tatsächlichen Rationen im Frühjahr 1947 vorübergehend auf 700–800 Kalorien. Diese Zahlen sind aber höchstens als Annäherungswerte brauchbar, ein Bild der Wirklichkeit geben sie nicht. Kalorienwerte sagen über die Qualität der Lebensmittel noch nichts aus, und die Statistik schweigt über die enormen Unterschiede in der Versorgung ländlicher und großstädtischer Gebiete. Selbstversorger waren naturgemäß besser gestellt als die übrige Bevölkerung, die ihrerseits in verschiedene »Klassen« zerfiel, in diejenigen nämlich, die Möglichkeiten zu Hamsterfahrten aufs Land hatten oder auf dem schwarzen Markt ihren Lebensstandard aufbessern oder Kompensationsgeschäfte tätigen konnten, und in jene Bevölkerungsschicht, die ausschließlich auf die offiziellen Rationen angewiesen war. Die deutsche Sprache wurde in jener Zeit um ein inzwischen wieder vergessenes Verb bereichert. Man fringste dies und jenes, was zur Lebensnotdurft unentbehrlich war, und durfte sich dabei unter Berufung auf den Kölner Kardinal Josef Frings moralisch unbelastet fühlen.

Für den »Normalverbraucher« (so lautete die amtliche Umschreibung der individuellen Existenz) galt ein Kalender, der in vierwöchige »Zuteilungsperioden« unterteilt war. Diese Zeitrechnung hatte Ende August 1939 begonnen. Am 28. Februar 1947 fing die 99. Zuteilungsperiode an. In München wurden auf den Lebensmittelkarten, das waren damals die Grunddokumente menschlichen Daseins, 2 Punkte Spinnstoffe aufgerufen. Der Normalverbraucher konnte dafür »25 cm Bett- oder Leibwäsche, 80 cm breit, oder 1 Hosenträger, 2 Taschentücher oder 3 Kragen, ein Ersatzgesäß oder 2 Paar Annähsohlen« bekommen.[32]

Die amtliche Verteilung der Nahrungsmittel und der Austausch zwischen agrarischen und industriellen Gebieten klappte eher schlecht als recht, obwohl der eingespielte Erfassungs- und Verteilungsapparat aus der nationalsozialistischen Zeit, der »Reichsnährstand«, in den Westzonen bis Anfang 1948 weiterarbeitete. Die amerikanischen und britischen Besatzungsbehörden hatten dies ausdrücklich sanktioniert, weil sie befürchteten, die Versorgung der Bevölkerung breche ohne den Reichsnährstand zusammen.[33] In der Praxis funktionierte der Nahrungsmittel- und Güteraustausch aber nicht einmal innerhalb der Zonen – im britischen Besatzungsgebiet gab es z. B. Schwierigkeiten bei den Ausgleichslieferungen zwischen dem Rhein-Ruhr-Gebiet und den Agrarländern Schleswig-Holstein und Niedersachsen – geschweige denn über die Zonengrenzen hinweg.

Die Unzufriedenheit mit der bizonalen Organisation war allgemein, im Zentrum der Kritik stand das Mindener Amt für Wirtschaft. In der britischen Presse hieß es gar, eine wirtschaftliche Vereinigung der beiden Zonen habe überhaupt nicht stattgefunden – nicht zuletzt deshalb, weil die Amerikaner die Haltung der Länder ihrer Zone gegenüber der bizonalen Bürokratie unterstützten.[34] Darüber ärgerte sich wiederum General Clay, der seine Vorgesetzten in Washington ironisch darauf hinwies, daß es in der britischen Zone trotz der dortigen hervorragenden Administration zu Unruhen und Tumulten gekommen war.[35] Er spielte damit auf die Streiks und Hungerdemonstrationen im März und April 1947 im Ruhrgebiet an; am 9. Mai waren in Hamburg sogar 120000 Menschen zu einer gewerkschaftlichen Protestkundgebung auf die Straße gegangen. Der Hamburger Gewerkschaftsvorsitzende Kummernuss hatte angesichts der trostlosen Ernährungslage, der Wohnungsnot, des Mangels an Kleidung und des Fehlens von Heizmaterial die Weltöffentlichkeit um Hilfe gebeten.[36]

Auf deutscher Seite hielt sich der Verdruß der Süddeutschen über die »an Methoden einer totalitären Wirtschaftspolitik« erinnernde Politik des Mindener Wirtschaftsamts[37] in etwa die Waage mit norddeutschen Vorwürfen gegen den Egoismus der süddeutschen Länder, der in der Regel darin gipfelte, daß Bayern des Separatismus geziehen wurde.
Deutsche Pläne zur Verbesserung des Funktionierens der Bizone gab es, sie reichten sogar zurück bis in den August 1946, aber sie widersprachen sich gegenseitig, und die beiden Militärgouverneure wollten – jedenfalls vor der Moskauer Außenministerkonferenz im März und April 1947 – nichts davon wissen.
Gleich, nachdem die Pläne der Amerikaner und Engländer zur Zonenfusion bekannt wurden, hatte der hessische Staatssekretär Walter Strauß »Vorschläge für den organisatorischen Aufbau bei einer Vereinheitlichung von Besatzungsgebieten« ausgearbeitet, die Ministerpräsident Geiler Anfang August 1946 dem Stuttgarter Länderrat präsentierte: Strauß' Gedankengänge, die von den süddeutschen Ministerpräsidenten als Grundsatzprogramm akzeptiert wurden, bezogen sich auf die Bizone, hätten sich aber auf alle vier Besatzungsgebiete anwenden lassen. Kern des Plans war die Beseitigung aller zonalen Einrichtungen und die Übertragung der süddeutschen Länderratsidee auf beide Zonen. Dem »Deutschen Länderrate« – der Korporation aller Länderchefs unter wechselndem Vorsitz – sollten die zentralen Verwaltungen (»Staatssekretariate«) unterstellt sein, daneben sollte etwas später ein Parlament (»Deutscher Volksrat«), zusammengesetzt aus Vertretern der Landtage, treten.[38] Die Vorschläge, die bei der Bremer Interzonenkonferenz Anfang Oktober 1946 von den Länderchefs der Bizone an die Adresse der Alliierten gerichtet wurden, enthielten das gleiche Programm.[39] Im Januar 1947, anläßlich der Ruhrreise der Ministerpräsidenten, zeigte sich aber, daß auch auf deutscher Seite keine Einigung über einen bizonalen Länderrat zu erzielen war, und im Februar 1947, auf der Wiesbadener Ministerpräsidentenkonferenz, wiederholten Rudolf Amelunxen für Nordrhein-Westfalen und Hinrich Wilhelm Kopf für Niedersachsen ihre Weigerung, einem Ministerpräsidentenrat als Koordinationsorgan der bizonalen Behörden zuzustimmen. Sie beriefen sich auf die mangelnden Zuständigkeiten der Länder der britischen Zone (Schleswig-Holsteins Ministerpräsident Steltzer und Hamburgs Bürgermeister Brauer sympathisierten dagegen mit den süddeutschen Vorstellungen). Die Haupthindernisse lagen jedoch beim Zonenbeirat, dessen Generalsekretär Weisser die Kompetenz der Länderchefs bestritt und – in Übereinstimmung mit der SPD-Zentrale in Hannover – vor allem die politischen Parteien an der Kontrolle der Zweizonenämter maßgeblich beteiligt sehen wollte. Der sozialdemokratische Parteivorstand war geschlossen der Ansicht, »daß alles

getan werden müsse, damit die süddeutsche Auffassung nicht zum Siege komme, weil sie eine Gefährdung der gesamten politischen Entwicklung für den künftigen Reichsaufbau darstelle«.[40]

Am 23. Februar 1947 hatte General Clay die drei süddeutschen Ministerpräsidenten und den Senatspräsidenten von Bremen nach Berlin gebeten, um mit ihnen die Probleme der Zusammenarbeit zwischen den bizonalen Ämtern und den Ländern zu besprechen. Clay machte den Länderchefs der US-Zone klar, wie gefährlich ein Fehlschlag des Bizonenkonzepts sei. Auf eigene Verantwortung habe er 40 Millionen Dollar für den Aufbau der Industrie geborgt und weitere 300 Millionen Dollar zur Beschaffung von Lebensmitteln für die Bizone beim amerikanischen Congress beantragt. Über die Mängel der bizonalen Organisation waren sich die Konferenzteilnehmer einig; Clay versicherte auch, daß er mit General Robertson grundsätzlich übereinstimme, daß ein politisches Organ zur verantwortlichen Koordination der Zweizonenbehörden notwendig sei. »Wir wollen jedoch niemandem gestatten«, fuhr der US-Militärgouverneur fort, »der britischen und der amerikanischen Zone den Vorwurf zu machen, daß sie mit der Errichtung einer politischen Organisation in den zwei Zonen eine vollendete Tatsache geschaffen haben.«[41]

Diese Zurückhaltung hatte aber lediglich taktische Gründe. Vor der Moskauer Außenministerkonferenz wollten weder Amerikaner noch Briten die Strukturen der Bizone verändern, trotz ihrer Überzeugung, daß eine Reform dringend erforderlich war. Nach dem Mißerfolg des Außenministertreffens entwickelten sich die Dinge dann um so schneller und dieses Mal ohne deutsche Mitwirkung. Noch auf dem Rückflug von Moskau hatte der amerikanische Außenminister Marshall am 25. April 1947 auf dem Flughafen Berlin-Tempelhof General Clay angewiesen, zusammen mit seinem britischen Kollegen den Ausbau der Bizonenorganisation voranzutreiben und das Industrieniveau des Gebiets so zu entwickeln, daß die Doppelzone sich möglichst rasch selbst versorgen und erhalten könne.[42]

Die beiden Militärgouverneure und ihre Stäbe brauchten vier Wochen, bis sie sich über die Reform der Bizone geeinigt hatten. Etliche Kompromisse mußten bei diesen Verhandlungen gefunden werden; so wurde um einen Mittelweg zwischen dem von den Briten gewünschten und dem von den Amerikanern tolerierbaren Ausmaß einer Sozialisierung – namentlich des Kohlenbergbaus – gefeilscht. Clay hatte in dieser Frage aber durchaus Spielraum, vielleicht sogar mehr, als er wollte.[43] Washington hatte ihn nämlich instruiert, daß gegen öffentliches Eigentum in Deutschland, sofern es nur auf demokratische Weise zustande komme, keine prinzipiellen Einwände bestünden. Clay dachte aber auch hier eher pragmatisch als ideologisch; eine sozialistisch und zentralistisch organisierte

deutsche Wirtschaft hätte entschieden geringere Aussichten auf Kredite amerikanischer Unternehmer gehabt als eine privatwirtschaftlich orientierte dezentralisierte Wirtschaft. Kredite waren aber zur Ankurbelung der Exportindustrie lebenswichtig für die Bizone, und das wußten die Engländer mindestens genauso gut wie die Amerikaner. London konnte sich im Gegensatz zu den Vereinigten Staaten die Zuschüsse, die die britische Besatzungszone so lange brauchte, als sie nicht auf eigene Beine kam, längst nicht mehr leisten. Schließlich hatten die Amerikaner bei ihrem Dezentralisierungs- und Föderalisierungskonzept auch den Trumpf in der Hand, daß die vage Aussicht auf einen Zusammenschluß der französischen Besatzungszone mit dem anglo-amerikanischen Kontrollgebiet bei der Forcierung zentralistischer Tendenzen geringer werden würde.
Umstritten bei den Verhandlungen zwischen den amerikanischen und britischen Militärregierungen war auch die Zusammensetzung des geplanten parlamentarischen Gremiums der Bizone. General Robertsons Wunsch nach Vertretern aller Länder beider Zonen in gleicher Anzahl hätte im Bizonenparlament automatisch eine SPD-Mehrheit ergeben und deren Neigung zu nationalisierten Industrien, Planwirtschaft und zentralistischer Lenkung gefördert. Eine solche, vom britischen Partner unterstützte Mehrheit war den Amerikanern unerwünscht. Clay bestand daher auf einem Verteilungsschlüssel der Mandate im Verhältnis zur Bevölkerungszahl der Länder, der wegen der in Bayern und Nordrhein-Westfalen starken bürgerlichen Parteien Parität bzw. ein leichtes Übergewicht von Christdemokraten und Liberalen garantierte.
Am 29. Mai 1947 unterzeichneten die beiden Militärgouverneure das »Abkommen über Neugestaltung der zweizonalen Wirtschaftsstellen«. In der Proklamation Nr. 5 der amerikanischen und in der Verordnung Nr. 88 der britischen Militärregierung wurde der Inhalt des Abkommens der deutschen Bevölkerung bekanntgegeben und seine Ausführung angeordnet. Befohlen wurde – und das trübte die Freude auf deutscher Seite ein wenig, weil der erhoffte Fortschritt in der Sache mit einem Rückschritt in der Methode verknüpft war – die Einsetzung eines »Wirtschaftsrats« (Economic Council), eines »Exekutivausschusses« (Executive Committee) und von »Direktoren« (Executive Directors), »um die Lösung dringender wirtschaftlicher Probleme und den Aufbau des Wirtschaftslebens durch dem Volke verantwortliche deutsche Stellen zu fördern«[44].
Die Bestimmungen hatten mit Wirkung vom 10. Juni 1947 Gesetzeskraft. Am 16. Juni trafen sich die Ministerpräsidenten beider Zonen, um die notwendigen Vorbereitungen zu treffen. Die Länderchefs der US-Zone waren Ende Mai, zwei Tage vor Unterzeichnung des Abkommens, über dessen Inhalt informiert worden. Bei der Sitzung des Stuttgarter Länderrats am 2. und 3. Juni 1947 erläuterte ihnen Clay die Einzelheiten. Die

Ministerpräsidenten zeigten sich über die Entwicklung erfreut bis begeistert. Der Bremische Senatspräsident Kaisen begrüßte sogar die Art des Vorgehens der Alliierten, am reserviertesten verhielt sich Bayerns Ministerpräsident Ehard, er bedauerte – nachträglich, auf dem Deutschen Juristentag in Godesberg Ende September des Jahres[45] –, daß man die Deutschen nicht zugezogen hatte, und fürchtete eine Beschränkung der Länderhoheit durch die neue Bizonenorganisation[46].

Aus dem Blickwinkel der Münchner Staatskanzlei war freilich jede Institution oberhalb der Länder verdächtig. Dieser Argwohn der Föderalisten bayerischer Observanz kannte damals kaum Parteischranken; der Sozialdemokrat Wilhelm Hoegner, Vorgänger, anschließend Stellvertreter, später auch Nachfolger Ehards, verteidigte die bayerischen Eigenarten genauso vehement gegen alle erdenklichen Feinde wie der CSU-Ministerpräsident. Reinhold Maier, der württemberg-badische Regierungschef, dessen politische Heimat die DVP (FDP) war (was ihn keineswegs daran hinderte, ein streitbarer Föderalist zu sein), zeigte sich dagegen befriedigt, daß nun eine demokratische Kontrolle gegenüber den bizonalen Ämtern eingeführt werde und daß dabei auch der Föderalismus zu seinem Recht komme[47].

Wenige Tage nach dieser Sitzung des US-Zonen-Länderrats fand in München am 6. und 7. Juni 1947 die berühmte Ministerpräsidentenkonferenz statt, bei der auf bayerische Initiative die Regierungschefs aus allen vier Zonen über gesamtdeutsche Wirtschaftsprobleme – unter dem Motto »Ernährungsnot, Wirtschaftsnot, Flüchtlingsnot« – beraten sollten. Die einigermaßen überraschend eingetroffene Delegation aus der Sowjetischen Besatzungszone war schon am Vorabend der eigentlichen Konferenz wieder abgereist, weil ihr Antrag, die Frage der sofortigen Bildung einer gesamtdeutschen Zentraregierung auf die Tagesordnung zu setzen, von den Vertretern der Westzonen abgelehnt wurde, weil ihnen aufgrund einer Intervention der französischen Besatzungsmacht die Erörterung politischer Fragen auf der Münchner Konferenz nicht gestattet war.

Die Konferenz beschäftigte sich nach der Abreise der Ministerpräsidenten von Brandenburg, Mecklenburg, Sachsen-Anhalt und Thüringen mit den vorgesehenen wirtschaftlichen Themen. Der hessische Regierungschef Christian Stock benützte jedoch am 6. Juni dieses Forum, um die (west)deutschen Wünsche und Hoffnungen hinsichtlich der Umstrukturierung der Bizone zu artikulieren.

Stock freute sich darüber, daß bald eine Koordinierung der bizonalen Verwaltungen auf demokratisch legitimierter Basis existiere, die aber die Selbständigkeit der Länder nicht beeinträchtige. Außerdem stimmte ihn die Aussicht froh, daß der Verwaltungsapparat »verkleinert, verengert und entschlußreifer gestaltet« würde, »so daß die Bürokratie nicht in der

Lage ist, Entscheidungen lange hinauszuzögern«. Nicht ohne Feierlichkeit fuhr er fort: »Wir beschäftigen uns zur Zeit mit Fragen der täglichen Not, bei denen jetzt ein Gesetz akut wird, das uns die Möglichkeit gibt, von Grund auf die Wirtschaft der beiden Zonen und damit auch Deutschlands aufzubauen. Ich nehme daher von hier aus Veranlassung, den Regierungen der Vereinigten Staaten und Großbritanniens für diese Tat, die erkennen läßt, daß sie mit den Maßnahmen des Kontrollrats auf diesem Gebiet nicht einverstanden sind, unseren Dank auszusprechen.« Sehnlichster Wunsch sei es, daß auch die französische und die sowjetische Besatzungszone bald in die wirtschaftliche Vereinigung einbezogen würden (an dieser Stelle wurde Bravo gerufen), die Tore stünden offen. »Wir nehmen an, daß diesem wirtschaftlichen Aufbau ganz selbstverständlich auch der politische Aufbau Deutschlands folgen wird.«[48]

Die politische Qualität des neuen Stadiums der Bizone und ihrer Organe wurde von ihren Erfindern zwar weiterhin offiziell in Abrede gestellt, intern – zum Beispiel in den Konferenzen zwischen deutschen Ministerpräsidenten und den alliierten Zonenbefehlshabern – aber kaum mehr geleugnet. Erhalten blieb freilich das geradezu babylonische Verwirrspiel der Bezeichnungen der Ämter und Organisationen, mit dem weiterhin jeder politische Anstrich des bizonalen Gebildes vermieden werden sollte.

Offiziell hieß die gesamte Verwaltungsorganisation ab Herbst 1947 »Wirtschaftsrat für das Vereinigte Wirtschaftsgebiet (amerikanisches und britisches Besatzungsgebiet in Deutschland)«[49], geläufiger blieb der Ausdruck Bizone. Wenn vom »Wirtschaftsrat im engeren Sinne« oder vom »Zweizonen-Wirtschaftsrat« die Rede war, meinte man das zentrale parlamentarische Organ; der Exekutivausschuß, das von den acht Länderregierungen bestellte Gremium, wurde nach einiger Zeit in Exekutivrat umbenannt, einfach »übersetzen« läßt sich die Bezeichnung nicht, weil es im deutschen Staatsrecht kein Vorbild und keine passende Entsprechung für dieses Organ gab. Die Direktoren der Verwaltungen waren ihrer Stellung nach die »Minister« der Bizone, sie lösten die Vorsitzenden der Verwaltungsräte der ersten Organisationsstufe ab.

Der am stärksten ins Auge fallende Fortschritt bestand darin, daß die Bizone eine »Hauptstadt« erhielt. Wegen seiner geographischen Lage wurde Frankfurt am Main von den Alliierten dazu ausersehen. Oberbürgermeister Kolb war bereits Mitte Mai von der amerikanischen Militärregierung unterrichtet worden, daß in den nächsten Monaten alle bizonalen Behörden nach Frankfurt verlegt würden. Die Stadtverwaltung und eine amerikanisch-britisch-deutsche Kommission hatten sich sofort an die Arbeit gemacht, um die notwendigen Bürogebäude und Wohnungen instand zu setzen und verfügbar zu machen. Die Unterbringung des Bizonen-Personals bildete das größte Problem, zu seiner Lösung fehlten vor allem Arbeitskräfte. Die Amerikaner halfen mit Baumaterial und Transportkapazitäten; der Magistrat bemühte sich um Arbeiter und Handwerker für die erforderlichen Baumaßnahmen. Die Stadtverwaltung betrieb eine eigene Auffangstelle im Lager Dachau, um Kriegsgefangene, die dort zur Entlassung kamen, für die Frankfurter Bauvorhaben anzuwerben. Auf dem Frankfurter Hauptbahnhof wurden bei jeder Zugansage Arbeitskräfte aufgefordert, sich an einer Rekrutierungsstelle zu melden, von dort aus ging es direkt zu den Baustellen. Als Anreiz gab es erhöhten Lohn und vollwertige US-Verpflegung.[50]

Am 25. Juni 1947 versammelten sich die Mitglieder des Wirtschaftsrats im Großen Börsensaal in Frankfurt zur konstituierenden Sitzung. Die Parlamentarier waren von den acht Landtagen der Bizone gewählt worden; der Verteilungsschlüssel sah für je 750000 Einwohner einen Vertreter vor, berücksichtigt werden mußte aber außerdem das Stärkeverhältnis der Parteien im jeweiligen Land. Die Nominierungen hatten zwischen dem 10. und dem 21. Juni stattgefunden. Der Wirtschaftsrat sollte ursprünglich 54 Mitglieder haben, die Zahl wurde auf 52 reduziert, als sich Rechenfehler im Verteilerschlüssel herausstellten. Schleswig-Holstein und Niedersachsen hatten im Verhältnis zu ihrer Einwohnerzahl je einen Abgeordneten zuviel delegiert. Der niedersächsische Verkehrsminister Martens hätte sein Mandat aber ohnehin, ebenso wie der Stuttgarter Wirtschaftsminister Veit und der hessische Justizminister Zinn, aufgeben müssen, da die Mitgliedschaft im Wirtschaftsrat unvereinbar war mit einem Landtagsmandat oder mit der Zugehörigkeit zu einer Landesregierung.

Die Frankfurter Abgeordneten bildeten Fraktionen nach ihrer Parteizugehörigkeit. Der ebenfalls denkbare Zusammenschluß nach Ländern wurde nicht praktiziert; dabei hätten die 16 nordrhein-westfälischen Mandatsträger 12 bayerischen oder die 8 Vertreter Niedersachsens einem Kollegen aus Bremen gegenübergestanden. CDU und CSU – die Fraktionsgemeinschaft der Unionsparteien hatte ihren Ursprung in Frankfurt – verfügten gemeinsam über 20 Mandate, ebensoviel hatte die SPD. Trotzdem war die CDU/CSU-Fraktion stärker, ihr hatten sich nämlich die beiden niedersächsischen Vertreter der Deutschen Partei angeschlossen. Die vier Liberalen waren zwar noch nicht unter dem gemeinsamen Namen FDP vereint (die Partei hatte bis Dezember 1948 noch drei verschiedene Firmenzeichen: DVP, FDP und LDP), sie marschierten im Wirtschaftsrat aber in geschlossener Formation. Außer diesen drei politischen Gruppierungen gab es noch zwei Abgeordnete des Zentrums, drei Kommunisten und einen Vertreter der bayerischen WAV.

Die Atmosphäre der ersten Sitzung des Wirtschaftsrats war trotz aller Beschwörungen deutschen Elends ziemlich euphorisch. Die Redner erinnerten mehrmals daran, daß erstmals seit 1945 demokratisch legitimierte Vertreter von über 40 Millionen Deutschen, von mehr als zwei Dritteln der Gesamtbevölkerung, zu einer gesetzgebenden Versammlung zusammengetreten waren, deren Befugnisse zwar auf wirtschaftliche Probleme und auf das Territorium zweier Zonen beschränkt waren, deren Aufgabe aber als zukunftweisend und auch als stellvertretend für Gesamtdeutschland empfunden wurde.

Zum erstenmal seit 14 Jahren hatte Frankfurt am 25. Juni 1947 wieder schwarz-rot-gold geflaggt, aber nur für kurze Zeit, denn die Militärregierung verbot die symbolträchtige Demonstration einer Wiedergeburt deutscher Staatlichkeit umgehend.[51] Die Mitglieder des Wirtschaftsrats agierten wie Abgeordnete in einem normalen Parlament. Allerdings genossen sie keine Immunität, der entsprechende Passus im vorläufigen Statut, das sich der Wirtschaftsrat Anfang September 1947 gegeben hatte, war von den Alliierten verworfen worden. In den zehn Vollversammlungen des zweiten Stadiums der Bizone, bis zur nächsten Reform im Januar 1948 also, waren für Gesetze auch nur zwei Lesungen erforderlich, es gab in dieser Zeit auch noch keine »Großen Anfragen«. Eine weitere Besonderheit war, daß Gesetzentwürfe in der Regel vom Präsidenten direkt an die Ausschüsse überwiesen wurden. Dort lag ohnehin das Schwergewicht der parlamentarischen Arbeit. Dabei zeigte sich bald, daß 52 Abgeordnete zu wenig waren.

Nach parlamentarischem Brauch hatte der 72jährige Peter Schlack aus Köln als Alterspräsident den konstituierenden Teil der ersten Sitzung geleitet. Gegen die drei KPD-Stimmen wurde auf Vorschlag der CDU Erich Köhler zum Präsidenten des Wirtschaftsrats gewählt. Köhler, promovierter Nationalökonom, war vor 1933 bei der DVP Stresemanns engagiert gewesen, er hatte den Hafenbetriebsverein in Kiel und den Nordwestdeutschen Handwerkerbund geleitet, war 1933–1938 arbeitslos gewesen und hatte sich dann als Versicherungsagent durchgeschlagen. 1945 war er Hauptgeschäftsführer der Industrie- und Handelskammer in Wiesbaden geworden, er gehörte zu den Mitgründern der CDU in Hessen, wurde 1946 stellvertretender Landesvorsitzender und Fraktionsvorsitzender im Hessischen Landtag. Als Parlamentspräsident – er behielt dieses Amt bis zum Ende des Frankfurter Wirtschaftsrats und setzte 1949/50 seine Karriere als erster Mann im Bundestag fort – war er sicher nicht die Idealbesetzung, auch wenn ihm Hermann Pünder bescheinigte, daß er »den Wirtschaftsrat als solchen würdig und gewandt zu vertreten verstand«.[52] Das gelegentliche Durcheinander im Bizonenparlament wurde nicht in jedem Fall durch die etwas schwierigen Kompetenzverhältnisse der Frankfurter Organisation verursacht. Anfang Oktober 1947 etwa lagen dem Wirtschaftsausschuß gleich vier verschiedene Entwürfe zu einem Warenlenkungsgesetz vor, und die Abgeordneten wußten nicht, welchen sie behandeln sollten. Es sei das Bestreben Präsident Köhlers gewesen, den Wirtschaftsrat möglichst häufig tagen zu lassen, urteilte der Generalsekretär des Exekutivrats in seinen Erinnerungen, und dazu brauchte das Parlament reichlich Gesetzentwürfe.[53]

Außer seiner legislativen Kompetenz in den Bereichen Wirtschaft, Ernährung und Landwirtschaft, Post- und Fernmeldewesen, Verkehr und Finanzen hatte der Wirtschaftsrat auch (allerdings etwas unklar definierte) exekutive Befugnisse. Er konnte Ausführungsbestimmungen zu Gesetzen selbst erlassen oder delegieren, er hatte die Aufgabe, das Verhältnis zwischen Exekutivrat und Direktoren zu regeln und deren Zuständigkeit innerhalb des komplizierten Parallelogramms Wirtschaftsrat – Exekutivrat – Direktoren – Länder abzugrenzen. Abgeleitet waren diese Befugnisse aus der Formel »Leitung des zulässigen wirtschaftlichen Wiederaufbaus der beiden Zonen« im britisch-amerikanischen Abkommen vom 29. Mai 1947.

Der Exekutivrat war eine einzigartige, nie dagewesene Konstruktion, halb Länderkammer, halb Reichskabinett, eine achtköpfige Hydra, die zugleich die Vertretung der Länderinteressen wahrnehmen und die Verwaltungen beaufsichtigen bzw. die Tätigkeit der Direktoren koordinieren sollte. Der Exekutivrat hatte keine legislativen Befugnisse, er konnte aber Gesetzesvorschläge beim Wirtschaftsrat einbringen und Gesetzentwürfe begutachten, die vom Wirtschaftsrat selbst vorgeschlagen wurden. Die Direktoren mußten ihre Gesetzesvorlagen über den Exekutivrat an den Wirtschaftsrat leiten. Die acht Ländervertreter in diesem Gremium waren von den Regierungen bestellt, ob sie an deren Instruktionen gebunden waren, blieb umstritten; sie konnten aber jederzeit abberufen werden.

Den Vorsitz im Exekutivrat übernahm zunächst der hessische Vertreter, der Darmstädter Oberbürgermeister Ludwig Metzger. Im turnusmäßigen Wechsel folgten ihm Ministerialdirektor Carl Spiecker (Nordrhein-Westfalen) und Staatsrat Gebhard Seelos (Bayern). Die anderen Länder kamen nicht mehr an die Reihe, die Institution war zu kurzlebig. An die Stelle der Verwaltungsräte und Verwaltungsämter der ersten Phase der Bizonen-Organisation traten in Frankfurt die fünf Direktoren. Die »alten« Verwaltungsämter wurden aufgelöst, ihre Behördenapparate wurden, was allerdings ziemlich lange dauerte, nach Frankfurt verlegt, um dort in den »neuen« Verwaltungen aufzugehen. Die Übersiedlung zog sich nicht nur wegen der Unterbringungsschwierigkeiten im Frankfurter Raum hin. Die Bediensteten der Verwaltung für Verkehr (Bielefeld) und der Verwaltung für Wirtschaft (Minden) fürchteten auch die rigide Entnazifizierungsprozedur in der US-Zone, der sie sich zu unterwerfen hatten, auch wenn sie in der britischen Zone bereits entnazifiziert waren[54]. Der Umzug der Verkehrsverwaltung wurde sogar erst abgeschlossen, als die Bizone bereits Geschichte war. Juristisch war es von Bedeutung, daß die Direktoren und die neuen Verwaltungen nicht als Rechtsnachfolger der aufgelösten Instanzen galten.

Zum Beginn der Zweiten Vollversammlung des Wirtschaftsrats, am 22. Juli 1947, waren der Oberbefehlshaber der britischen Besatzungszone, Luftmarschall Sir Sholto Douglas, und der Militärgouverneur der US-Zone, General Lucius D. Clay, erschienen, um Ansprachen zu halten. Sir Sholto schärfte den Deutschen ein, daß in erster Linie sie für die Lösung der drei wichtigsten Probleme, nämlich Sicherstellung und Verbesserung der Ernährung, Steigerung der Kohleförderung und die Reparatur von Eisenbahnmaterial, verantwortlich seien.

General Clay, der seit Mitte März 1947 auch formell als Militärgouverneur der US-Zone amtierte (de facto war seine Kompetenz als Stellvertreter erst Eisenhowers und dann McNarneys kaum geringer gewesen), konnte außer Ermahnungen und guten Wünschen auch »gewisse Aktiva« offerieren: »Der Ernährungsminister der Vereinigten Staaten hat mir mitgeteilt, daß Ihnen monatlich 300000 Tonnen Getreide zur Verfügung gestellt werden, und daß dieses Getreide von der Regierung der Vereinigten Staaten und von der Regierung Großbritanniens herangeschafft wird, wobei die endgültige Bezahlung durch das deutsche Volk einem späteren Zeitpunkt überlassen bleibt. Es ist Ihre Aufgabe, ein Exportprogramm mit einem Betriebskapital von über 100 Millionen Dollar zu finanzieren. Ihre monatlichen Einnahmen aus Export liegen im Augenblick zwischen 15 und 20 Millionen Dollar. Dieses Betriebskapital und dieser Exporterlös wird nicht dazu benutzt, um Ihre Lebensmitteleinfuhr zu finanzieren, sondern diese Mittel stehen Ihnen zur Verfügung zur Beschaffung von Rohmaterialien für Ihre wichtigsten und internen Bedürfnisse, sowie zum Ausbau Ihres Exporthandels, der die Voraussetzung dafür ist, daß Sie sich selbst erhalten können. Es sind Ihnen trotz der Kriegsschäden ausgezeichnete Fabrikationsmöglichkeiten und der Kern einer hochqualifizierten Arbeiterschaft verblieben, die den Grundstock für die Zukunft bilden. Diese greifbaren Aktiva sind in Ihre Hände gelegt worden, damit die deutsche Bevölkerung, die Sie zu ihren Vertretern gewählt hat, sich dessen bewußt wird, daß der Wiederaufbau Ihrer Wirtschaft Ihre gemeinsame Aufgabe und Verantwortung ist.«[55]

4. Zwietracht in Frankfurt. Die erste Direktorenwahl

Am 23. Juli stand auf der Tagesordnung des Wirtschaftsrats die Wahl der Direktoren. Die Abgeordneten hatten soeben den ersten Gesetzgebungsakt vollzogen, der die Grundlage für den Aufbau der neuen Bizonenverwaltung bildete. Das »Überleitungsgesetz« war die erste deutsche legislative Maßnahme der Nachkriegszeit, die nicht auf die Länderebene oder den Bereich einer Besatzungszone beschränkt war. Obwohl das Gesetz – selbstverständlich – der alliierten Genehmigungspflicht unterlag, wurde es später als »Meilenstein auf dem Wege zur Wiederherstellung der deutschen Souveränität« gefeiert.[56]

Bei der Wahl der Direktoren war der Wirtschaftsrat an die Vorschläge des Exekutivrats gebunden. Dieses Gremium stand von Anfang an nicht nur wegen seiner staatsrechtlichen Skurrilität unter dem Argwohn der parteipolitisch orientierten Mitglieder des Wirtschaftsrats, zusätzliches Mißtrauen erregte bei der Parlamentsmehrheit auch die Tatsache, daß 6 der 8 Ländervertreter im Exekutivrat der SPD angehörten. Ob diese Zusammensetzung in der Praxis von Bedeutung war, spielte dabei keine Rolle.

Der Exekutivrat hatte einstimmig für jede Verwaltung einen Personenvorschlag gemacht. Direktor der Verwaltung für Wirtschaft sollte der sozialdemokratische Wirtschaftsminister Niedersachsens, Alfred Kubel, werden. (Viktor Agartz war als Kandidat gar nicht im Gespräch gewesen, er war am 1. Juli aus gesundheitlichen Gründen als Leiter des Mindener Verwaltungsamts zurückgetreten, drei Stunden nachdem britische Sachverständige seinen Plan zur Überführung der Ruhrbergwerke in deutsche Verantwortung abgelehnt hatten.)[57] Um den Anspruch der SPD auf den Direktor der Wirtschaftsverwaltung war außerhalb der offiziellen Instanzen bereits heftig gefochten worden. Die CDU/CSU bestritt die sozialdemokratische Forderung unter Hinweis darauf, daß die SPD schon die Wirtschaftsministerien in allen Ländern der Bizone besetzt habe, tatsächlich ging es aber um Grundsätzliches. Die sozialdemokratische Position umschrieb der SPD-Fraktionsvorsitzende Schoettle mit dem beziehungsreichen Satz: »Es gibt reichlich Gründe in der Vergangenheit dafür, warum wir einen größeren Einfluß in die Gestaltung des Wirtschaftslebens ausüben wollen.«[58] Wirtschaftsordnung und Demokratie waren für die Sozialdemokraten einander bedingende Faktoren, und sie waren bereit, dieser Überzeugung viel zu opfern. Die nächtliche Debatte des Wirtschaftsrats am 23. Juli wurde so zur historischen Konfrontation zwischen den beiden großen Fraktionen, obwohl sie die leidenschaftliche Auseinandersetzung vor allen anderen mit verfahrenstechnischen Argumenten über die Zurückweisung der Vorschläge des Exekutivrats bestritten. Nach Mitternacht wurde die Sitzung schließlich vertagt, ohne daß es zur Abstimmung über die Kandidaten gekommen wäre.

Am Abend des folgenden Tages lagen die neuen Vorschläge des Exekutivrats vor. Sie brachten aber in der Sache nichts Neues; wieder hatte der Exekutivrat die Verteilung der Direktorensitze nach dem Schlüssel zwei Sozialdemokraten – drei Christdemokraten vorgeschlagen und wiederum Alfred Kubel für das Wirtschaftsdirektorat nominiert. Allerdings gab es jetzt jeweils personelle Alternativen, die konkurrierenden Kandidaten gehörten aber der gleichen Partei an, und der SPD-Fraktionsvorsitzende stellte vor dem Wahlgang klar, daß die SPD ihre Kandidaten vom Vortag für die Direktoren für Wirtschaft und Finanzen durchsetzen wolle. Nachdem die Mehrheit erwartungsgemäß beide Kandidaturen für das Amt des Wirtschaftsdirektors verworfen hatte, beantragte der Abgeordnete Holzapfel als Franktionsführer der CDU/CSU die Unterbrechung der Sitzung und forderte eine neue Vorschlagsliste vom Exekutivrat. Die Bedeutung der Erklärung, die daraufhin Erwin Schoettle im Namen der Sozialdemokraten abgab, war am Abend des 24. Juli noch nicht in ihrem ganzen Umfang zu erkennen.

Schoettle teilte mit, daß mit dem Wahlausgang die Voraussetzungen für eine Zusammenarbeit mit der bürgerlichen Mehrheit des Hauses entfallen seien. Die Besetzung der Direktorate werde einen einseitigen politischen Charakter tragen. Unter anhaltendem und starkem Beifall aus den eigenen Reihen begab sich die SPD mit dieser Ankündigung in die Opposition. »Es wird nicht die Form einer hemmungslosen Opposition« sein, erklärte Schoettle, »es wird die Form einer praktischen, konstruktiven Opposition gegen Maßnahmen sein, von denen wir sicher sind, daß sie sich zum Schaden des deutschen Volkes auswirken werden. Wir werden uns bemühen, den Vorschlägen, die wir mißbilligen, bessere Vorschläge entgegenzustellen, und wir werden diejenigen, die die Träger einer anderen wirtschaftspolitischen Auffassung sind, bei jeder Gelegenheit zwingen, Farbe zu bekennen.«[59]

Bei der Antwort des CDU-Sprechers waren die Zwischenrufe ebenso interessant wie die Rede des Abgeordneten Holzapfel, der den Sozialdemokraten vorwarf, sie hätten die Unionsparteien aus allen acht Wirtschaftsministerien der westlichen Zonen herausmanövriert, in Nordrhein-Westfalen habe sich die SPD gar von den Engländern unterstützen lassen (Erregung und Lärm, Zuruf: »Das ist gemein! Beweise!«), dort hätten die Engländer »gefordert, das Wirtschaftsministerium in die Hände der SPD zu geben« (Zuruf von der SPD: »Den Weg zu den Amerikanern und Engländern überlassen wir Ihnen, Herr Dr. Holzapfel. Sie haben genügend antichambriert!« Ordnungsruf des Präsidenten).

Der CDU-Fraktionschef erinnerte daran, daß seine Partei versucht habe,

Brücken zu bauen, aber die SPD habe die Vorschläge nicht angenommen. Bei den Verhandlungen um die Direktorensitze hatte Adenauer als Vorsitzender der CDU in der britischen Zone den Verzicht der CDU auf das zentrale Wirtschaftsressort gegen die Überlassung von drei Länderwirtschaftsministerien durch die SPD angeboten[60]. In den beiden Sitzungen der CDU-Fraktion des Wirtschaftsrats am 21. und 22. Juli, an denen er als Gast teilnahm, hatte Adenauer allerdings mit Nachdruck betont, daß der Direktor für Wirtschaft ein CDU-Mann sein müsse, der hundertprozentig auf dem Boden des Ahlener Programms stehe.

Auf Vorschlag des Fraktionsmitglieds Semler wurde zuerst mit Rudolf Mueller, dem von der SPD gestürzten ersten Chef der bizonalen Wirtschaftsverwaltung, über eine Kandidatur verhandelt, obwohl er nicht der CDU angehörte. Nach Muellers Ablehnung wurde Semler nominiert. In der Fraktionssitzung am 22. Juli entspann sich nochmals eine längere Grundsatzdebatte, ob die CDU das Wirtschaftsressort haben müsse. Adenauer gab bei dieser Gelegenheit zu Protokoll, daß mit dem Verzicht auf den Wirtschaftsdirektor »die CDU in der britischen Zone einen Stoß erhalte, von dem sie sich nicht mehr erholen werde«[61].

Im Plenum des Wirtschaftsrats warf der CDU-Fraktionsvorsitzende Holzapfel unter Anspielung auf die Angebote Adenauers der SPD machtpolitisches Streben vor; für seine Partei demonstrierte er dagegen Entschlossenheit (»Wir gehen jetzt unseren Weg«) und Verantwortungsbewußtsein: »Wir sind nicht bereit, die Sachen hinzuschmeißen. Wir werden nicht das tun, was für uns bequemer und leichter wäre: Uns mit drohender Miene hinzustellen und zu sagen: Der Winter steht vor uns, also Ihr habt die Verantwortung allein zu tragen! Nein, wir sind bereit, die Verantwortung zu übernehmen.«[62]

Vom Winter war trotz der hochsommerlichen Hitze in der Debatte mehrfach die Rede gewesen, und das nicht von ungefähr. Schoettle hatte als erster auf den kommenden Winter angespielt und damit eine Bemerkung Holzapfels apostrophiert, die im parlamentarischen Vorfeld der Auseinandersetzung um die Direktorenstellen gefallen war: »Wenn der Winter hinter uns wäre, würde ich sagen, wir machen's allein, und Sie gehen in die Opposition.«[63]

Die Sitzung wurde für eine Stunde unterbrochen. Nach der Pause lag die dritte Kandidatenliste des Exekutivrats vor, die, so die mündliche Begründung Metzgers, nicht aus Überzeugung, sondern als Produkt einer Zwangslage, als Kind der Not zustande gekommen sei. Nach einem kurzen Protest des FDP-Abgeordneten Bungartz, daß nunmehr nur noch CDU- oder CSU-Leute zur Disposition stünden, erfolgte ohne weitere Debatte die Wahl, bei der die Sozialdemokraten für alle Kandidaten leere Stimmzettel abgaben. Direktor für Wirtschaft wurde Johannes Semler, ein prominenter Wirtschaftsprüfer und Mitgründer der CSU, der als Sohn eines Hamburger nationalliberalen Reichstagsabgeordneten vor 1933 Stresemann und der DVP nahegestanden hatte. Direktor für Ernährung, Landwirtschaft und Forsten wurde Hans Schlange-Schöningen, ehemals pommerscher Rittergutsbesitzer, der im preußischen Landtag und im Reichstag Abgeordneter der Deutschnationalen Volkspartei gewesen war, aus Protest gegen Hugenberg deren Reihen verlassen hatte, unter Brüning Reichsminister und Reichskommissar für die Osthilfe gewesen war, nach 1933 Verbindung zum Widerstand gehabt hatte und seit 1945 zum eher linken Flügel der CDU gehörte. Schlange-Schöningen verkörperte als neugewählter Direktor für Ernährung nicht nur Kontinuität mit der Weimarer Republik, zur Zeit seiner Wahl leitete er das Zentralamt für Ernährung der britischen Zone in Hamburg und war stellvertretender Vorsitzender des jetzt obsolet gewordenen Verwaltungsrats für Ernährung und Landwirtschaft der Bizone in Stuttgart. Zum »Postminister« wurde Hans Schuberth gewählt, ein Fachmann, der der CSU angehörte. Der überzeugte Katholik und Gegner des Nationalsozialismus war 1945 von der US-Militärregierung zum stellvertretenden Präsidenten der Oberpostdirektion München ernannt worden, 1947 war er dort Präsident und gleichzeitig Staatssekretär im bayerischen Verkehrsministerium; die Karriere als Direktor für Post- und Fernmeldewesen in der Bizone setzte er als Bundesminister im ersten Kabinett Adenauer fort.

Das Unbehagen über den Frankfurter Auftakt zum Parlamentarismus war ziemlich allgemein. In parteioffiziösen Verlautbarungen wurde zwar nach Kräften geholzt, um die Verantwortung der jeweiligen Gegenpartei zuzuschreiben, hinter den groben Tönen war aber das Bestreben nach Rechtfertigung unüberhörbar. Kurt Schumacher hatte konstatiert, die CDU habe »den Versuch gemacht, die totale Macht für die gesamte Wirtschaft in Westdeutschland an sich zu reißen«, sie habe mit der Frankfurter Entscheidung »den Sozialismus, ja die soziale Linie aufgegeben«, »sie stehe eindeutig als eine Unternehmerpartei da«.[64]

Auf solchen groben Klotz setzte die CDU einen noch gröberen Keil und konterte unter der Überschrift »Staatsstreich in Frankfurt gescheitert« mit einem Artikel, in dem folgende Sätze zu lesen waren: »Der Versuch der SPD, im Wirtschaftsrat der britisch-amerikanischen Zone außer sämtlichen in ihrem Besitz befindlichen acht Wirtschaftsministerien in den Ländern auch noch die Stelle des Direktors des bizonalen Wirtschaftsrates zu besetzen, rührte an die Grundfesten unserer jungen Demokratie und kam dem Versuch eines Staatsstreiches gleich ... Durch die entschlossene Haltung der CDU und der anderen nichtmarxistischen Parteien wurde die Demokratie in Frankfurt gerettet.«[65]

Wie sehr Strategie und Taktik der Frankfurter Entscheidung von den Par-

teizentralen außerhalb des neuen Parlaments gesteuert waren, wurde oft – aber selten freundlich – registriert. Die Badische Zeitung hatte für das Problem ein Kürzel gefunden, das vom aufmerksamen Leser so interpretiert werden konnte, als säßen in Frankfurt Leute der zweiten Garnitur, die Schlachtenlenker jedoch auf fernem Feldherrnhügel: »Adenauer raffte alle Energien und alle Abwehrbereitschaft der Männer seiner Richtung zusammen und dicht vor dem Ziele scheiterte Kurt Schumacher.«[66]
Die »Neue Zeitung«, das Organ der amerikanischen Militärregierung, sprach vom »Fiasko einer ersten Runde«, ein absolut von der CDU und CSU beherrschtes fünfköpfiges Direktorium sei ein »peinliches Ergebnis«: »Hätten die Christlich-Sozialen das Bedürfnis gehabt, sich deutlich als rechts abstempeln zu lassen, hätten sie das nicht wirkungsvoller tun können als durch ihren letzten Schachzug in Frankfurt. Tatsächlich haben sie es jetzt, mit Hilfe der FDP, der KPD und SED recht leicht gemacht, von den dominierenden kapitalistischen Tendenzen im Westen zu sprechen.«[67]
Die Bestürzung reichte aber auch weit in die Reihen der Unionsparteien hinein. Vor allem süddeutsche Christdemokraten wie der hessische Staatssekretär Walter Strauß, der Finanzminister von Württemberg-Baden, Heinrich Köhler, oder auch der bayerische Ministerpräsident Ehard hielten mit ihrer Kritik am parteipolitischen Taktieren nicht hinter dem Berg. Ehard hatte von Adenauer einen Brief empfangen, in dem der Vorsitzende der CDU in der britischen Zone sich über den Vertreter Bayerns im Exekutivrat, Gebhard Seelos (CSU), beschwert hatte, weil dieser die einstimmigen Vorschläge zur Direktorenbesetzung im Sinn einer Großen Koalition unterstützt hatte. Ehard wies die Kritik zurück; er machte Adenauer darauf aufmerksam, daß der bayerische Vertreter Landesinteressen und nicht Parteistandpunkte zu vertreten habe, und ließ seinen Parteifreund auch wissen, daß er das Überwiegen »parteimäßiger Gesichtspunkte« in Frankfurt für bedenklich halte.[68] Heinrich Köhler, der Würtemberg-Baden im Exekutivrat vertrat, war so angewidert, daß er am 9. August 1947 aus diesem Amt ausschied.[69]
In der CDU-Fraktionssitzung vom 8. August hatte sein Namensvetter, der Wirtschaftsratpräsident und CDU-Abgeordnete Erich Köhler dafür plädiert, das Amt des Wirtschaftsdirektors doch noch der SPD zu überlassen. Die Fraktion hatte sich jedoch eindeutig gegen diesen Vorschlag ausgesprochen[70].
Weil die am 24. Juli gewählten Kandidaten für das Finanzdirektorat Otto Schniewind und für das Ressort Verkehr Eugen Fischer die Wahl nicht annahmen, mußte der Wirtschaftsrat am 9. August zu seiner 3. Vollversammlung zusammentreten. Sondierungen der CDU/CSU, ob die Sozialdemokraten vielleicht doch noch auf die Linie der »Großen Koalition«

einschwenken würden – die Unionsparteien hatten die beiden noch zu besetzenden Direktorenposten und die Stellvertretung im Wirtschaftsdirektorat angeboten[71] –, waren vergeblich, die abweisende Haltung der SPD blieb unverändert. So wählte der Wirtschaftsrat ohne Debatte aus den Zweiervorschlägen des Exekutivrats Alfred Hartmann zum Direktor für Finanzen und Edmund Frohne zum Direktor der Verkehrsverwaltung. Beide waren fachlich qualifiziert. Hartmann kam aus der Reichsfinanzverwaltung, war während der NS-Zeit aus dem Ministerialdienst abgeschoben worden, hatte im Sommer 1945 die Leitung des Hauptzollamts in München übernommen und war seit Dezember 1945 im bayerischen Finanzministerium tätig, zuletzt als Ministerialdirigent und Leiter der Haushaltsabteilung. Frohne war als Bauingenieur auf Eisenbahnwesen und Verkehrstechnik spezialisiert, hatte in Diensten der Reichsbahndirektion in den 20er und 30er Jahren Bahnhöfe entworfen, war kurz vor dem Krieg Abteilungspräsident der Reichsbahndirektion Hannover geworden; bis zu seiner Wahl zum »Verkehrsminister« der Bizone war er Staatssekretär für Verkehr in der niedersächsischen Regierung gewesen.
Hartmann und Frohne konnten ihre Tätigkeit auch nach Gründung der Bundesrepublik fortsetzen, der eine als Staatssekretär im Bundesfinanzministerium von 1949 bis 1959, der andere als Staatssekretär im Verkehrsministerium und ab 1952 als Vorstandsvorsitzender der Deutschen Bundesbahn. Dieses Karrieremuster (Reichsministerialbürokratie – Bizonenverwaltung – Staatssekretärsebene in der Bundesrepublik) war typisch auch für andere Spitzenbeamte, die die NS-Zeit ohne Infektionen überstanden hatten und ab 1945 ihre fachliche Qualifikation durch parteipolitisches Engagement abrundeten.
Nach der Direktorenwahl setzte sich die komplizierte Maschinerie, mit der in Frankfurt die Bizone »regiert« und verwaltet werden sollte, ächzend und knirschend in Bewegung. Das Ächzen und Knirschen hatte vielfältige Ursachen: mannigfache Reibungsflächen gab es beim Zusammenwirken der Frankfurter Instanzen, hier mit den Ländern und dort mit den Dienststellen des Bipartite Control Office (BICO); die Hauptschwierigkeit lag freilich darin, daß die Einzelteile des Frankfurter Räderwerks nicht richtig ineinandergriffen, wegen ihrer Konstruktionsmängel aber auch nicht greifen konnten. Kompetenzstreitigkeiten, Doppelarbeit und Verwirrung waren in die Frankfurter Apparatur bereits eingebaut worden, die parteipolitischen Gegensätze vergrößerten die Probleme nur noch.
Als besonders unbefriedigend erwies sich der Exekutivrat, der als kollektiver Ministerpräsident die Direktoren der Verwaltungen kontrollieren sollte, die aber gleichzeitig dem Wirtschaftsrat politisch verantwortlich waren. Die Ambitionen des Wirtschaftsrats, zumal seines Präsidenten

Köhler, exekutive Befugnisse auszuüben, kamen indirekt der Tendenz der Direktoren entgegen, den Exekutivrat nicht zu beachten und ihre Tätigkeit, wenn überhaupt, vom Wirtschaftsrat koordinieren zu lassen. Auch das Gesetzesvorschlagsrecht des Exekutivrats wurde vom Wirtschaftsrat öfters mißachtet. Immer wieder beschwerte sich der jeweilige Vorsitzende des Exekutivrats im Bizonenparlament darüber, aber ohne Erfolg. Die Verkehrsformen zwischen den beiden obersten Gremien der Bizone ließen überdies alle Wünsche offen. So hatte z. B. der Präsident des Wirtschaftsrats am 19. November 1947 einen Brief des Exekutivrats über Kompetenzprobleme mit der lakonischen Bemerkung, der Wirtschaftsrat sehe sich nicht in der Lage, dieses Schreiben entgegenzunehmen, urschriftlich zurückgeschickt.[72]

Aber auch die Mitglieder des Exekutivrats selbst waren sich über ihre Zuständigkeit nicht im klaren. Einige Vertreter, namentlich der bayerische Staatsrat Gebhard Seelos, betrachteten das Gremium in erster Linie als Länderkammer, sie sahen sich in der Rolle von Gesandten ihrer Regierungen und lehnten es ab, den Exekutivrat als zentrale selbständige Instanz oberhalb der Länderebene anzuerkennen. Das ging so weit, daß sie sich erfolgreich weigerten, ihr Gehalt von der Bizone zu empfangen; die Ländervertreter und das sonstige Personal des Exekutivrats wurden also von den Ländern bezahlt, damit blieben sie Landesbeamte bzw. -angestellte und waren juristisch keine Funktionäre des »Vereinigten Wirtschaftsgebiets«.

In einer Beziehung war der Exekutivrat, so oft er auch als unnötig oder wenigstens als lästig empfunden wurde, ein höchst bedeutendes Organ, zumindest in der Theorie, weil der offizielle Verkehr der Besatzungsbehörden mit der Bizonenorganisation über den Exekutivrat lief. Unter dem Vorsitz der beiden stellvertretenden Militärgouverneure Großbritanniens, Generalleutnant Sir Gordon McReady, und der USA, Generalmajor Clarence Adcock, hatte sich im früheren Verwaltungsgebäude der I. G. Farben in Frankfurt das Bipartite Control Office etabliert. Das Zweizonenkontrollamt – geläufiger als die deutsche Übersetzung blieb die Abkürzung BICO – bestand aus Abteilungen (Panels), deren Aufgabenstellung den jeweiligen deutschen Verwaltungen entsprach. Den beiden »kleinen Generalen«, wie Adcock und McReady genannt wurden, im Gegensatz zu den Militärgouverneuren in Berlin (die als oberste Instanz den Bipartite Board bildeten), unterstanden etwa 900 Briten und Amerikaner, die als Experten in ihren Ressorts die deutschen Aktivitäten in Legislative und Administration beaufsichtigten, Gesetze prüften und je nachdem genehmigten oder verwarfen.

Der alliierten Mißbilligung war etwa das »Gesetz über die Befugnisse des Exekutivrats zum Erlaß von Anordnungen«, das der Wirtschaftsrat Anfang September 1947 ohne Debatte beschlossen hatte, zum Opfer gefallen.[73] BICO hatte die Genehmigung des Gesetzes, das dem Exekutivrat auf den Gebieten Ernährung, Versorgung und Verkehr weitgehende gesetzgeberische Vollmachten übertragen sollte, abgelehnt, weil der Wirtschaftsrat ebenso wie der Exekutivrat hinlängliche Befugnisse habe, so daß es keines »Ermächtigungsgesetzes« bedürfe.[74] Man könnte den Eindruck gewinnen, daß die Besatzungsoffiziere die Folgen der Weimarer Ermächtigungspraxis deutlicher vor Augen hatten als die deutschen Politiker des Jahres 1947, die sich wegen der Ablehnung ihres Gesetzes sehr unglücklich zeigten. Angesichts der Probleme, die allein die Ernährung und Versorgung der Bevölkerung aufwarfen, war allerdings das Vertrauen in das demokratische Instrumentarium, das den Deutschen zur Verfügung stand (und bei dessen Handhabung die nötige Kunstfertigkeit noch keineswegs überall vorhanden war), begrenzt.

5. Der Kartoffelkrieg

Der Sommer 1947 brachte Hitze- und Dürrerekorde, wie sie in Mitteleuropa seit Menschengedenken nicht erlebt worden waren; die sichere Aussicht auf eine Mißernte nährte schon im Hochsommer die Furcht vor einem neuen Hungerwinter. Der Wirtschaftsrat verabschiedete Ende September ein »Gesetz zur Sicherung der Kartoffelversorgung« – die Ablehnung des »Ermächtigungsgesetzes« durch BICO machte solche kurzatmigen Gesetzgebungsakte notwendig –, das sich zum Politikum ersten Ranges entwickelte und den »Kartoffelkrieg« einleitete. Das Gesetz ging glatt über die parlamentarische Bühne.[75] Es stützte sich auf eine Verordnung vom August 1939 über die öffentliche Bewirtschaftung landwirtschaftlicher Erzeugnisse, nach der jedes landwirtschaftliche Produkt in dem Augenblick als beschlagnahmt galt, in dem es vom Grund und Boden des Erzeugers getrennt wurde. Der Wirtschaftsrat hatte diese Regelung übernommen – die Schlagzeile »Kartoffelernte beschlagnahmt« ließ die Angelegenheit viel dramatischer erscheinen, als sie war – und lediglich dem Wortlaut der staatsrechtlichen Situation der Bizone angepaßt.[76] Der Direktor für Ernährung und Landwirtschaft war autorisiert, die Ablieferungsmengen der einzelnen Länder, die Ausgleichsquoten zwischen agrarischen Überschußländern und Industriegebieten und die Höchstmengen für die Verbraucher festzulegen. Zweck des Gesetzes war die gleichmäßige und gerechte Erfassung und Verteilung der Ernte, dies wiederum war die Vorbedingung für die Genehmigung der Einfuhr der Fehlmengen durch die Militärregierungen.

Das Gesetz, das Anfang Oktober in Kraft trat, kam zu spät, aber es scheiterte vor allem am Egoismus der Länder und an der Selbstsucht der Erzeuger. Nach den ersten Schätzungen der Erzeugerländer war mit einer Kartoffelernte von 8,5 Millionen Tonnen zu rechnen. Das war der Frankfurter Ernährungsverwaltung zu niedrig, ihre Berechnungen ergaben 10,5 bis 11 Millionen Tonnen. Das erschien aber den Militärregierungen auch noch zu wenig; sie führten eigene Schätzungen durch und kamen auf 16 bis 18 Millionen Tonnen. Daraufhin schlossen BICO und das Ernährungsamt in Frankfurt einen Kompromiß: Die Kartoffelernte sollte 12,8 Millionen Tonnen betragen. Auch dies war freilich nackte Statistik und reine Theorie, denn weder die Bauern noch die Landwirtschaftsminister der Länder waren gesonnen, sich von den Frankfurtern in ihre Kartoffelwirtschaft viel dreinreden zu lassen.

Schon die vom Direktor für Ernährung und Landwirtschaft auf Veranlassung von BICO (Control Group Food and Agriculture) angeordnete Ertragsprüfung der Kartoffel- und Getreideernte stieß auf Widerstand. Im Oktober wurde eine Gruppe von Prüfern des bizonalen Amts nach Bayern geschickt. Die Herren hatten dort einen schweren Stand, denn Landwirtschaftsminister Baumgartner, besorgt um seine Hoheitsrechte, hatte sich gegen den Zentralismus der Frankfurter Behörden in starker Rede verwahrt: »Sollten Prüfer von Frankfurt nach hierher kommen, ohne von mir beglaubigt zu sein, so ermächtige ich hiermit die Bauern, sie aus dem Lande zu jagen.« Mit diesen Worten hatte sich der Minister in Augsburg vernehmen lassen. Presse und Rundfunk sorgten für die gehörige Breitenwirkung.[77]

Die Frankfurter Ernährungsinstanz beschwerte sich im Exekutivrat, und der bayerische Vertreter mußte sein ganzes diplomatisches Geschick aufbieten, um abzuwiegeln und den bayerischen Landwirtschaftsminister zu verteidigen. Er erklärte, daß es »für die Stimmung der bayerischen Bauern offensichtlich notwendig gewesen sei, eine kräftige Sprache zu sprechen, um nicht die Führung über die Bauern zu verlieren und ihre Ablieferungsfreudigkeit angesichts der wachsenden Mißstimmung gegenüber dem Frankfurter Zentralismus zu schwächen«.[78]

Gleichzeitig hatte das Bayerische Staatsministerium für Ernährung und Landwirtschaft eine »Überprüfung der von Frankfurt entsandten Prüfer« vorgenommen. Sechs Herren wurden hinsichtlich ihrer landwirtschaftlichen Kenntnisse unter die Lupe genommen, fünf von ihnen erhielten das Prädikat »geeignet«, einer – zum Vergnügen der außerbayerischen Presse der einzige, der seinen Wohnsitz in München hatte – wurde als »ungeeignet« eingestuft, da er , wie es im Prüfungsbericht hieß, »wohl nicht in der Lage ist, ein richtiges Urteil zu geben. Kennt nicht Gerste von Weizen weg!« Die ministerielle Kommission hatte ihren Gesamteindruck von den bizonalen Prüfern in folgenden Sätzen zusammengefaßt: »Die Leute haben sämtlich kein fachliches Urteil. Sie stützen sich auf die Angaben der bayerischen Stellen. Ihre Tätigkeit kann nur problematisch sein. Es wird vielfach auf unsere amtlichen Stellen ankommen, wie sie die Prüfer zu beeinflussen vermögen. Das Ergebnis, das diese Prüfer bringen werden, verdient nicht mehr und weniger Glauben als unsere eigenen Feststellungen.«[79] Das war keineswegs ironisch gemeint. Der Streit um die Prüfer zog sich noch wochenlang hin, in Frankfurt häuften sich die Telegramme der Prüfer, die von bayerischen Behörden behindert wurden, Direktor Schlange-Schöningen beschwerte sich abermals im Exekutivrat, und der amerikanischen Militärgouverneur für Bayern half durch einen mahnenden Brief an den Ministerpräsidenten nach.[80]

Unter der Bedingung, daß sich die bizonalen Prüfer im Münchner Landwirtschaftsministerium bei einem Antrittsbesuch legitimierten, wurde der Streit dann beigelegt. Minister Baumgartner hatte abschließend festgestellt, daß »die bizonalen Prüfer sich in Bayern selbst behindert haben, weil sie wild und unbekannt im Lande herumgefahren sind«.[81] Daß das bayerische Landwirtschaftsministerium ein halbes Jahr zuvor zwei Beamte in die britische Zone geschickt hatte mit dem Auftrag, inoffiziell und möglichst diskret die dortige Ernährungswirtschaft zu »prüfen«, war inzwischen vielleicht in Vergessenheit geraten – oder wurden in München die Revisoren der Bizone mit einem anderen, besonders föderalistischen Maß gemessen als die eigenen, völlig unlegitimierten Emissäre, die über den Zustand der Landwirtschaft in Schleswig-Holstein, den Egoismus der dortigen Bauern, die Schlamperei und Laxheit bei der Erfassung ihren ebenso vertraulichen wie düsteren Dienstreisebericht verfaßt hatten?[82]

Aber der Streit um die bizonalen Revisoren war nur ein Geplänkel, und der Kartoffelkrieg selbst war auch nur ein Symptom für Zustand und Funktion des ökonomischen und politischen Systems, im Vereinigten Wirtschaftsgebiet. In seiner achten Vollversammlung, am 21. November 1947, beschäftigte sich der Wirtschaftsrat wieder mit den Knollenfrüchten; die Berichte des Ausschusses für Ernährung und des Direktors Schlange-Schöningen kamen Offenbarungseiden gleich.[83] Die Länder hatten zu diesem Zeitpunkt noch nicht die Hälfte des Ablieferungssolls erfüllt. Den Schwarzen Peter hatte Bayern in der Hand, nicht nur wegen des eigenwilligen Föderalismuskonzepts von Minister Baumgartner, sondern auch wegen der Tatsache, daß es lediglich 36,2% seines Kartoffelsolls abgeliefert hatte. Niedersachsen (45%) stand aber kaum besser da, vor allem wurde mit Abscheu registriert, daß die Regierung in Hannover zum Schaden des Ruhrgebiets erst einmal die eigene Bevölkerung mit zwei Zentner Kartoffeln pro Kopf versorgt hatte. Riesige Kartoffelmengen waren aber auch bei Kompensationsgeschäften verschwunden; auf diesem

grauen Markt hatte sich sogar die Eisenbahnverwaltung der Bizone betätigt und in beträchtlichem Maße Kohlen gegen Kartoffeln getauscht.
Die Korruption des Erfassungssystems reichte bis in die Reihen der Justiz, wie Schlange-Schöningen dem Wirtschaftsrat mitteilen mußte. Der Direktor für Ernährung beschloß seine Rede mit einer politischen Bilanz des Kartoffelkriegs, die an Pessimismus nicht zu überbieten war: »Gerade diese Aktion, über die ich nun eine Stunde gesprochen habe, hat meiner Ansicht nach für jeden denkenden Menschen im Inland und im Ausland den Nachweis erbracht, daß die heutige deutsche Regierung oder, sagen wir besser, das heutige deutsche Verwaltungssystem als unwirksam ad absurdum geführt worden ist. Wir sind ein Schattenstaat ohne Autorität. Wir sind ein Staatsgebilde, dem man angeblich eine Exekutivgewalt zugebilligt hat, aber diese Exekutive ist nur eine Papierexekutive, die sich in der Praxis als unwirksam erwiesen hat. Den deutschen Behörden bleibt als letztes, wenn sie gar nichts haben durchsetzen können, nur, daß sie den nicht allzu würdigen Schritt des Bettelns um Hilfe bei der Militärregierung tun. Sie müssen ihn tun.«[84]
Einstimmig nahm der Wirtschaftsrat dann einen Antrag des Ernährungsausschusses an, die gleichmäßige Versorgung aller Bewohner des Vereinigten Wirtschaftsgebiets durchzusetzen. In der Praxis geschah dies durch einen Ausgleich mit der Brotzuteilung; gegenüber dem Land Niedersachsen erhielt diese Maßnahme den Charakter einer Sanktion. Das Frankfurter Ernährungsamt setzte die Brotrationen zur Strafe für die eingekellerten zwei Zentner Kartoffeln entsprechend herab.[85]
Zwischen Bayern und der Frankfurter Ernährungszentrale war am 17. November ein Waffenstillstand geschlossen worden, bei dem vereinbart wurde, daß zunächst alle bayerischen Verbraucher einen Zentner Kartoffeln zum Einkellern erhalten sollten und dann etwa überschüssige Mengen nach Württemberg-Baden und Hessen geliefert würden.[86] Die Versorgung funktionierte aber nicht nur wegen der Kirchturmpolitik der Länderminister und -bürokraten, die das Wohl der Bürger ihres Sprengels über die Not der Nachbarn stellten, so schlecht. Die Selbshilfe der Normalverbraucher, die Kompensationsgeschäfte auf dem grauen und die Schiebungen auf dem schwarzen Markt waren gleichfalls verhängnisvoll. So verweigerte die Regierung in Stuttgart Obstlieferungen nach Bayern, weil die Äpfel längst weggehamstert worden waren, die Bayern stellten dafür ihre Käsesendungen nach Württemberg-Baden ein. Die Bewachung der Felder zur Erntezeit nützte gegenüber den städtischen Plünderern, die drohten, den Bauern die Höfe anzuzünden, recht wenig; andererseits war der Erfindungsreichtum der Landwirte beim Verstecken ihrer Feldfrüchte vor der Obrigkeit beachtlich.
Mitte Oktober waren in Bayern Hofbegehungen angeordnet worden, bei

denen Bauern eines Ortes die Höfe im Nachbardorf auf unterschlagene Kartoffeln durchsuchen mußten. Die Aktion war nicht gerade erfolgreich. Anfang November verfügte daher das bayerische Landwirtschaftsministerium auf Vorschlag der Stadt München erneute Revisionen, bei denen aber Vertreter der Gewerkschaften, der Ernährungsämter und der Kartoffelgroßhändler auf den Höfen erschienen. Das Ergebnis war überwältigend. Im Landkreis Erding wurden in einer Ortschaft 2500 Zentner Kartoffeln beschlagnahmt, 250 Zentner stammten allein vom Ortsbauernführer, der zunächst unbeanstandet davongekommen war; seine Verstecke hatte die Nachbarin preisgegeben; über dem Ärger wegen der bei ihr entdeckten 78 Zentner war die Solidarität gegenüber den städtischen Kontrolleuren dahingeschmolzen. Insgesamt erbrachten die Hofbegehungen in ganz Bayern 230000 Tonnen Kartoffeln[87], das waren 38% der Ernte. Die Forderung Schlange-Schöningens, Bayern müsse 134000 Tonnen an die Nachbarländer Hessen und Württemberg-Baden liefern, war einer der Höhepunkte des Kartoffelkriegs. Mitte Dezember war ihm Minister Baumgartner zum Opfer gefallen. Er erklärte seinen Rücktritt, weil das bizonale Amt für Ernährung und Landwirtschaft ausschließlich den Ländern die Schuld an der Ernährungskrise zugeschoben habe, weil es mit Zahlen arbeite, die den Tatsachen nicht entsprächen, weil die Drohung eines Getreideabzugs und der Ausschluß Bayerns von Fettimporten einen Betrug am bayerischen Verbraucher darstellten und weil die Länderminister zu bloßen Gerichtsvollziehern des bizonalen Amts herabgewürdigt worden seien.[88] Baumgartner verließ bald darauf auch die CSU, um sie in den Reihen der extrem-föderalistischen Bayernpartei bis zum eigenen Untergang zu bekämpfen.

An der Ernährungskrise – denn beim Fleisch, beim Fett, beim Zucker war die Lage gleich schlimm wie beim Getreide und den Kartoffeln – waren aber nicht nur die Grabenkämpfe zwischen der Länder- und der Bizonenbürokratie und nicht allein die Habsucht der Bauern, der Hamsterer und Schieber schuld. Die übertriebenen Ernteschätzungen und Ablieferungsquoten der Militärregierungen (auf deren Programm ja die Verbesserung der Ernährung im Wirtschaftsjahr 1947/48 stand) trugen zum Fiasko am Ende des Jahres 1947 reichlich bei. Die Militärgouverneure beharrten auf ihrer Meinung, daß die Krise ausschließlich dem schlechten Willen und dem Unvermögen der deutschen Verwaltung, gefälschten Statistiken und Schiebungen anzulasten sei. Dazu beigetragen hatte die Veröffentlichung des Berichts von Schlange-Schöningen über die Mißstände bei der Kartoffelerfassung, der auch in der amerikanischen Öffentlichkeit nicht unbemerkt geblieben war. Eine Gruppe von Journalisten und Verlegern einflußreicher amerikanischer Zeitungen war im Spätherbst 1947 in Deutschland herumgereist und hatte eigene Eindrücke gesammelt. General Clay, der an einer ungünstigen Presse in seiner Heimat durchaus nicht interessiert war, machte nun, unterstützt von seinem britischen Kollegen Robertson, den Vorschlag, sämtliche Lebensmittelvorräte in der Bizone bei Bauern, Händlern, Spediteuren, Gastwirten und in allen Haushalten zu überprüfen. In aller Eile wurde ein entsprechendes Gesetz entworfen und vom Wirtschaftsrat in der 10. Vollversammlung am 23. Januar 1948 verabschiedet. Bekannt – und lächerlich – wurde diese letzte Tat des Wirtschaftsrats in seiner ursprünglichen Gestalt unter der Bezeichnung »Speisekammergesetz« (amtlich trug es den Namen »Nothilfegesetz zur Ermittlung, Erfassung und Verteilung von Lebensmitteln«). Es war eindeutig den Alliierten zuliebe entstanden, seine Durchführung, bei der im Laufe des Februar 1948 beträchtliche Quantitäten der Mangelware Papier zu Fragebogen verarbeitet wurden, scheiterte kläglich. In Stuttgart füllten 28 Haushaltsvorstände ihre Fragebogen aus, 136000 waren ausgegeben worden. In Nürnberg waren immerhin 56,5 kg Mehl und 115 Kilo Kartoffeln gemeldet worden. Scherzhaft Veranlagte hatten aber auch versichert, in ihrer Wohnküche seien Tausende Zentner Lebensmittel aufgestapelt.[89]

Ende 1947 war jedermann klar, daß die bizonale Organisation auch in ihrer zweiten Phase versagt hatte. Der »Reparaturbetrieb für die Beseitigung wirtschaftlicher Engpässe der Doppelzone«, so hatte der Redakteur der Süddeutschen Zeitung Gerhard Kreyssig, der für die SPD im Wirtschaftsrat saß, die Frankfurter Behörden genannt, hatte die zentralen Probleme – Sicherstellung der Ernährung, Besserung der Verkehrslage und Steigerung der Kohlenförderung (Kohle war der einzige Aktivposten in der bizonalen Wirtschaftsbilanz) – nicht lösen können. Zum guten Teil lag die Schuld aber nicht bei den Politikern und Bürokraten am Main. Gegenüber den funktionellen Hemmungen der deutschen Wirtschaft blieb der lobenswerte Eifer der 52 Parlamentarier und der 4533 Beamten und Angestellten der Verwaltungen in Frankfurt wirkungslos.[90]

Neben der unzureichenden Ernährung waren vor allem die gesunkenen Reallöhne, die überhöhte Besteuerung und der Verfall der Währung Ursachen der wirtschaftlichen Misere. Für Erzeuger – in der Landwirtschaft wie in der Industrie, im Handwerk und Gewerbe – gab es nicht den geringsten Anreiz, im Rahmen der bestehenden Vorschriften zu produzieren und zu verkaufen. Statt dessen wurde kompensiert oder gehortet. Industrie und Handwerk litten zudem unter empfindlichem Mangel an Arbeitskräften. Die schlechte Versorgung mit Nahrungsmitteln, der Mangel an Heizmaterial und Bekleidung, die desolaten Wohnverhältnisse führten zu einer erheblichen Zunahme von Infektionskrankheiten. Die Säuglingssterblichkeit lag 1947 doppelt so hoch wie 1939, Rachitis und Tuberkulose verbreiteten sich in allen Zonen in bedrohlichem Ausmaß. In einer Untersuchung der Wirtschaftslage in der Bizone, die der Exekutivrat in Auftrag gegeben hatte, sind auch die psychologischen Auswirkungen der Unterernährung verzeichnet: »Von einschneidender Bedeutung sind auch die Folgen der Unterernährung auf seelischem Gebiet: Abnahme der Konzentrationsfähigkeit und des Gedächtnisses, seelische Schwerfälligkeit, Schwerbesinnlichkeit und mangelnde Entschlußfähigkeit, Einengung der Gedankenrichtung auf Nahrungsfragen, depressive Einstellung, Reizbarkeit und Neigung zur Streitsucht. Zweifellos ist auch die Interesselosigkeit breiter Kreise der Bevölkerung an kulturellen sowie politischen Fragen teilweise auf die erwähnte allgemeine psychische Apathie zurückzuführen.«[91]

6. Probleme mit den Alliierten. Demontage und Hühnerfutter

Die fünfte und letzte Außenministerkonferenz der Alliierten, deren Teilnehmer sich am 15. Dezember 1947 in London gründlich zerstritten und ohne Ergebnisse trennten, hatte bei den Deutschen die letzten Hoffnungen auf eine Lösung ihrer Probleme – die Herstellung der politischen und wirtschaftlichen Einheit aller Zonen – durch die Mächte der Anti-Hitler-Koalition endgültig zerstört, gleichzeitig aber im kleineren Rahmen der Bizone Erwartungen und Wünsche gefördert. Ein Brief vom Bipartite Control Office an den Präsidenten des Wirtschaftsrats, in dem die Militärgouverneure sehr offiziell ihren Besuch in Frankfurt ankündigten, um »allgemeine Probleme zu besprechen, die mit dem Verhältnis der Zweizonenverwaltung und ihren Beziehungen zu den Ländern in Verbindung stehen«, nährte die Hoffnungen auf eine kleine Lösung der deutschen Frage. Die Angesprochenen (die Ministerpräsidenten der Länder waren ebenfalls verständigt worden) hatten verstanden, worum es gehen würde; unmittelbar nach der Verlesung des Briefes von BICO in der neunten Vollversammlung des Wirtschaftsrats wurde nämlich eine Erklärung zur politischen Lage verabschiedet, die mit Worten des Bedauerns für das Scheitern der Londoner Konferenz begann, mit Beteuerungen, daß im Bereich des Wirtschaftsrats keinerlei Vorbereitungen für die Errichtung eines westdeutschen Staates im Gange seien, fortgesetzt wurde und mit den Sätzen endete: »Der Wirtschaftsrat ist seit langem – unabhängig von der Londoner Konferenz – der Auffassung, daß es im Interesse einer wirksamen und erfolgreichen Durchführung der ihm gestellten Aufgaben und einer Steigerung seiner Arbeitsfähigkeit zweckmäßig ist, unter Auswertung der bisherigen Erfahrungen eine Weiterentwicklung der bizonalen Institutionen vorzunehmen. Diese Weiterentwicklung muß unter dem Gesetz stehen, daß damit in keiner Weise die künftige und endgültige gesamtstaatsrechtliche und verfassungsrechtliche Entwicklung präjudiziert wird.«[92]

Das war am 18. Dezember 1947. Die Besprechung mit den alliierten Generalen, zu der auch die deutschen Minsiterpräsidenten geladen waren, fand am 7. und 8. Januar 1948 statt. Obwohl die Amerikaner und Briten von den Deutschen keine Vorschläge zur Änderung der bizonalen Organisation erwarteten, wurde in den deutschen Gremien überlegt und geplant. Im Exekutivrat, am 30. Dezember während der 102. Sitzung, wurde darüber debattiert, was anzustreben und von den Alliierten zu fordern sei. Im kleinen Kreis der Ländervertreter konnten die Meinungen in ziemlicher Offenheit ausgetauscht werden, das Protokoll war überdies vertraulich, und so kam man bald zum politischen Kern der Diskussion über die geplante Neuorganisation der Bizone. »In erster Linie müsse man verfassungsmäßige Zustände erstreben, und zwar so schnell wie möglich«, hatte der Vertreter Nordrhein-Westfalens, Ministerialdirektor Spiecker, der den Vorsitz führte, erklärt. Oberbürgermeister Metzger (Hessen) meinte, solche Wünsche seien gefährlich für die Einheit Deutschlands, man sollte den Alliierten die Verantwortung dafür, daß sie sich nicht einigen könnten, nicht abnehmen: »Wenn die Westmächte einen westdeutschen Staat wollten, dann sollten sie ihn selbst schaffen ohne unsere Mitwirkung. Wir würden uns dann der neuen Lage nicht verschließen.« Der Hamburger Hansen konstatierte, das deutsche Volk könne nicht mehr lange auf geregelte demokratische Verhältnisse warten: »Würde aber im Westen eine gesunde deutsche Demokratie geschaffen, dann habe das große Werbewirkung für die politischen Kräfte im Osten.« Der niedersächsische Staatssekretär Lauffer meinte abschließend, eine grundsätzliche Änderung der Bizonenorganisation sei notwendig, man müsse »klar zu der Frage Stellung nehmen, ob wir einen westdeutschen Staat wollten oder nicht«.[93]

Der Generalsekretär des Exekutivrats Heinrich Troeger – er war alter Sozialdemokrat, war 1945/46 Oberbürgermeister von Jena gewesen und als Ministerialdirektor im hessischen Finanzministerium zur Bizone gekommen – schrieb an der Jahreswende 1947 einen melancholischen Rückblick auf das zweite Scheitern des Experiments Bizone in sein Tagebuch: »Das Jahr 1947 läuft aus mit dem großen Fragezeichen, was sich politisch in Deutschland im Jahre 1948 ereignen soll? Man ist sich in der Öffentlichkeit darüber einig, daß die Bizone in ihrer zweiten Phase versagt hat. Ist das eigentlich richtig? Ich antworte ja und nein. Gewiß ist die Konstruktion falsch, weil sie als Wirtschaftsverwaltung gemeint war und politisch ausgenutzt wurde und dadurch die Uneinigkeit der Deutschen gleich ins volle Licht der Öffentlichkeit setzte. Mußte es so kommen, mußte es so schlimm werden, wie ich es angedeutet habe? Nein und abermals nein! Wenn die Beteiligten bessere Politiker gewesen wären, wenn Toleranz und Rechtsstaatsidee wirksam gewesen wären, dann hätte die Organisation in der zweiten Phase der Bizone zur Not genügen und wirksam sein können. Ferner wäre die Entwicklung nicht halb so übel ausgefallen, wenn die fünf Verwaltungen wirksamer gearbeitet hätten. Jede noch so geartete Änderung der Organisation wird unbefriedigend bleiben, weil dieses Grundübel nur ganz allmählich beseitigt werden kann. Es wird Jahre dauern, bis die Verwaltung im Restdeutschland intakt sein wird. Zwei Wahlen werden vorübergehen müssen, bis die Demokratie nach dem Prinzip der Bewährung sich durchgesetzt haben wird.«[94]

Am Ende des Jahres 1947 war aber nicht nur die große Deutschlandpolitik der Alliierten an ihrem Endpunkt angekommen, markiert durch den Abbruch der Londoner Konferenz, dem im März 1948 der Zusammenbruch des Kontrollrats in Berlin folgen sollte. Das Chaos, das in der Ernährungsfrage durch das Gegeneinander der deutschen Zweizonenadministratoren in Frankfurt und der deutschen Politiker in den acht Ländern angerichtet wurde, war ebenso wie die Fehlkonstruktion der Organe des Vereinigten Wirtschaftsgebiets nur ein Teil der Ursachen für den allgemeinen Jammer. Auch das Verhältnis zwischen den Deutschen und den anglo-amerikanischen Besatzungsmächten war an einem Tiefpunkt angelangt. Die Begeisterung über die Ankündigung des Marshallplans im Juni 1947 und die Aufnahme Westdeutschlands in den Empfängerkreis der Mittel des European Recovery Programs (ERP) im Herbst 1947 war nach Bekanntwerden der Demontageliste (Oktober 1947) erst einmal verflogen. Marshallplan und Demontagen erschienen überdies in der deutschen Öffentlichkeit als einander entgegengesetzte Mittel einer entsprechend widersprüchlichen Politik vor allem der Amerikaner.

Der am 29. August 1947 veröffentliche Revidierte Industrieniveauplan für die Bizone – er war Ergebnis und Kompromiß von amerikanisch-britisch-französischen Besprechungen in London – hatte eine gewisse Aufbruchstimmung im Zweizonendeutschland erzeugt. Gegenüber dem Produktions- und Reparationsplan vom März 1946, der vom Alliierten Kontrollrat noch im Konsens der vier Mächte verfügt worden war und der in der Präambel des Industrieplans für die Bizone feierlich als undurchführbar bezeichnet wurde, bedeutete das neue Dokument materiell und ideell eine gewaltige Verbesserung. In der Bizone war nun die Produktion von 10,7 Millionen Tonnen Stahl gegenüber ursprünglich 5,8 Millionen in allen vier Zonen zusammen erlaubt, als Richtwert für das Industrieniveau

galten nicht mehr 70 bis 75% des Standes von 1936, sondern annähernd die Gesamtkapazität dieses Vorkriegsjahrs.
Hoffnungen wurden auch an die Teilnahme Frankreichs an den Londoner Verhandlungen geknüpft, obwohl Paris nur schweren Herzens und nicht ohne Enttäuschung den Kompromissen über die westdeutsche Wirtschaft zugestimmt hatte. Aus der Präambel des Industrieplans, in der es hieß, Deutschland könne seinen unumgänglichen Beitrag zum Wiederaufbau ganz Europas nach dem früheren Plan des Kontrollrats nicht leisten, wurde etwas voreilig die Schlußfolgerung gezogen, »daß Deutschland – zunächst vertreten durch die beiden Westzonen – somit wieder zu einem gleichberechtigten Glied Europas« werde.[95] Als Wermutstropfen empfanden Politiker und Journalisten in der Bizone aber vor allem die Tatsache, daß deutsche Stellen bei der Neufestsetzung der Industriekapazitäten nicht gefragt worden waren. Die enormen Exportverpflichtungen (Erzeugnisse der Schwerindustrie und Kohle), die, zusammen mit der bestehenden Importhypothek (Nahrungsmittel), der Bizone auferlegt waren, wurden im Zusammenhang mit dem neuen Industrieplan zwar auch erkannt, aber die Freude über den Fortschritt überwog.
Die Alliierten hatten freilich die Pläne zur Entmilitarisierung und die Ansprüche auf Wiedergutmachung gegenüber Deutschland nicht aufgegeben. Ganz abgesehen von der Zerstörung der Rüstungsindustrie und gewissen Produktionsverboten (Aluminum, Magnesium, Beryllium, Vanadium) oder Herstellungsbeschränkungen (Kugellager, synthetisches Ammoniak, Gummi, Benzin) tangierte der neue Industrieplan auch nicht die Absicht, die Friedensindustrie zu Reparationen heranzuziehen. Die Tatsache, daß der Katalog der zu demontierenden Fabriken nicht gleichzeitig mit dem Industrieplan Ende August 1947 präsentiert wurde, erweckte bei den Deutschen wohl falsche Hoffnungen. Es waren aber nur technische Gründe gewesen, die die Fertigstellung der Demontageliste verzögerten. Mit Frankreich hatte es Schwierigkeiten gegeben und ebenso mit der Inter Allied Reparation Agency (IARA) in Brüssel, die die Reparationsansprüche von 18 Staaten gegenüber den drei Westzonen vertrat. In der Öffentlichkeit der Vereinigten Staaten und im amerikanischen Kongreß bestand im Zeichen der Vorbereitungen des Marshall-Plans nur noch wenig Neigung zu Demontagen in Deutschland[96], Rücksicht auf Frankreich, das Sicherheitsinteressen geltend machte, um Kohle- und Kokslieferungen aus dem Ruhrgebiet besorgt war und ein höheres Tempo des Wiederaufbaus in Deutschland als im eigenen Land befürchtete, verzögerte die Bekanntgabe der Demontageliste.
Obwohl seit Anfang Oktober 1947 in Deutschland bekannt war, daß die Veröffentlichung bevorstand (und vorsorglich hatten Gewerkschaften, Parteien, Ministerpräsidenten und Minister gegen den noch unbekannten

Inhalt der Demontagebestimmungen zu protestieren begonnen), schlug die Bekanntgabe der Demontageliste am 16. Oktober wie eine Bombe ein. Im Zonenbeirat der britischen Zone wurde, als der Text einging, die gerade laufende Debatte über die Zahlung von Versorgungsbezügen an ehemalige Wehrmachtsangehörige abgebrochen, der Vorsitzende Fritz Henßler (SPD) improvisierte eine Ansprache, in der er hauptsächlich bedauerte, daß mit deutschen Stellen nicht verhandelt worden war. Im Namen der CDU kleidete Robert Lehr seine tiefe Erschütterung in die Worte: »Hier geht es um Leben und Sterben unseres Volkes. Hier geht es um Sein und Nichtsein unserer Industrie und damit auch unserer ganzen Wirtschaft.« Danach wurde die Sitzung des Zonenbeirats abgebrochen.[97]

Auf der als endgültig bezeichneten Demontageliste standen 682 Betriebe (viele von ihnen waren bereits abgebaut worden) gegenüber 1600 Fabrikanlagen, die nach dem Industrieplan von 1946 entfernt werden sollten. Rein ökonomisch gesehen waren die Demontagen natürlich nicht sonderlich sinnvoll, und in den folgenden Jahren des forcierten Wiederaufbaus wirkte das Nebeneinander von Rekonstruktion und Zerstörung industrieller Anlagen einigermaßen grotesk, aber eine Katastrophe waren die Demontagen keineswegs, nicht einmal in sozialpolitischer Hinsicht, denn die Umsetzung der Arbeitskräfte war, wie der Arbeitsminister des am stärksten betroffenen Landes Nordrhein-Westfalen zugab, angesichts des allgemeinen Arbeitskräftemangels kein sonderliches Problem.[98]

Die Demontageliste wirkte in erster Linie als psychologischer Schock und belebte das Gefühl deutscher Ohnmacht gegenüber dem Besatzungsregime aufs neue. Die Argumentation General Clays, daß es sich lediglich um die Beseitigung überschüssiger Kapazitäten handele, die zur Erreichung des zugestandenen und gegenüber 1946 bedeutend verbesserten Industrieniveaus gar nicht notwendig waren, wurde durchaus nicht als Trost empfunden, auch wenn sie richtig war. Erik Nölting, der sozialdemokratische Wirtschaftsminister Nordrhein-Westfalens, konstatierte bei der Konferenz, zu der Ministerpräsidenten, Arbeits- und Wirtschaftsminister der Bizone am 22. Oktober 1947 in Wiesbaden zwecks Erörterung des Demontageproblems zusammengekommen waren, daß die statistischen Voraussetzungen, von denen aus die Alliierten die deutschen Industriekapazitäten berechnet hatten, vielfach nicht stimmten. In der Stahlindustrie z. B. hatten die deutschen Wirtschaftsführer einige Jahre zuvor, um Rüstungsaufträge des NS-Regimes an sich zu ziehen, ihre Produktionsmöglichkeiten in die Höhe geschwindelt.[99] Die im Industrieplan festgesetzten Produktionslimits der Stahlindustrie (5,9 Millionen Tonnen jährlich nach dem Stand von 1946, 10,7 Millionen Tonnen nach dem Stand von 1947) wurden während der Besatzungsjahre trotz aller Anstrengun-

gen überhaupt nicht erreicht.[100] Auch die Empfehlung General Clays am 4. November 1947 an die Ministerpräsidenten der US-Zone, das Demontageproblem mit Sportsgeist aufzufassen, überzeugte die Deutschen nicht. Clay hatte gesagt: »If dismantling and denazification can be placed behind you, if the foundation is laid in the repair of plants, that remain in Germany, if you remain steadfast in your determination, spring will find you with nothing but a constructive job on your hands.«[101]
Die offizielle Reaktion der Deutschen auf die Demontageliste war, wie die Ministerpräsidentenkonferenz in Wiesbaden am 22. Oktober am deutlichsten zeigte, von Konfusion und ohnmächtig verhaltenem Zorn geprägt. In Wiesbaden hatte der Hamburger Bürgermeister Brauer das politische Referat und der Direktor des Bizonenamts für Wirtschaft, Semler, das ökonomische Fachreferat über die Demontagen gehalten. Brauer warnte vor Protestaktionen, er plädierte statt dessen für »eine ernste Mahnung« an die Adresse der Deutschen und der Alliierten, »das Leben in Deutschland nicht unerträglicher und nicht schwerer zu machen, sondern dem deutschen Volk den Weg ins Freie zu öffnen«.[102] In weiten Teilen der Bevölkerung herrsche die Überzeugung, Deutschland solle auf dem Weltmarkt konkurrenzunfähig gemacht werden; Brauer hatte die unter den Namen Morgenthau und Vansittart in USA und Großbritannien früher propagierte Politik gegenüber Deutschland ins Gedächtnis gerufen: nach der Stuttgarter Byrnes-Rede erscheine die Demontageliste als Atavismus.
Dagegen erinnerte Semler an die Beschlagnahmen von Industrieaggregaten vor der Bekanntgabe des Industrieplans und der Demontageliste, an die Sequestrierung des deutschen Auslandsvermögens durch die Siegermächte,[103] an die Wegnahme deutscher Erfindungen und Patente, ehe er über die Folgen des Demontageprogramms für den Wiederaufbau, für die Kohlenförderung (wegen der Wegnahme von Fabriken der Hebezeug- und Förderindustrie), für das Reparaturprogramm der Eisenbahn Mutmaßungen anstellte.
Die Entschließung, die nach langer Beratung zustande kam, enthielt in sechs Punkten die Quintessenz deutscher Ratlosigkeit. Zuerst wurde die ausschließliche Verantwortlichkeit der Besatzungsmächte für die »befohlenen Demontagen« festgestellt, keine deutsche Stelle habe an den Anordnungen mitgewirkt (das hatte bestimmt auch kein Mensch vermutet). Dann wurde feierlich die Verpflichtung zu Wiedergutmachungsleistungen anerkannt, aber »das Leben des Volkes« und die Wiedereingliederung Deutschlands in die Gemeinschaft der Völker dürfe dadurch nicht gefährdet werden. Im dritten Absatz wurde der Widerspruch zwischen den Demontagen in Deutschland und der Erholung der europäischen Wirtschaft (zu der die deutsche Kohlenförderung und Stahlproduktion

notwendig sei) apostrophiert. Unter Punkt vier hieß es, die Ministerpräsidenten hätten den Direktor der Verwaltung für Wirtschaft gebeten, gemeinsam mit den Länderinstanzen alle mit dem Demontageplan zusammenhängenden Fragen zu prüfen, und die Verhandlungen mit den Militärregierungen würden in voller Übereinstimmung aller Länder erfolgen.

Abgesehen davon, daß es keine Einladung zu solchen Verhandlungen gab (die Militärgouverneure hatten lediglich eine Frist von zwei Wochen konzediert, innerhalb der deutsche Vorschläge über den Ersatz bestimmter Objekte durch gleichwertige andere entgegengenommen werden könnten), herrschte bei den Ländern auch keineswegs Einigkeit über einen Ausgleich der Demontagelasten untereinander. Der fünfte Absatz der Entschließung lautete etwas unvermittelt: »Mit der Demontageliste wird dem deutschen Volk die Rechnung präsentiert für die verbrecherische Politik der nationalsozialistischen Gewalthaber und ihrer Helfershelfer«, und zum Schluß wurde festgestellt, daß die Lage Besonnenheit erfordere. Die deutsche Bevölkerung dürfe versichert sein, »daß ihre Regierungen alles aufbieten werden, um das Lebensrecht des Volkes zu wahren«.[104]

Auch der Wirtschaftsrat war zu einer Sondersitzung (am 29. Oktober) zusammengekommen, um eine Resolution zu verabschieden, in der Besorgnis über die Demontage von Friedensbetrieben im Hinblick auf die Rolle der westdeutschen Wirtschaft im Marshall-Plan ausgedrückt und die Hoffnung artikuliert wurde, daß ein sozialpolitischer Ausgleich für die beschäftigungslos werdenden Arbeitnehmer gefunden würde.[105]

Die Entwicklungen des Jahres 1947 hatten in Parteien und Parlamenten, bei Ministern und Beamten ein Selbstbewußtsein aufkeimen lassen, das trotz der wirtschaftlichen Unsicherheit, trotz der ungeklärten staats- und völkerrechtlichen Situation das Gefühl für die tatsächliche Ohnmacht in den Hintergrund drängte. Die Selbsteinschätzung wenigstens kultureller Überlegenheit – wie herzlich konnten etwa die Gebildeten über die Sitten und Gebräuche der Amerikaner, die keinen Goethe und keinen Beethoven hervorgebracht hatten, lachen, wenn sie unter sich waren – stand dabei in merkwürdigem Kontrast zur öffentlich geübten Unterwürfigkeit im direkten Kontakt mit den Besatzungsbehörden.[106] Allmählich steigerte sich das zur stillen Aufsässigkeit, die beim »Mann auf der Straße« durch Reizthemen wie Umerziehung, Entnazifizierung oder Demontage freigesetzt wurde; die Politiker waren je länger desto mehr enttäuscht, daß trotz aller Exerzitien in demokratischen Formen, die sie gerne absolvierten, kein partnerschaftliches Verhältnis zu den Militärregierungen bestand. Die deutschen Politiker fühlten sich reif genug für den Um- und Ausbau der Bizonen-Organisation, für die Durchführung der dringend nötigen Währungsreform und anderes mehr.

Die deutsche Demut gegenüber der fremden Obrigkeit, wie echt oder wie gut gemimt sie auch gewesen sein mag, wurde wie selbstverständlich zelebriert, so etwa bei der ersten Sitzung des Wirtschaftsrats im Juni 1947, als sich die Abgeordneten reflexartig wie eine Schulklasse von den Sitzen erhoben, während die Generale Adcock und McReady sich zurückzogen. Der Amerikaner Adcock hatte allerdings das Gefälle an Dignität zwischen Deutschen und Alliierten deutlich genug zum Ausdruck gebracht, als er seine Ansprache mit der Begrüßung »Oberbürgermeister Kolb von Frankfurt, Ministerpräsident von Hessen, Mitglieder des deutschen Bizonalen Wirtschaftsrates!« begonnen hatte. Der Brite McReady gab sich etwas freundlicher, ließ aber gleichfalls unmißverständlich erkennen, wer das Sagen hatte. Beide Begrüßungsreden waren den Ansprachen leidgeprüfter Studienräte zu Beginn eines neuen Schuljahrs nicht unähnlich.[107]

George F. Kennans Urteil über Besprechungen zwischen Deutschen und Amerikanern, die ihm wegen der Demonstration unbegrenzter Macht auf der einen und der Unterwürfigkeit auf der anderen Seite ein widerliches Schauspiel gewesen seien, ist wahrscheinlich zu pauschal, weil es Beispiele dafür gibt, wie sehr die Ministerpräsidenten, am stärksten wohl Hans Ehard, auf die Wahrung von Würde und Status bedacht waren oder wie Parteigrößen vom Schlage Thomas Dehlers, Konrad Adenauers oder Kurt Schumachers Distanz zu den allierten Befehlshabern hielten. Wenn Kennan das deutsche Verhalten vielleicht zu sehr aus dem Kontrast zu früheren Zeiten beurteilte – er hatte als Diplomat Jahre in Deutschland verbracht und war 1941 in Berlin interniert worden –, so lieferte sein Kollege Murphy, Clays politischer Berater, der Deutschland ebenfalls seit den 20er Jahren kannte, einen anderen Schlüssel zum Verständnis deutscher Unterwürfigkeit. Murphy meinte nämlich, die Deutschen hätten auch die strengsten Befehle der Allierten im glücklichen Gefühl befolgt, unter dem Schutz der Westmächte zu stehen.[108]

Merkwürdig bleibt freilich die Tatsache, daß es in der ganzen Besatzungszeit nirgendwo zu nennenswerten Aktivitäten, Sabotage oder irgendwelchen Widerstandshandlungen gegen die Besatzungsmacht gekommen ist. Ob es nur an der Präsenz bewaffneter Macht lag oder auch an einem außerhalb der offiziellen Sphäre selten oder nie artikulierten Gefühl dafür, daß die Okkupation als Folge der nationalsozialistischen Verbrechen notwendig und moralisch gerechtfertigt war? Die Alliierten jedenfalls brauchten ziemlich lange, bis sie bemerkten, wie sicher sie sich in Deutschland fühlen durften, ihre Furcht vor Wehrwölfen und organisiertem Widerstand untergründiger Nazis gegen ihre Anwesenheit war lange anhaltend und stand in krassem Gegensatz zu den gelegentlich nächtens

an Wände geschriebenen Ami-go-home-Parolen und dem Trotz, der ihnen an deutschen Stammtischen geboten wurde.
Ein Paradefall für den Ausbruch deutscher Ressentiments ereignete sich am 4. Januar 1948. Vor dem Landesausschuß der CSU hatte Johannes Semler in Erlangen über aktuelle Wirtschaftsprobleme referiert. Semler, der sich gleich nach seiner Wahl zum Direktor des Frankfurter Wirtschaftsamts vor dem wirtschaftspolitischen Ausschuß der CSU für eine freie Marktwirtschaft, für die baldmöglichste Beseitigung der Zwangswirtschaft der NS-Zeit und für den Abbau des lähmenden Bürokratismus zugunsten einer »automatisch laufenden freien Wirtschaft« engagiert hatte,[109] war in Erlangen einer der Stars der Veranstaltung gewesen. Vor ihm hatte Ministerpräsident Ehard über die politische Lage gesprochen und starke Worte z. B. bei der Charakterisierung des Kriegsgefangenenproblems (in Jalta sei »ein Abkommen über Menschenhandel abgeschlossen worden«) gebraucht. Wahrscheinlich bedurfte es aber gar nicht solcher Stimulanzien für den Wirtschaftsdirektor, der mächtig loslegte und sich alles mögliche von der Seele schimpfte. Redner und Versammlung animierten sich gegenseitig, überdies wähnten sich die CSU-Politiker en famille (das machte Semler jedenfalls später geltend). Journalisten stenografierten aber mit, und ein Beobachter der US-Militärregierung war auch anwesend.
Daß er in der Sache recht hatte, versuchte Semler, nachdem es zum Eklat gekommen war, mit Hilfe einer umfänglichen Denkschrift zu beweisen.[110] Das änderte aber nichts daran, daß er sich mindestens im Ton völlig vergriffen und demagogisches Schmierentheater geboten hatte. Daß die Besatzungsmächte deutsche Kohle unter dem Weltmarktpreis verkauften, daß Frankreich deutsche Exporte und Dienstleistungen mit konfiszierter Reichsmark bezahlte und deutsche Eisenbahnwaggons nicht zurückschickte, war ebenso richtig wie Semlers Feststellung, daß die Deutschen keinen Einfluß auf den Außenhandel der Bizone hatten. Die Behauptung, daß die Amerikaner extrem hohe Ablieferungsquoten von der deutschen Landwirtschaft verlangten, um Steuergelder zu sparen, war freilich eine Unterstellung, und die Klage, daß die Lebensmittellieferungen aus USA mit künftigen deutschen Außenhandelsbilanzen verrechnet würden, rechtfertigte auf keinen Fall so markige Sätze, wie sie Semler in der Hitze des Augenblicks formulierte: »Man will den amerikanischen Steuerzahler von Kosten entlasten und der Herr Clay wird vielleicht den Wunsch haben, einen guten Abgang zu haben, zu unseren Lasten ... Heute möchten sich die Amerikaner aus der Verantwortung der Zerreißung Deutschlands herausziehen.«
Die Grundmelodie der Rede enthüllte sich auch in Sentenzen wie: »Man muß es den Engländern abgewöhnen, drei Jahre nach Kriegsende die

deutsche Wirtschaft auszuplündern.« Am meisten Schwierigkeiten bekam Semler aber durch die folgende Behauptung: »Man hat den Mais geschickt und das Hühnerfutter und wir zahlen es teuer. Geschenkt wird es nicht. Wir zahlen es in Dollars aus deutscher Arbeit und deutschen Exporten und sollen uns dafür noch bedanken. Es wird Zeit, daß deutsche Politiker darauf verzichten, sich für diese Ernährungszuschüsse zu bedanken.«[111]

Ein Sprecher der amerikanischen Militärregierung titulierte Semler in einer ersten Aufwallung als »verdammten Erzlügner«[112], ein anderer nannte seine Behauptungen »lächerlich und dumm«. In den folgenden Wochen konnte sich der Wirtschaftsdirektor über mangelndes Interesse der Öffentlichkeit an seiner Person nicht beklagen. Während Sozialdemokraten und die ihnen nahestehende Presse seinen Rücktritt forderten und triumphierend an ihre Kommentare anläßlich der Frankfurter Direktorenwahl im Sommer 1947 erinnerten[113], wurde Semler in den eigenen Reihen erst als Held und dann als Märtyrer gefeiert, zum Beispiel durch Konrad Adenauer, der erklärt hatte, die Militärregierung müsse sich darüber klar sein, daß Herr Dr. Semler nunmehr der populärste Mann Deutschlands geworden sei[114]

General Clay wollte ihm im ersten Zorn ein Scherbengericht bereiten, und zwar beim offiziellen Abendessen mit den Teilnehmern der Ministerpräsidenten-Konferenz am 7. Januar, ließ sich aber dazu bewegen, die Überprüfung der Angelegenheit noch abzuwarten[115]. Zwei Tage später, am 9. Januar war Clay aber entschlossen, Semler aus dem Amt zu jagen, obwohl er ihn für den fähigsten der Bizonen-Direktoren hielt[116].

Semler, der zu seiner Rechtfertigung zu Clay und Robertson bestellt worden war, hatte sich vorsichtshalber öffentlich für die Form seiner Äußerungen entschuldigt, den alliierten Generalen aber auch erklärt, die publizierten Zitate aus einer Erlanger Rede seien aus dem Zusammenhang gerissen und entstellt. Semler hatte den Militärgouverneuren einen gültigen vollständigen Text seiner Rede in Aussicht gestellt. Die Militärregierungen ließen sich gute zwei Wochen Zeit – die von Semler versprochenen Unterlagen konnten sie bei der Abwägung des Für und Wider nicht berücksichtigen, sie lagen erst im Februar vor –, bis sie ihn am 24. Januar 1948 seines Amtes als Direktor für Wirtschaft der Bizone enthoben[117]. In der Begründung hieß es, daß Semler in seiner Rede Behauptungen aufgestellt habe, die nicht im Einklang mit den Fakten gestanden hätten. In seiner amtlichen Eigenschaft hätte er die Fakten aber kennen oder Schritte unternehmen müssen, um sie kennenzulernen; außerdem sei seine Kritik vom Geist einer böswilligen Opposition gegen die Besatzungsmächte getragen gewesen. Das Recht zur freien Meinungsäußerung, das von der amerikanischen und der britischen Regierung ausdrücklich anerkannt werde, bedeute aber für einen verantwortlichen Regierungsbeamten nicht, daß er Behauptungen aufstellen dürfe, die mit der Wahrheit nicht übereinstimmten[118].

Obwohl inzwischen auch Semlers Parteifreunde weitgehend von ihm bzw. von seiner Rede abgerückt waren – die Verteidigung im Plenum des Wirtschaftsrats, das sich spät genug am 2. März 1948 mit dem Fall Semler befaßte[119], war nur eine Pflichtübung –, wurde sein Rausschmiß durch Machtspruch der Militärgouverneure mit Bitterkeit vermerkt. Der Dachverband der Unionsparteien, die Arbeitsgemeinschaft der CDU/CSU, verbreitete eine Stellungnahme, in der es hieß, die Entlassung Semlers beweise, daß alles Gerede von Freiheit und Demokratie unzutreffend sei[120]. Die CSU wollte es ganz genau wissen und nominierte im Februar Semler bei den Ergänzungswahlen wieder für den Wirtschaftsrat. Im Bayerischen Landtag ertönten dabei Kraftsprüche wie »man müsse endlich einmal mit der Besatzungsmacht Fraktur reden« und es wäre am Fall Semler zu erproben, ob in Deutschland eine wirkliche Demokratie oder nur eine Marionettendemokratie bestehe[121]. General Clay zitierte den bayerischen Ministerpräsidenten und seinen Stellvertreter nach Berlin und machte klar, daß Semler auch als schlichter Abgeordneter untragbar sei. Ende Februar fügte sich die CSU[122].

7. Der dritte Anlauf. Zweikammersystem und Oberdirektor

Zur gleichen Zeit, in der die Semler-Affäre die Gemüter erregte, wurde die Organisation der Bizone zum zweitenmal gründlich umgestaltet. Am 7. Januar 1948 fand in Frankfurt die nach dem Scheitern der Londoner Außenministerkonferenz im Dezember angekündigte Sitzung der Militärgouverneure mit den Ministerpräsidenten und Vertretern der bizonalen Organe statt. In drangvoller Enge hatten sich im Sitzungssaal der amerikanischen Militärregierung die Generale Clay und Robertson, Adcock und McReady, begleitet von den amerikanischen und britischen Gouverneuren der Länder eingefunden. Die deutsche Delegation bestand aus den acht Länderchefs, dem Präsidenten des Wirtschaftsrats und zwei Herren des Exekutivrats. Nicht am Konferenztisch, sondern in den Ekken des Raumes saßen als Zuhörer die Mitglieder des Exekutivrats und die Direktoren. Clay und Robertson gaben sich militärisch-jovial mit reservierter Verbindlichkeit; der protokollarische Abstand zwischen den Deutschen und den Vertretern der Besatzungsmächte kam auch darin

zum Ausdruck, daß die Zonenbefehlshaber nur die Militärgouverneure der Länder, nicht aber die Ministerpräsidenten vor Konferenzbeginn begrüßend zur Kenntnis nahmen[123].
Nach der Eröffnung der Konferenz durch General Clay schlug sein britischer Partner Robertson zum erstenmal die beiden Grundakkorde an, die im Laufe der Sitzung noch häufig erklangen: Die Regierungen Großbritanniens und der Vereinigten Staaten seien unverändert willens, ein einheitliches Deutschland unter einer deutschen Regierung anzustreben, im Augenblick käme es aber darauf an, das bizonale Provisorium zu verbessern und handlungsfähiger zu machen, und zwar so schnell wie möglich. Für Grundsatzdebatten sei keine Zeit, zu Verfassungsdiskussionen habe man sich nicht getroffen. Clay entwickelte dann die Reformpläne, die, das versicherte er ausdrücklich, noch nicht schriftlich fixiert seien. Das Parlament der Bizone sollte durch verdoppelte Mitgliederzahl verstärkt und durch eine zweite Kammer (je zwei Vertreter für jedes Land) ergänzt werden. Im Exekutivrat sollten künftig die Direktoren der Verwaltungen unter einem Vorsitzenden ohne Portefeuille sitzen, der Vorsitzende würde vom Wirtschaftsrat gewählt und von der Länderkammer bestätigt werden; er sollte die Direktoren (die als »politische Verwaltungsbeamte« definiert waren, denen jeweils Fachbeamte als Stellvertreter zur Seite stünden) ernennen dürfen. Der Wirtschaftsrat würde erweiterte Befugnisse erhalten, nämlich die Verantwortung für Zölle und indirekte Steuern sowie das Recht, einen eigenen Anteil an den Einkommensteuern festzusetzen.
Zum weiteren Ausbau des Vereinigten Wirtschaftsgebiets schlug Clay die Errichtung eines Hohen Gerichtshofes vor, der als Berufungsgericht in allen Angelegenheiten bizonaler Gesetzgebung und als Schiedsinstanz zwischen den Ländern und der Frankfurter Administration fungieren sollte. Schließlich kündigte Clay die Gründung einer Zentralbank an, die allerdings unter alliierter Kontrolle bleiben müsse, da sie nach Möglichkeit auf vierzonaler Ebene arbeiten sollte. Die »Länderunionbank« würde aber auf jeden Fall errichtet werden, erklärte Clay, da keine Zeit verloren werden dürfe, »ganz gleich, ob die anderen sich uns anschließen oder nicht«.
Im Anschluß an Clays Referat hatten die deutschen Konferenzteilnehmer Gelegenheit, die Militärgouverneure über Einzelheiten zu befragen. Sie machten davon so ausgiebig Gebrauch, daß die Generale nervös wurden, nicht wegen der Fragerei an sich, zu der sie ja ermuntert hatten, sondern wegen der Kleinkariertheit der aufgeworfenen Probleme, die Zweifel, Bedenken und Mißtrauen auf deutscher Seite signalisierten. Die förmliche Stellungnahme der deutschen Seite zu den alliierten Vorschlägen wurde erst am folgenden Tag erwartet, zwischen den beiden Konferenzen

blieben knapp 24 Stunden Zeit zur Vorbereitung der Diskussion der Sachfragen.

Am 8. Januar artikulierten sich die Deutschen in zwei Kurien. Wortführer der Ministerpräsidenten war Hans Ehard, die Auffassungen der Frankfurter Instanzen trugen der Präsident des Wirtschaftsrats Köhler und Vizepräsident Dahrendorf vor. Grundsätzlich unterschieden sich die Stellungsnahmen nicht sehr, bei den Ministerpräsidenten schimmerte ein gewisser Mangel an Begeisterung über die Erweiterung der deutschen Verantwortung im Rahmen der bizonalen Organisation durch. Namentlich in Süddeutschland glaubte man den Föderalismus wieder gefährdet; die Vertreter des Wirtschaftsrats interpretierten die bevorstehende Reform als »Beginn einer Neugestaltung der Beziehungen zwischen den Besatzungsmächten und den deutschen verantwortlichen Stellen« und verliehen ihrer Hoffnung auf ein Besatzungsstatut als verbindlicher Rechtsgrundlage zur Regelung der deutsch-alliierten Beziehungen Ausdruck. Bekenntnisse zur deutschen Einheit und die Versicherung, daß nichts geschehen dürfe, was das Ziel eines gesamtdeutschen Parlaments und einer gesamtdeutschen Regierung vereiteln könne, waren von Köhler wie von Ehard zu hören.

Einig waren sich die Deutschen in der Frage der zweiten Kammer, sie sollte aber nicht so heißen, sondern Länderrat. Der Umbau des Exekutivrats wurde ebenfalls begrüßt, ganz einig waren sich die Deutschen auch darin, daß das künftige »Kabinett« der Direktoren keinen selbständigen Vorsitzenden, der die Ressortchefs in eigener Verantwortung berufen dürfe, haben sollte. Statt eines solchen »Regierungschefs«, bei dem das amerikanische Präsidialsystem deutlich Pate gestanden hatte, wollten die Deutschen an der Wahl der Direktoren durch den Wirtschaftsrat festhalten, auch sollten sie dem Parlament verantwortlich sein. Einer der Direktoren sollte den Vorsitz im Gremium der Ressortchefs führen. Die Frankfurter Herren plädierten auch für die Errichtung einer sechsten Verwaltung, und zwar für Arbeit und Sozialwesen. Den Militärgouverneuren lag dagegen eine andere Erweiterung der Fachverwaltungen am Herzen, sie wollten einen sechsten Direktor für Probleme des öffentlichen Dienstes. Eine solche Behörde gab es bereits in Gestalt des Personalamts, das dem bestehenden Exekutivrat unterstellt war. Die Deutschen wehrten sich aber mit Erfolg gegen eine Höherstufung dieses Amtes. Die Militärgouverneure stimmten hingegen einer Arbeitsverwaltung mit Rücksicht auf die Potsdamer Vereinbarungen noch nicht zu, weil die Bizone vorläufig nicht mehr zentrale Verwaltungseinrichtungen haben sollte, als in Potsdam deutsche »Staatssekretariate« auf Vierzonenebene ins Auge gefaßt worden waren.

Unterschiedliche Standpunkte auf deutscher Seite gab es auch bei der

Anzahl der Wirtschaftsratsmitglieder. Die Ministerpräsidenten waren mit der Verdoppelung, also 104 Abgeordneten, einverstanden, die Herren vom Wirtschaftsrat hielten aber schon 80 Mandate (ein Abgeordneter pro 500000 Einwohner) für ausreichend. Über die Dauer der Mandate, über Abberufungsmöglichkeiten durch die Landtage und anderes wurde ebenso wie am Vortag länger debattiert. Während die Frankfurter Vertreter die Erweiterung der Kompetenzen des Bizonenparlaments, insbesondere die teilweise Steuerhoheit gerne akzeptierten, hatten die Länderchefs dagegen Bedenken, sie wollten auch die Finanzierung der Zweiten Kammer durch die Länder beibehalten. Der Schaffung eines Obergerichts stimmten alle zu, ebenso dem Projekt einer Länderunionbank.

Die Militärgouverneure nahmen nach einer kurzen Unterbrechung der Sitzung, in der sie sich berieten, Stellung zu den deutschen Einwendungen und Gegenvorschlägen. Sie bestanden auf der Verdoppelung der Wirtschaftsratsmandate und auf einem Vorsitzenden des »Verwaltungsrats« (so hieß wenig später das Direktorenkollegium, das den Exekutivrat ablöste, offiziell) ohne eigenes Portefeuille, sie konzedierten die Bezeichnung »Länderrat« für die zweite Kammer und kamen auch in einigen Punkten, z. B. bei Kompetenzen und Abstimmungsmodi oder in der Frage des Personalamts den Deutschen etwas entgegen. Sowohl Clay als auch Robertson versicherten, daß die Sonderverwaltungen und Gremien auf zonaler Ebene so bald wie möglich, das heißt sobald die Bizonenorganisation ihre Aufgaben übernehmen würde, verschwinden sollten. (Es blieb bei dieser Absichtserklärung bis zur Gründung der Bundesrepublik, allerdings schwand die Bedeutung des Länderrats der US-Zone ebenso wie die des Zonenbeirats der britischen Zone im Laufe der folgenden eineinhalb Jahre dahin.)

Ehe sich die Konferenz der Diskussion über die Ernährungslage in der Bizone zuwandte, bei welcher Gelegenheit General Clay das »Speisekammergesetz« anregte, wurde den Deutschen zugesichert, daß sie den Entwurf der alliierten Proklamation zur Neugestaltung der Doppelzone in den folgenden Tagen erörtern könnten und daß dann noch Gelegenheit zu gemeinsamen Beratungen über den Wortlaut gegeben sei.

Von dieser Gelegenheit machten die Deutschen ausgiebig Gebrauch. Der britisch-amerikanische Entwurf des neuen Statuts für die Bizone wurde ab 22. Januar in deutschen Kommissionen so gründlich diskutiert, bis sich die Uneinigkeit und Konfusion in so zahlreichen wie detaillierten Änderungswünschen mit Mehrheits- und Minderheitsvoten manifestierte. Bei der abschließenden Konferenz am 28. Januar mit den Alliierten – die dabei nur auf Abteilungsleiterebene durch den Amerikaner Litchfield und den Engländer Steel vertreten waren – kam den Ministerpräsidenten und den Vertretern des Wirtschaftsrats wieder einmal schmerzlich zu Bewußt-

sein, daß sie lediglich als Sachverständige, aber nicht als Verhandlungspartner herangezogen worden waren.
Von den zahlreichen deutschen Änderungsvorschlägen wurde im wesentlichen nur einer angenommen, nämlich die Wahl der Direktoren durch den Wirtschaftsrat. Vielleicht wären die Alliierten konzessionsbereiter gewesen, wenn sich die relative Übereinstimmung der deutschen Politiker vom 7./8. Januar nicht im Laufe von drei Wochen in eine Vielzahl von Meinungen aufgelöst hätte.
Die sozialdemokratischen Ministerpräsidenten verfolgten die Neuordnung der Doppelzone mit gebundenen Händen, weil ein Beschluß des Parteivorstands die ganze Angelegenheit als Problem der Besatzungsmächte deklariert hatte, die für den neuen staatsrechtlichen Zustand die Verantwortung allein zu tragen hätten. Die Föderalisten kämpften gegen die Erweiterung der Befugnisse des Wirtschaftsrats, namentlich gegen die Bestimmung »Zweizonenrecht bricht Landesrecht«. Im Namen der CDU/CSU-Minderheit im Ministerpräsidentenlager, das waren Bayerns und Nordrhein-Westfalens Regierungschefs Ehard und Arnold sowie die stellvertretenden Ministerpräsidenten von Württemberg-Baden, Heinrich Köhler, und Hessen, Werner Hilpert, erklärte Hans Ehard, daß man der kommenden anglo-amerikanischen Proklamation nicht zustimmen könne, weil sie uferlosem Zentralismus Tür und Tor öffne und die Finanz- und Justizhoheit der Länder in Gefahr bringe.[124] Der Aufbau eines neuen Staatswesens könne nur über die Länder, die staatsrechtliche Neukonstruktion nur im Rahmen einer Verfassung erfolgen, aber nicht durch Diktat der Besatzungsmächte. Der Präsident des Wirtschaftsrats, Erich Köhler, hatte wieder andere Motive, als er vor allem gegen die Installierung eines »Oberdirektors« kämpfte, der ihm die Stellung des obersten Repräsentanten der Bizone – der zwar provisorischen, aber doch deutlich erkennbaren Vorform eines deutschen Staatsgebildes – wohl streitig machen würde.
Das bevorstehende Verschwinden des Exekutivrats fand jedoch ziemlich allgemeinen Beifall, freilich aus den verschiedensten Motiven. In der SPD-Zentrale in Hannover war das Gremium als föderalistisches Organ unbeliebt, die Süddeutschen schätzten den Exekutivrat nicht, weil er für ihren Geschmack zu wenig föderalistisch war, die CDU-Politiker betrachteten die Länderinstanz wegen deren sozialdemokratischer Majorität voll Argwohn: aus der Perspektive des Wirtschaftsrats erschien der Exekutivrat als Konkurrenz wegen der unklaren Kompetenzverhältnisse, und die Direktoren der Verwaltungen empfanden den Exekutivrat als lästigen Hemmschuh bei ihren amtlichen Bemühungen.
Während die Politiker über echte und vermeintliche staatsrechtliche Probleme des Neubaus der Bizone stritten, gingen die Normalverbraucher im

Januar und Anfang Februar des Jahres 1948 auf die Straße, um gegen die unzulängliche Ernährung und die ungerechte Verteilung des Wenigen zu protestieren. In Bayern hatten die Gewerkschaften zu einer 24stündigen Arbeitsruhe aufgerufen, eine Million Arbeiter folgten dem Appell. Wenig später gab es in Württemberg-Baden und Bremen Streiks, wie sie seit den Tagen der Weimarer Republik nicht mehr erlebt worden waren. In der Britischen Zone legten die in der DAG organisierten Angestellten die Arbeit nieder. In Hamburg hatten schon Anfang Januar 6000 Schauerleute gestreikt, im Ruhrgebiet hatte sich die Bewegung fortgesetzt. Es waren Hungerrevolten und Aktionen der Verzweiflung, sie richteten sich gegen Schwarzhändler und Schieber, gegen Regierungen und gegen die Besatzungsmächte, gegen alle, die an den kümmerlichen Rationen und dem Mangel an Lebensnotwendigem schuld waren oder daran Verantwortung trugen. Viel Aufsehen erregte aber auch das geheimnisvolle »Protokoll M«, dessen Einzelheiten ab Mitte Januar in den Zeitungen kolportiert wurden. Das Schriftstück, angeblich eine im November 1947 in Belgrad angefertigte Anweisung der Kommunisten zur Sabotage des Marshallplans durch Transportstreiks in Westdeutschland, war vor allem den Sozialdemokraten als Agitationshilfe bei der Auseinandersetzung mit der KPD willkommen.[125]

Am 5. Februar 1948 unterzeichneten die beiden Militärgouverneure das neue Bizonen-Statut, am folgenden Tag wurde die »Frankfurt-Charta« den deutschen Offiziellen überreicht, am 9. Februar trat sie, inzwischen als amerikanische Proklamation Nr. 7 und gleichlautend als britische Verordnung Nr. 126 publiziert, in Kraft. Unter angloamerikanischer Hoheit war damit die Bizone in ihr drittes und letztes Stadium getreten. Sie ähnelte jetzt schon verdächtig einem Staatswesen, das, flankiert von der sowjetischen Einflußsphäre im Osten und der französischen Besatzungszone im Südwesten, die Nachfolge des Deutschen Reiches anzutreten im Begriff stand und nach Meinung vieler Zeitgenossen in eine mehr oder minder provisorische westdeutsche Bundesrepublik übergehen würde.

Die Militärgouverneure ließen den Zeitdruck, unter dem sie bei der Umgestaltung der Bizone standen, auch auf ihre Auftragnehmer wirken. Für die Neuwahl der Abgeordneten zum Wirtschaftsrat standen 15 Tage nach Inkrafttreten des Frankfurter Statuts zur Verfügung, innerhalb der gleichen Frist mußten die Mitglieder des Länderrats ernannt werden. Als erstes der neuen Organe konstituierte sich am 23. Februar der Länderrat.[126] Mit Ausnahme Württemberg-Badens war jedes Land durch den Regierungschef vertreten, das zweite Mitglied war, ein hamburgischer Vertreter ausgenommen, jeweils ein Minister. Die Mehrzahl der Länderdelegierten zum verflossenen Exekutivrat blieb jedoch ebenfalls in Frankfurt. Als ständige Bevollmächtigte ihrer Länder standen sie in der

Tradition der Ländergesandten beim Reich und waren Vorgänger der Landesvertretungen in Bonn. In Frankfurt bildeten die Bevollmächtigten den Geschäftsführenden Ausschuß des Länderrats, der in eiligen Angelegenheiten Entscheidungen traf.

In Aufgaben und Struktur war der Länderrat dem Reichsrat der Weimarer Republik ziemlich ähnlich, er hatte aber mehr Befugnisse. Die Mitwirkung an der Gesetzgebung war obligatorisch, sie reichte von der Gesetzesinitiative bis zur Zustimmungspflicht (bzw. dem Abänderungs- und Einspruchsrecht) zu allen legislativen Maßnahmen des Wirtschaftsrats. Anders als der frühere Reichsrat hatte die Länderkammer der Bizone auch eine eigene Organisation in Gestalt ständiger Ausschüsse und Referenten. Die laufenden Geschäfte leitete ein Generalsekretär. Die Länderchefs der US-Zone hatten zunächst dieses Amt für überflüssig gehalten, dann wollten sie Erich Roßmann, den Generalsekretär des Stuttgarter Länderrats (von dem man noch glaubte, er würde aufgelöst), mit dem Frankfurter Amt betrauen. Am Tage der Wahl, am 5. März, hatte er sich bereits im Büro seines Konkurrenten, des Generalsekretärs des verflossenen Exekutivrats, Heinrich Troeger, eingefunden, um die Geschäfte gleich übernehmen zu können. Zur Überraschung beider wurde jedoch Troeger mit der Fortsetzung seines bisherigen Amts betraut nach Auseinandersetzungen unter den Sozialdemokraten.[127]

Im Länderrat, dessen vierteljährlich wechselnden Vorsitz Ministerpräsident Ehard übernommen hatte, saßen neun Sozialdemokraten, sechs Christdemokraten und ein Liberaler. In der Zusammensetzung spiegelten sich die politischen Kräfteverhältnisse in den Ländern, die jedoch ohne Auswirkung für die Frankfurter Arbeit blieben. (So war die Spannung, mit der im März die Bestätigung der CDU-Direktoren und des Oberdirektors durch den Länderrat erwartet wurde, gegenstandslos.) Bei den rund 150 Gesetzen, die der Wirtschaftsrat vom März 1948 bis zum August 1949 verabschiedete, hatte der Länderrat nur 23mal Einspruch erhoben und noch seltener Abänderungen vorgenommen. Das Plenum des Länderrats tagte in der Regel einmal, meist am ersten Donnerstag im Monat.

Die acht Landtage wählten Mitte Februar die 52 neuen Abgeordneten zum Wirtschaftsrat. Die Mehrheitsverhältnisse unter den jetzt 104 Mitgliedern änderten sich durch Verdoppelung der Mandate nicht. 40 CDU/CSU-Abgeordnete standen 40 Sozialdemokraten gegenüber, mit den vier Angehörigen der Deutschen Partei aus Niedersachsen und acht Liberalen hatten die Christdemokraten eine Mehrheit, denn Befürchtungen, daß die sechs Kommunisten (von denen vier aus Nordrhein-Westfalen und zwei aus Bayern kamen) mit den beiden bayerischen Vertretern der demagogisch-chaotischen Loritz-Partei WAV und den vier Zentrumsabge-

ordneten aus Nordrhein-Westfalen gemeinsame Politik mit den Sozialdemokraten treiben würden, brauchte niemand zu hegen.
Die Sozialdemokraten hatten, keineswegs überraschend, auf Sitzungen des Parteivorstands und des Parteiausschusses mit den Abgeordneten der erweiterten Fraktion des Wirtschaftsrats in der Kasseler Stadthalle (17.–19. Februar) beschlossen, in Frankfurt in der Opposition zu bleiben. Alle Gründe hierfür beständen fort, hatte Erich Ollenhauer in einem Situationsbericht festgestellt; erfreulich an der neuen Lage in der Bizone fand die ebenso zentralistisch wie klassenkämpferisch eingestellte Mehrheit der Sozialdemokraten die Stärkung des Wirtschaftsrats gegenüber den Ländern. Die dort Verantwortung tragenden Genossen hatte Kurt Schumacher allerdings ermahnen müssen, die Parteiräson nicht zu vergessen.[128]
Die Frankfurter SPD-Fraktion ließ sich jedenfalls auf die Fortführung der Opposition gegen die Interessenvertreter der Sachwertbesitzer einschwören, auch wenn eine Minderheit diese Politik als vorsintflutlich empfand.[129]
Am 24. Februar konstituierte sich der neue Wirtschaftsrat. Er wählte das bisherige Präsidium wieder, allerdings hatte Erich Köhler, von Carlo Schmid im Rückblick als ein sehr auf Repräsentation bedachter Herr, der sich für den ersten Mann Westdeutschlands hielt, charakterisiert[130], seine Aspiration gegenüber seinen Parteifreunden nur mit etlicher Mühe durchsetzen können.
Der Oberdirektor (offiziell: Vorsitzender des Verwaltungsrats) mußte innerhalb von sieben Tagen nach der Konstituierung von Wirtschaftsrat und Länderrat gewählt werden. Das Kandidatenkarussell für das neue Amt drehte sich seit Mitte Januar. Durch ein Dementi hatte sich als erster der »Ochsensepp«, der in den eigenen Reihen mächtig umstrittene Parteivorsitzende der CSU, Josef Müller, ins Gespräch gebracht. Etwas ernsthafter standen der Präsident des Wirtschaftsrats Köhler und der Fraktionschef der CDU/CSU Holzapfel zur Debatte, auch Carl Spiecker, der dem Zentrum angehörende nordrhein-westfälische Vertreter im Exekutivrat, wurde genannt. Unter »ferner liefen« rangierten der Ernährungsdirektor Schlange-Schöningen, der sozialdemokratische Generalsekretär des Länderrats der US-Zone, Erich Roßmann, dessen Kandidatur wegen der unveränderten Haltung seiner Parteizentrale aber kaum ernsthaft genannt werden konnte, und der frühere preußische Finanzminister Otto Klepper, der Mitte 1947 aus dem mexikanischen Exil zurückgekehrt war und in Frankfurt eine Anwaltskanzlei betrieb. Als gewichtigster Kandidat, jedoch nur für den Fall, daß die Unionspolitiker das Amt des Oberdirektors mit einem Politiker der ersten Garnitur hätten besetzen wollen, galt der hessische Finanzminister Werner Hilpert. Die CDU hielt ihn aber als Ge-

Zusammensetzung des Wirtschaftsrats (ab 25. 6. 1947)

Land	SPD	CDU/CSU	FDP/DVP/LDP	Kleine Parteien
Bayern	Valentin Baur Dr. Gerhard Kreyssig, Georg Reuter	Fritz Flörl Kurt-Wilhelm Fromm, Hugo Karpf Alfons Loibl (bis 31. 1. 1949) Dr. Otto Seeling (bis 29. 7. 1948) Dr. Johannes Semler (bis 25. 7. 1947) Otto Weinkamm (ab 29. 9. 1947)	Dr. Everhard Bungartz	Ludwig Ficker, KPD (bis 10. 12. 1947) Karl Quilling, WAV (bis 1. 10. 1948, parteilos bis 22. 4. 1949, dann FDP bis 10. 7. 1949, dann parteilos) Fritz Sperling, KPD (ab 21. 1. 1948)
Bremen	Heinz Meyer (ab 18. 12. 1947) Oskar Schulze (bis 18. 12. 1947)			
Hamburg	Gustav Dahrendorf	Max-Detlef Ketels		
Hessen	Willi Richter Georg-August Zinn (bis 7. 8. 1947)	Peter Horn Dr. Erich Köhler	August Martin Euler	
Niedersachsen	Franz Hewusch Wilhelm Kiesel Herbert Kriedemann Willi Luecker	Wilhelm Naegel Anton Storch (bis 23. 10. 1948)		Dr. Wolfgang Bode, DP (bis 16. 2. 1949) Christian Kuhlemann, DP Dr. Heinrich Zimmermann, DP (ab 18. 2. 1949)
Nordrhein-Westfalen	Dr. Viktor Agartz (bis 8. 5. 1948) Kurt Baurichter (bis 25. 11. 1947) Dr. Georg Berger, Hermann Herberts, Erich Potthoff (bis 23. 2. 1948)	Theodor Blank Dr. Günter Henle Dr. Andreas Hermes, Dr. Friedrich Holzapfel, Peter Schlack Heinrich Strunk	Franz Blücher	Ludwig Becker, KPD (bis 14. 7. 1948) Dr. Arnold Burghartz, Zentrum (ab 21. 11. 1947 im WR; seit 9. 2. 1949 CDU) Max Reimann, KPD Dr. Carl Spiecker, Z (bis 10. 9. 1947 und 24. 2. 1948 bis 6. 4. 1948) Dr. Fritz Stricker, Z (bis 9. 7. 1949)

Neue Mitglieder des 2. Wirtschaftsrats (ab 24. 2. 1948)

SPD	CDU/CSU	FDP/DVP/LDP	Kleine Parteien
Anton Köhler Fritz Rupprecht Walter Seuffert	Dr. Wolfgang Butz (ab 17. 8. 1948) Dr. Fritz Dengler Franz-Michael Elsen (ab 2. 3. 1948) Thusnelda Lang-Brumann, Ernst Rattenhuber (ab 15. 2. 1949) Hans Schütz Franz Josef Strauß Dr. Max Zwicknagl	Dr. Hans Wellhausen	Dr. Alfred Kroth, KPD Erich Kühne, WAV
Walter Ballof Gerhard van Heukelum			
Dr. Adam Remmele	Dr. Gerd Bucerius (ab 21. 4. 1948)		
Erich F. W. Altwein Dr. Adolf Arndt Wilhelm Strahringer	Heinrich Hohl Walter Siara	Heinrich Faßbender	
Johann Cramer Lisa Korspeter Bruno Leddin Dr. Joachim Schöne	Wilhelm Brese Hermann A. Eplée (ab 9. 11. 1948) Dr. Paul Otto		Dr. Carl von Campe, DP Dr. Hans Mühlenfeld, DP
Dr. Paul Bleiß Robert Daum Willi Eichler Irmgard Enderle Franz Heinen Heinrich Hemsath Walter Hölkeskamp Wilhelm Mellies	Albrecht Gehring Bernhard Günther Maria Niggemeyer Dr. Robert Pferdmenges, Christoph Heinrich Wolf, Bernhard Winkelheide	Dr. Fritz Oellers	Matthias Hoogen, Z, seit 19. 2. 1949 CDU (ab 21. 4. 1948 im WR) Joseph Jakob, Z, seit 3. 3. 1949 CDU Kurt Müller, KPD Heinrich Niebes, KPD Friedrich Rische, KPD (ab 8. 7. 1948)

Zusammensetzung des Wirtschaftsrats (ab 25. 6. 1947) (Forts.)

Land	SPD	CDU/CSU	FDP/DVP/LDP	Kleine Parteien
Schleswig-Holstein	Otto Voß Dr. Robert Wohlers	Heinz Köring (bis 23. 7. 1947) Detlef Struve		
Württemberg-Baden	Dr. Fritz Cahn-Garnier (ab 21. 11. 1947 bis 8. 6. 1949) Erwin Schoettle Dr. Hermann Veit (bis 7. 8. 1947)	Dr. Alex Haffner (bis 6. 12. 1948) Theophil Heinrich Kaufmann	Alfred Krämer	

genspieler des sozialdemokratischen Ministerpräsidenten Stock in Hessen für unabkömmlich. Hilpert lehnte Mitte Februar die Kandidatur ab. In der Fraktionssitzung der CDU/CSU am 22. Februar standen der bayerische Ministerpräsident Ehard, wiederum Minister Hilpert, Dr. Steltzer, Präsident Lukaschek, Dr. Dittrich (gemeint war wohl der ehemalige Reichsminister Dietrich), Senator Ketels und Dr. Pünder zur Diskussion. Am 24. Februar tagte die Fraktion vormittags und abends.[131] Teilnehmer waren auch die Abgeordneten der DP und der FDP, und zwei Bewerber waren zur Vorstellung eingeladen worden, Hans Lukaschek und Theodor Steltzer. Beide waren 63 Jahre alt, beide waren als Mitglieder des Kreisauer Widerstandskreises vom NS-Regime verfolgt gewesen. Lukaschek war von 1929 bis 1933 Oberpräsident der preußischen Provinz Oberschlesien gewesen und hatte 1945/46 als Landwirtschaftsminister in Thüringen amtiert, ehe er in den Westen geflohen war. Steltzer war 1920–1933 Landrat in Rendsburg gewesen, 1945 wurde er von den Engländern zum Oberpräsidenten und dann zum Ministerpräsidenten von Schleswig-Holstein ernannt. Steltzer war Protestant. Lukaschek war katholisch, was seine Chancen erheblich steigerte. Aber für keinen von beiden konnte sich die Fraktion richtig erwärmen. Am folgenden Tag wurde als neuer Kandidat für das Amt des Oberdirektors Robert Lehr (der spätere Bundesinnenminister) in der Fraktion genannt.

Der richtige Kandidat wurde erst in letzter Minute gefunden. Bei einer Teestunde in der Villa des Kölner Bankiers Pferdmenges teilte Konrad Adenauer am 27. Februar 1948 dem Kölner Oberbürgermeister Hermann Pünder mit, daß die Vorstände der Unionsparteien und der Frankfurter CDU-Fraktion beschlossen hätten, ihn als Oberdirektor zu nomi-

Neue Mitglieder des 2. Wirtschaftsrats (ab 24. 2. 1948) (Forts.)

SPD	CDU/CSU	FDP/DVP/LDP	Kleine Parteien
Anni Kranstöver Karl Schulze	Georg-Wilhelm Boysen (ab 10. 11. 1948) Dr. Hanno Schmidt (ab 2. 3. 1948)		
Dr. Dr. h. c. Hermann Heimerich Dr. Karl Mommer	Prof. Dr. Georg Baur Josef Braun Dr. Rudolf Vogel (ab 14. 12. 1948)	Dr. Emil Schwamberger	

nieren. Auf die Einwendungen Pünders wurde ihm von seinen Parteifreunden – außer dem Gastgeber und Adenauer war der Gewerkschafter Anton Storch anwesend – bedeutet, daß von allen Bewerbern, über die man in den Zeitungen hätte lesen können, er als »einziger das nötige Format für dieses im Augenblick höchste, aber zweifellos auch allerschwierigste Amt in Deutschland hätte«.[132] Bayerns Ministerpräsident Ehard und der stellvertretende hessische Ministerpräsident Hilpert, die außer Pünder in Frage kämen, könnten ihre derzeitigen Schlüsselpositionen nicht ohne Schaden räumen. Pünder fragte schließlich Adenauer, warum er diesen außerordentlich wichtigen Posten nicht selbst übernehmen wolle.

Die Antwort Adenauers, von Pünder in seinen Memoiren überliefert, wird immer noch gerne kolportiert, denn der CDU-Chef nannte als Haupthindernis sein hohes Alter, das es ihm verbiete, »unter den heutigen Verhältnissen einen so unangenehmen Posten« zu übernehmen. Daß die Herren Pünder ein bißchen düpiert hatten, zeigte sich einige Tage später, als Fraktionschef Holzapfel dem Plenum des Wirtschaftsrats den Oberdirektor-Kandidaten mit den Worten präsentierte, man habe bewußt davon abgesehen, »einen ausgesprochen starken Politiker« zu nominieren, und sich für die schlichtere Lösung eines Koordinators der Verwaltungen und Verhandlungsführers mit den Besatzungsmächten entschieden.[133] Diese Einschätzung des Amts und des Kandidaten durch die CDU wurde von den Rednern der anderen Fraktionen genüßlich glossiert.[134]

Am Vormittag des 1. März hatte die CDU-Fraktion zwei Probeabstimmungen durchgeführt. In der ersten votierten 17 Abgeordnete für Pünder, 12 für Steltzer und 6 für Lukaschek, in der zweiten Abstimmung erhielt Pünder 27 und Steltzer noch 11 Stimmen. Am Nachmittag versuchte die CDU, sich mit den Abgeordneten der FDP wegen der Kandidatur Pünders zu verständigen. Das mißlang, weil die FDP den »ausgesprochen starken Mann« wollte[135].

Dem Wahlgang ging eine langwierige Geschäftsordnungsdebatte über das Problem voraus, ob leere Stimmzettel als Nein oder als Enthaltung gewertet werden sollten. Die sozialdemokratische Fraktion gab schließlich zu Protokoll, daß die von ihr abgegebenen weißen Zettel die grundsätzliche Ablehnung aller Kandidaten, des Oberdirektors wie der Direktoren, dokumentieren würden. Die Stimmung im Hohen Haus war nach der Verfahrensdebatte an einem Tiefpunkt angelangt, das Unbehagen rührte aber auch von der Panne her, die entstanden war, weil sich die Fraktion der CDU/CSU und der FDP am Vortag noch nicht auf gemeinsame Wahlvorschläge hatten einigen können. Die Christdemokraten hatten vergessen, rechtzeitig ihre »Koalitionspartner« von der FDP zu verständigen. So wurden am 1. März die Abgeordneten der anderen Parteien aus dem Sitzungssaal wieder nach Hause geschickt, weil die Fraktionen der CDU/CSU und FDP erst versuchen mußten, ihre personellen Vorstellungen in Einklang zu bringen. Beim Kandidaten für den Oberdirektor gelang dies nicht, die FDP nominierte als ihren Bewerber den früheren Reichsminister Dietrich und gab ihm ihre acht Stimmen. Für die Direktorenposten hatten beide Fraktionen die bisherigen Amtsinhaber vorgeschlagen; lediglich für die Stelle des Wirtschaftsdirektors mußte ein neuer Mann gefunden werden (anstelle des entlassenen Semler amtierte dessen Stellvertreter Walter Strauß). Die Christdemokraten hätten gerne, um der DP entgegenzukommen, Hans-Christoph Seebohm, den späteren langjährigen Bonner Verkehrsminister, nominiert. »Zu Gunsten einer gedeihlichen zukünftigen Zusammenarbeit mit der FDP« verzichtete die CDU-Fraktion[136] auf Seebohm, schloß sich dem FDP-Vorschlag an und nominierte den parteilosen früheren bayerischen Wirtschaftsminister Ludwig Erhard, der sich seit Herbst 1947 an der Spitze der »Sonderstelle Geld und Kredit« in Bad Homburg mit Plänen für eine Reform der deutschen Währung beschäftigte.

Hermann Pünder wurde mit 40 Stimmen der CDU/CSU und DP zum Oberdirektor gewählt (48 Stimmzettel waren weiß geblieben), das war das knappste Ergebnis. Die fünf Direktoren, die anschließend in einem gemeinsamen Wahlgang gewählt wurden, erhielten etwas mehr Zustimmung, bei 49 unbeschrifteten Stimmzetteln wurden für Erhard (Wirtschaft), Frohne (Verkehr) und Schuberth (Post) jeweils 48 Stimmen ausgezählt, Schlange-Schöningen (Ernährung) und Hartmann (Finanzen) brachten es auf je 46. Das Mißtrauen, das Sozialdemokraten, Kommunisten und die Abgeordneten des Zentrums und der bayerischen WAV den

Neugewählten entgegenbrachten, war mehr als deutlich. Das Schauspiel der zweiten Frankfurter Direktorenwahl erregte bei den britischen und amerikanischen Zuschauern Erstaunen und Verwunderung. Vertreter des Wirtschaftsrats und des neuen Länderrats mußten sich von den Generalen Adcock und McReady vorhalten lassen, die Wahl sei nicht nach sachlichen Gesichtspunkten erfolgt, und für den Streit und Zwist auf deutscher Seite habe man ebensowenig Verständnis wie für den schleppenden Gang der bizonalen Gesetzgebung. Wenn die Deutschen sich nicht endlich auf die sachliche Arbeit konzentrieren würden, bestehe die Gefahr, daß die beiden Besatzungsmächte das Interesse am Wiederaufbau in Westdeutschland, den sie mit Geld und Rohstoffen unterstützten, verlieren könnten. Ganz ähnlich hatten sich Clay und Robertson vierzehn Tage zuvor schon vernehmen lassen.[137]

Oberdirektor Pünder, dessen Wahl am 5. März vom Länderrat bestätigt und am 8. März vom Bipartite Board genehmigt wurde, nahm am 10. März seine Amtsgeschäfte auf. Sein Selbstbewußtsein schien weder durch das parlamentarische Vorspiel seiner Wahl noch durch den blamablen Ausgang derselben – wofür er freilich nichts konnte – gelitten zu haben. Die Kommentare in der Presse, die anläßlich der Wahl seiner Person gewidmet wurden, waren in der Mehrzahl eher lieblos. So hatte ihn der »Spiegel« als grauhaarigen Sechziger (der er erst vier Wochen nach der Wahl werden sollte) »mit jener Art von Noblesse, die ihm als Major im OKH des Zweiten Weltkriegs wohl angestanden haben mag«, charakterisiert, der im Schatten Adenauers als Oberbürgermeister den Kölnern kein rechter Begriff geworden sei.[138] Der Berliner Tagesspiegel spielte auf die »langjährige farblose Tätigkeit« Pünders als »eines die Minister überdauernden Staatssekretärs in der Weimarer Republik« an, was allein schon genug Anlaß zum Mißtrauen sei.[139] In den Augen der Opposition war der konservative Pünder, der Brüning nicht nut in amtlicher Eigenschaft nahegestanden war[140], geradezu eine Inkarnation des Rückschritts und der Restauration.

Pünders Kritiker, von denen viele wohl in erster Linie das Amt des Oberdirektors meinten, das als Oktroi der Besatzungsmächte als unnötig und lästig empfunden wurde, taten ihm aber Unrecht, wenn sie behaupteten, er sei nicht der richtige Mann. Er war es in jeder Beziehung. Sein Auftreten war voll Würde, er war sehr auf Reputation und Wirkung bedacht, er war mehr Verwaltungsfachmann als Politiker, und er hatte eine über jeden Zweifel erhabene Vergangenheit. In der Reichsministerialbürokratie war Pünder 1926 zum Staatssekretär in der Reichskanzlei aufgestiegen, als frommer Katholik war er Zentrumsmitglied gewesen, ohne sich aber in der Partei zu exponieren. 1932, als Papen Reichskanzler wurde, wechselte Pünder von der Reichskanzlei auf den Sessel des Regierungspräsidenten in Münster, acht Monate später wurde er von den Nationalsozialisten in den Ruhestand geschickt. Nach Ausbruch des Zweiten Weltkriegs tat Pünder als Reserveoffizier, zuletzt als Major, Verwaltungsdienst im Wehrkreiskommando Münster. Verbindungen zu Goerdeler hatten ihn Ende 1944 vor Freislers Volksgerichtshof gebracht, der sich anschließende Leidensweg durch Gefängnisse und Konzentrationslager endete im Mai 1945 in Südtirol. Im Oktober 1945 war Pünder als Nachfolger des von den Engländern aus dem Amt entfernten Dr. Adenauer Oberbürgermeister von Köln geworden. Außerdem präsidierte er den Deutschen Städtetag.

In Frankfurt war Pünder erst einmal mit der Einrichtung der neuen Direktorialkanzlei beschäftigt, die zu seinem Bedauern zunächst mit bescheideneren Räumen, als sie der Präsident des Wirtschaftsrats Köhler im gleichen Haus am Börsenplatz innehatte, vorliebnehmen mußte. Die Direktorialkanzlei als Büro des Verwaltungsrats wurde nach dem Muster der Reichskanzlei, in kleinerem Maßstab freilich, organisiert. Die Repräsentationsverhältnisse besserten sich bald, einige Monate nach Amtsantritt konnte der Oberdirektor auch über einen Dienstmercedes verfügen, den das einzigartige Erkennungszeichen »O. D. – Frankfurt« schmückte.[141] Die politische Premiere Pünders auf der bizonalen Bühne hatte am 16. März 1948 stattgefunden und war kaum ein Achtungserfolg gewesen. In seiner »Regierungserklärung« hatte er vor dem Wirtschaftsrat mehr allgemein als originell auf die Probleme der Zeit hingewiesen und einen Beweis dafür geliefert, daß er die politischen Möglichkeiten des Verwaltungsrats und dessen Vorsitzenden zu überschätzen geneigt war. Vom anschließenden Mißtrauensantrag der Kommunisten abgesehen, debattierte der Wirtschaftsrat die Erklärung des Oberdirektors gar nicht, sondern ging zur Tagesordnung über.[142]

Im Frühjahr 1948 war auch die britisch-amerikanische Kontrollorganisation der Bizone der neuen Situation angepaßt worden. Die mit den deutschen Verwaltungen korrespondierenden BICO-Behörden in Frankfurt wurden auf Kosten der Berliner Hauptquartiere verstärkt, die britischen und amerikanischen Stäbe miteinander verschmolzen. Die alliierten Ressorts (Bipartite Groups) wurden entweder von einem Amerikaner, und zwar Wirtschaft (Commerce and Industry), Ernährung und Landwirtschaft (Food, Agriculture and Forestry) und Öffentlicher Dienst (Civil Service), geleitet oder von einem Engländer, und zwar die Ressorts Verkehr (Transport), Finanzen (Finance) und Post (Communications). Den Stellvertretenden Ressortchef stellte jeweils die andere Seite. Getrennte Stäbe gab es nur noch an der Spitze von BICO, die unverändert aus den Generalen Adcock und McReady bestand. Weisungsberechtigt gegenüber den deutschen Stellen war nur das Bipartite Control Office, politi-

sche Grundsatzentscheidungen waren nach wie vor den beiden Militärgouverneuren im Bipartite Board vorbehalten.
Eine der wichtigsten Instanzen, die Joint Export-Import Agency (JEIA), unterstand direkt dem Bipartite Board in Berlin. JEIA war im Januar 1947 in Frankfurt errichtet worden, verfügte über Außenstellen in den Ländern der Bizone und war als anglo-amerikanische Sonderbehörde ausschließlich zuständig und verantwortlich für den gesamten Außenhandel des Vereinigten Wirtschaftsgebiets, nach der Verschmelzung mit Joint Foreign Exchange Agency (JFEA) Anfang 1948 auch für Transaktionen in ausländischer Währung. Unmittelbar nach der gescheiterten Londoner Konferenz hatten im Dezember 1947 USA und Großbritannien das Bevin-Byrnes-Abkommen, mit dem ein Jahr zuvor die Bizone installiert worden war, einer Revision unterzogen. Der neue Vertrag trug der britischen Dollarkrise Rechnung und befreite Großbritanien von allen Dollarverpflichtungen bei der Versorgung der Bizone. England war nur noch verpflichtet, Importe aus dem Sterlinggebiet zu bezahlen. Die finanziellen Verpflichtungen der beiden Besatzungsmächte wurden nach der Quote 3 : 1, anstelle der ehemals vereinbarten Parität, festgesetzt. In der JEIA erhielten die Amerikaner entsprechend ihrer größeren finanziellen Verpflichtung ausschlaggebenden Einfluß.[143].
Der rege Verkehr zwischen den deutschen Verwaltungen und dem Zweimächtekontrollamt vollzog sich in den Formen eines gewaltigen Papierkriegs. Während die Verwaltungen mit den Control Groups unmittelbar und direkt korrespondieren konnten – das war der normale Instanzenweg, auf dem aber nichts entschieden wurde –, lief der Kontakt zur BICO-Spitze über das Büro des Oberdirektors. Im deutschen Fachressort wurde jedes Schreiben an BICO deshalb zunächst in 15facher Ausfertigung (achtmal auf deutsch, siebenmal auf englisch) hergestellt und der Direktorialkanzlei eingereicht. Von hier aus gingen je zwei deutsche Versionen an den amerikanischen und den britischen Stab des Control Office, die Amerikaner erhielten außerdem zwei, die Briten vier Übersetzungen des Schriftstücks. Ein Durchschlag ging an den Länderrat, einen erhielt die absendende Verwaltung zurück, je ein deutsches und ein englisches Exemplar kam zu den Akten der Direktorialkanzlei, das letzte deutsche Stück verblieb dem Dolmetscher.[144]
Weniger bürokratisch liefen die regelmäßigen Sitzungen ab, zu denen sich Mitte jeden Monats die Militärgouverneure und die beiden BICO-Vorsitzenden mit den Herren des Verwaltungsrats und den Spitzen von Wirtschaftsrat und Länderrat trafen. Hier nahmen Clay und Robertson, begleitet von ihren Stäben, von den Deutschen »Einwände gegen unsere Entscheidungen und ihre Berichte über erzielte Fortschritte entgegen«.[145] Mit diesen Worten hat Lucius D. Clay in seinen Erinnerungen die

alliierte Intention und den Stil der Konferenzen beschrieben; bei aller Zwanglosigkeit, die sich in den äußeren Formen einspielte, hatten die Sitzungsteilnehmer auf deutscher Seite doch reichlich Gelegenheit, die Gefühle, die etwa indische Verwaltungsbeamte beim Besuch des britischen Vizekönigs gehabt haben mußten, nachzuempfinden.

8. Politik der sehr begrenzten Möglichkeiten: Funktion und Leistung des Wirtschaftsrats 1948–1949

Hand in Hand mit der Ausdehnung der Zuständigkeiten vollzog sich der Ausbau des bizonalen Behördenapparats. Schon im Januar 1948 hatte der Wirtschaftsrat ein Gesetz über die Errichtung eines Statistischen Amts des Vereinigten Wirtschaftsgebiets verabschiedet. Es war notwendig angesichts der schwer überschaubaren Mehrgleisigkeit amtlicher Statistik in den beiden Zonen, in der amerikanischen Zone waren Landesämter am Werke, in der britischen Zone existierte ein Zentralamt. Das Statistische Amt der Bizone, das im März 1948 in Wiesbaden seine Tätigkeit aufnahm, war auch formalrechtlich eine Innovation, die für die Bundesrepublik gültig blieb. Im Deutschen Reich war die Statistik nur in Teilbereichen zentralgesetzlich fixiert gewesen.[146]

Ein absolutes Novum war das Personalamt. Seine Vorgeschichte reichte in die Ära der Verwaltungsräte, ins erste Stadium der Bizone zurück. Geplant (und auch konstituiert, aber nicht zur Wirkung gelangt) war seit November 1946 eine eigene Instanz nach dem Vorbild der angelsächsischen Civil Service Commission, die zentral und weitgehend unabhängig den öffentlichen Dienst lenken und kontrollieren sollte. Diese Bestrebungen standen im Zusammenhang mit der von Amerikanern und Briten propagierten Reform des deutschen Beamtentums und waren bei den deutschen Offiziellen entsprechend unbeliebt. Seit September 1947 amtierte Kurt Oppler, sozialdemokratischer Ministerialrat aus dem hessischen Justizministerium, als provisorischer Chef des Personalamts für die Bizone, das dem Exekutivrat unterstellt war. Aufgrund der »Frankfurt Charta« wurde das Personalamt im Juni 1948 gesetzlich untermauert und – immer noch unter Oppler, der zum Ministerialdirektor avancierte – dem Oberdirektor nachgeordnet.

Als dritte Behörde, die auf der deutschen Seite als weitaus notwendiger empfunden wurde und entsprechend beliebter war als das Personalamt, entstand im Sommer 1948 das Rechtsamt mit der Aufgabe, die formale und technische Richtigkeit aller bizonalen Gesetzes- und Verordnungsentwürfe zu begutachten und zu koordinieren. Vom Zuständigkeitskatalog des früheren Reichsjustizministeriums hatte das Rechtsamt Kompetenzen im gewerblichen Rechtsschutz und Urheberrecht übernommen, ihm unterstanden die Vorläufer des Deutschen Patentamts in München, dessen formelle Errichtung sich allerdings bis zum Oktober 1949 hinauszog. Schließlich hatte das Rechtsamt auch justitiarische Funktion für die Doppelzone. Der Behördenchef, Staatssekretär Walter Strauß, galt als »Syndikus der Firma«[147] Bizone. Die Ämter für Statistik, Personalwesen und Recht ressortierten vom Verwaltungsrat, ihre Chefs wurden vom Oberdirektor ernannt. Sie standen im Rang unterhalb der Direktoren, nahmen aber an den Sitzungen des Verwaltungsrats teil.

Die Grundausstattung der Bizone mit staatlichen Einrichtungen wurde abgeschlossen durch die Errichtung eines Rechnungshofes im November 1948 (er nahm seine Tätigkeit analog der Bestimmungen der Reichshaushaltsordnung der frühen 20er Jahre am 1. Januar 1949 in Hamburg auf) und durch ein »Deutsches Obergericht für das Vereinigte Wirtschaftsgebiet« mit Sitz in Köln.

Das Obergericht verdankte seine Existenz nicht der »Frankfurt Charta«. Es war durch die amerikanische Proklamation Nr. 8 und die gleichlautende britische Ordinance 98, die am 9. Februar 1948 gleichzeitig mit dem Bizonen-Statut in Kraft traten, ins Leben gerufen worden. Mit dem Obergericht erhielt auch die Justiz als dritte Gewalt im Vereinigten Wirtschaftsgebiet eine zentrale Instanz, die gleichzeitig Aufgaben eines Staatsgerichtshofs, eines Reichsgerichts und eines Verwaltungsgerichtshofs zu erfüllen hatte.[148]

Die Verfassungswirklichkeit der Bizone fand in der Institution des Obergerichts ihren vielleicht sinnfälligsten Ausdruck: Die Richter und die Generalanwaltschaft wurden auf gemeinsamen Vorschlag von Wirtschaftsrat und Länderrat Anfang April 1948 von den Militärgouverneuren als den Treuhändern der Souveränität für das Territorium der beiden Besatzungszonen ernannt; haushaltsmäßig unterstand das Obergericht der Kontrolle des Wirtschaftsrats, im übrigen war das Gericht, da eine aufsichtführende bizonale Justizverwaltung nicht existierte, einzigartig selbständig und unabhängig. Die sich selbst verwaltende Körperschaft regelte Geschäftsverteilung und Verfahrensordnung in eigener Hoheit. Zuständig war das Obergericht in erster Instanz bei Verfassungs- und Kompetenzkonflikten zwischen Organen der Bizone oder zwischen diesen und den Ländern. Als Revisionsinstanz, deren Entscheidungen mit keinem Rechtsmittel mehr anfechtbar waren, diente das Obergericht in allen Zivil-, Straf-, Arbeits- und Steuersachen und bei allen übrigen Verwaltungsstreitigkeiten im Geltungsbereich der Rechtsvorschriften des Wirtschaftsrats bzw. gegenüber Entscheidungen deutscher Gerichte in der Bizone, soweit sie von grundsätzlicher Bedeutung waren.

Als Normenkontrollinstanz war das Obergericht in seiner Befugnis beschränkt, denn Gesetze des Wirtschaftsrats, die vom Bipartite Board genehmigt waren, konnten von keinem deutschen Gericht für ungültig erklärt werden. Die Aufsicht über Anwendung, Auslegung und Vollzug der Bizonen-Gesetze war dagegen ein bedeutsamer Schritt auf dem Weg, die seit Beginn der Besatzungsherrschaft immer mehr zersplitternde Rechtseinheit zunächst wenigstens in zwei Zonen wieder zu gewinnen. In der Bundesrepublik gingen die Aufgaben des Obergerichts im Laufe des Jahres 1951 schrittweise auf den Bundesgerichtshof, den Bundesfinanzhof und das Bundesverfassungsgericht über. Präsident des Obergerichts war vom April 1948 bis Dezember 1951 Herbert Ruscheweyh, der zuvor Chef des Hanseatischen Oberlandesgerichts in Hamburg gewesen war. In Hamburg gehörte Ruscheweyh als Abgeordneter in der Bürgerschaft und deren letzter demokratisch gewählter Präsident vor 1933 zur sozialdemokratischen Prominenz. Zum Vizepräsidenten hatten die Militärgouverneure den gewesenen Kandidaten für das Amt des Oberdirektors und nachmaligen Bundesminister für Vertriebene, Hans Lukaschek, bestellt. Ebenso wie das Obergericht war die »Bank deutscher Länder«, deren Errichtung der deutschen Delegation von den Militärgouverneuren bei der Konferenz am 7. Januar 1948 angekündigt worden war, eine Gründung unter angloamerikanischer Hoheit. Die Zentralbank, die am 1. März 1948 im Hinblick auf Währungsreform und Marshallplan in Frankfurt eingerichtet wurde, stand aber völlig außerhalb der Bizonen-Administration, denn ihr Wirkungskreis sollte mindestens auch die französische Besatzungszone einschließen – eine zustimmende Erklärung der Franzosen lag den Amerikanern und Briten Mitte April 1948 auch vor –, und der Beitritt der Landeszentralbanken des französischen Besatzungsgebiets wenige Tage vor der Währungsreform im Juni 1948 machte die Bank deutscher Länder tatsächlich zur ersten deutschen Institution auf der Ebene aller drei Westzonen.

Unter Berufung auf die Potsdamer Vereinbarungen, in denen deutsche Staatssekretariate unter Hoheit der vier Siegermächte für die unbedingt notwendigen zentralen Administrationsaufgaben vorgesehen waren, hatten der britische und der amerikanische Militärgouverneur noch im Januar 1948 der Bizone eine Verwaltung für Arbeit unter einem sechsten Direktor verweigert. Gemessen an der von ihnen schon 1947 propagierten Administration der Angelegenheiten des öffentlichen Dienstes im Rang einer eigenständigen Verwaltung – dem auf der deutschen Seite so ungeliebten Personalamt, das nolens volens, aber eine Stufe tiefer in der Bizonenhierarchie, errichtet wurde – war das freilich inkonsequent. Mitte März 1948 hatten die alliierten Befehlshaber ihre Bedenken gegen eine Arbeitsverwaltung überwunden und den Wirtschaftsrat zu entsprechenden Vorbereitungen ermächtigt. Das Ergebnis, ein Gesetz über die Zuständigkeit des Vereinigten Wirtschaftsgebiets auf dem Gebiet der Arbeit, fand aber keine Gnade beim Bipartite Board. Die Militärgouverneure entschlossen sich, die Erweiterung der Zuständigkeiten des Wirtschaftsrats auf dem Gebiet des Arbeits- und Sozialversicherungswesens selbst zu konstituieren und erließen im August 1948 eine Anordnung, die dem Wirtschaftsrat die Kompetenz gewährte, in Angelegenheiten der Arbeits- und Stellenvermittlung, der Arbeitslosenversicherung und Arbeitszuweisung, für Arbeitsschutz und Arbeitsrecht und für die Sozialversicherung (aber nur soweit als den Besatzungsmächten ihre Einheitlichkeit in der Bizone notwendig erschien). Damit waren nicht alle deutschen Wünsche erfüllt, verweigert wurde die Zuständigkeit für Arbeitsgerichte, und Fragen der Berufsausbildung und Berufsberatung blieben im wesentlichen Ländersache.

Direktor des Ressorts Arbeit wurde der Abgeordnete der CDU im Wirtschaftsrat Anton Storch. Er kam aus der christlichen Gewerkschaftsbewegung, er war als gelernter Tischler 1915 mit 23 Jahren Sekretär des Zentralverbands christlicher Holzarbeiter geworden, seine Karriere im christlichen Deutschen Gewerkschaftsbund hatte er nach der Unterbrechung durch die NS-Zeit, die er als Versicherungsvertreter und bei der Feuerschutzpolizei in Hannover überstand, im DGB als Leiter der Abteilung Sozialpolitik (1946–1948) fortgesetzt. Seine Wahl zum Direktor für Arbeit am 20. August 1948[149] erfolgte mit nur 32 Stimmen, weil die FDP einen eigenen Kandidaten nominiert hatte, der 16 Stimmen erhielt, und weil die Sozialdemokraten wieder mit weißen Zetteln Enthaltsamkeit übten. Auch in seiner eigenen Partei war es mühsam gewesen, die Kandidatur durchzusetzen. Ein Teil der Fraktion hatte abermals dem erzkonservativen Hans-Christoph Seebohm von der Deutschen Partei zu einem Amt, diesmal dem des Direktors für Arbeit, verhelfen wollen. Zusammen mit Ludwig Erhard und dem Parlamentspräsidenten Köhler gehörte der neue Direktor zu den wenigen, die später ohne Rangverlust personelle Kontinuität zwischen Bizone und Bundesrepublik verkörpern sollten.

Die Grundtendenz der Frankfurter Politik, nämlich Errungenschaften der Weimarer Republik wiederherzustellen, war im Bereich der Arbeitsverwaltung besonders deutlich erkennbar, aber auch notwendig. Das in Unordnung geratene System der Sozialversicherung erforderte sanierende gesetzliche Regelungen; der seit 1939 andauernde Lohnstopp wirkte zusammen mit den Preisexplosionen im zweiten Halbjahr 1948 als sozialpolitische Katastrophe. Die Bizonengesetze zur Aufhebung des Lohnstopps im November 1948 und zur Wiederherstellung der Tariffreiheit (verabschiedet im November 1948, in Kraft seit April 1949) kamen

bestimmt nicht zu früh. Beide Gesetze waren im Wirtschaftsrat einstimmig beschlossen worden.
Wegen der Währungsreform, die auch für den Arbeitsmarkt erhebliche Konsequenzen hatte, war die Errichtung der Verwaltung für Arbeit von allen Beteiligten, auch von den Sozialdemokraten, mit Ungeduld erwartet worden. Überhaupt wurde die politische Abstinenz, die die SPD im Wirtschaftsrat gelobt hatte, mehr deklamiert als praktiziert. Die Opposition der Sozialdemokraten fand ihren Ausdruck zwar in Grundsatzreden zur Wirtschafts- und Sozialpolitik bei sich bietender Gelegenheit (wie dem Leitsätzegesetz oder dem Gesetz über die Selbstverwaltung in der Sozialversicherung oder den Steuergesetzen), in Detailfragen arbeiteten die Abgeordneten der SPD im Plenum wie in den Ausschüssen aber unermüdlich mit. Auch der Ernährungsdirektor Schlange-Schöningen, der in der eigenen Partei umstritten blieb und namentlich mit der CSU und bayerischen Ministern so oft im Streit lag, daß immer wieder von seinem bevorstehenden Sturz die Rede war, konnte sich der Unterstützung der SPD erfreuen. Das Bestreben, den vorhandenen Spielraum im Parlament der Bizone auszunützen und möglichst viele deutsche Rechtsvorschriften an die Stelle alliierter Gesetze und Verordnungen zu setzen, überwog die parteipolitischen Gegensätze im Wirtschaftsrat. Die Konfrontation der Parteistandpunkte blieb anderen Schauplätzen und Gelegenheiten vorbehalten, nicht zuletzt deshalb, weil die Protagonisten der beiden großen Parteien ihre Kräfte für weniger provisorische Inszenierungen aufsparten. Das hieß freilich nicht, daß die führenden Parteipolitiker Frankfurt aus dem Auge verloren hätten. Kurt Schumacher hielt in Hannover, soweit sein Gesundheitszustand es ihm erlaubte, die Fäden, die nach Frankfurt führten, in der Hand. Und Konrad Adenauer sah gelegentlich als Gast bei den Sitzungen der Unionsfraktion in Frankfurt persönlich nach dem Rechten. Von Rhöndorf aus erreichten die christdemokratische Prominenz Briefe, in denen mehr getadelt als gelobt wurde. Pünder erhielt Ende Oktober 1948 einen Brief Adenauers, der mit den Worten begann: »Der Eindruck, den ich aus der Fraktionssitzung des Wirtschaftsrats am 18. d. Ms. hatte, war sehr wenig günstig. Es scheint überhaupt, als wenn die Direktoren nicht genügend Fühlung mit Sachverständigen aus dem Lande hätten und als wenn auch keine genügende Fühlung mit der Fraktion vorliege.«
Entsprechende Ermahnungen wurden an den Fraktionschef Holzapfel, an Schlange-Schöningen und an Köhler gerichtet. Die Hauptsorge Adenauers bestand im Herbst 1948 darin, daß die Politik der CDU in der Bizone sich nicht zur Hypothek für die Chancen der Partei im künftigen Staatswesen entwickeln würde. So schloß der Brief an Holzapfel: »Wir müssen, darin sind Sie mit mir einer Meinung, alles tun,

damit bei der großen Wahl die Frankfurter Politik kaum Schwierigkeiten bietet.«[150]

Die Personalpolitik in Frankfurt wurde mehrere Male zum Streitpunkt zwischen der CDU und dem Oberdirektor. Im März 1949 rüffelte Bruno Dörpinghaus, der Generalsekretär der Arbeitsgemeinschaft der CDU/CSU, im Auftrag Adenauers Pünder, weil Tätigkeit und Besetzung des Personalamts in Unionskreisen »mit besonderer Sorge« verfolgt wurden. Daß an der Spitze dieser angeblichen Behörde ein Sozialdemokrat, Kurt Oppler, stand, bedauerte Pünder mindestens ebensosehr wie andere CDU-Politiker, auch wenn er die Aufforderung, »ernstlich Erwägungen anzustellen, wie unverzüglich diesem unhaltbaren Zustand gesteuert werden kann«, als Zumutung empfand. Pünder war ja auch unschuldig, wie er Dörpinghaus mitteilte: »Als zur Zeit meines Amtsantritts, also im März 1948, erwogen wurde, Herrn Oppler durch Herrn Lukaschek zu ersetzen, wurde mir als erstes von den Vorsitzern des Zweimächtekontrollamtes eröffnet, daß diese Auswechslung zu unterbleiben habe.«[151]

Wegen der Besetzung des »Amtes für Fragen der Heimatvertriebenen«, das Anfang 1949 beim Oberdirektor eingerichtet wurde, intervenierte Adenauer zugunsten des Vertriebenenfunktionärs Linus Kather, der in der CDU der britischen Zone damals dritter Vorsitzender war. Adenauer war ziemlich empört, daß Pünder den parteilosen Ottomar Schreiber vorzog. Er brauche nur darauf hinzuweisen, schrieb Adenauer in seinem ziemlich groben Brief an Pünder, »mit welcher Energie die Sozialdemokratie allenthalben für die zu ihr gehörigen Leute bei Stellenbesetzungen rücksichtslos eintritt. Ich hoffe sehr, daß es gelingt, Herrn Kather an diese Stelle zu bringen.« Solche Korrespondenz, in der Pünder umgekehrt Adenauer zu verstehen gegeben hatte, daß er es »für das Richtigere halten würde, uns hier in Frankfurt freie Hand lassen« zu wollen, trübte das persönliche Verhältnis zwischen den beiden beträchtlich.[152]

Seit der Erweiterung seiner Kompetenzen im Februar 1948 war der Frankfurter Wirtschaftsrat auch zuständig für Patente, Urheberrecht und Musterschutz, für Zölle und Verbrauchsabgaben, für Statistik, für Preissubventionen, für die Festlegung von Dringlichkeitsstufen bei der Verwendung von Arbeitskräften und für nichtstaatliche Wirtschaftsverbände. Darüber hinaus konnte der Wirtschaftsrat aber seine Zuständigkeiten mit Genehmigung des Bipartite Board selbst erweitern. Bis zum Sommer 1949 machte die Bizonenlegislative von dieser Möglichkeit immer wieder Gebrauch; die Mitglieder des Wirschaftsrates durften sich allmählich fast als Abgeordnete eines vollgewichtigen Parlamentes in einem Bundesstaat empfinden. Die Haushaltspläne und die ihrer Verabschiedung vorangegangenen Etatdebatten unterschieden sich wenig von denen eines normalen Staats, wenn man davon absieht, daß Mittel in be-

trächtlicher Höhe für unnormale Ausgaben wie Besatzungskosten in einem Sonderhaushalt festgestellt werden mußten.
Die Leistungen für das Zweimächtekontrollamt (BICO) waren 1947 mit 15 Millionen Reichsmark, 1948 mit 30 und 1949 mit 18,5 Millionen DM angesetzt, dazu kamen Leistungen für JEIA (1948: 11 Millionen, 1949: 9 Millionen DM), für die britisch-amerikanische Coal Control Group von 5 Millionen DM für 1948 und von jeweils 3,5 Millionen DM im Jahre 1949 für die Steel Control Group und die Coal Control Group.[153]
Das gesamte Etatvolumen betrug für 1947 307,8 Millionen Reichsmark, der ursprüngliche Ansatz von 30,6 Millionen hatte sich nachträglich reichlich verzehnfacht. 1948 waren im Haushaltsplan der Bizone (einschließlich eines Nachtrags) 680,5 Millionen DM ausgebracht, der endgültige Haushalt für 1949 (dessen zweiter Nachtrag eines der letzten Gesetze des Wirtschaftsrats war, das die Militärregierung im August 1949 genehmigte) schloß mit einer Summe von 1304789500 DM. Der auf den ersten Blick beträchtliche Aufwand der Bizone war aber nicht durch einen aufgedunsenen Verwaltungsapparat verursacht. Diesen Vorwurf gab es natürlich auch, und gemeint waren 1948 etwa 10800 Beamte, Angestellte und Arbeiter des bizonalen öffentlichen Dienstes (1949 waren es noch 10433, die Bediensteten von Post und Eisenbahn jeweils nicht mitgezählt)[154].
Einen sehr beträchtlichen Teil der Haushaltsgelder verschlang seit November 1948 die Hilfe für die von den Sowjets abgeriegelte ehemalige Reichshauptstadt. Zwar wurden erhebliche Summen (aus GARIOA-Mitteln) von den Amerikanern erbracht, die auch den Löwenanteil an den Kosten der Luftbrücke bestritten, und die lebensnotwendigen Einfuhren nach Berlin wurden aus der JEIA-Kasse bezahlt, aber für Nebenkosten der Luftbrücke und den städtischen Finanzbedarf Berlins wurde die Bizone zur Kasse gebeten. Im Haushaltsjahr 1949 schlug die Hilfe für Berlin mit 480 Millionen DM – das war mehr als die Hälfte des ursprünglich veranschlagten Gesamtbudgets von 950 Millionen Mark – zu Buche. Wegen Berlin mußte der Wirtschaftsrat auf Einnahmen über die Ablieferungen von Post und Bahn hinaus, von denen die Bizone bis Herbst 1948 im wesentlichen gelebt hatte, sinnen. Im November 1948 wurde das »Notopfer Berlin« eingeführt. Es wurde zum Teil durch einen Zuschlag von 2 Pfennigen auf Postsendungen erhoben – das »sichtbare Zeichen der Verbundenheit mit Berlin«, das in der Präambel des Gesetzes beschworen wurde, prangte in Gestalt einer besonderen Marke auf jedem Brief und jeder Postkarte –, zum Teil wurde das Notopfer als Lohnsteuerabzug oder als zusätzliche Abgabe zur Einkommen- und Körperschaftsteuer erhoben. (Die Höhe war nach Einkommen von 0,6% bis 1,2% gestaffelt.)
Zugunsten Berlins mußte der Wirtschaftsrat auch von der Ermächtigung

im Frankfurter Statut zur Erweiterung seiner Finanzquellen Gebrauch machen. Mit Steuern auf Kaffee und Tee wurden im Nachtragshaushalt für das Rechnungsjahr 1948 die Lücken geschlossen. Im Haushaltsjahr 1949 mußte die Bizone dann auch Einnahmen aus Zöllen, die bisher den Ländern zugeflossen waren, in Anspruch nehmen. Gegen den Widerstand des Länderrats, dafür mit Unterstützung von BICO war im April 1949 das Zollwesen einschließlich des Zollgrenzschutzes gesetzlich an die Bizone übergegangen, das bedeutete eine nicht unbeträchtliche Steigerung der Hoheitsrechte, auch wenn sie erst im Juli 1949 praktisch wirksam wurde.[155]

Die Gesetzgebung war das wichtigste Betätigungsfeld der bizonalen Organe. Das Verfahren hatte sich im erweiterten Wirtschaftsrat selbst ebenso wie im Zusammenwirken mit den anderen Gremien schnell eingespielt. Die Gesetzgebungsmaschinerie funktionierte im Endstadium der Bizone geradezu routiniert und reibungslos. In aller Regel wurde die Gesetzesinitiative von den Verwaltungen ausgeübt. Nach der Geschäftsordnung des Verwaltungsrats wurden die Entwürfe der zuständigen Direktoren aber nicht direkt, sondern erst nach Beratung im Verwaltungsrat, in den Direktorialsitzungen, durch den Oberdirektor beim Länderrat und beim Wirtschaftsrat eingebracht, wo sie dann vom jeweiligen Direktor vertreten wurden. Der Wirtschaftsrat beriet den Gesetzentwurf in drei Lesungen – das war gegenüber der Gepflogenheit von 1947 ein weiterer Schritt zum normalen Parlamentarismus. Nach der ersten Lesung kam der Entwurf in die Fachausschüsse des Wirtschaftsrats; in Fällen großer Eile wurden Gesetzesvorlagen beiden Kammern gleichzeitig zugeleitet, in der Regel wurde aber die Stellungnahme des Länderrats (falls sie innerhalb 14 Tagen erfolgte) abgewartet, ehe der Wirtschaftsrat mit der Beratung begann.

Das Gesetz mußte, wenn es von der Vorlage, die der Länderrat gebilligt hatte, abwich, nach der Beschlußfassung abermals in die Länderkammer, die innerhalb von zwei Wochen zustimmen, Änderungen vorschlagen oder Einspruch erheben konnte. Ließ sie die Frist verstreichen, so galt das als Zustimmung. Abänderungen des Länderrats konnte der Wirtschaftsrat mit einfacher, Einsprüche mit absoluter Mehrheit zurückweisen. Hatte ein Gesetz alle Hürden passiert, wurde es der Militärregierung zur Prüfung und Genehmigung vorgelegt – das dauerte mitunter ziemlich lang – und schließlich im Gesetzblatt der Verwaltung des Vereinigten Wirtschaftsgebiets verkündet.

Der Wirtschaftsrat hat in den reichlich zwei Jahren, die er bestand, 171 Gesetze beschlossen. Nach zähem Anlauf im Jahr 1947, bis zu dessen Ende nur sechs Gesetze in Kraft traten, geriet das Parlament immer mehr in Schwung. Kurz vor Toresschluß schienen die Abgeordneten geradezu vom Rekordfieber befallen: 1948 waren 49 Gesetze bis zur Verkündigung im »Gesetzblatt der Verwaltung des Vereinigten Wirtschaftsgebiets« gediehen, in den ersten acht Monaten des Jahres 1949 waren es 76 Gesetze, in den letzten drei Vollversammlungen des Wirtschaftsrats im Juni, Juli und August 1949 wurden nicht weniger als 49 Gesetze verabschiedet. Hochkonjunktur hatte aber auch in der 18. Vollversammlung geherrscht, die in zwei Sitzungstagen (am 17. und 18. Juni 1948) elf Gesetze beschloß, darunter die berühmten Leitsätze für die Bewirtschaftung und Preispolitik nach der Geldreform und die Gesetze über den vorläufigen Haushalt im Rechnungsjahr 1948, über das Rechtsamt und über die Errichtung der Verwaltung für Arbeit. In Kraft getreten und soweit die Rechtsvorschriften nicht befristet waren oder nur die bizonale Organisation betrafen, auch für die Bundesrepublik gültig (laut Artikel 127 GG) waren aber nur 131 Gesetzgebungsakte.

Einige waren am Einspruch des Länderrats gescheitert, und einige, insgesamt acht, wurden von der Militärregierung abgelehnt. Darunter befand sich das Gewerbezulassungsgesetz, das mit der Forderung der Amerikaner nach Gewerbefreiheit kollidierte[156], und das Gesetz zur Bekämpfung der Hortung in der gewerblichen Wirtschaft, das der Wirtschaftsrat am 21. April 1948 beschlossen hatte. Es wurde am 3. August, nach sehr langer Prüfung also, von BICO mit dem Hinweis auf die inzwischen durchgeführte Währungsreform zurückgegeben, eine neue Beratung der Materie war zu diesem Zeitpunkt nicht mehr notwendig. Ein Gesetz wurde wegen juristischer Mängel von der Militärregierung nicht genehmigt, und die am 4. Mai 1949 vom Wirtschaftsrat beschlossene Freigabe der Schweine- und Schafpreise lehnte BICO unter Hinweis auf das Ausmaß der von den Besatzungsmächten gewährten Hilfslieferungen ab.

Die Gesetzesflut, die aus dem Wirtschaftsrat zu später Stunde hervorbrach, erschreckte sogar die Militärgouverneure, die zu Beginn des Jahres 1948 das Parlament wegen zögerlicher Arbeit gerüffelt hatten. Sie setzten Anfang Juli 1949 den Präsidenten des Wirtschaftsrats von ihrer Sorge in Kenntnis, daß kurz vor Toresschluß mit ungebührlicher Beschleunigung Gesetze verabschiedet würden, die womöglich die Handlungsfreiheit der künftigen Bundesregierung beeinträchtigen könnten. Präsident Köhler verwahrte sich vor allem gegen die Vermutung der BICO-Generale, einzelne Beamte wollten ihre Entwürfe und Vorschläge in aller Eile noch als fertige Gesetze sehen; alle Gesetzesvorlagen, die noch behandelt würden, seien gründlich erwogen und eine Präjudizierung des Bundesgesetzgebers sei keineswegs beabsichtigt. In Anbetracht der Einarbeitungszeit, die der Bundestag benötigen werde, ehe er seine Gesetzgebungsarbeit voll aufnehmen könne, sei die Verabschiedung, Ge-

nehmigung und Verkündung der anstehenden Gesetze aber durchaus vonnöten.[157]
Insgesamt 18 legislatorischen Beschlüssen des Wirtschaftsrats versagte BICO die Zustimmung mit der Bemerkung, die Entscheidung sei dem Gesetzgeber der Bundesrepublik zu überlassen; es handelte sich u. a. um das Gesetz über die Wiederherstellung der Selbstverwaltung in der Sozialversicherung (vom Wirtschaftsrat am 24.5.1949 verabschiedet), um ein Flurbereinigungsgesetz (24.6.1949), dessen 176 Paragraphen am 1. August 1949 in Kraft treten sollten, um Gesetze zur Änderung von Vorschriften auf dem Gebiet des Maß-, Gewichts- und Eichwesens (24.6. 1949), zur Neuregelung der Untersuchung von Seeunfällen (20.7.1949), ein Notgesetz für die Deutsche Hochseefischerei (20.7.1949), ein Heimarbeitsgesetz (19.7.1949) und eine Änderung des Mutterschutzgesetzes (19.7.1949).
Zehn Gesetzentwürfe, die die Ausschüsse bereits passiert hatten, wurden vom Wirtschaftsrat in seiner 39. Vollversammlung – der vorletzten – an das kommende Parlament der Bundesrepublik weitergereicht, ebenso Gesetzentwürfe des Verwaltungsrats, die erst im Juli 1949 fertiggestellt wurden, über Schifferdienstbücher, Gebühren für Maßnahmen im Straßenverkehr und ein vorläufiges Eisenbahngesetz.[158]
Der spektakulärste Eingriff der Militärregierung in die Bizonen-Legislative erfolgte allerdings nicht durch Zurückweisung eines Gesetzes, sondern durch rohen Zugriff auf die Materie vor Abschluß der deutschen Gesetzgebung. Das hatte Gründe, die ebenso gewichtig waren wie die Empörung eines großen Teils der deutschen Öffentlichkeit. Es ging um das Beamtengesetz, mit dem der öffentliche Dienst in Deutschland von Grund auf reformiert werden sollte. Die Reform lag vor allem den Amerikanern am Herzen. Sie bemühten sich seit Beginn der Besatzungsherrschaft in den Ländern ihrer Zone im Rahmen des Demokratisierungsprogramms um Änderungen, die von den Betroffenen als revolutionär empfunden wurden. Selbstverständlich maßen die Amerikaner das deutsche Beamtentum mit eigener Elle, und im Vergleich mit dem Civil Service angelsächsischer Tradition erschien ihnen vieles befremdlich und wenig demokratisch. Der deutsche Beamte galt freilich nicht allein bei den Besatzungsoffiziellen als autoritärer Vollstrecker obrigkeitlicher Herrschaft, als Angehöriger einer reichlich mit Privilegien und Sicherheiten ausgestatteten Kaste, in der Aufstieg und Fortkommen nicht nach Leistung, sondern aufgrund von Herkommen, Vorbildung und nach starren Laufbahnregeln erfolgte. Unverständlich erschien den Alliierten auch die Mehrgleisigkeit des deutschen öffentlichen Dienstes, in dem Beamte, Angestellte und Arbeiter bei oft gleicher Tätigkeit rechtlich und finanziell ganz unterschiedlich behandelt werden.

Schon Ende des Jahres 1946 hatte das britisch-amerikanische Civil Service Committee Richtlinien für eine Reform des Beamtentums in der Bizone ausgearbeitet. BICO rief sie im Oktober 1947 dem Wirtschaftsrat noch einmal ins Gedächtnis und verlangte als Sofortmaßnahme ein Interimsgesetz, in dem die Grundsätze der künftigen Personalpolitik fixiert werden sollten, nämlich die Begründung des Dienstverhältnisses durch Dienstvertrag (anstelle des lebenslangen öffentlich-rechtlichen Treueprinzips), die Ausschreibung freier Stellen (Wettbewerb) und die Sicherung des Einflusses des Personalamts. Mit dem »Übergangsgesetz über die Rechtsstellung der Verwaltungsangehörigen der Verwaltung des Vereinigten Wirtschaftsgebietes«, in dem der Terminus »Beamte« klugerweise vermieden war, entledigte sich der Wirtschaftsrat in der ersten Jahreshälfte 1948 dem Verlangen der Militärregierung und sah zu weiterer Tätigkeit in diesem Bereich eigentlich keine Notwendigkeit mehr.
Die Alliierten empfanden es anders. Mitte Augsut stellte BICO einen Termin: Am 1. Oktober 1948 sollte ein Gesetzentwurf, der den alliierten Reformzielen entsprach, dem Wirtschaftsrat vorliegen, die einzelnen Abschnitte des Entwurfes mußten der Bipartite Civil Service Group jeweils nach Fertigstellung zur Kenntnis gebracht werden. Die Deutschen spekulierten auf Zeitgewinn, baten um Fristverlängerung, berieten im Personalamt und einem außerparlamentarischen Arbeitsausschuß endlos über den Gesetzentwurf, der schließlich, in seiner neunten oder zehnten Fassung, am 8. November im Wirtschaftsrat eingebracht wurde. Dort kam er nach der ersten Lesung in die Ausschüsse (Arbeit und Recht) und wurde bis Mitte Dezember diskutiert. Während BICO abermals drängte, beschloß der Wirtschaftsrat gegen die Stimmen der SPD noch einen eigenen Ausschuß für Beamtenrecht zu bilden, der den dadurch ins neue Jahr geschleppten Gesetzentwurf bis zum 9. Februar 1949 abermals gründlich behandelte. Für den 18. Februar war endlich die zweite und dritte Lesung des Gesetzes angesetzt. Das erübrigte sich, denn am 15. Februar eröffnete General Clay in der monatlichen Routinekonferenz mit den bizonalen Vertretern den staunenden Deutschen, daß er und sein britischer Kollege Robertson am Vormittag ein Beamtengesetz der Militärregierung unterschrieben hätten, das am 15. März wirksam werde. Unmißverständlich stellte Clay klar, daß die Geduld der Militärgouverneure überstrapaziert worden war; ihre Entscheidung habe ihnen kein Vergnügen bereitet, aber es erscheine ihnen unmöglich, von den Deutschen noch ein Gesetz zu erlangen, das vor dem Ende des Wirtschaftsrats in Kraft trete.[159]
Die Empörung in der deutschen Öffentlichkeit über den Gesetzesoktroi war angesichts der langen Vorgeschichte des Paukenschlags vom 15. Februar nicht ganz angemessen. Es war nicht nur bekannt, wieviel den Alliierten am Beamtengesetz lag, General Clay hatte im Januar in einer Pres-

sekonferenz das Militärregierungsgesetz angedroht, und Oberdirektor Pünder hatte Mitte Januar die amerikanisch-britische Version sogar in Händen (freilich nicht offiziell). Die Wut auf deutscher Seite über das undemokratische Vorgehen der Militärregierungen war wohl auch deshalb so groß, weil man es im Februar 1949 einfach nicht mehr für möglich gehalten hatte. Dabei stimmte das berüchtigte Militärregierungsgesetz Nr. 15 inhaltlich und in den Formulierungen weitgehend mit dem deutschen Entwurf in seiner letzten Fassung überein. In vier entscheidenden Punkten hatte BICO ihn allerdings verändert: es gab nur noch zwei Kategorien von öffentlichen Bediensteten, Beamte und Arbeiter; dann wurde dem Grundsatz der Gewaltenteilung durch ein rigoroses Inkompatibilitätsgebot gehuldigt, d. h. Beamte, die für gesetzgebende Körperschaften kandidieren wollten, mußten ihr Amt zuvor niederlegen, das Prinzip der Disziplinargerichtsbarkeit wurde beseitigt, und die Kompetenzen des Personalamts waren erheblich erweitert worden.

Während in der deutschen Presse in erster Linie das Verfahren des Gesetzesoktroi mit Erbitterung kommentiert wurde, bekannte die CDU/CSU-Fraktion in einer eilig verbreiteten Verlautbarung auch in der Sache Farbe. Die große Reform des Beamtenwesens, hieß es darin, sei eine Aufgabe des Bundes und seines Grundgesetzes, eine eigene Gesetzgebung in dieser wichtigen Angelegenheit stünde dem Wirtschaftsrat angesichts seiner notwendigerweise kurzen Lebensdauer und der grundsätzlichen Beschränkung auf wirtschaftliche Fragen nicht an. Diese Feststellung paßte freilich nicht ganz zu den Eingangssätzen des Kommuniqués, in denen die unmittelbar bevorstehende Verabschiedung des Beamtengesetzes durch den Wirtschaftsrat betont und bewegliche Klage geführt wurde, die Militärregierung sei den deutschen demokratischen Instanzen durch den Erlaß eines militärisch befohlenen Beamtengesetzes in den Arm gefallen.

Bei dem Konflikt ging es um Grundsätzliches, um alliierten Reformeifer und deutsche Beharrlichkeit. Die Militärgouverneure wollten den Öffentlichen Dienst auf neue Beine stellen und die gesetzliche Regelung vor der Gründung der Bundesrepublik, aber verbindlich für diese, abschließen. Die Deutschen wollten im Vertrauen auf den Parlamentarischen Rat (der sie auch nicht enttäuschte) Zeit gewinnen und die Tradition des Berufsbeamtentums in den künftigen Staat hinüberretten. Der Konflikt um den Öffentlichen Dienst schwelte bis 1952, als die Alliierten Hohen Kommissare, die Nachfolger der Militärgouverneure in der halbsouveränen Bundesrepublik, gegenüber der Bundesregierung resignierten; das Militärregierungsgesetz vom Frühjahr 1949 blieb nämlich formell in Kraft, obwohl es seit Gründung der Bundesrepublik nicht angewendet wurde. Endgültig vom Tisch war das Besatzungsgesetz erst 1953, als der Bundestag das heute geltende Beamtengesetz verabschiedete, dessen Kern die Bestimmungen von 1937 bildeten.

Die Bedeutung des Beamtengesetzes vom Frühjahr 1949 lag nicht so sehr darin, daß die Militärgouverneure die Contenance verloren hatten. Die Auseinandersetzung um den Öffentlichen Dienst war vielmehr symptomatisch – auch wenn sie in dieser Dimension beispiellos war – für das Aufeinanderprallen traditioneller Anschauungen der Deutschen mit Reformvorstellungen der Alliierten. Im Rückblick, so scheint es, waren die Argumente der Amerikaner und Briten so schlecht nicht, wie sie den damals Verantwortlichen auf deutscher Seite vorkamen. Sie hatten eine Chance – sicherlich nicht leichtfertig, aber unwiederbringlich – verspielt.[160]

9. Keimzelle der Bundesrepublik

Für Juristen war die »Verwaltung des Vereinigten Wirtschaftsgebiets«, wie der Obertitel für die Gesamtheit der Organe der Bizone in ihrem dritten Stadium lautete, ein lohnendes Objekt für scharfsinnige Definitionsversuche. Nach den Vermutungen der Staats- und Völkerrechtsgelehrten war die Bizone eigentlich kein »körperschaftsähnliches Wesen«, vielleicht war sie es seit Februar 1948 aber doch, denn von dieser Zeit an war sie rechtsfähig und konnte in eigenem Namen klagen oder verklagt werden. Möglicherweise war die Doppelzone – nach Walter Strauß, einem ihrer frühesten Chronisten – also mehr als »eine sozietätsähnliche Verwaltungseinheit«, jedenfalls aber weniger als ein Staat. Das juristisch strittige Gebilde verdankte seine Entstehung anglo-amerikanischen Vereinbarungen zugunsten eines völkerrechtlich nicht handlungsfähigen Dritten, es blieb fremdem Willen unterworfen. Formaljuristisch konnte daraus abgeleitet werden, daß die Bizone keine Erscheinung des deutschen Staatsrechts war, vielmehr das Produkt eines Übereinkommens der Besatzungsmächte über die gemeinsame Verwaltung eroberter deutscher Gebiete (Hans Ehard). Konsequent weitergedacht war der Frankfurter Apparat dann eine völkerrechtliche Verwaltungsunion der Besatzungsmächte mit deutschen Hilforganen zur Koordination der beiden Zonen (W. Hoepfner). In der deutschen Geschichte war die Bizone ohne Beispiel, denn auch der Vergleich mit dem Zollverein in seiner endgültigen Gestalt von 1867 findet schon bei äußeren Ähnlichkeiten zwischen Zollparlament und Wirtschaftsrat, Bundesrat und Länderrat sein Ende.[161]

Man konnte die Bizone als Surrogat des Deutschen Reiches betrachten, ebensogut aber auch, im Sinne einer mehr föderalistischen Interpretation, als Gemeinschaftseinrichtung der Länder oder als staatenbündischen Zweckverband.[162] General Clay faßte das Problem bündig in den Satz »wir hatten zwar keine Regierung, aber doch einen Regierungsapparat«.[163]

Als Wirtschaftsadministration mit beschränkter Handlungsfähigkeit konzipiert war die Bizone ein Übungsfeld parlamentarischer Demokratie im Nachkriegsdeutschland (aber nicht das einzige). Der Frankfurter Behördenapparat sorgte nach seinem Transfer an den Rhein auch für Verwaltungskontinuität, er bildete den Grundstock der Bundesministerien und erlaubte einen relativ reibungslosen Anlauf der Bonner Regierung – eine kaum zu überschätzende Morgengabe für das neue Staatswesen. Die Bizone war Keimzelle und Präfiguration der Bundesrepublik mit einem fast vollständig ausgebildeten politischen Formenkanon, wie er in Bonn verfassungsmäßig verbindlich wurde, und in der Ära des bizonalen Zwischenspiels wurden, von den Zeitgenossen meist unbemerkt, viele Weichen endgültig gestellt. Die wichtigsten Entscheidungen in der deutschen Frage aber, die Option für den Weststaat, für die Gründung der Bundesrepublik und über ihre verfassungsrechtliche Gestalt, fielen nicht in ihren Rahmen. Die Repräsentanten der Bizone waren an der Entstehung des Grundgesetzes überhaupt nicht beteiligt. Daß Hermann Pünder als höchster Behördenchef in Frankfurt bei den historischen Beratungen der Ministerpräsidenten im Juli 1948 einmal zugegen sein durfte, als Gast außerhalb des Protokolls, hatte er dem nordrhein-westfälischen Landesvater Arnold persönlich zu danken.[164]

Prominente Akteure der Bizone, die in Bonn mit bescheideneren Stellungen als in Frankfurt vorliebnehmen mußten oder ganz von der politischen Bühne verschwanden, ergingen sich bald in Klagen darüber, daß das »bizonale Interregnum« zu schnell in Vergessenheit geraten sei. Eine nachfolgende Generation warf den Gründungsvätern der Bundesrepublik, zu denen man natürlich auch die Frankfurter Politiker und Administratoren rechnen muß, vor, sie hätten Chancen verpaßt, Reformen gescheut und dem wirtschaftlichen Wiederaufbau zuliebe eine antiquierte Staats- und Gesellschaftsordnung restauriert. Beweise gibt es dafür und dagegen.

Außer acht gelassen wird dabei meist, wie gering der Handlungsspielraum der Bizonenpolitik in den weniger als drei Jahren zwischen Herbst 1946 und Spätsommer 1949 war, einerseits gegenüber den Alliierten, andererseits gegenüber den Ländern, aber sogar noch gegenüber dem Eigenleben der beiden strukturell so verschiedenen Besatzungszonen selbst; denn, so drückte sich Reinhold Maier aus, »das britische System paßte auf das amerikanische wie die Faust auf das Auge«.[165]

Da Amerikaner und Briten nur die notwendigsten Befugnisse nach

Frankfurt delegiert hatten, gingen manche Versäumnisse und Erfolge auf das Konto der Länder, etwa die Eingliederung der Heimatvertriebenen und Flüchtlinge. Existentielle Probleme wurden in zonaler Zuständigkeit unter mehr oder minder direkter Einwirkung ihrer Befehlshaber zu lösen versucht wie die Entnazifizierung oder die Bodenreform, und die Ministerpräsidenten waren den Militärgouverneuren allemal Befehlsempfänger oder Gesprächspartner von höherem Karat als die Frankfurter Direktoren und Parlamentarier. So bemühte sich Pünder, zwar mit Rückendeckung durch den Wirtschaftsrat, aber ohne formelle Zuständigkeit, über ein Jahr lang in Briefen, Gesprächen und Denkschriften und unter Einschaltung der Presse um Verhandlungen über einen Demontagestopp, ohne viel mehr zu erreichen als inoffizielle freundliche Anteilnahme hinter vorgehaltener Hand und brüske Ablehnung auf der Ebene von BICO und Bipartite Board.[166] Daß es, ab Herbst 1949, doch einige Erfolge in der Demontagefrage gab, war zwar zu einem Teil sicherlich der geschmeidigen Hartnäckigkeit des Oberdirektors zu verdanken, der unermüdlich auf den Widersinn der Gleichzeitigkeit von Marshallplan und Demontagen hingewiesen hatte, entscheidend war aber der Stimmungswechsel in Amerika – und die Nachwelt wertete die Fortschritte natürlich als Erfolge Adenauers.

Der bizonale Verwaltungsapparat hatte in den Zeiten seiner Existenz selten eine gute Presse. Die Öffentlichkeit schien am Treiben des »Frankfurter Wasserkopfes« weniger interessiert als an den Staatsaktionen der Länder und der Ministerpräsidenten und, selbstredend, an den Aktivitäten der Alliierten. Der Nachrichtenwert der Ereignisse um die Luftbrücke nach Berlin, die Beratungen des Parlamentarischen Rats, das Ruhrstatut, das Grundgesetz und das Besatzungsstatut war erheblich höher als die administrative und legislative Tätigkeit in Frankfurt, deren absehbares Ende vom Sommer 1948 an, als der neue westdeutsche Staat immer deutlichere Konturen annahm, herbeigesehnt wurde. An allen diesen zukunftsträchtigen Ereignissen war die Frankfurter Organisation unbeteiligt; sogar die Währungsreform war das Werk der Alliierten. Der deutsche Anteil war bis zu ihrer Verkündung kaum erheblich. Um so bedeutsamer waren freilich die wirtschafts- und sozialpolitischen Weichenstellungen, die ab Juni 1948 vom Wirtschaftsrat und vom Direktor der Verwaltung für Wirtschaft vorgenommen wurden. Die Etablierung der sozialen Marktwirtschaft, in ihrer Enstehungszeit ebenso umstritten wie später euphorisch gepriesen, blieb als eigentliche Leistung der Bizonenadministration (wenngleich zumeist Ludwig Erhard als alleiniges Verdienst zugeschrieben) im Gedächtnis bundesrepublikanischer Öffentlichkeit. Der Vater des »Wirtschaftswunders« blieb in Bonn aber auch an prominenter Stelle präsent.

III. Die Grundlagen des Wirtschaftswunders

1. Ludwig Erhard und sein Programm

Ludwig Erhard, 1897 geboren, kam aus bescheidenen Verhältnissen. Sein Vater betrieb in Fürth ein Textilgeschäft, das er selbst gegründet hatte und das schließlich einigen Wohlstand ermöglichte. Der Sohn, das zweitjüngste von sechs Geschwistern, absolvierte die Realschule mit der mittleren Reife, um dann, ein Jahr vor dem Ersten Weltkrieg, eine kaufmännische Lehre zu beginnen. Nach dem Krieg begann Ludwig Erhard, der an den Nachwirkungen mehrerer Verwundungen litt, mehr zum Zeitvertreib an der neu errichteten Handelshochschule in Nürnberg Betriebswirtschaft zu studieren. Die Hochschule hatte ebensowenig wie die in Mannheim und Berlin zur gleichen Zeit gegründeten Anstalten den Rang einer Universität. Die Intentionen zielten eher darauf ab, in einer Art Schmalspurstudium von drei Jahren Dauer Kaufleute praxisorientiert auszubilden. 1923 erwarb Erhard in Nürnberg den Grad eines Diplomkaufmanns, dem er ein Jahr später, an der Universität Frankfurt, den Doktortitel zufügen durfte. Erworben hatte er ihn bei Franz Oppenheimer, dem berühmten Nationalökonomen und Soziologen, mit einer Arbeit über Währungspolitik, betitelt »Wesen und Inhalt der Werteinheit«. Nach wenigen Jahren eher lustloser Betätigung im väterlichen Geschäft in Fürth, das 1928 aufgegeben werden mußte, bot sich ihm im gleichen Jahr eine Assistentenstelle an einem »Institut für Wirtschaftsbeobachtung«, das 1925 im Umkreis der Nürnberger Handelshochschule gegründet worden war.

Das Institut war eine der ersten Stätten, an denen unter Wilhelm Vershofen die junge Disziplin der Marktforschung betrieben wurde. Bis 1942, schließlich als stellvertretender Leiter, arbeitete Erhard in diesem Institut. Er verließ es nach einem Zerwürfnis mit Vershofen, der ihn auf Drängen der Obrigkeit zu einer wenigstens formellen Konzilianz gegenüber nationalsozialistischen Gepflogenheiten bewegen wollte. Habilitationsabsichten waren schon früher vereitelt worden, weil er weder der NSDAP noch dem NS-Dozentenbund beigetreten war, und 1942 schien es um die Mitgliedschaft in der Deutschen Arbeitsfront zu gehen, die Erhard verweigerte. Erhard war den Nationalsozialisten gewiß zutiefst abgeneigt, aber ein Mann des aktiven Widerstands war er deshalb noch nicht, und die Mitgliedschaft in Organisationen und Parteien scheint er grundsätzlich verabscheut zu haben. Die Gründe, warum Erhard das Institut verließ, oder verlassen mußte, und zu denen offensichtlich auch persönliche Differenzen mit Vershofen gehörten, sind nicht ganz erkennbar, aber auch nicht so wichtig[1]. Mit Hilfe seines Schwagers Karl Guth, der Hauptgeschäftsführer des industriellen Spitzenverbandes der NS-Zeit, der »Reichsgruppe Industrie«, war, gelang es Erhard, ein eigenes kleines »Institut für Industrieforschung« einzurichten. Diese von der Industrie finanzierte Firma ließ ihm Zeit und Muße (und das war der Hauptzweck des Instituts) zur Analyse der Wirtschafts- und Finanzsituation, wie sie sich am Ende des Krieges und am Ende der NS-Herrschaft darstellen würde. Das Ergebnis war eine Denkschrift »Kriegsfinanzierung und Schuldenkonsolidierung«, datiert vom März 1944, die Ludwig Erhard im letzten Kriegsjahr ständig mit sich herumtrug. Ein Exemplar befand sich im Besitz Carl Goerdelers. Diese lockere Verbindung zu den Männern des 20. Juli 1944 hätte Erhard gefährlich werden können, aber er hatte Glück.

Indirekt enthielt die Denkschrift[2], die sich mit den finanziellen und ökonomischen Voraussetzungen der deutschen Wirtschaft nach einem verlorenen Krieg beschäftigte, die Grundsätze für eine Neuordnung der Wirtschaft, mit denen Erhard berühmt werden sollte, nämlich das Bekenntnis zu einer freiheitlichen Marktwirtschaft, die auch dem Erfordernis sozialer Gerechtigkeit entsprechen sollte, die Ablehnung von Verstaatlichung und staatlicher Wirtschaftslenkung. Die freie Wirtschaft, schrieb Erhard 1943/44, habe nach dem Krieg »noch einmal die Chance der Bewährung und muß sie, soll die gegen sie gerichtete Kritik nicht berechtigt sein, dann auch nutzen«. Ein Volkswirt brauchte nicht allzuviel Phantasie, um sich die Ausgangslage nach dem Krieg vorstellen zu können, um so mehr Optimismus war freilich vonnöten, um Sätze wie diese formulieren zu können: »Schon wiederholt kam zum Ausdruck, daß die deutsche Wirtschaft nach abgeschlossener Demobilisierung und durchgeführter Konsolidierung weder über Finanzkapital noch über flüssige Betriebsmittel und konsumtiv zu verausgabende Kaufkraft verfügt und trotzdem zur Entfaltung höchster Aktivität gezwungen sein wird. Es ist auf Grund der letzten Erfahrungen naheliegend, zunächst wieder an die Möglichkeit der staatlichen Wirtschaftsbelebung zu denken, um so mehr gemeinwirtschaftliche Kollektivaufgaben in größtem Ausmaße vorliegen. Aber auch der Staat verfügt in dieser Situation weder über Kapital noch über echte Kaufkraft, und hinsichtlich der Kreditschöpfung sind ihm nach gerade vollzogener Finanzbereinigung aus den bereits angeführten Gründen die Hände gebunden. Seiner wirtschaftlichen Potenz und Initiative sind also sehr enge Grenzen gezogen, und es ist im wesentlichen Aufgabe der Wirtschaft selbst, Mittel und Wege zu finden, um durch die Erstellung eines

neuen Sozialprodukts dem deutschen Volke wieder eine neue Lebensgrundlage zu eröffnen.«[3]
Nach Kriegsende erhielt Erhard von der lokalen Militärregierung in Fürth den Auftrag, das dortige Wirtschaftsamt zu leiten. In der von den Amerikanern ernannten Regierung des Landes Bayern wurde Erhard dann im September 1945 unter dem Sozialdemokraten Wilhelm Hoegner Minister für Wirtschaft. Seine Amtszeit endete im Dezember 1946 im Fiasko. Der parteipolitische Rückhalt habe ihm gefehlt, von der SPD wie von der Mehrheit der CSU abgelehnt und angefeindet sei er gewesen, Intrigen und Kabalen zum Opfer gefallen sei er oder einfach mit Größerem und Höherem – dem Entwurf künftiger Wirtschaftspolitik – beschäftigt gewesen, um sich dem Ministerialbetrieb widmen zu können, so lauten die Umschreibungen und Erklärungen wohlmeinender Historiker und Weggefährten für das Drunter und Drüber im Münchner Wirtschaftsministerium.
Der Bayerische Landtag setzte am 31. Januar 1947 einen Untersuchungsausschuß ein, der bis Ende September 1947 tagte, fast 50 Zeugen vernahm und dann einen ziemlich vernichtenden Abschlußbericht – in dem der Name des ehemaligen Ministers konsequent falsch geschrieben ist – vorlegte. Darin hieß es: »Dem Minister a. D. Erhardt können nach der Überzeugung des Ausschusses keine Vorwürfe in bezug auf die Lauterkeit seiner Person gemacht werden. In sachlicher Hinsicht muß aber der Ausschuß feststellen, daß der Minister seine Aufgabe nicht so geführt hat, wie man es von ihm hätte erwarten müssen. Dabei ist aber zu berücksichtigen, daß er ein Ministerium neu aufzubauen hatte, in seiner Handlungsfreiheit gehemmt war, sehr viel auf Reisen sein mußte, über kein genügend geschultes Personal verfügte und – wie er sich selbst ausdrückte – viel improvisieren mußte. Wenn Minister Dr. Erhardt der Erfolg versagt blieb, so lag dies nach der Überzeugung des Ausschusses im besonderen daran, daß er zu viel Theoretiker war, daß ihm die nötige Verwaltungserfahrung zur Führung eines Ministeriums fehlte, und er es nicht verstand, sich die Mitarbeiter zu suchen, die das, was ihm fehlte, ersetzten.«[4] Statt dessen hätten sich in der Umgebung Erhards Männer mit »zumindest zweifelhaftem Charakter« befunden. Schlimm fand der Ausschuß ferner die »Überfremdung« des Ministeriums durch Nichtbayern und Mitarbeiter ohne Beamtenstatus. Untersucht wurden auch Korruptionsfälle im Ministerium und in den nachgeordneten Dienststellen. Ein sachverständiger Zeuge beleuchtete die Zustände im bayerischen Wirtschaftsministerium folgendermaßen: »Im Ministerium sei überhaupt keine klare Linie vorhanden gewesen über die Aufgaben, die es zu erfüllen hatte. Das Ministerium sei entwickelt worden ohne Erkenntnis des notwendigen Verwaltungsaufbaues. Grundsatz bei der Übernahme des Amtes durch

Minister Dr. Erhardt hätte sein müssen, Inventur zu machen. Von diesem verfehlten Anfang seien alle weiteren Hemmungen und Schwierigkeiten ausgegangen. Es habe eine klare Abgrenzung der Aufgabenbereiche der einzelnen Abteilungen gefehlt. Ferner habe es vor allem an einer klaren Abgrenzung der Befugnisse und Zuständigkeiten zwischen Wirtschaftsministerium und Landeswirtschaftsamt gefehlt. Es sei auch keine Geschäftsordnung vorhanden gewesen. So habe ein großes Durcheinander geherrscht, man könne sogar sagen – Schlamperei.«[5]

Der Ausschuß kam zu einer Reihe von Empfehlungen, wie künftig im Ministerium besser, kompetenter und effektiver zu verfahren sei. Verdammt wurde niemand. Ludwig Erhard wurde nach seinem Ausscheiden aus dem Ministerium Honorarprofessor an der Münchener Universität.

Im Oktober 1946, noch als Minister in Amt und Würden, hatte er in der Neuen Zeitung geschrieben: »Wenn künftig der Staat darüber wacht, daß weder gesellschaftliche Privilegien noch künstliche Monopole den natürlichen Ausgleich der wirtschaftlichen Kräfte verhindern, sondern daß dem Spiele von Angebot und Nachfrage Raum bleibt, dann wird der Markt den Einsatz aller wirtschaftlichen Kräfte in optimaler Weise regulieren und damit auch jede Fehlleitung korrigieren.« Der Artikel schloß mit der Feststellung, es werde »unserem Volke zum Wohl und Segen gereichen, wenn wir eine Wirtschaftsordnung verwirklichen, die an Stelle des von allen Volksschichten verabscheuten Schematismus und Bürokratismus der Freizügigkeit eines seiner sozialen Verantwortung bewußten Handelns Spielraum gibt«.[6]

Das war Erhards wirtschaftspolitisches Glaubensbekenntnis, das, lediglich in Details weiter ausformuliert, als sein Erfolgsrezept gültig blieb. Bis zum Erfolg war freilich noch ein längerer Weg zurückzulegen. Ein Schritt in dieser Richtung war die große Programmrede, die der im März 1948 gewählte Direktor der Verwaltung für Wirtschaft der Bizone am 21. April in der 14. Vollversammlung des Wirtschaftsrats hielt. Erhard kassierte für seine Rede, die manchen zu akademisch war – sie hätten ein Kolleg hören müssen, das »ein geistiger und ein Ohrenschmaus für nationalökonomische Feinschmecker« gewesen sei, sagte der Abgeordnete Stricker vom Zentrum – viel Beifall von der CDU und der FDP, während die sozialdemokratischen Redner in der anschließenden Debatte der Person und dem Programm Erhards unverhohlenes Mißtrauen entgegenbrachten. Daß Erhard auf das Problem der Löhne nicht eingegangen war, lediglich auf einen Zwischenruf hin erklärt hatte, der Lohn sei auch ein Preis, erfüllte die Sozialdemokraten mit Skepsis. Auch der FDP-Abgeordnete Bungartz machte – bei aller Zustimmung in der Sache – ein paar Anmerkungen unter dem Motto »Die Worte hör' ich – allein es fehlt der Glaube mir!« Ob

Erhard die Grundsätze seiner Wirtschaftspolitik angesichts der Auswüchse der eingefahrenen Kommandowirtschaft und, vor allem anderen, gegen die gigantische Wirtschaftsbürokratie würde durchsetzen können, bezweifelte nicht nur der Liberale Bungartz, der immerhin im gleichen Lager wie Erhard stand.

Ludwig Erhards große Rede war auch rhetorisch eine bedeutende Leistung. Sie war nicht nur darauf angelegt, die akademisch-theoretische Kompetenz des neuen Wirtschaftsdirektors unter Beweis zu stellen, sie sollte auch Aufbruchstimmung, Schwung und Optimismus verbreiten: »Wenn je seit dem Zusammenbruch die schon so viel und oft getäuschte Hoffnung auf einen neuen Beginn unseres gesellschaftswirtschaftlichen Lebens berechtigt war, dann gilt das für den Augenblick, da wir selbst bei nüchterner realpolitischer Betrachtung damit rechnen dürfen, daß unsere nach einer sorgfältig abgewogenen Währungsreform wieder rechenhaft gewordene Wirtschaft durch die ihr aus der Marshallplanhilfe zufließenden Mittel und deren ökonomisch richtigen Einsatz eine nachhaltige und stetige Belebung erfahren wird.«[7]

Nach Jahren erzwungenen Konsumverzichts, der mit der nationalsozialistischen Kriegswirtschaft begonnen hatte, mußten Erhards Worte wie eine Verheißung klingen: »daß die Wirtschaft nicht als seelenloser Mechanismus zu begreifen [sei], ... sondern daß sie von lebendigen Menschen mit höchst individuellen Wünschen und Vorstellungen getragen ist, und daß gerade angesichts der Schwere unserer Not die verhängnisvollsten sozialen und politischen Wirkungen unausbleiblich sein müßten, wenn wir es noch länger vergessen, daß der letzte Zweck allen Wirtschaftens nur der Verbrauch sein kann«.[8] Entscheidende Bedeutung für die künftige Wirtschaftspolitik würden die Währungsreform und der Marshall-Plan haben. Auf beides war von deutscher Seite aus im Frühjahr 1948 nur zu warten. Erhard betonte mehrmals den untrennbaren Zusammenhang von Währungsreform und Marshallplan-Hilfe: Nach der Bloßlegung der deutschen Not stünde man nicht vor einer ausweglosen Situation, sondern könne »dank dieser Unterstützung sofort den sicheren Weg eines planvollen Wiederaufbaus und der Gesundung beschreiten«[9].

Aber auch in der Zeit des Wartens auf die Währungsreform stellte Erhard das bestehende System in Frage: »Die Funktion einer totalen Bewirtschaftung aufrechterhalten zu wollen, wenn um uns zwar überall, aber schädlicherweise nach Ländern und Betrieben noch höchst individuell, die Kompensation üppigste Blüten treibt, kann im Ergebnis nur zu einer weiteren Unterhöhlung der Moral, zu einer stillschweigenden öffentlichen Sanktionierung ungesetzlicher Handlungen und einer Untergrabung der Staatsautorität führen oder – was gleich schlimm ist – die Behörde der Lächerlichkeit preisgeben. Hier muß der Grundsatz gelten, daß ein Optimum wirklich zu erreichen, besser ist, als ein Maximum erzwingen zu wollen. Niemand gebe sich mehr der Täuschung hin, daß in diesem Stadium der Entwicklung, und besonders noch vor einer Währungsreform, kategorische Imperative und selbst härteste Strafen die strikte Einhaltung staatlicher und moralischer Gesetze noch zu gewährleisten vermöchten, wenn diese nicht mindestens die Chance der Existenzerhaltung bieten.«[10]

Die Reform der Währung selbst müsse Hand in Hand gehen mit einer Steuerreform und einem sozial gerechten Lastenausgleich. Er sei fest überzeugt, »daß die in der Währungsreform sichtbar werdenden unabdingbaren Opfer nur dann nicht zur Auflösung der sozialen Ordnung treiben, wenn sie eine gerechte Umlegung erfahren, wenn der ehrliche Wille zu einem Lastenausgleich mit der Reform auch zur Tat wird«.[11] Und, in der Rolle des Propheten, erklärte Erhard: »Nicht in der Nivellierung des Mangels und der Not, sondern in der gerechten Verteilung eines mählich wachsenden Wohlstandes muß das Heil gesucht und gefunden werden.«[12]

Einen weiteren Grundakkord seines politischen Credos schlug Erhard in seiner Rede mehrmals an; es war das Bekenntnis zu einem modifizierten Wirtschaftsliberalismus: »Bei allen Betrachtungen gehe ich selbstverständlich von einer Konzeption aus, die sich nicht allein mit einer quantitativen Verbesserung des Mißverhältnisses zwischen Warenangebot und kaufkräftiger Nachfrage begnügt, sondern das Übel an der Wurzel packt. Jede Regelung, die uns aus fortbestehender, wenn auch schwächerer Diskrepanz dennoch dazu zwingen würde, die bisherige Form der Bewirtschaftung einschließlich des Preisstopps als das auch künftige Wirtschaftssystem beizubehalten, jede Regelung, die dem Spuk der preisgestoppten Inflation nicht ein jähes Ende setzt, sondern aufs neue den Prozeß der Bildung überschüssiger Kaufkraft anstieße, würde entweder noch weitere Währungsaktionen notwendig machen oder wäre sogar das Unheil zu verewigen geeignet. Von einer Wirtschaftspolitik könnte jedenfalls für die Zukunft nicht gesprochen werden, wenn eine derart düstere Aussicht sich erfüllt. Die Probleme würden die gleichen bleiben wie heute, und auch die Mittel blieben gleich unwirksam. Mit der entschiedenen Ablehnung dieses Wirtschaftsprinzips predige ich durchaus nicht die Rückkehr zu den liberalistischen Wirtschaftsformen historischer Prägung und einem verantwortungslosen Freibeutertum einer vergangenen Zeit.«[13] Und, wiederum beschwörend, prophetisch, beschrieb Erhard die Richtung, die nach der Währungsreform eingeschlagen werden müsse und verhieß »die Befreiung von der staatlichen Befehlswirtschaft, die alle Menschen in das entwürdigende Joch einer alles Leben überwuchernden Bürokratie zwingt, die jedes Verantwortungs- und Pflichtgefühl, aber auch jeden Leistungswillen ertöten und darum zuletzt den frömmsten Staatsbürger zum Rebellen machen muß«[14].

Auch an dieser Stelle sind im Protokoll Bravorufe von rechts vermerkt. Die linke Seite des Hauses nahm, von einigen »hört, hört« und anderen Zwischenrufen abgesehen, die Ausführungen Erhards mit eisigem Schweigen zur Kenntnis. Die anschließende Debatte, in der der Abgeordnete Kreyßig das Mißtrauen der SPD-Fraktion artikulierte, hatte mehr den Charakter einer parlamentarischen Pflichtübung. Zur Sache wurde nicht viel gesagt, eine Auseinandersetzung mit Erhards Thesen fand nicht statt. Möglicherweise waren die Parlamentarier durch diese Art Zukunftsmusik überfordert. Namens der Christdemokraten gab Alex Haffner dem Wirtschaftsdirektor grünes Licht: »Wir haben das Vertrauen zu dem neuen Direktor der Wirtschaft, daß er diese Wiederherstellung der Marktwirtschaft des Wettbewerbs, die allein die Produktion steigern kann, schnell und radikal durchführt. Schon jetzt müssen alle Vorbereitungen getroffen werden, damit bereits im Augenblick der Währungsreform diese dem ganzen Volk verhaßte Bürokratisierung der Wirtschaft bis auf die kleinen unentbehrlichen Reste verschwindet. Es handelt sich dabei nicht nur um die Warenzwangswirtschaft, sondern ebenso um die Preiszwangswirtschaft und die Arbeitszwangswirtschaft.«[15]

Wenn viele Ludwig Erhards Programmrede im Wirtschaftsrat als akademisches Kolleg, als Erwägungen eines Theoretikers ansahen, so taten sie ihm Unrecht. Ein Theoretiker war er auf keinen Fall, und er hat auch später, als er als »Vater des Wirtschaftswunders« populär und legendär war wie kein zweiter Nachkriegspolitiker in Deutschland, zwar immer auf den schmückenden Professorenhabitus geachtet, aber nie einen theoretischen Beitrag zur Wirtschaftspolitik geleistet. Seine Leistung bestand vielmehr darin, daß er die Quintessenz der Lehrmeinungen der neoliberalen Richtung in der Praxis durchsetzte. Erhards Verdienst war es, die Theorien und Konzepte, die in der »Freiburger Schule« um Walter Eukken schon in den 30er Jahren entwickelt und nach dem Krieg von Eucken und Gelehrten wie Alexander Rüstow (damals in Istanbul, ab 1949 in Heidelberg), Wilhelm Röpke in Genf und Alfred Müller-Armack (damals in Münster) ausgestaltet wurden, in die Tat umzusetzen.

In ihren Programmschriften suchten die Neoliberalen einen dritten Weg zwischen dem alten liberalistischen Wirtschaftsprinzip des laissez-faire einerseits und einer alles regelnden staatlichen Ordnungstätigkeit im Wirtschaftsleben andererseits. Franz Böhms Buch »Die Ordnung der Wirtschaft als geschichtliche Aufgabe und rechtsschöpferische Leistung« (1937 erschienen) und Walter Euckens »Grundlagen der Nationalökonomie« (erstmals 1940) bildeten die ersten Marksteine auf dem Weg zur »Sozialen Marktwirtschaft«[16].

Der Begriff und die theoretische Ausformulierung des Konzepts ist das Werk Alfred Müller-Armacks, der seit 1938 in Münster Ordinarius für Nationalökonomie und Soziologie war und 1940 dort ein ähnliches Marktforschungs-Institut gegründet hatte, wie es in Nürnberg existierte. Seit der Zeit kannten sich Müller-Armack und Erhard. (1952 berief Erhard ihn zum Leiter der Grundsatzabteilung im Bundeswirtschaftsministerium.) Müller-Armack war einer der prominenten Nationalökonomen der neoliberalen Richtung, die ab 1948 in der neuen Zeitschrift »Ordo. Jahrbuch für die Ordnung von Wirtschaft und Gesellschaft« grundsätzliche Beiträge zur künftigen Wirtschaftspolitik veröffentlichten[17]. Mit dem seit 1937 in der Emigration in Genf wirkenden Wilhelm Röpke war Erhard seit langem befreundet, während er mit dem Freiburger Kreis direkt nichts zu tun gehabt hatte.

Seit Januar 1948 befanden sich namhafte Vertreter der neoliberalen Richtung im Wissenschaftlichen Beirat der Verwaltung für Wirtschaft in Frankfurt. Berufen worden waren die Sachverständigen noch in der Ära Semler; die Zusammensetzung und die Aufgabenstellung des 20köpfigen Expertengremiums können als Beweise gelten, daß auch unter Johannes Semler und dessen Stellvertreter Walter Strauß die Entwicklung in derselben Richtung verlaufen wäre wie dann unter Erhard. Die Freiburger Schule war im Beirat der Verwaltung für Wirtschaft dominierend (als Vertreter ganz anderer Richtungen gehörten dem Gremium u. a. aber auch Oswald von Nell-Breuning S. J. und der Sozialdemokrat Gerhard Weisser an). Der Beirat war beauftragt worden, über Umfang und Methode der Bewirtschaftung nach der Währungsreform nachzudenken und das Problem der Preispolitik vor und nach der Währungsreform zu studieren. Der Einfluß der Neoliberalen im Wissenschaftlichen Beirat war beträchtlich; die Konzeptionen von Walter Eucken, Franz Böhm, Leonhard Miksch, Erwin von Beckerath, Adolf Lampe, Erich Preiser und einigen anderen – und ganz besonders Alfred Müller-Armack, der auch nicht zu den Freiburgern gehörte – wirkten befruchtend auf Ludwig Erhard, der sie als Mittler zwischen Wissenschaft und Praxis in Politik umsetzte.

Bei Eucken und den »Ordoliberalen« stand die Idee der Wirtschaftsordnung im Vordergrund; sie sollte auf den unverzichtbaren Prinzipien Wettbewerb, Stabilität des Geldwerts, offene Märkte, Garantie des Privateigentums, Unternehmerhaftung und langfristige Konstanz staatlicher Maßnahmen (Steuern, Handelsverträge etc.) aufgebaut sein. Bedingung dieser Wirtschaftsordnung waren, von Eucken formuliert, zwei Grundsätze:

1. »Die Politik des Staates sollte darauf gerichtet sein, wirtschaftliche Machtgruppen aufzulösen oder ihre Funktion zu begrenzen.«

2. »Die wirtschaftspolitische Tätigkeit des Staates sollte auf die Gestaltung der Ordnungsformen der Wirtschaft gerichtet sein, nicht auf die Lenkung des Wirtschaftsprozesses.«[18]

Wichtigste Aufgabe des Staates in diesem Konzept ist es, den Wettbewerb zu sichern, im übrigen soll er nur im unerläßlich notwendigen Maß regulierend eingreifen (z. B. durch Maßnahmen der Steuerpolitik bei der Verteilung der Einkommen im Sinne der Gerechtigkeit). Öffentliche Investitionen zur Ankurbelung der Wirtschaft wären im ordoliberalen System ein unzulässiger Eingriff. Wilhelm Röpke, als Theoretiker von weniger strenger Observanz als die Freiburger, gestand dem Staat die Möglichkeit solcher wirtschaftspolitischer Initialzündungen dagegen zu. Das von Müller-Armack entwickelte System der Sozialen Marktwirtschaft unterscheidet sich vom ordoliberalen Modell vor allem dadurch, daß dem Staat größerer Einfluß – aktive Wirtschaftspolitik – zugestanden wird; die Wirtschaftsordnung ist auch nicht der oberste Wert, sondern die durch die Elemente Produktion und Konsum bezeichnete Marktwirtschaft. Gemeinsam ist beiden Modellen der Primat der Geldwertstabilität; Geldpolitik als Mittel der Konjunkturpolitik gilt auch im Wettbewerbsystem Müller-Armacks als Sünde. Bei der Einkommensverteilung – und hier liegt das soziale Element des marktwirtschaftlichen Systems – hat der Staat durch steuer- und sozialpolitische Mittel ausdrücklich die Möglichkeit, gestaltend einzugreifen: durch Fürsorgeleistungen, Renten, Subventionen, Lastenausgleich, Wohnungsbauzuschüsse. Härten und Mängel der Wettbewerbswirtschaft sollen möglichst systemkonform (also z. B. nicht über die staatliche Festsetzung von Preisen) abgefedert und ausgeglichen werden, daher die Bezeichnung »Soziale Marktwirtschaft«[19].
Bis zum Sommer 1948 konnten die Verfechter auch dieses Systems nur abwarten, ob sich nach der Währungsreform, von der jedermann sprach, von der aber niemand wußte, wann sie vollzogen würde, vielleicht allmählich eine Möglichkeit zur Einführung dieses neuen Modells liberalen Wirtschaftens ergeben würde.

2. Marshallplan und Währungsreform

Die Wünsche und Hoffnungen der Deutschen richteten sich in allererster Linie auf das Wunderland Amerika, dessen Bewohner als Besatzungsmächtige über Deutschland bestaunt wurden, weil sie so offensichtlich im Wohlstand lebten und weil sie gleicherweise naiv, streng und gutmütig wirkten. Von den Amerikanern, die man natürlich auch belächelte, weil sie zwar reich im Materiellen waren, aber als arm an kulturellem Erbe galten, erwartete man im hungerleidenden Nachkriegsdeutschland eine Art Wunderheilung wenigstens der wirtschaftlichen Nöte. Und tatsächlich waren aus Amerika Signale zu vernehmen, die zu Hoffnungen berechtigten.

Der ehemalige US-Präsident Hoover hatte nach gründlichem Studium der Situation vor Ort Anfang 1947 ein Gutachten über die wirtschaftliche Situation Deutschlands verfaßt, das in Washington Eindruck machte. Hoover argumentierte geschickt damit, daß die Verhinderung einer Hungersnot in der Bizone jeden amerikanischen Steuerzahler 600 Dollar jährlich koste. Hoover plädierte für die Beendigung der Demontagen, für eine Lockerung der Kontrollen über die deutsche Industrie, und er sprach sich gegen einen Sonderstatus des Rheinlandes und des Ruhrgebiets aus. Der entscheidende Satz in Hoovers Gutachten lautete: »Die Wirtschaft ganz Europas ist durch Austausch von Rohstoffen und Fabrikaten mit der deutschen Wirtschaft verflochten. Die Produktivität Europas kann nicht wiederhergestellt werden, ohne daß ein gesundes Deutschland zu dieser Produktivität beiträgt.«[20]

Zur gleichen Zeit, als in München die deutschen Ministerpräsidenten ihre legendäre Konferenz abhielten, fanden in Amerika zwei Veranstaltungen statt, bei denen Entscheidungen von großer Tragweite publiziert wurden. Am 5. Juni 1947 hatte Außenminister George Marshall in der Harvard University (die ihn gerade zum Ehrendoktor gemacht hatte) die Grundzüge eines amerikanischen Hilfsprogramms für Europa dargelegt. Es sei nur logisch, hatte Marshall den Harvard-Studenten erklärt, daß die Vereinigten Staaten alles in ihrer Macht Stehende unternehmen würden, »um die Wiederherstellung gesunder wirtschaftlicher Verhältnisse in der Welt zu fördern, ohne die es keine politische Stabilität und keinen sicheren Frieden geben kann«. Die amerikanische Politik richte sich nicht gegen irgendein Land oder irgendeine Doktrin, sondern gegen Hunger, Armut, Verzweiflung und Chaos[21].

Damit spielte der Außenminister auf die Truman-Doktrin vom Frühjahr 1947 an. Der US-Präsident hatte am 12. März – als Begleitmusik zur gleichzeitig in Moskau stattfindenden Außenministerkonferenz, bei der das Deutschland-Problem zur Debatte stand – allen Staaten, deren »Freiheit« durch den Kommunismus bedroht sei, materielle Hilfe versprochen. Gemeint waren Griechenland und die Türkei gewesen, im Zeichen des Kalten Kriegs ging die Truman-Doktrin aber alle Länder an, die an Schnittlinien des Ost-West-Konflikts lagen.

Am 6. Juni 1947 (das war der zweite Tag der Münchner Ministerpräsidentenkonferenz) sprach der amerikanische Präsident in Kansas City zu den

Veteranen der 35. Infanteriedivision, die in Europa eingesetzt gewesen war, über die Welt- und Wirtschaftspolitik Amerikas. Verpflichtung der Amerikaner sei es, die »Völker der Erde zu einem dauernden Frieden zu führen«. General Eisenhower erklärte bei der gleichen Gelegenheit, mindestens eine der Großmächte verkenne die Maßnahmen der USA für die Stabilisierung des Friedens, aber dies dürfe Amerika nicht von dem Wege abbringen, den es für richtig halte. Die Reden in Harvard und in Kansas City standen in innerem Zusammenhang, die Berichterstattung machte das auch deutlich. Harry S. Truman meinte nicht Deutschland allein oder an erster Stelle, als er sagte: Ein hungriges und unterernährtes Volk sei Dingen wie einer demokratischen Regierung und friedlichem Handel und Wandel unzugänglich. Der Friede könne nicht auf menschlicher Notlage aufgebaut werden[22]. Das Hilfsangebot, das der amerikanische Außenminister den Europäern in Aussicht gestellt hatte, war an eine Bedingung geknüpft: Ehe die Vereinigten Staaten in ihren Anstrengungen, Europa beim Wiederaufbau zu helfen, ernstlich fortfahren könnten, müßten sich die europäischen Regierungen über ein gemeinsames Programm verständigen. Marshall hatte in Harvard verlangt, die Europäer müßten Initiative zeigen.

Am 16. Juni 1947 wurden die Außenminister Großbritanniens und Frankreichs in diesem Sinn tätig, als sie sich in Paris trafen und zunächst beschlossen, den Standpunkt der Sowjetunion zu sondieren. Ab 27. Juni konferierten die beiden, ebenfalls in Paris, mit ihrem sowjetischen Kollegen Molotow. (Am gleichen Tag versammelten sich in Frankfurt die Abgeordneten des Wirtschaftsrats zur feierlichen ersten Sitzung des Bizonenparlaments.) Seit kurzem wußte man auch, daß Deutschland – oder wenigstens Westdeutschland – in die Hilfsaktion des Marshallplans einbezogen werden sollte. Daß nur Westdeutschland in den Genuß des Wiederaufbauprogramms kommen würde, konnte man längst ahnen, Gewißheit wurde es, als Molotow am 2. Juli in Paris die Teilnahme der Sowjetunion ablehnte, weil die vorgesehene Organisation zur Koordinierung der Wirtschaft der europäischen Staaten zu einer Einmischung in deren innere Angelegenheiten führen werde. In der Konsequenz der sowjetischen Ablehnung lag die Spaltung Europas, das war Anfang Juli 1947 deutlich sichtbar. Eine andere Frage war, wie stark im Westen mit der Weigerung des Kremls von vornherein gerechnet worden ist.

Bedeutsam war aber auch, daß Frankreich, das Kompromißvorschläge gemacht hatte, um die Sowjetunion bei der Stange zu halten, allmählich kooperativer und konzilianter gegenüber den beiden anderen westlichen Besatzungsmächten in Deutschland wurde. Aus wirtschaftlichen Gründen hatte Frankreich, ebenso wie Großbritannien, Italien und die anderen europäischen Staaten, im Grunde auch keine andere Wahl. Die zerstörten Volkswirtschaften waren allesamt auf auswärtige Hilfe, auf amerikanischen Kredit, angewiesen. Es genügte ja nicht, daß die genuinen Rekreationskräfte der Industrie bald nach Kriegsende, auch in Westdeutschland, eingesetzt hatten[23]. Der reinen Rekonstruktion der Industrie standen die katastrophalen Verhältnisse auf dem Ernährungssektor gegenüber, die Probleme zerstörter Infrastrukturen und, nicht zuletzt, die Devisenkrise in ganz Europa. Ende August mußte Großbritannien die Konvertierbarkeit des Pfundes gegenüber dem US-Dollar zeitweilig einstellen. Zur gleichen Zeit hatte Frankreich kaum noch Devisen für die allernotwendigsten Einfuhren aus USA. Wenig später mußte Italien den Importauch lebenswichtiger Güter einstellen.

Der Einladung, die Großbritannien und Frankreich an alle europäischen Staaten (mit Ausnahme Spaniens) ergehen ließen, um der amerikanischen Aufforderung entsprechend einen Plan zum Wiederaufbau Europas zu erarbeiten, folgten vierzehn Nationen. Zusammen mit Großbritannien und Frankreich (Außenminister Ernest Bevin hatte den Vorsitz) waren es sechzehn Länder, deren Vertreter sich am 12. Juli 1947 in Paris zu einer Konferenz über wirtschaftliche Zusammenarbeit trafen: Belgien, Dänemark, Griechenland, Irland, Island, Italien, Luxemburg, Norwegen, Niederlande, Österreich, Portugal, Schweden, Schweiz, Türkei. Der Abschlußbericht dieser Konferenz, die ein Committee of European Economic Cooperation (CEEC) und technische Ausschüsse eingesetzt hatte, wurde am 22. September 1947 der US-Regierung überreicht.

Der Bericht enthielt die Grundzüge eines europäischen Wiedergesundungsprogramms und Angaben über die beabsichtigten Anstrengungen zur Hebung der Produktion, Daten zur inneren Stabilität der Wirtschaft, über Finanzen und Währung, sowie Fakten über den Einfuhrbedarf und das Zahlungsproblem. Das Ganze war ein Vierjahresprogramm für den Zeitraum 1948–1951. Die drei westlichen Besatzungszonen Deutschlands waren in die Pläne einbezogen. Die Ostzone wurde, ebenso wie die Staaten im Vorfeld der Sowjetunion, durch die Weigerung Moskaus von den Planungen gewissermaßen automatisch ausgeschlossen. Damit war im Sommer 1947 die ökonomische Vorentscheidung zur Teilung Deutschlands gefallen.

Die Pariser Konferenz bildete aber auch einen der Anfänge der Integration Westeuropas, und die sechzehn Staaten hatten sich ausführlich mit dem Deutschlandproblem beschäftigt (als Vormünder der Westzonen waren die drei Militärgouverneure aufgefordert worden, die entsprechenden ökonomischen Daten und Fakten zu liefern), und sie hatten eine Erklärung abgegeben, in der es hieß, daß eine Bilanz der Hilfsquellen und des europäischen Bedarfs ohne Berücksichtigung Deutschlands nicht möglich sei. Andererseits seien aber beträchtliche Schwierigkeiten dadurch aufgeworfen, daß die Zonen Westdeutschlands in den Plan einzubauen waren, »weil eine gewisse Anzahl grundlegender Entscheidungen hinsichtlich der für die deutsche Wirtschaft einzuschlagenden Politik, die zudem außerhalb der Zuständigkeit und des Auftrags der Konferenz liegen, noch nicht getroffen worden sind und weil die künftig in Deutschland anzuwendende Wirtschaftspolitik vom Viermächte-Kontrollrat abhängt und nicht der Autorität irgendeines der beteiligten Länder unterliegt. Des weiteren befinden sich die Westzonen in einer besonderen Lage infolge der Verpflichtung, die Deutschland auferliegt, Reparationen zu liefern und zum Wiederaufbau derjenigen Länder beizutragen, die während des Kriegs seine Opfer waren. Sicherheitserwägungen fordern, daß gleichzeitig Zeitmaß und Art seiner wirtschaftlichen Wiederaufrichtung sorgfältig kontrolliert werden.«[24]

Bis zum Beginn des European Recovery Program (ERP), wie der Marshall-Plan offiziell hieß, verging noch einige Zeit. Am 3. April 1948 wurde, nachdem der amerikanische Kongreß die notwendigen Gelder bewilligt hatte, das entsprechende Gesetz (Foreign Assistance Act) unterzeichnet. Wirtschaftlich zum Tragen kam der Marshall-Plan ab 1949 (ein vorgezogenes 400-Millionen-Dollar-Importprogramm für die Bizone wurde aber bereits 1948 durchgeführt), und die psychologische Wirkung war schon lange zuvor so beträchtlich, daß viele glaubten, das Unternehmen sei eine Hilfsaktion speziell für Westdeutschland. Den Löwenanteil der Kredite erhielten jedoch Frankreich, Großbritannien und Italien. Westdeutschland, für das die drei Militärgouverneure im Juli 1948 den Beitritt zur OEEC (Organization for European Economic Cooperation, gegründet am 16. April 1948 in Paris) unterzeichnet hatten, folgte dem Volumen nach an vierter Stelle. Im September 1948 wurde dann der Kreditumfang bekanntgegeben. Die Bizone erhielt für das Marshallplanjahr 1948/49 414 Millionen Dollar, die französische Zone bekam 100 Millionen. Bis zum Ende der ERP-Ära 1951/52 flossen etwa 1,5 Milliarden Dollar nach Westdeutschland. Das Geld war nicht geschenkt, es war aber auch bei weitem mehr als ein reiner Kredit, weil die Gegenwertfonds zur Investitionslenkung noch lange über die ERP-Zeit hinaus zur Verfügung standen.

Den positiven Aussichten des Marshall-Plans standen im Winter 1947 und Frühjahr 1948 allerdings politische Ereignisse gegenüber, die damit mehr oder weniger eng zusammenhingen und die Schlimmes ahnen ließen. Im Dezember 1947 war nach langem Streit über Deutschland die Außenminister-Konferenz der Alliierten in London ergebnislos abgebrochen worden, im Februar 1948 war nach einem mit sowjetischer Unterstützung geglückten Putsch in Prag ein kommunistisches Regime etabliert worden, und am 20. März hatte Marschall Sokolowskij den Alliierten Kontrollrat in Berlin gesprengt, als er aus der Sitzung auszog, um gegen die Westunion, den Brüsseler Fünfmächtepakt (das zwischen Großbritannien, Frankreich und den Benelux-Staaten am 17. März geschlossene Militärbündnis) und gegen das Marshall-Plan-Projekt zu protestieren. Die Ereignisse hatten direkt mit Deutschland nichts oder nicht viel zu tun. Die Wirkung der sowjetischen Demonstration, der bald darauf die erste Berlin-Blockade folgte, bestand aber im sichtbaren Ende der Viermächtekontrolle Deutschlands.

Weniger sichtbar waren zu dieser Zeit Vorbereitungen der drei westlichen Alliierten für eine Währungsreform im Gange. Die Sanierung des Geldes war eine Bedingung für das Gelingen des Wiederaufbaukonzepts im Rahmen des Marshall-Plans. Daß dieser nur drei Zonen zugute kommen würde, bedeutete fast zwangsläufig, daß die Währungseinheit in Deutschland am Ende sein würde. Daß sich die vier Besatzungsmächte im Herbst 1947 oder gar im Frühjahr 1948 noch über eine gemeinsame Währungspolitik für alle vier Zonen einigen könnten, war aufgrund der vorangegangenen Ereignisse äußerst unwahrscheinlich. Nicht nur über die Notwendigkeit einer Währungsreform als Vorbedingung jeder wirtschaftlichen Sanierung, auch über die beste Methode diskutierten die Fachleute seit Kriegsende. Über zweihundert Pläne, Memoranden, Gutachten etc. wurden nachträglich gesammelt und registriert[25] – nachträglich deshalb, weil Währungsfragen nicht in die deutsche Zuständigkeit gehörten. Der Wirtschaftsrat hatte zwar, wie andere deutsche Gremien auch, im Juli 1947 die Notwendigkeit der Reform der Währung betont und mit Erlaubnis von BICO bei der Verwaltung für Finanzen in Bad Homburg eine »Sonderstelle Geld und Kredit« etabliert. Dieses Gremium »war halb ein interministerieller Ausschuß und halb ein Sachverständigengremium«[26] ohne eigentliche Kompetenz und mit der ausdrücklichen Weisung versehen, die Ergebnisse seiner Bemühungen nicht dem Wirtschaftsrat, sondern nur der Bipartite Finance Control Group vorzulegen. Ab Oktober 1947 war die »Sonderstelle« unter dem Vorsitz von Ludwig Erhard an der Arbeit. Nach der Wahl Erhards zum Direktor für Wirtschaft im Frühjahr 1948 präsidierte Erwin Hielscher, Stadtkämmerer zu München und Mitglied des Verwaltungsrats der Landeszentralbank von Bayern, der Sonderstelle Geld und Kredit.

Hielscher hatte schon im Juni 1947 in einem streng vertraulichen Gutachten die Forderung erhoben, so schnell als möglich das Geldsystem zu reformieren. Das wirtschaftliche Chaos der ersten beiden Nachkriegsjahre sei wesentlich mitverursacht durch die Beibehaltung der vom Dritten Reich hinterlassenen zerrütteten Währung. Nachdem Hielscher in schwärzesten Farben die Folgen andauernder Geldunordnung ausgemalt und vor der Illusion gewarnt hatte, man könne die Wirtschaft ohne Währungsreform beleben, kam er zum politischen Kern der Sache: »Die Hoffnungen des deutschen Volkes auf eine Einigung in den grundsätzlichen deutschen Fragen auf der Moskauer Konferenz sind leider nicht in Erfüllung gegangen. Demzufolge erhebt sich die für Deutsche besonders schwere Frage, ob der Versuch der Wiederaufrichtung der deutschen Wirtschaft und der Geldneuordnung, wenn die russische Besatzungsmacht sich dem Programm nicht anschließen sollte, zunächst nur für die westlichen Zonen durchgeführt werden soll. Ferner erhebt sich die Frage, ob, selbst wenn die russische Besatzungsmacht sich bereit erklärt, sich an dem Gesamtprogramm zu beteiligen, die bisher nicht überwundene ideologische und praktische Diskrepanz der Wirtschaftssysteme die erfolgreiche Durchführung der Gesamtreform zuläßt. Indem wir davon ausgehen, daß die russische Besatzungsmacht nicht die Absicht hat, sich dem angloamerikanischen Vorgehen anzuschließen, sind wir der Beantwortung der zweiten Frage enthoben. Was die erste Frage anbelangt, so sind wir unter schwersten Gewissenskonflikten zu der Auffassung gelangt, daß uns das Zeitmoment zwingt, unsererseits unseren Besatzungsmächten zu erklären, daß die Geldreform gegebenenfalls allein für die westlichen Zonen (wie wir hoffen, unter Einschluß der französischen Zone) durchgeführt werden muß. Wir möchten allerdings hierbei nach Möglichkeit darauf hinweisen, daß der bereits eingetretene Zerfall des Reiches sowohl materiell als auch optisch so wenig wie möglich vertieft wird.«[27]

Das Problem der Einheit interessierte die Experten in der Sonderstelle Geld und Kredit naturgemäß nur am Rande. Im Vordergrund standen die technischen Probleme und Voraussetzungen einer Währungsreform. In der fünften Sitzung der Sonderstelle, am 16. Oktober 1947, stand im Zusammenhang mit dem Zeitpunkt der Reform auch die politische Dimension kurz zur Debatte. Im Protokoll ist darüber zu lesen: »Dr. Erhard eröffnet die Diskussion mit der Frage der Vierzoneneinheit. Er weist darauf hin, daß die Überlegungen von den alliierten Voraussetzungen völlig abstrahieren müssen. Das Problem der Wirtschaftseinheit sei ein politisches Problem, zu dem von uns aus eine Entscheidung nicht gefällt werden könne. Unter der Voraussetzung aber, daß die Londoner Konferenz negativ verläuft, müsse eine Lösung für die drei westlichen Zonen gesucht und gefunden werden. Nach Ansicht von Dr. Keiser ist es außer Zweifel möglich, eine Lösung für die drei Westzonen zu finden. Entscheidend dabei sei jedoch nur, ob man bereit ist, die Konsequenzen einer Dreizonen-Lösung in Kauf zu nehmen. Für die drei Westzonen bedeutet die Währungsreform einen wirtschaftlichen Aufstieg, und dieses Ziel sei so bedeutend, daß man gegebenenfalls bereit sein müsse, dafür einen hohen Preis zu zahlen ... Nach eingehender Erörterung wird folgende Stellungnahme erzielt. Die Sonderstelle hat den Auftrag, einen Währungsvorschlag auf vierzonaler Basis auszuarbeiten. Sie hat keine Veranlassung, eine dreizonale Lösung vorzuschlagen. Die Überlegungen haben jedoch dahin zu gehen, ob notfalls auch eine dreizonale Lösung möglich ist. Es besteht Einhelligkeit der Ansicht darüber, daß grundsätzlich eine dreizonale Währungsreform durchgeführt werden kann, indessen keine Veranlassung besteht, diese Lösung in Vorschlag zu bringen. Es wird insbesondere von Dr. Erhard und Herrn Hielscher darauf hingewiesen, daß bei einer dreizonalen Lösung insbesondere das Schicksal des amerikanischen und britischen Sektors von Berlin zu bedenken sei.«[28]

Mitte Dezember überlegten die Sachverständigen (an den Sitzungen nahmen in der Regel zehn bis zwölf Herren teil, manchmal auch weniger), »ob und in welchem Umfang Maßnahmen ergriffen werden müßten für den Fall, daß in der Ostzone eine Währungsreform angeordnet werden sollte«. Man kam zur Ansicht, daß dann »eine Verschärfung der Grenzkontrollen notwendig wäre und die Arbeiten zur westdeutschen Währungsreform beschleunigt werden sollten«[29].

In der Hauptsache diskutierten die Experten, die sich durch Handschlag dem Direktor der Verwaltung für Finanzen gegenüber zur Verschwiegenheit hatten verpflichten müssen, Probleme wie Notendruck und Münzprägung, Quoten, Zahlungsmittelumlauf, künftige Kreditpolitik, Lastenausgleich, Steuerpolitik, Preisordnung, Wirtschaftssystem und anderes mehr. Das Ergebnis der Beratungen bestand im »Homburger Plan«, der, im April 1948 endgültig fertiggestellt, den Titel »Entwurf eines Gesetzes zur Neuordnung des Geldwesens« trug und in 39 Paragraphen nebst einer Durchführungsverordnung und zwei Ausführungsgesetzen alles bei der Geldumstellung Erforderliche regeln sollte: die Verminderung des Geldumlaufs, die Verhältnisse der Kreditinstitute, die Bestimmungen über bestehende Schuldverhältnisse und den Lastenausgleich. (Danach sollten u.a. 80% des Zuwachses des Vermögens natürlicher und juristischer Personen in der Zeit zwischen dem 1. Januar 1940 und dem Tag der Währungsreform an eine »Westdeutsche Ausgleichskasse« abgeführt werden.)

Der Homburger Plan[30] als das Produkt des konzentrierten Fleißes der knapp zwanzig Mitarbeiter der Sonderstelle enthielt höchst brauchbare Rezepte zur Durchführung der Währungsreform in Deutschland; gleichwohl wurde er nicht in die Tat umgesetzt. Im Januar 1948 hatten sich Amerikaner und Briten zwar einmal für die Arbeit der Sonderstelle interessiert und Material über die deutschen Vorstellungen angefordert (eine erste Fassung des Homburger Plans wurde daraufhin hastig zusammengestellt), aber es gab genügend Indizien, daß die Währungsreform keine Aktion der Deutschen sein würde. Im November 1947 hatte Erwin Hielscher (er war erst Stellvertreter und ab März 1948 Nachfolger Erhards in der Sonderstelle) den »privaten« Besuch eines jungen Amerikaners empfangen, der Assistent von General Clays Finanzberater Jack Bennett war. Dieser 25jährige Leutnant Edward A. Tenenbaum war, was Hielscher natürlich noch nicht wußte, der wichtigste Mann bei der Vorbereitung der Währungsreform. Tenenbaum hatte Hielscher erklärt, daß eine schnelle Lösung seitens der Militärregierung möglich sei; Hielscher notierte sich aber auch die Stichworte: »Strenge Lösung wird durch Besatzungsmächte aufoktroyiert werden. Quotenfragen sind nicht interessant und werden ganz zum Schluß gelöst. Politik des leichten Geldes zu Ende«[31].

Seit langem wußte man in Deutschland, daß die Amerikaner einen eigenen »Plan für die Liquidation der Kriegsfinanzierung und die finanzielle Rehabilitierung Deutschlands« hatten; er war auf Anforderung General Clays ausgearbeitet und im Mai 1946 fertiggestellt worden. Der nach seinen Hauptverfassern Gerhard Colm, Joseph M. Dodge und Raymond W. Goldsmith benannte Plan war unter Mitwirkung deutscher Experten zustande gekommen und als Modell für eine vierzonale Währungsreform im Alliierten Kontrollrat verhandelt worden[32]. Schon Ende 1946 waren die Debatten im Kontrollrat aber am toten Punkt angelangt, weil sich Sowjets und Amerikaner nicht über den Druckort der neuen Banknoten einigen konnten. Die Sowjets wollten in Leipzig und Berlin, die Amerikaner hingegen wollten, der Kontrollmöglichkeiten wegen, nur in Berlin drucken. Da auch bei der Moskauer Außenministerkonferenz im Frühjahr 1947 keine Einigung erfolgte, war das Projekt einer vierzonalen Währungsreform praktisch vom Tisch, obwohl bis in den Januar 1948 hinein auf Außenminister- (im Herbst 1947 in London) und auf Militärgouverneursebene verhandelt wurde. Als sich schließlich die Alliierten sogar über den Notendruck und andere technische Details einig waren, taten sich wieder neue Klüfte auf: Die sowjetische Besatzungsmacht verlangte eine deutsche Zentralbank für alle Zonen und eine zentrale deutsche Finanzverwaltung. Das wollten die Amerikaner nicht konzedieren. Im übrigen war, obwohl die Viermächteverhandlungen bis zum März 1948, bis zum Ende des Kontrollrats, weitergeführt wurden, die Entscheidung in Washington bereits im September 1947 gefallen. Ab Oktober wurden in New York und Washington die neuen deutschen Banknoten gedruckt. Die Scheine wären, im Fall der Einigung mit den Sowjets, allerdings auch vierzonal verwendbar gewesen, sie enthielten nämlich weder Angaben über die Ausgabebehörde noch über den Ausgabeort oder eine Unterschrift. Die Bezeichnung der neuen Währung als »Deutsche Mark« war auch im Kontrollrat, solange dort über das Währungsproblem debattiert wurde, nicht umstritten gewesen.

Unter dem Decknamen »Operation Bird Dog« wurden in einer gewaltigen und geheimen Transportaktion die neuen Zahlungsmittel in insge-

samt 23000 Kisten ab November 1947 über Bremerhaven nach Deutschland gebracht und in acht Sonderzügen nach Frankfurt transportiert, wo sie im Keller des dortigen Reichsbankgebäudes in der Taunusanlage versteckt wurden. Vom 11. bis 15. Juni wurden die Geldkisten wieder auf Lastwagen verladen und unter starker militärischer Bewachung zu den elf Landeszentralbanken der Länder der Westzonen gebracht[33]. Der Hauptgrund für die Entscheidung zum Notendruck in USA war, im Herbst 1947: Zeitmangel. Es wurde befürchtet, daß eine separate Währungsreform in der Sowjetzone unmittelbar bevorstehe. Wie sich jedoch spätestens im Juni 1948 zeigte, waren es Gerüchte ohne jede Grundlage (und die sowjetische Besatzungsmacht konnte ja auch gar kein Interesse daran haben, ihre Zone währungstechnisch gegen den Westen abzuriegeln), sie trugen aber wesentlich zur Beschleunigung der Geldsanierung im Westen bei.
Im Oktober 1947 hatten sich die Generale Clay und Robertson über die Struktur einer Zentralbank für die Bizone (die so ausgelegt war, daß die anderen Zonen beitreten konnten) geeinigt. Der Kompromiß zwischen den zentralistischen britischen und den föderalistischen amerikanischen Vorstellungen bestand darin, daß die Amerikaner einer Zentralbank, die die Geschäftspolitik der acht Landeszentralbanken koordinieren würde, zustimmten, während die Briten die Reste der Reichsbank in ihrer Zone liquidierten und nach dem Vorbild der US-Zone Landeszentralbanken einrichteten. Das Ergebnis, an dem deutsche Sachverständige ebenso wie Experten der französischen Militärregierung beteiligt waren, bestand in der Errichtung der »Bank deutscher Länder« in der Bizone am 1. März 1948. Der Name war mit Rücksicht auf die anderen Zonen gewählt worden, deren Beitritt erwünscht war oder doch wenigstens nicht verhindert werden sollte. Die Landeszentralbanken der französischen Zone durften aufgrund einer Verordnung der Militärregierung, die am 16. Juni 1948 erlassen wurde, aber rückwirkend zum 25. März Rechtskraft erhielt, der durch gleichlautendes britisches und amerikanisches Gesetz errichteten Bank deutscher Länder, der ersten trizonalen Institution, beitreten.
Sie war eine Mischung aus dem von den Briten favorisierten Universalbanken-Modell und dem von den Amerikanern propagierten System der Federal Reserve Bank, wie es in den USA existiert. Elemente der alten deutschen Reichsbank hatten sich aber auch erhalten. Die Bank deutscher Länder (die spätere Bundesbank) hatte ein Grundkapital von 100 Millionen Reichsmark, sie war Abrechnungsinstitut und Refinanzierungsquelle der Landeszentralbanken, verwaltete deren Mindestreserven und hatte die Funktion der Währungs- und Notenbank, jedoch vorläufig noch ohne das Recht zur Ausgabe von Banknoten. Die Bank deutscher Länder führte auch die Finanz- und Kassengeschäfte der Bizone. Das Zentralbanksystem der drei Westzonen war zweistufig auf-

gebaut. Die Verklammerung zwischen den weitgehend selbständigen Landeszentralbanken und der Bank deutscher Länder in Frankfurt erfolgte durch deren Zentralbankrat, der sich aus den Präsidenten der elf Landeszentralbanken zusammensetzte.
Die politische Aufsicht führte eine Alliierte Bankkommission, die aus Vertretern der drei westlichen Militärregionen bestand. Die Bestellung eines Präsidenten des Direktoriums der Bank deutscher Länder und eines Präsidenten des Zentralbankrats erinnerte etwas an die Frankfurter Direktorenwahl von 1947 im Wirtschaftsrat. Am 2. April 1948 wurden vom Zentralbankrat Otto Schniewind zum Vorsitzenden des Zentralbankrats und Hermann J. Abs zum Präsidenten des Direktoriums der Bank deutscher Länder gewählt. Nach längeren Verhandlungen lehnten beide Ende April ab. Am 5. Mai wurde dann Karl Bernard, Vorstandsmitglied der Frankfurter Hypothekenbank und Mitglied der Sonderstelle Geld und Kredit, zum Präsidenten des Zentralbankrats gewählt. Er nahm die Wahl an. Nicht so der Geheimrat Wilhelm Vocke, ehemals Mitglied des Reichsbankdirektoriums, der zum Chef der Bank deutscher Länder erkoren wurde. Vocke lehnte zunächst ab, so wurde mit einem Ersatzmann unter etwas abenteuerlichen Umständen an der Schweizer Grenze verhandelt[34], schließlich, in der zweiten Maihälfte, ließ Vocke dann doch wissen, daß er bereit sei, und am 1. Juni wurde er zum Präsidenten des Direktoriums der Bank deutscher Länder gewählt.
Die Vorbereitungen für die Währungsreform waren inzwischen unter größter Geheimhaltung weit gediehen. Anfang April 1948 hatten die Finanzberater der Militärgouverneure Clay und Robertson, Jack Bennett (USA) und Sir Eric Coats (Großbritannien) den »Währungsaktionsausschuß« des Wirtschaftsrats – das war ein seit Januar 1948 verborgen wirkendes Gremium aus zunächst neun, später nur noch drei Abgeordneten – wissen lassen, daß Gespräche zwischen alliierten und deutschen Experten notwendig seien. Am 9. April wurden auch die Bedingungen mitgeteilt, unter denen die Beratungen stattfinden sollten: die deutschen Sachverständigen müßten sich in eine Art freiwillige Gefangenschaft begeben und völlig isoliert von der Außenwelt in einem »Konklave« arbeiten[35].
Zu diesem Zweck hatte General Clay am 1. April den amerikanischen Oberstleutnant Emory D. Stoker beauftragt, einen einsamen Ort zu suchen, um dort ein »special political reorientation camp« für etwa 25 wichtige deutsche Zivilisten zu errichten. Die Wahl fiel auf ein Kasernengelände mit einem Flugplatz in Rothwesten bei Kassel, wo hinter Stacheldraht eilig und notdürftig ein Gebäude für die Währungssachverständigen hergerichtet wurde[36]. Der Währungsausschuß des Wirtschaftsrats, der nur noch aus den drei Herren Blücher (FDP), Kriedemann (SPD) und Pferdmenges (CDU/CSU) bestand, wählte aus dem Kreis der Sonder-

stelle Geld und Kredit die Teilnehmer des Konklave aus; zu ihnen kamen noch zwei Vertreter aus der französischen Zone, Rudolf Windlinger von der badischen Landeszentralbank und Ministerialrat Walter Bussmann (badische Finanzverwaltung Freiburg). Von der Sonderstelle kamen der Hamburger Finanzsenator Walter Dudek, Heinrich Hartlieb (Landeszentralbank Bayern), Karl Bernard (Vorstandsmitglied der Frankfurter Hypothekenbank und dann Chef des Zentralbankrats), der Münchner Stadtkämmerer Erwin Hielscher und Viktor Wrede, der im Hauptberuf die Präsidialabteilung bei der Behörde für Wirtschaft und Verkehr in Hamburg leitete. Die Verwaltung für Wirtschaft delegierte den stellvertretenden Abteilungsleiter Hans Möller, außerdem gehörten Otto Pfleiderer (Finanzministerium Stuttgart) und Wolfgang Budczies (Sonderstelle, später bei der Bank deutscher Länder) sowie ein Stab von Dolmetschern und Sekretärinnen zum Konklave.

Die Bedingungen, die »ebenso romantisch wie übertrieben und unpraktisch« waren, hatte Oberstleutnant Stoker am 9. April nochmals erläutert[37]. Nach Einwendungen Hielschers und Möllers kam Edward Tenenbaum am 15. April noch einmal nach Frankfurt, um, wie es den deutschen Teilnehmern schien, Zugeständnisse zu machen. Auf deutscher Seite herrschten in mehrfacher Hinsicht Illusionen über die Art ihrer Mitwirkung. Die Vertreter des Wirtschaftsrats gaben den Konklavemitgliedern den Auftrag mit, nach Möglichkeit den »Homburger Plan« durchzusetzen, und mindestens zwei Mitglieder hatten zuvor gegen die Einsperrung protestiert; Möller wegen der Isolierung gegenüber den Frankfurter Verwaltungen und politischen Instanzen und Hielscher, weil die Abgeschiedenheit bis zum Stichtag der Währungsreform dauern sollte: »Ich wandte mich dagegen, daß wir lediglich die Pläne ausarbeiten sollten, bei der Durchführung aber unter allen Umständen bei dieser Art des Konklave ausgeschlossen werden«, hatte er am Tag vor der Abfahrt festgehalten[38]. Aber selbst das war noch eine Illusion, die Deutschen sollten nämlich im Konklave auch nicht die Pläne für die Währungsreform ausarbeiten, sondern lediglich gesetzestechnische Hilfestellungen leisten.

Am 20. April 1948 reisten die Sachverständigen, begleitet von Oberstleutnant Stoker, der für ihr Wohl verantwortlich war, mit unbekanntem Ziel ab. Gerüchten zufolge sollte es in die Nähe Braunschweigs gehen. Erwin Hielscher notierte sich einige Tage nach der Ankunft in Rothwesten folgendes: »Am 20. 4. abends 7½ Uhr erfolgte im bewachten und mit Mattscheiben versehenen Autobus der Abtransport der Sachverständigen und eines kleinen technischen Apparates. Wider Erwarten nicht in die Nähe von Braunschweig, sondern in die Nähe von Kassel (Eschstruth). Die hier getroffenen Vorbereitungen technischer Art waren höchst unbefriedigend und völlig unwürdig. Ein energischer Versuch am

21.4., bei den Alliierten einen Wechsel des Aufenthaltsortes zu erreichen, blieb erfolglos. Dagegen wurde positiv zugestanden, bedingungslose Freilassung am 20.6.1948, wahrscheinlich schon 14 Tage vorher. Nicht zugestanden wurde größere Bewegungsfreiheit außerhalb der engen Umzäunung. Dagegen ergaben sich verhältnismäßig günstige Zusagen hinsichtlich der Anhörungs- und Mitwirkungsrechts der Deutschen. Es war von vornherein klar, daß ein Dreimächte-Rahmen vorlag. Offenbar besteht aber eine große Bereitwilligkeit der drei Exponenten, im Rahmen dieses Rahmens soviel wie möglich von unseren Anregungen hineinzutun (mit der Motivierung: technische Notwendigkeit). Ferner besteht aber auch die Möglichkeit, bestimmte grundsätzliche Vorschläge durch die drei Exponenten an das entscheidende Gremium der drei Mächte zu bringen. T. wies überdies von sich aus, vielleicht mit einer gewissen Absicht, darauf hin, daß, was auf der Ebene der Sachverständigen nicht erreicht werden könnte, dann auf die politische Ebene verlagert werden sollte. Am 21.4. nachmittags wurden T., Cook und Lefort ein Interimsgesetz vorgelegt und zwei Muster für Einreichungsformulare. Beratung und Ausarbeitung waren sehr dringend und wurden die ganze Nacht bis früh morgens 6 Uhr fortgesetzt. (Neuartig: Anmeldung von Bankguthaben, Vereinheitlichung aller Bankguthaben einer Familie, Verschweigung eines Freigabesatzes). Am 22.4.1948 Berücksichtigung kleinerer Einwendungen von T. Druckauftrag nachmittags ½3 Uhr mit Flugzeug nach London (Druckzeit angeblich 6 Wochen).«[39]

In diesem Stil ging es weiter. Der Buchstabe T. in Hielschers Aufzeichnung steht für Edward Tenenbaum, den allgegenwärtigen und nimmermüden amerikanischen Leutnant, der die Fäden in der Hand hielt und, obwohl von Haus aus zwar Nationalökonom, aber kein Fachmann für Währungsfragen, mit hohem Sachverstand die Währungsreform koordinierte und eigentlich in Szene setzte. Seine Kollegen Cook (Großbritannien) und Lefort, die rangmäßig gleichfalls nur vertretungsweise (für Sir Eric Coats und Leroy Beaulieu) agierten, spielten weitaus bescheidenere Rollen.

Aus den Illusionen über die deutsche Mitwirkung an der Geldreform erwuchsen Unzuträglichkeiten. Die Deutschen fühlten sich getäuscht, als ihnen von Jack Bennett am 30. April mitgeteilt wurde, daß die Entscheidung der Alliierten über Grundsatzfragen der Währungsreform längst gefallen sei. (Fest standen damals eine Freiquote von 10% für Altgeld, 20% blockierte, aber aus den Bankbilanzen herausgenommene Ansprüche, Annullierung der alten Reichsschuld, Bankensanierung durch Bereitstellung der erforderlichen Aktiva in Form von Länderanleihen und, das wog besonders schwer, die Trennung der Währungsreform vom Lastenausgleich, der anschließend aufgrund deutscher Gesetzgebung durchgeführt werden sollte.) Die deutschen Währungsexperten im Konklave protestierten und verlangten eine Aussprache mit den Mitgliedern des Währungsausschusses des Wirtschaftsrats. Das wurde ihnen zugestanden. Am Abend des 10. Mai trafen die Abgeordneten Blücher, Kriedemann und Pferdmenges in Rothwesten ein, begleitet waren sie von den Direktoren der Verwaltungen für Wirtschaft und Finanzen, Erhard und Hartmann. Am nächsten Tag konferierten zunächst die Deutschen unter sich. Dem aus Frankfurt angereisten Ausschuß wurden die Klagen der Konklaveteilnehmer und die Protestschreiben vorgelesen. In einem dieser Schriftstücke hieß es, den deutschen Sachverständigen sei vor Eintritt ins Konklave und noch einmal gleich zu Beginn der Klausur »eindeutig erklärt worden, daß ihre Aufgabe darin bestehen werde:

a) einen von den Alliierten für den Notfall ausgearbeiteten Entwurf eines Interimsgesetzes mit den dazugehörigen Anlagen zu übersetzen und zu überarbeiten;
b) mit den Vertretern der Alliierten in eine umfassende Erörterung des gesamten Geldreformproblems einzutreten als Vorbereitung für eine baldige endgültige alliierte Entscheidung über die Grundsatzfragen.«[40]

Die Sitzung am 11. Mai war ein dramatischer Höhepunkt des Konklaves. Die deutschen Sachverständigen waren sich untereinander ebensowenig einig wie die Politiker aus Frankfurt, und zwischen den Sachverständigen und den Politikern gab es ebenfalls Meinungsverschiedenheiten. Die deutschen Bedenken, die schließlich gegen Abend den Vertretern der Alliierten vorgetragen wurden, betrafen vor allem die vorgesehene Erstausstattung (Kopfquote), die den Deutschen viel zu hoch erschien, die Schuldenregelung und das Problem des Lastenausgleichs.
Die Vertreter der Alliierten nahmen die deutschen Wünsche und Mahnungen zur Kenntnis und versprachen, darüber nachzudenken (eine gewisse Revision zugunsten der deutschen Vorstellungen ergab sich zu guter Letzt tatsächlich). Ein zweiter Besuch des Währungsausschusses, der für den 23. Mai vorgesehen war, kam auf Wunsch der Sachverständigen im Konklave nicht mehr zustande[41]. In Rothwesten wurde im großen und ganzen harmonisch in Plenarsitzungen und Kommissionen gearbeitet. Die Isolierung erwies sich auch als nicht so hermetisch, die Herren Pfleiderer, Bernard und Dudek erhielten sogar öfters Urlaub, um ihren hauptberuflichen Verpflichtungen nachzukommen. Bei diesen Gelegenheiten hielten sie auch den Kontakt zu den Frankfurter Verwaltungsstellen. Das Datum der Währungsreform sickerte jedoch nicht durch. Nicht einmal den Mitgliedern des Wirtschaftsrats-Währungsausschusses verrieten die Konklaveteilnehmer, wann der Tag X sein würde! Am 21. Mai schied Er-

win Hielscher unter Protest aus dem Konklave aus; er hatte sich unter seinen Kollegen isoliert, weil er das Konzept der bevorstehenden Währungsreform nicht billigte. Er prophezeite in einer Broschüre, deren Manuskript er vor dem Stichtag der Währungsreform seinem Verleger übergab, die aber erst im Herbst 1948 erscheinen sollte, einen Fehlschlag[42].

In den 49 Tagen, die das Konklave dauerte (vom 20. April bis zum 8. Juni 1948), hatten die deutschen Währungsexperten eine stattliche Anzahl von Dokumenten – die Texte von drei Gesetzen zur Neuordnung des Geldwesens und die Durchführungsverordnungen dazu, ferner Merkblätter, Anweisungen und Richtlinien – bearbeitet, ohne freilich auf deren Inhalt nennenswerten Einfluß ausgeübt zu haben. In einer abschließenden Denkschrift, adressiert an die drei auf alliierter Seite verantwortlichen Herren Bennett, Coats und Beaulieu, faßten die deutschen Sachverständigen ihre Sorgen noch einmal zusammen. Es war eine Art Rechenschaftsbericht, der mit der Bitte schloß, die nachfolgenden Sätze in die alliierte Verlautbarung zur Währungsreform aufzunehmen: »Die drei Besatzungsmächte tragen für die Grundsätze und Methoden der Geldreform in ihren Zonen die alleinige Verantwortung. Deutsche Sachverständige wurden auf Wunsch der Militärregierungen und der deutschen politischen Stellen hinzugezogen, doch konnte ihre Arbeit im Ergebnis fast nur in technischer Hinsicht zur Geltung kommen. Alle sachlich wesentlichen Gegenvorschläge der deutschen Sachverständigen mußten nach sorgfältiger Prüfung durch die zuständigen Stellen der drei Besatzungsmächte schließlich abgelehnt werden, da die Militärregierungen die Verantwortung für deren Verwirklichung nicht glaubten übernehmen zu können.«[43]

Am Freitag, dem 18. Juni 1948, erfuhren die Deutschen über den Rundfunk, daß die Währungsreform am 20. Juni Wirklichkeit werden würde. Über die wichtigsten Details berichteten am folgenden Samstag alle Zeitungen: Ab Montag, dem 21. Juni, war die alte Reichsmark ungültig. Am Sonntag sollte jeder Bewohner der drei Westzonen die ersten 40 von insgesamt 60 neuen »Deutschen Mark«, die jedermann als Kopfquote zustanden, bei den Ausgabestellen für die Lebensmittelkarten abholen, und zwar im Umtausch gegen 40 Reichsmark. Löhne und Gehälter würden in unveränderter Höhe in der neuen Währung weitergezahlt werden. Für alle privaten Schulden galt ein Moratorium von einer Woche, und innerhalb dieser Frist mußten auch alle Altgeldbestände und -guthaben abgeliefert und mit Hilfe entsprechender Formulare (die in Rothwesten ausgearbeitet und in England gedruckt worden waren) zum Umtausch angemeldet werden. Die Relation 10:1, nach der dieser Umtausch später vorgenommen wurde (wobei aber zunächst nur die Hälfte der neuen DM-

Guthaben verfügbar war), wurde erst nach Ablauf der Anmeldefrist bekanntgegeben.

Am 19. Juni, dem Samstag, an dem die Reichsmark zum letzten Mal galt, spielten sich allenthalben groteske Szenen ab. Ähnlich wie in München ging es überall zu: »Es gab am Wochenende nur wenige Geschäfte, die nicht von riesigen Schlangen belagert wurden. Es wurden die unsinnigsten Einkäufe gemacht. Am Samstagmittag war nichts mehr zu bekommen. In den Apotheken verlangten manche Kunden für Hunderte von Mark Kopfwehpulver, Badesalz, Einmachtabletten oder Rattengift. Eine Hausfrau erwarb u. a. einen Karton mit ›Dr. Oetkers Tortin, ein bewährtes Triebmittel für Tortenböden‹, das, wie uns der Drogist versicherte, für die Zubereitung von etwa 2800 Torten reicht. Aus den Kunstgewerbe- und Ramschläden schleppten die Leute stoßweise gerahmte Wandsprüche, getrocknete Blumen hinter Glas und Topfuntersätze. Ein Kauflustiger keuchte unter der Last einer etwa eineinhalb Zentner schweren Gartensäule mit Büste, ein anderer hatte bei einer Tändlerei einen großen Sack mit Rehgeweihen erstanden. An den Kinos, bei denen der Vorverkauf gewöhnlich um halb zwölf Uhr beginnt, gab es schon ab halb neun Uhr riesigen Andrang. Die Straßenbahnen waren zum Brechen voll, und es hatte den Anschein, als ob ein Teil der Fahrgäste Dauerrundfahrten machte. Wer noch Briefe zu schreiben hatte, erledigte dies ebenfalls noch mit den alten Postwertzeichen. Samstag abend war in den Gaststätten kein Bier mehr zu haben. Dafür feierten in manchen Nebenzimmern die Schwarzmarktsnobs die ›Reichsmarkdämmerung‹ bei Schnaps und Wein und zündeten sich ihre Zigaretten mit Fünfzigmarkscheinen an. Nachts sah man viele Betrunkene nach Hause schwanken.«[44]

Mit der Währungsreform schienen sich Wunder ereignet zu haben. Während der schwarze Markt zusammenbrach, tauchten in den Geschäften schlagartig gehortete Waren aller Art auf, die man seit langem nirgendwo mehr erblickt hatte. Selbst auf das Wachstum von Obst und Gemüse schien sich die Währungsreform über Nacht wohltätig ausgewirkt zu haben; am Montag gab es auch davon Angebote, von denen man zuvor kaum geträumt hatte. Die Zeitungen waren voll mit staunenswerten Nachrichten. In der »Welt« vom 22. Juni 1948 war etwa zu lesen: »Über Nacht war ein Teil der Hamburger Schaufenster mit neuen Auslagen gefüllt worden. Radioapparate, Elektrogeräte und Haushaltsgegenstände wurden angeboten. Die Tabakläden zeigten ganze Serien friedensmäßiger Tabakpfeifen, aber nirgendwo war ein Preisschild zu finden. Nur selten betraten die Kunden die Geschäftsräume. Die meisten Menschen stauten sich vor den Radio- und Eisenwarengeschäften. Eine ganze Menge bisher gehorteter Waren erschien plötzlich in den Auslagen. Ziemlich erregt ging es vor dem Schaufenster eines Radiogeschäftes zu, in

dem Radioröhren aller Typen zum normalen Preis von 8,50 D-Mark pro Stück angeboten wurden.«[45]
Aus Dortmund wurde gemeldet, daß sich bis Montag mittag beim Arbeitsamt schon rund 20 Schwarzhändler zur Arbeit gemeldet hatten, dagegen habe aus Oberbayern »eine Massenflucht norddeutscher Urlauber« eingesetzt. »Die Abwanderung der Gäste betrug bis zu 95 Prozent, die für die nächste Zeit angemeldeten Besucher ließen fast ausnahmslos ihre Zimmer telegrafisch abbestellen.« Dagegen wurde aus Frankfurt Erfreuliches gemeldet: »Seit Montag früh bieten die Frankfurter Lederwarengeschäfte wieder friedensmäßige Waren zu friedensmäßigen Preisen an. Schweinslederne Aktentaschen werden in reichlicher Auswahl vorgelegt und kosten 12 bis 15 DM. Damenhandtaschen sind in den gleichen Preislagen zu haben. Lederkoffer werden mit Preisen um 35 DM angeboten. Teilzahlung ist in fast allen Geschäften gestattet.«[46]
Die Wermutstropfen für die deutschen Politiker bestanden darin, daß die Währungsreform ohne gleichzeitigen Lastenausgleich und ohne gleichzeitige Steuerreform durchgeführt wurde.
Oberdirektor Pünder hielt, unmittelbar nach der Ankündigung der Währungsreform durch den Sprecher der Militärregierung, eine Rundfunkansprache, in der er die Sparer tröstete. Sie wurden – im Gegensatz zu den Sachwertbesitzern – praktisch enteignet, aber das wußten sie am 18. Juni 1948 noch nicht so genau. Erst im Oktober 1948 war es amtlich, daß auf den Festkonten 100 Reichsmark in nur 6,50 DM verwandelt wurden. Zerstört würden eigentlich nur Illusionen, sprach der Oberdirektor und erklärte es den Hörern genau: »Wenn die Millionen deutscher Sparer in der nächsten Woche über das endgültige Schicksal ihrer Spargelder aufgeklärt werden, dann mögen sie sich sagen: Diese Spargelder wurden vernichtet, als Adolf Hitler seinen verbrecherischen Krieg vorbereitete und führte, als er Hunderte von Milliarden deutschen Volksvermögens sinnlos vergeudete. Damals bereits waren die ersparten Vermögen zerstört worden, auch wenn bis zum heutigen Tag eine Papierfassade bestehenblieb und die Bevölkerung in dem Wahn gehalten wurde, daß ihre Ersparnisse unverändert oder womöglich noch vermehrt durch den Krieg hindurch gerettet werden konnten.«[47]
Die finanziellen, wirtschaftlichen und sozialen Auswirkungen der Währungsreform in den Westzonen waren in jenen Junitagen natürlich noch nicht abzusehen. Eine politische Wirkung zeigte sich aber sofort, und sie wurde, am gleichen Tag und auf der gleichen Zeitungsseite, in der die Hauptschlagzeile »Deutsche Mark ab Montag eingeführt« lautete, unter dem Rubrum »Russen sperren Interzonengrenze« referiert. Als Reaktion auf die Währungsreform im Westen hatten die sowjetischen Behörden ab 19. Juni die Verkehrswege zwischen der Ostzone und den Westzonen ge-

sperrt und begonnen, Berlin, das wegen seines Viermächtestatus von der Währungsreform zunächst ausgenommen war, abzuriegeln. Kurz zuvor, am 16. Juni, hatte der Kommandant des sowjetischen Sektors der ehemaligen Reichshauptstadt den Abbruch der Sitzung der alliierten Kommandatura, der Viermächteregierung für Berlin, inszeniert; dieses Gremium war damit auf die gleiche Weise außer Funktion gesetzt worden wie im März 1948 der Kontrollrat. Ein politischer Preis der Währungsreform war die Blockade Berlins ab dem 24. Juni 1948, die bis zum 12. Mai 1949 dauerte. Sie hatte mancherlei Wirkungen; zuallererst die bravouröse Luftbrücke, eine Erfindung General Clays, mit der die Bevölkerung (West) Berlins über mehr als ein Jahr mit allem Lebensnotwendigen aus der Luft von der Bizone aus versorgt wurde (eine technische Leistung, die niemand für möglich hielt) und die als Demonstration amerikanischer technischer Überlegenheit über sowjetische Brutalität gedacht war und so empfunden wurde. Die Berlin-Blokkade war ein wichtiges Stimulans für die Gründung des deutschen Weststaats, zugleich aber auch eine lastende Hypothek für die deutsche Einheit.

Die improvisiert durchgeführte Währungsreform in der Ostzone drei Tage nach der westlichen Geldsanierung war eine unabweisbare Notwendigkeit, die aber die Spaltung Deutschlands in zwei Währungsgebiete zur Folge hatte. Da neue Banknoten in der SBZ nicht so rasch verfügbar waren, wurden die Reichsmarkscheine mit Kupons überklebt. Das Resultat hieß im Volksmund »Tapetenmark«. Die Währungsreform war in der Ostzone weniger dringlich als im Westen, da durch die Stillegung von Banken und Sparguthaben durch die sowjetische Besatzungsmacht schon 1945 etwa 70 Milliarden RM aus dem Verkehr gezogen worden waren. Nach dem westlichen Vorgehen wurde eine Währungsreform für die Ostzone aber zwingend, denn das im Westen abgewertete Geld hätte, wenn es im Osten gültig geblieben wäre, die Inflation in die SBZ importiert. Der Geldschnitt war in der sowjetischen Besatzungszone weniger rigoros; das Kopfgeld betrug 70 Mark, Sparguthaben bis 100 Mark wurden im Verhältnis 1:1, weitere 900 Mark im Verhältnis 5:1, der Rest in der Relation 10:1 umgestellt.

In Berlin galten, bis zur endgültigen Spaltung der Stadt, beide Währungen. Berlin, das während der Blockade ganz von äußerer Hilfe abhängig wurde (und den Haushalt der Bizone erheblich belastete), wurde im Sommer 1948 eine Art Faustpfand in sowjetischen Händen, mit dem versucht wurde, die Gründung der Bundesrepublik zu verhindern, was wiederum die Westmächte zu Demonstrationen ihrer Stärke und ihres Durchhaltewillens animierte und die Deutschen im Westen darin bestätigte, daß sie auf der richtigen Seite Schutz suchten. Auf alle Fälle hatte die Teilung der ehemaligen Reichshauptstadt, deren rapide Fortschritte man ab Juni 1948 verfolgen konnte, hohe Symbolkraft für die Situtation ganz Deutschlands.

3. Die Einführung der Sozialen Marktwirtschaft

Am Nachmittag des 18. Juni 1948 sei General Clay in seinem Büro im Frankfurter I.G.Farben-Gebäude gesessen, als ihn der Direktor der Verwaltung für Wirtschaft, Ludwig Erhard, besuchte, um, den Militärgouverneur gar nicht erst zu Wort kommen lassend, ihn wegen der Gerüchte über die bevorstehende Währungsreform zur Rede zu stellen. »Wenn eine neue Währung eingeführt werden sollte und er als Wirtschaftsdirektor nichts darüber wüßte, dann habe man ihn getäuscht. Jetzt wolle er die Wahrheit wissen.« Und nach Clays Eröffnung, die Bekanntgabe stünde für den Abend dieses 18. Juni bevor, sei Erhard empört gewesen, habe sich aber beherrscht und erklärt, hier gehe es um seine Ehre und Würde. Er müsse zurücktreten, man habe ihn vor dem ganzen deutschen Volk zum Narren abgestempelt. Wütend soll Erhard dann das Gebäude verlassen haben, um zum Hessischen Rundfunk zu fahren: »Nun griff er zum Mikrophon und gab die Währungsreform bekannt, als erfolge sie auf seine Veranlassung.«[48]
Die Anekdote ist nicht schlecht erfunden und, wie andere Legenden um Erhard, ein Beweis für die wuchernde Mythenbildung, die bald nach der Währungsreform einsetzte und wohl bis zum heutigen Tag nicht aufgehört hat. Als sich Ludwig Erhard am Abend des 21. Juni 1948 in einer Rundfunkansprache hören ließ – »Nachdem in den letzten Tagen führende Staatsmänner und Politiker das Geschehen gewürdigt haben, möchte ich nun meinerseits als Fachmann, der allein ich auch in meinem Amt sein will, zu Ihnen sprechen« –, appellierte er in erster Linie an die Vernunft aller. Eine Gefahr für die Stabilität des neuen Geldes bestehe nicht, wenn man sich einer geordneten öffentlichen Haushaltsführung befleißige und durch eine ordentliche Geld- und Kreditpolitik dafür Sorge trage, daß Güterproduktion und Kaufkraftbildung übereinstimmten. Und dann, nach diesem Maßhalteappell, einem der ersten, die der Prophet des »Wohlstands für alle« im Laufe der Jahre an die Bevölkerung Westdeutschlands richtete, beschwor er das Gespenst der hohen Preise: »Wenn die Währungsreform, wie sich sehr bald zeigen wird, allerorts höhere Energien auslöst, und die beschränkte Kaufkraft mit dem dann einsetzenden Kampf um den Kunden die Betriebe zu höchster Rationalität

und zu Kosteneinsparungen auf allen Gebieten zwingt, wenn endlich als Folge steigender Rohstoffeinfuhren auch mit höherer Kapazitätsausnutzung der Betriebe zu rechnen ist, dann müßte es geradezu als ein Wunder bezeichnet werden, wenn die Preise diesem Druck nach unten nicht nachgeben sollten.«[49]

Daß die Währungsreform allein die wirtschaftliche Gesundung noch nicht bringen würde, daß diese erst von der Wiedereinführung der Marktwirtschaft zu erwarten sei, das hatte Erhard, ebenfalls im Rundfunk, schon eine Woche zuvor öffentlich erklärt. Am 17. Juni und in der Nacht zum 18. Juni fand dann im Wirtschaftsrat die Weichenstellung statt, die den Weg zur Marktwirtschaft nach erfolgter Währungsreform – von der alle Abgeordneten wußten, daß sie in den nächsten Tagen bevorstand – allmählich freigeben würde.

Wer den Kern der Erhard-Legenden sucht, findet ihn in den Gesetzen und Verordnungen, die das Bizonenparlament in der 18. Vollversammlung verabschiedete, die am Morgen des 17. Juni begann und, von Ausschuß- und Fraktionssitzungen unterbrochen, bis kurz vor 5 Uhr am Morgen des 18. Juni 1948 dauerte. (In einer nichtöffentlichen Sondersitzung hatte der Wirtschaftsrat bereits am 14. Juni Empfehlungen für eine vorläufige Steuerreform beschlossen; die deutschen Politiker hofften, diese Steuerreform selbst nach der Währungsreform in Kraft setzen zu können, wollten aber, falls die Alliierten sich diesen Schritt vorbehalten würden, wenigstens deren materiellen Inhalt beeinflussen.)[50] Die Handhaben zur Einführung der Sozialen Marktwirtschaft trugen unscheinbare Namen: »Gesetz über Leitsätze für die Bewirtschaftung und Preispolitik nach der Geldreform« hieß das wichtigste Dokument, und im Zusammenhang damit wurde das »Gesetz zur Änderung des Bewirtschaftungsnotgesetz« und die »Verordnung zur Änderung der ersten Durchführungsverordnung zum Bewirtschaftungsnotgesetz« verabschiedet[51]. In den Rahmenbestimmungen des Leitsätzegesetzes kam die Tendenz der künftigen Wirtschaftspolitik am deutlichsten zum Ausdruck: »Der Freigabe aus der Bewirtschaftung ist vor ihrer Beibehaltung der Vorzug zu geben« und »Der Freigabe der Preise ist vor der behördlichen Festsetzung der Vorzug zu geben«.

Als Gesetzestext fiel das Dokument etwas aus dem Rahmen, es war mehr eine Art Grundsatzprogramm der Sozialen Marktwirtschaft, aber das Leitsätzegesetz gab dem Direktor für Wirtschaft zusammen mit der gleichzeitig erfolgten Novellierung des Bewirtschaftungsnotgesetzes ziemlich weitgehende Vollmachten. Er hatte durch dieses Gesetz u. a. den Auftrag erhalten, »die Waren, Warengattungen, Güter und Leistungen im einzelnen zu bestimmen, die von den Preisvorschriften freigestellt werden sollen«. Ausgenommen waren allerdings die »Höchstpreisvorschriften« für Grundnahrungsmittel, Energie, einige Rohstoffe, Mieten, Nahverkehrsmittel u. dgl. mehr. Der Direktor für Wirtschaft konnte mit Hilfe des Leitsätzegesetzes auch entscheiden, welche Güter und Rohstoffe bewirtschaftet und welche freigestellt werden sollten. Ludwig Erhards Absichten kam es daher sehr entgegen, daß zum 30. Juni 1948 Bewirtschaftungsgrundsätze, die noch aus der Zeit vor der Bizone stammten, außer Kraft traten[52]. Seit März 1948 überlegten Vertreter der Verwaltung für Wirtschaft zusammen mit den Wirtschaftsministern der Länder der Bizone, welche Waren und welche Rohstoffe nach dem 30. Juni bewirtschaftet werden sollten. Die Übereinstimmung zwischen den (überwiegend der SPD zugehörenden oder zugeneigten) Vertretern der Länderressorts und der Frankfurter Wirtschaftsverwaltung war erstaunlich, als sie die umfänglichen Kataloge zusammenstellten. Bewirtschaftet bleiben sollten Eisen und Stahl und gewisse andere Metalle, teilweise bewirtschaftet wurde weiterhin der Maschinenbau (Werkzeugmaschinen wurden frei, Landmaschinen blieben bewirtschaftet), Fahrräder und Schreibmaschinen sollten nach Länderkontingenten bewirtschaftet werden; im Bereich Textil- und Lederwaren sollten die Bezugsscheine durch Punktkarten ersetzt werden. Ganz freigegeben werden sollten viele Elektroartikel, Eisenwaren, Holz-, Glas-, Keramikartikel, Papier- und Zellstoffwaren u. a. m.[53]

Ludwig Erhard hatte bei der Einführung der Marktwirtschaft nach dem Tage X die Rückendeckung des Wissenschaftlichen Beirats[54] der Verwaltung für Wirtschaft. Dieses Gremium hatte unter dem Datum 18. April ein Gutachten vorgelegt, das die Grundzüge der künftigen Wirtschaftspolitik enthielt. Die Wissenschaftler hatten auf die Frage, »in welchem Umfang und mit welchen Methoden Maßnahmen der Verbrauchsregelung, der Bewirtschaftung und der Preispolitik nach der Währungsreform, deren Grundlinien bekannt sind, durchgeführt werden sollen,« ziemlich detailliert geantwortet und mehrheitlich eindeutige Empfehlungen gegeben. Durch die Währungsreform werde die wirksame Nachfrage so beschränkt, daß eine totale Verbrauchsregelung und Zwangsbewirtschaftung gegenstandslos werde. Daher plädierte der Beirat dafür, die Funktion des Preises zur Steuerung des volkswirtschaftlichen Prozesses in möglichst weitem Umfang zur Geltung kommen zu lassen. Das würde Zuteilungsmaßnahmen ausschließen, sofern nicht zwingende (soziale) Gründe dafür sprächen: »Die Steuerung durch den Preis dient dazu, das Sozialprodukt zu steigern. Diese ist die wichtigste sozialpolitische Aufgabe des Augenblicks. Dabei bleibt die weitere Frage offen, welche Wirtschafts- und Sozialordnung auf die Dauer angestrebt werden soll. Eine so einschneidende Maßnahme wie die Währungsreform mit einem Übergang zur Steuerung durch den Preis wird zweifellos Umstellungsschwierigkeiten mit sich bringen. Insbesondere wird mit Betriebsstillegungen, Einschränkungen und Beschäftigungslosigkeit zu rechnen sein.« Weitere Probleme der Übergangszeit würden mit Hilfe der Finanz- und Kreditpolitik korrigiert werden können. Die Kreditpolitik, prophezeiten die Gutachter, werde nach dem Fortfall aller Liquiditätsreserven der Wirtschaft eine Wirksamkeit haben, wie sie seit dem Ersten Weltkrieg nicht mehr bestanden habe. Der Beirat beschäftigte sich mit einer breiten Palette von zu erwartenden Schwierigkeiten, u. a. auch bei der Devisenbewirtschaftung, den Export- und Importproblemen und empfahl Sonderlösungen und Übergangsregelungen auf etlichen sozialempfindlichen Gebieten (etwa beim Wohnungsmarkt und bei der Kontrolle der Monopole, insbesondere des Kohlebergbaus). Einmütig hielt der Beirat (der in Einzelfragen Mehrheits- und Minderheitsvoten gegenüberstellte) die Aufhebung des Preisstopps von 1936 für erforderlich, »weil das damals geschaffene, bis heute noch weitgehend bestehende Preissystem den jetzigen Knappheitsrelationen nicht entspricht, also den Zusammenhang mit der jetzigen Wirtschaftssituation verloren hat. Er ist in seiner Mehrheit der Auffassung, daß nur eine wettbewerbliche Preisbindung auf den Gütermärkten die erforderliche Anpassung des jeweiligen Angebots an die kaufkräftige Nachfrage sicherstellt«[55].

Diese Philosophie setzte Ludwig Erhard nach dem 20. Juni 1948 in die Tat um. Atemberaubend war daran namentlich das Tempo, mit dem der Direktor für Wirtschaft nach der Währungsreform loslegte und die Beharrlichkeit, mit der er die sozial- und wirtschaftspolitisch dramatische zweite Hälfte des Jahres 1948 durchstand. Die Szene, wie Erhard zur Militärregierung zitiert wurde, um abgekanzelt zu werden, aber schließlich triumphierte, gehört so, wie sie seit langem kolportiert wird, allerdings ins Reich der Anekdote. Nach »Stunden hitziger, mit Drohungen erfüllter Debatte« mit den Vertretern der drei Besatzungsmächte habe Erhard standhaft seine Position verteidigt und auf den Vorwurf, die Rationierungsvorschriften abgeändert zu haben, schlicht erklärt, das habe er nicht, er habe sie nur insgesamt für überflüssig erklärt, und der herbeigerufene General Clay habe, entwaffnet durch Erhards Selbstsicherheit, schließlich grünes Licht für die freie Marktwirtschaft gegeben[56]. Zur Begründung des legendären Ereignisses wurde vermutet, Erhard habe, von allem Anfang an, sich des besonderen Wohlwollens von General Clay erfreuen dürfen[57]. Der Kern der Legende besteht aber schlicht darin, daß die Alliierten nicht eingriffen, als Erhard das Bewirtschaftungssystem zu demontieren begann. Den Briten, die zu Hause mit geplanter Wirtschaft, mit einem Rationierungssystem lebten und die damals nicht daran dachten, davon abzugehen, fiel die Toleranz gegenüber der Frankfurter Wirtschaftsverwaltung etwas schwerer, die Amerikaner hatten begreiflicherweise keine prinzipiellen Einwände gegen das Konkurrenzprinzip der Marktwirtschaft, und die Franzosen ging es nichts an, weil sie sich für ihre Zone zwar der Währungsreform angeschlossen hatten, ökonomisch und politisch dort aber alles beim alten beließen. In der französischen Zone änderte sich nach dem 20. Juni 1948 nur die monetäre, nicht die wirtschaftliche Situation[58].

Ludwig Erhards historisches Verdienst, wobei er angeblich »bei der Freigabe der Preise sogar die Westmächte überspielt« habe[59], bestand darin, daß er das Leitsätzegesetz, welches ihm reichlich Vollmachten übertrug, anwendete (wobei er die notwendige Zustimmung des Länderrats und das Placet der Militärregierung allerdings nicht abwartete). Der Länderrat stimmte dem Gesetz, das das Datum 24. Juni 1948 trägt, am 21. Juni zu, die Militärregierung genehmigte es am 30. Juni[60]. Erleichtert wurde dem Direktor der Verwaltung für Wirtschaft die Durchsetzung der neuen Wirtschaftspolitik durch die Haltung der SPD. Die Sozialdemokraten in den Wirtschaftsressorts der Länder hatten weniger Bedenken gegen den Kurs des Leitsätzegesetzes als die SPD-Fraktion im Frankfurter Wirtschaftsrat, deren Kritik sich im übrigen auch mehr gegen die Freigabe der Preise als gegen die Aufgabe der Bezugsscheinwirtschaft richtete. Im übrigen waren die Sozialdemokraten unsicherer, als sie zugaben[61]. Ihre Befürchtungen, daß die Kluft zwischen Preisen und Löhnen schrecklich sein würde, erwiesen sich freilich rasch als zutreffend. Nachdem in der ersten Euphorie mit dem neuen Geld Kauforgien gefeiert wurden, gab es bald auch Käuferstreiks, und die Mißverständnisse zwischen Käufer und Verkäufern wurden hie und da auch handgreiflich ausgetragen. Der Mechanismus von Angebot und Nachfrage, die sich durch freie Preise gegenseitig regulieren, erwies sich als schmerzhafter Schock für viele. Landauf, landab wurde der Abbruch des Experiments mit der Marktwirtschaft gefordert, und den Verantwortlichen wollten viele in die Wüste schicken.

Am 17. August wurde im Wirtschaftsrat über einen Antrag der SPD-Fraktion auf Abberufung Erhards debattiert. Erwin Schoettle begründete die Sorgen der Sozialdemokraten. Es sei tatsächlich durch die Lokkerung der Bewirtschaftung und durch die Beseitigung von Vorschriften und durch den Abbau am Bewirtschaftungsapparat ein großer Fortschritt erzielt worden, den die SPD ausdrücklich begrüße: »Wogegen wir uns in Übereinstimmung mit vielen Leuten, die trotzdem keine Sozialdemokraten und weit entfernt davon sind, in irgendeiner Form sozialistischer Neigungen verdächtig zu sein, ja sogar in Übereinstimmung mit sehr, sehr maßgebenden Leuten aus den Kreisen der CDU sich befinden, ist das, daß man das Kind mit dem Bade ausgeschüttet und mit der Bewirtschaftung zugleich die Preisbindungen beseitigt hat; dadurch hat man eben

tatsächlich eine Entwicklung in Gang gesetzt, der man nun nicht mehr Herr wird.«[62]
Schoettle hatte recht, daß Erhards Kurs auch bei den Christdemokraten nicht unumstritten war. Der sozialdemokratische Fraktionsvorsitzende führte auch die Unruhe in der Bevölkerung ins Treffen: »Wenn die Gewerkschaften, die weiß Gott sehr viel Geduld aufgebracht haben, im Laufe der letzten Wochen mehr und mehr dazu übergegangen sind, sich zu Sprachrohren und Führern der Bewegung gegen die Preisentwicklung zu machen, und wenn sie dadurch zunächst einmal einen gewissen moralischen Druck auf die allerschlimmsten Sünder ausgebübt haben, so kann man dadurch hervorgerufene Preissenkungen ganz bestimmt nicht etwa den ›natürlichen‹ Tendenzen aufs Konto schreiben, die die offizielle Wirtschaftspolitik in Gang gesetzt hat. Sie waren einfach das Ergebnis der Angst der Menschen davor, daß sie eines Tages die Bevölkerung derart reizen könnten, daß ihre Wut keine Grenzen mehr kennt, und daß sie sich zunächst mal diejenigen greift, die sie bekommen kann. Davor haben manche Leute vor allem dann Angst, wenn es auf den Marktplätzen heiß hergeht und die Tomaten und Kohlköpfe fliegen.«[63] Der Antrag auf Abberufung des Direktors für Wirtschaft wurde aber mit 47 gegen 35 Stimmen bei zwei Enthaltungen abgelehnt.
Erhard, der Ende August auf dem Parteikongreß der CDU der britischen Zone auftrat, gab sich zuversichtlich. Das Pendel der Preise sei unter psychologischem Druck so weit ausgeschlagen, und er sei überzeugt, daß es sich bald in die andere Richtung auf »ein optimales Verhältnis zwischen Löhnen und Preisen, zwischen nominalem Einkommen und Preisniveau« hin bewegen werde[64]. Die Sozialdemokraten konstatierten auf ihrem Parteitag in Düsseldorf wenig später das Gegenteil. Das Pendel sei »durch die Freigabe der Preise auch für lebensnotwendigste Bedarfsgüter wie Schuhe, Textilien und Hausrat wie bei einem Erdbeben nach der Richtung der Preissteigerung ausgeschlagen«, erklärte der württemberg-badische Wirtschaftsminister Hermann Veit im Grundsatzreferat zur Wirtschaftspolitik[65]. Zu den aktuellen Forderungen der SPD gehörten eine wirksame Preiskontrollgesetzgebung und die »Aufstellung von Produktionsplänen zur Serienfertigung gediegener, aber auf das äußerste Maß verbilligter Schuhe, Textilien, Hausrat und notwendiger Möbel durch Vereinbarungen mit der Industrie oder durch Produktionsauflagen, Abkürzung und äußerste Verbilligung des Handelsweges und Verteilung an minderbemittelte Schichten des Volkes«[66].
Anstrengungen, die wenigstens teilweise diesen Forderungen entsprachen, waren unter der Bezeichnung »Jedermann-Programm« bereits im Sommer 1948 in Gang gebracht worden. Das Programm sah die Versorgung der breiten Masse – die Empfänger von Nominallöhnen – mit stan-

dardisierten Waren (in erster Linie Schuhe und Bekleidung) in kontrollierter Qualität zu erträglichen Preisen vor. Als Lenkungsmechanismus diente die Zuteilung bestimmter Rohstoffe, über die die öffentliche Hand aufgrund der Devisenbewirtschaftung oder noch nicht abgebauter Bewirtschaftungsmaßnahmen verfügte, an Firmen, die sich verpflichten mußten, einen Teil ihrer Produktion als »Jedermann-Ware« deklariert unter Einhaltung bestimmter Qualitätsnormen möglichst rasch und billig (durch Begrenzung der Handelsspannen und gebundene Endpreise) auf den Markt zu bringen.

Der »Mann auf der Straße« wurde durch die Auswirkungen der Währungsreform und des neuen Wirtschaftskurses zunächst überfordert. Aber nicht nur er hatte Schwierigkeiten zu überwinden, wie sich dem Protokoll der Aufsichtsratssitzung eines Textilfaserkonzerns Mitte September 1948 entnehmen läßt: »Die Währungsreform hat den betrieblichen Ablauf nicht beeinflußt. Anfangsschwierigkeiten wurden überwunden. Durch die Realisierung von Lagerbeständen und sorgfältige Finanzplanung konnten alle laufenden Geldverpflichtungen reibungslos abgewickelt werden. Auf die Löhne und Gehälter wurden zunächst Abschlagszahlungen geleistet. Restbeträge wurden mit einer Verzögerung von 14 Tagen ausgezahlt. Die Arbeitsleistung ist durch die Umstellung der Währung günstig beeinflußt. Die Krankenziffern gingen merklich zurück, und Bummelschichten und Werkdiebstähle hörten fast ganz auf. Die Einzelleistungen besserten sich ... Die Gestehungskosten stiegen seit längerer Zeit durch Preiserhöhung bei allen Roh- und Hilfsstoffen. Hierzu trat die Steigerung durch Lohn- und Gehaltserhöhung um 15–26,5 %. Wir waren dadurch gezwungen, Mitte Juli die mit Wirkung von April 1947 für das Werk Oberbruch genehmigte Preiserhöhung um ca. 25 % auch für die Werke Obernburg und Kelsterbach durchzuführen. Damit erreichten wir zugleich die gewünschte Vereinheitlichung unserer Preisliste. Auch die neuen Preise werden auf dem Gebiet der Textilseide nur eine mäßige Gewinnmarge belassen ... Die hohen Steuern belasten das Ergebnis und zugleich die Liquidität. Die Erwartung, daß ein Teil der Steuerverpflichtungen durch Anrechnung der Verlustbeträge der vergangenen Jahre aufgefangen werden würde, ist durch den Währungsschnitt und die steuerliche Übergangsregelung enttäuscht ... Der Tag des Währungsschnitts brachte uns die Auflockerung der Bewirtschaftung und stellte uns mit der fast völlig freien Wirtschaft vor absatzpolitische Fragen, die in Deutschland in weiten Kreisen fast ganz in Vergessenheit geraten sind.«[67]

Im Herbst 1948 steigerte sich der Unmut gegenüber Erhards Wirtschaftspolitik allenthalben. In der Westfälischen Rundschau war zu lesen, daß auch in der CDU gemeutert werde. Es sei wieder die Rede davon, daß

Erhard, der gerade die Stahlpreise erhöhen wollte, gestürzt würde. »Im Grunde ist er den eigentlichen treibenden Kräften innerhalb der CDU noch viel zu liberal. Sie wünschen einen Wirtschaftsdirektor, der sich der Schwer- und Großindustrie verpflichtet fühlt.«[68] Der Berliner Tagesspiegel wußte wenig später zu berichten, die CSU habe sich zwar dazu bestimmen lassen, Erhard nicht das Mißtrauen auszusprechen, stehe ihm »allerdings nach dem Bekenntnis Adenauers zur Wirtschaftspolitik Erhards eher noch kritischer gegenüber als zuvor«. Und deshalb solle der Wirtschaftsdirektor »eine begrenzte Frist erhalten, um die überhöhten Preise wieder auf ein normales Maß zurückzuführen«[69].

Am 10. November überstand Erhard im Wirtschaftsrat ein zweites Mißtrauensvotum mit 52 gegen 43 Stimmen[70]. Zwei Tage später, am 12. November 1948 befolgten neun Millionen Arbeiter den Aufruf der Gewerkschaften der britischen und der amerikanischen Zone und traten in einen 24stündigen »Generalstreik« gegen »die Anarchie auf den Warenmärkten und gegen das weitere Auseinanderklaffen von Löhnen und Preisen«. Mit dem Streik gegen die Marktwirtschaft sollte ein Zehn-Punkte-Programm durchgesetzt werden, das folgende Forderungen enthielt:

- amtliche Verkündung des wirtschaftlichen Notstands
- Einsetzung eines Preisbeauftragten und Erlaß eines Preiskontroll- und Preiswuchergesetzes
- Beschleunigung und Erweiterung des Jedermann-Programms
- drakonische Strafen für Steuerbetrüger
- wirksame Erfassung von Sachwertbesitz und Sachwertgewinn aus Warenhortung und Preiswucher zur Verwendung im Lastenausgleich
- Wiederherstellung der vollen Bewirtschaftung im Ernährungsbereich
- Planung und Lenkung auf dem Gebiet der gewerblichen Wirtschaft, insbesondere bei Rohstoffen, Energie und Krediten, Außenhandel und Großverkehr
- Überführung der Grundstoffindustrie und der Kreditwirtschaft in Gemeinwirtschaft
- gleichberechtigte Mitwirkung der Gewerkschaften in allen Organen der wirtschaftlichen Selbstverwaltung zur Demokratisierung der Wirtschaft[71].

Der »Generalstreik« hatte keine gute Presse, da den Streikenden die Produktionsausfälle, genau spezifiziert in die Anzahl von nicht hergestellten Fahrradschläuchen, Schuhen, Glühlampen und sonstigen dringend benötigten Gegenständen des täglichen Bedarfs, schon im vorhinein vorgerechnet wurden[72]. Der Höhepunkt der Demonstrationen gegen die Marktwirtschaft war mit der Aktion im November 1948 aber erreicht, obwohl die Diskussion noch ebenso lange andauerte, wie die Lage der Arbeitnehmer aufgrund steigender Lebenshaltungskosten unbefriedigend blieb[73].

In der letzten Novemberwoche des Jahres 1948 reiste Ludwig Erhard nach London. Es war eine Art Staatsbesuch, zu dem ihn die britische Militärregierung geschickt hatte, um ihm mit sanftem Nachdruck zu demonstrieren, wie die Planwirtschaft in Großbritannien funktionierte. Sein Reisemarschall John Killick (BICO Frankfurt) schrieb in seinem Bericht, in sachlicher Hinsicht könne die Reise als erfolgreich angesehen werden. Man habe natürlich nicht erwartet, daß die Reise eine radikale und sofortige Änderung von Erhards Politik bewirken werde, aber Erhard habe erklärt, daß er jede Möglichkeit gehabt habe, »die Planung und Überwachung der Wirtschaft im Vereinigten Königreich zu studieren, was schließlich der Hauptzweck der Reise war«[74].

Man hatte Erhard reichlich Kontakte mit politischer und wirtschaftlicher Prominenz verschafft, und der Direktor der bizonalen Wirtschaftsverwaltung hatte sich, einigermaßen in Rechtfertigungszwang versetzt gefühlt, immer wieder über seine Politik erklärend und um Verständnis werbend geäußert. John Killick faßte die Argumente, die Erhard im Lauf der Woche immer wieder gebrauchte, um den britischen Missionierungsversuchen Paroli zu bieten, zusammen. Danach hatte Erhard die Wirtschaftslage in Westdeutschland – genauer gesagt: in der Bizone – gegen Ende 1948 etwa folgendermaßen beschrieben und den Engländern immer wieder erklärt: Der gegenwärtige Prozeß der Preisstabilisierung sei kein Beginn einer neuen Inflation, sondern ein einmaliger »Angleichungsprozeß«, der ein angemessenes Verhältnis zwischen Marktpreisen und Produktionskosten in Deutschland sowie den Weltmarktpreisen herstellen solle. Nach der Währungsreform habe es zwei Möglichkeiten gegeben – entweder die »preisgestoppte Inflation« fortzusetzen oder zuzulassen, daß die Preise in Deutschland sich durch natürliche Einpendelung selbst regulierten. Das erstere sei nicht möglich gewesen, nachdem die deutsche Wirtschaft durch jahrelange übermäßige Zwangskontrollen unter den Nazis derart gefesselt war, daß die Währungsreform ohne Beendigung dieses Systems ihren Sinn verloren haben würde. Es sei bedauerlich, daß die Arbeiter nicht klar erkennen würden, was vorgehe. Sie fürchteten begreiflicherweise den Beginn einer neuen Inflation, aber wenn sie nicht die Nerven verlören, würde sich die Erfahrung von 1932–33 nicht wiederholen.

Erhard erklärte auch, daß er keiner Partei verpflichtet sei und daß er oft mit jenen Parteien, die seine Wirtschaftspolitik unterstützten, in Streit gerate, wenn es um soziale Fragen gehe. In diesem Zusammenhang erwähnte er z. B. seine hartnäckige Forderung, den Geschäftsleuten eine

Abgabe von 25 % des Wertes der am Tag der Währungsreform in ihrer Hand befindlichen Waren aufzuerlegen; diese Forderung sei aber vom Wirtschaftsrat später gestrichen worden. Solche sozialen Aspekte seiner Politik würden die Arbeiter leider nicht erkennen. Das sei nicht allein ihre Schuld. Die größte Schuld trage die Sozialdemokratische Partei, die mit ihrer dogmatisch-marxistischen Einstellung beim Vergleich mit der britischen Labour Party sehr schlecht abschneide. Die SPD verurteile ihn aus doktrinären Gründen restlos, und obwohl er die Gewerkschaftsführer stets als vernünftige Männer kannte, unterlägen die Arbeiter doch dem Einfluß der SPD. Die derzeitige Lage sei *nicht* durch seine Wirtschaftspolitik entstanden. Der wichtigste Faktor, der zu ihr beigetragen habe, sei die Währungsreform, eine von den Besatzungsmächten ohne Übereinkommen mit den Deutschen getroffene Maßnahme, die im Zuge ihrer Verwirklichung einen Kaufkraftüberhang mit leicht inflationärer Wirkung geschaffen habe; allerdings müsse zugegeben werden, daß der meiste Ärger vom allzu beschleunigten Geldumlauf und nicht von der zu großen Geldmenge komme. Das sei jedoch kein echter Nachteil, da die ein Ventil suchende überhängende Kaufkraft sich vom Konsumgütermarkt abgewendet und sich bis zu einem gewissen Grad in Investitionskapital verwandelt habe. Ein ebenso wichtiger Faktor sei das derzeitige Steuersystem. Die Steuerhinterziehung habe in Westdeutschland ein unvorstellbares Ausmaß erreicht. Der außerordentlich hohe progressive Steuertarif verhindere, daß ein Deutscher, ob Arbeiter oder Unternehmer, wenn er seine Steuern ehrlich bezahle, monatlich mehr als 1000 DM verdienen könne. Ohne Steuerhinterziehung habe er daher keinerlei Anreiz zu einer Leistung über das Arbeitsminimum hinaus. Was dringend benötigt werde, sei daher eine radikale Steuerreform.

Die gegenwärtige Unruhe unter der westdeutschen Arbeiterschaft sei nicht auf Unzufriedenheit mit dem Lebensstandard zurückzuführen. Wenn irgendein deutscher Arbeiter gefragt werden würde, ob er eine Rückkehr zum Zustand vor der Währungsreform vorzöge, würde er diese Frage ohne Zögern verneinen. Das Problem sei ein psychologisches. Die Arbeiter sähen gewisse Gesellschaftskreise mit Hilfe der auf unehrliche Weise (Steuerhinterziehung) erworbenen hohen Einkommen ein glänzendes Leben führen. Die durch das derzeitige System verursachten Preisschwankungen würden natürlich gewisse Härten bewirken, aber Erhard beabsichtigte die Durchführung eines Lohnausgleichs, sobald die Preise sich gefestigt hätten. Es bestünden Anzeichen, daß der Stabilisierungsprozeß seinem Ende zugehe, doch bis zum vollständigen Abschluß des Prozesses würde zum Schutz der schlecht verdienenden Lohnempfänger das »Jedermann«-Programm durchgeführt. Dieses Programm einer strengen Kontrolle der Qualität und der Preisentwicklung zwischen Erzeugern und Verbrauchern diene als Puffer, der es den Arbeitern ermögliche, lebenswichtige Güter unabhängig vom Fluktuieren der Preise auf dem freien Markt zu erwerben. Zum Unterschied zwischen der Lage in England und in Westdeutschland meinte Erhard, die jahrelange übermäßige Wirtschaftskontrolle durch den NS-Staat habe die deutsche Bevölkerung gegen jede Art staatlicher Kontrolle allergisch gemacht. Es gelte jetzt in jeder Hinsicht als Tugend, sich an der Durchführung staatlicher Maßnahmen nicht zu beteiligen, und es gebe keine wirksame administrative Einrichtung, diese Maßnahmen durchzusetzen.

Erhard versicherte seinen britischen Gesprächspartnern, er sehe die Notwendigkeit staatlicher Kontrolle und Planung ein, doch zwinge ihn die Haltung der deutschen Bevölkerung, nur indirekte Kontrollmaßnahmen anzuwenden. In Westdeutschland gebe es tatsächlich weiterhin viele Kontrollen, u.a. für Agrarprodukte, Rohstoffe usw., und er meinte, daß sie den im Vereinigten Königreich noch bestehenden Kontrollen recht ähnlich seien. Vor der Währungsreform seien die Kontrollen jedoch zum großen Teil ein Erbe des Nazi-Systems und so übermäßig gewesen, daß, verglichen mit ihnen, das neue System auf den ersten Blick zwangsläufig als Rückkehr zur freien Wirtschaft erscheine[75].

Zweifellos argumentierte Erhard auch aus der Defensive heraus. Er sei bestrebt gewesen, den Unterschied zwischen Westdeutschland und Großbritannien zu betonen und versicherte, eine Menge gelernt zu haben, schrieb sein Reisebegleiter Killick und fuhr fort: »Der unmittelbare und klare Nutzen des Besuchs liegt wohl darin, daß er von der ihm zuteil gewordenen Aufnahme geschmeichelt war und daß er in verständiger Weise für alles empfänglich war, was er sah. Ob der Besuch zu anhaltenden und praktischen Ergebnissen führt, kann nur die Zeit lehren. Es ist unwahrscheinlich, daß er sich nunmehr zum britischen Standpunkt bekehrt hat, aber zumindest hat er, glaube ich, jetzt einen gesunden Respekt vor ihm und wird wohl von nun an den britischen Ratschlägen ein offeneres Ohr leihen.«[76]

Das waren übertriebene Hoffnungen, die schon deshalb nicht in Erfüllung gingen, weil es nach der Jahreswende 1948/49 bergauf ging. Daran hatte der Marshallplan natürlich beträchtlichen Anteil, aber die wirtschaftspolitischen Prophezeiungen Ludwig Erhards gingen auch ziemlich rasch in Erfüllung, so rasch, daß er schon im Sommer 1949 zur Wahllokomotive einer bürgerlichen, christdemokratisch-liberal-konservativen Koalition und als Vater des Wirtschaftswunders zur Legendenfigur wurde.

IV. Der Weg zum Grundgesetz

1. Der alliierte Auftrag im Juli 1948: Die Frankfurter Dokumente

Der Abbruch der fünften Außenministerkonferenz im Dezember 1947 hatte die Hoffnungen der Deutschen auf eine Verständigung der vier Großmächte über Deutschlands Zukunft endgültig zerstört. Die Hoffnungen, daß die Einheit der Nation bewahrt – oder besser: wiederhergestellt – werden könnte, waren aber schon im Laufe des Jahres 1947 zu Illusionen geronnen, die jedoch mit der gleichen Intensität gehegt und verteidigt wurden, mit der sich die Politiker auch auf einen deutschen Teilstaat unter westlichem Schutz einzurichten begannen. Der Konferenzabbruch in London hatte unmittelbare und weitreichende Konsequenzen. Am spürbarsten waren in Deutschland die Ausgestaltung der Bizone zum Pseudo-Staat, dann, Anfang März 1948, der Rückzug der Sowjetunion aus dem Alliierten Kontrollrat, die Aufnahme der drei Westzonen in die Marshallplan-Organisation (OEEC) und schließlich, im Juni 1948, die Währungsreform in den drei Westzonen. Im Empfinden des Normalbürgers blieb die Währungsreform wohl das wichtigste Ereignis der ganzen Nachkriegszeit, mindestens das individuell spürbarste. Die Blockade der Verkehrswege nach Berlin durch die sowjetische Besatzungsmacht, im Frühjahr 1948 erprobt und ab 24. Juni als Reaktion auf die Währungsreform im Westen bis Mitte Mai 1949 mit Unerbittlichkeit durchgehalten, war das sichtbarste Indiz für die allmählich entstandene Feindschaft zwischen den Großmächten der ehemaligen Anti-Hitler-Koalition. Die Luftbrücke nach Berlin als Antwort der westlichen Alliierten war eine monatelange Demonstration technischer und organisatorischer Bravourstücke, die sich überzeugend zur Darstellung politischer und ökonomischer Überlegenheit des Westens ausmünzen ließ, auch wenn sie zunächst als ausgesprochene Verlegenheitslösung improvisiert worden war, an deren Erfolg anfänglich niemand so recht glauben mochte. Die Errichtung des Weststaats wurde im Schatten der dramatischen Ereignisse Währungsreform und Berlinblockade vollzogen, denen noch lange der größere Teil der allgemeinen Aufmerksamkeit galt.

Die Londoner Sechsmächtekonferenz, die in zwei Phasen (23. Februar bis 6. März und 20. April bis 2. Juni 1948) tagte, war das Forum, auf dem das anglo-amerikanische Deutschlandkonzept gegenüber Frankreich durchgesetzt und den drei westlichen Nachbarnationen Belgien, Niederlande und Luxemburg schmackhaft gemacht wurde. Das Kardinalproblem, das bei der Realisierung des amerikanisch-britischen Plans zur Integration der drei Westzonen via Marshallplan in ein europäisch-atlantisches System zu lösen war, bestand darin, den Franzosen die Zustimmung zu einem staatsrechtlichen Rahmen Westdeutschlands abzuringen, der mit den französischen Sicherheitsbedürfnissen zu vereinbaren war. Das bedeutete, daß die Pariser Wünsche nach einem extrem föderalistischen deutschen Staatenbund zugunsten einer mäßigen, aber genügend handlungsfähigen deutschen Zentralgewalt zurückgedrängt und durch Entgegenkommen in der Sicherheitsfrage und der internationalen Kontrolle des Ruhrgebiets kompensiert werden mußten. Es war ein mühseliges Geschäft, die Franzosen bei der Stange zu halten und zu verhindern, daß sie das Paket von Forderungen (Zustimmung zum staatlichen Neubau Westdeutschlands) und Zugeständnissen (internationale Ruhrkontrolle) aufschnürten und nur das ihnen Angenehme akzeptierten. Das Schlußkommuniqué der Sechsmächtekonferenz war denn auch vor allem auf die französische Öffentlichkeit zugeschnitten. Um den französischen Parlamentariern die Annahme der Londoner Vereinbarungen zu erleichtern, waren die für Frankreich positiven Ergebnisse ausführlich dokumentiert worden, die Grundsätze, nach denen der staatliche Rahmen Westdeutschlands errichtet werden sollte – Besatzungsstatut, Ruhrstatut, Wahlmodus und Ratifikationsverfahren des deutschen Parlaments bzw. der Verfassung –, blieben dagegen noch im dunkeln.[1]

Das Kommuniqué, das am 7. Juni 1948, vierzehn Tage vor der Währungsreform, in den westlichen Hauptstädten und in Berlin veröffentlicht wurde – zuvor war es auch der Sowjetregierung zur Kenntnis gebracht worden –, löste in Westdeutschland statt freudiger Zustimmung Bestürzung und Kritik aus. In einer Stellungnahme des SPD-Parteivorstands wurde noch am Tag der Veröffentlichung der Londoner Empfehlungen neben dem obligaten Bedauern, daß die deutschen Stellen und vor allem die deutschen Parteien nicht konsultiert worden waren, sowohl Kritik geübt an den Umrissen der Ruhrkontrolle wie an den skizzierten Bestimmungen zur staatlichen Organisation. Leider sei »die Absicht unverkennbar, den Ländern den entscheidenden Einfluß auf die künftige staatliche Lebensform Deutschlands zu geben«, »besonders beunruhigend« war die Erwähnung von geringfügigen Korrekturen an den Westgrenzen Deutschlands, »während das vorläufige Nichtzustandekommen der Trizone keine Überraschung mehr« darstelle. »Alles in allem sehen sozialdemokratische Kreise in dem mitgeteilten Programm ein in wesentlichen Punkten unzureichendes Mittel, Deutschland in dem Grade, wie es offenbar beabsichtigt ist, in seiner politischen und wirtschaftlichen Konsolidierung zu helfen.«[2]

Der Vorsitzende der CDU in der britischen Zone, Konrad Adenauer, erregte großes Ärgernis vor allem in London durch einen Artikel in der »Welt«. Adenauer hatte geklagt, daß die Londoner Empfehlungen den Deutschen die freie Verfügung über Wirtschaft und Außenhandel »für dauernd« nehmen wollten; er hatte bedauert, daß die Londoner Empfehlungen den Marshallplan torpedieren würden, und er hatte die Aussicht auf die innere Zustimmung des deutschen Volkes zu einer Verfassung, die von den Militärregierungen genehmigt werden müsse, verneint: »Allmählich haben sich die Dinge so entwickelt, daß für alle Deutschen, gleichgültig welcher Partei sie angehören, die ernste Frage entsteht, ob sie es vor ihrem Gewissen und vor ihrem Volk verantworten können, weiter mitzuarbeiten an einer immer stärker sich auswirkenden dauernden Einengung der Freiheit. Wenn nicht entschlossen mit dem bisherigen System gebrochen wird, sehe ich mit Sicherheit den Zeitpunkt herankommen, an dem den Deutschen nichts anderes übrigbleibt, als durch Verweigerung der Mitarbeit wenigstens ihre Ehre vor der Nachwelt zu retten.«[3]

Das waren starke Worte, und der SPD-Vorstand beeilte sich, dem Artikel des CDU-Chefs eine Stellungnahme entgegenzusetzen, die zwar die grundsätzlichen Einwände an den Londoner Vereinbarungen der Westmächte aufrechterhielt, im wesentlichen aber Kritik am nationalen Pathos Adenauers übte. Erich Ollenhauer war der Verfasser des Artikels (der zwei Tage später ebenfalls in der »Welt« erschien), in dem die vorübergehende Hinnahme der Ruhrkontrolle als unvermeidlicher Schritt auf dem Weg zum Wiedereintritt Deutschlands in die europäische Völkergemeinschaft und zu übernationalen Lösungen der Nachkriegsprobleme propagiert wurde.[4]

Die Parteipolitiker hatten sich, genauso wie die Ministerpräsidenten, mit ihren ersten Reaktionen verrannt, am ärgsten Adenauer, dessen Ausfall gegen die Londoner Empfehlungen zwar vornehmlich dem Verfahren galten, aber seiner eigenen Grundorientierung widersprachen[5] und überdies den Sozialdemokraten erwünschte Gelegenheit gaben, gemeinsame Proteste der CDU/CSU und der SPD, die Adenauer zur gleichen Zeit vorgeschlagen hatte, zurückzuweisen. Adenauers ungewöhnlicher nationalistischer Zungenschlag war für die Vertreter des SPD-Parteivorstands Ollenhauer, Heine und Henßler, die am 13. Juni mit Adenauer und Adolf Süsterhenn konferiert hatten, das willkommene Motiv, gemeinsame Schritte abzulehnen.[6]

Angesichts der negativen Reaktion der meisten deutschen Politiker auf das Londoner Kommuniqué bemühten sich die Militärgouverneure in der britischen und der amerikanischen Zone, die Grundsätze des Deutschlandprogramms den Ministerpräsidenten und in Maßen auch der deutschen Öffentlichkeit gegenüber zu interpretieren. Das Kommuniqué hatte ja lediglich die Umrisse angedeutet und mit Rücksicht auf Paris die Kontrolle der Ruhrindustrie in den Vordergrund gerückt. Vor der Übergabe der Grundsatzdokumente an die Ministerpräsidenten, die sich länger als erwartet hinauszog, weil die Zustimmung der Pariser Nationalversammlung abgewartet werden mußte, entfalteten Clay und Robertson diplomatische Aktivitäten auf verschiedenen Ebenen. Professor James K. Pollock, der persönliche politische Berater Clays, hatte sich auf eine Rundreise durch die Westzonen begeben, andere Sendboten der US-Militärregierung waren in gleicher Mission Werbung treibend für die Konzepte von London unterwegs.[7]

General Clay hatte am 12. Juni in einer Pressekonferenz versucht, psychologische Barrieren gegen die westliche Lösung des Problems der deutschen Einheit zu überwinden, als er erklärte, daß sich die in London vorgeschlagene deutsche Regierung nicht auf Westdeutschland beschränken dürfe, vielmehr auch eine ostdeutsche Vertretung einbeziehen solle. »Die westdeutschen Politiker müßten demnächst Schritte unternehmen«, hieß es in den Agenturmeldungen über Clays Erklärung, »um ihre ostdeutschen Kollegen in ein künftiges Kabinett aufnehmen und die politischen Grundsätze des Westens auch in die Ostzone tragen zu können.«[8]

Das wurde als beruhigende Deklamation ohne Realitätsbezug verstanden; als Clay zwei Tage später die Länderchefs der US-Zone informierte, was demnächst auf sie zukommen würde, war weder auf deutscher noch auf amerikanischer Seite die Rede von der Ostzone.[9] Ende Juni, auf der letzten Sitzung des Zonenbeirats der britischen Zone, beruhigte auch General Robertson die deutschen Politiker: Es sei der Wunsch aller drei Westmächte, die geplante staatliche Organisation auf das ganze Deutschland auszudehnen, die verfassunggebende Versammlung würde ein sehr freies und weites Arbeitsfeld bekommen, die Bestimmungen über die Ruhrkontrolle würden bei leidenschaftslosem Studium als mit der deutschen Selbständigkeit vereinbar und für die Wirtschaft als tragbar erkannt werden. Wenn der volle Inhalt der Londoner Verhandlungen erst bekannt sei, würden viele deutsche Einwände gegenstandslos und, Robertson konnte es sich nicht verkneifen, darauf hinzuweisen, man könne sehen, »wie anders es hätte ausfallen können, wenn man den Einwänden, die vor allen Dingen in Frankreich gegen diese Abmachungen erhoben werden, sein Ohr schenkte«.[10]

Am 1. Juli 1948 um 11.30 Uhr war es soweit. Die deutschen Länderchefs waren ins Frankfurter I. G.-Farbenhaus bestellt worden, um aus der Hand der Militärgouverneure offiziell den Inhalt der Londoner Beschlüsse, die inzwischen in der französischen Nationalversammlung mit knapper Not und unter Vorbehalten abgesegnet waren, entgegenzunehmen. Weder die Einladung noch die Form der Konferenz waren ermutigend. Die Ministerpräsidenten hatten, ohne Angabe von Stunde und Raum und, was als besonders kränkend galt, nur durch die Ländergouverneure verständigt, drei Tage lang durch Herumfragen und Telefonieren über den Konferenzbeginn gerätselt.[11]

Auf französisches Betreiben geschah die offizielle Übergabe der »Frankfurter Dokumente«, wie der Grundriß der westdeutschen Zukunft seither heißt, in zeremonieller Form und frostiger Atmosphäre: Jeder der drei Militärgouverneure verlas in seiner Muttersprache (am Ende der Konferenz erhielten die Deutschen Übersetzungen) eines der drei Dokumente, General Lucius D. Clay das erste, das die verfassungsrechtlichen Bestimmungen enthielt, General Sir Brian Robertson das zweite über die Länderneugliederung, und General Pierre Koenig trug in scharfem Ton das dritte Dokument vor, in dem die Grundzüge eines Besatzungsstatuts fixiert waren. Die Reihenfolge war zufällig, sie war am Tag zuvor von den Militärgouverneuren ausgelost worden, ebenso der Vorsitz der Veranstaltung. Das Los hatte aber die Gewichte sinnig verteilt. Der energisch-patriarchalische Amerikaner Clay, der im Umgang mit mediokren Untergebenen, Amerikanern wie Deutschen, gern ironisch und maliziös reagierte, präsidierte der Versammlung. Der Kontrast zwischen dem französischen General Koenig, der engstirnig, kalt und eitel wirkte, und dem britischen Zonenbefehlshaber Robertson, den die Mehrzahl der Anwesenden als verbindlich, charmant und fair schätzen gelernt hatte, war beträchtlich. Trotz des steifen Rituals der Frankfurter Konferenz, das auch von Clay als wenig ermutigend empfunden wurde[12], sahen die Pragmatiker unter den deutschen Länderchefs zumindest im Rückblick den 1. Juli 1948 als historisches Datum, als Wende vom alliierten Kriegsrecht zur deutschen Verantwortlichkeit oder doch als eine Chance, die genutzt werden mußte.[13]

Reinhold Maier, bei dieser Gelegenheit der Sprecher der Deutschen, bedankte sich bei den Militärgouverneuren und bat um eine längere Überlegungsfrist. Die alliierten Befehlshaber hatten auch noch keine Antwort auf ihre Erklärungen erwartet, allenfalls mit Fragen gerechnet, die aber nicht gestellt wurden. Die Länderchefs berieten dann untereinander über das weitere procedere und beschlossen, am 8. und 9. Juli zu tagen, und zwar auf Vorschlag von Staatspräsident Bock (Württemberg-Hohenzollern) in der französischen Zone. Mit Ausnahme von Carlo Schmid, der grundsätzliche Bedenken gegen die Vorschläge der Militärgouverneure geltend machte, schienen die Länderchefs bei dieser Besprechung schon weitgehend darüber einig, die Frankfurter Dokumente als akzeptable Grundlage zu betrachten. Am stärksten plädierten die beiden Hanseaten Kaisen und Brauer, unterstützt vom hessischen Ministerpräsidenten

Stock, der auch schon einen Ausschuß zur Vorbereitung eines Verfassungsentwurfs vorschlug, und auch Reinhold Maier dafür, keine Zeit zu verlieren. Etwas zögerlicher, vor allem in der Frage der Termine (die verfassunggebende Versammlung wie verlangt am 1. September zusammentreten zu lassen, erschien ihnen als zu hastiges Verfahren) argumentierten Bayerns Ministerpräsident Ehard, sekundiert von Arnold (Nordrhein-Westfalen) und den Regierungschefs aus der französischen Zone. Ehard befand sich mit seinem Wunsch nach Vorrang des Besatzungsstatuts vor einer Verfassung ziemlich in der Nähe des sozialdemokratischen Tübinger Justizministers Carlo Schmid, andererseits wollte er die Gunst der Stunde zu einem föderalistischen Neubau unbedingt nutzen.[14]

Dazu bot das erste der Frankfurter Dokumente[15] aus der Sicht der Landespolitiker geradezu ideale, aus der Sicht der Parteizentralen eher bedenkliche Grundlagen. Nach dem Text, der in Anlehnung an die Londoner Beschlüsse von einer Arbeitsgruppe der drei Militärgouverneure formuliert worden war, wurden die *Ministerpräsidenten* ermächtigt, eine verfassunggebende Versammlung einzuberufen, die eine demokratische Verfassung ausarbeiten würde, »die für die beteiligten Länder eine Regierungsform des föderalistischen Typs schafft, die am besten geeignet ist, die gegenwärtig zerrissene deutsche Einheit schließlich wieder herzustellen, und die Rechte der beteiligten Länder schützt, eine angemessene Zentralinstanz schafft und die Garantien der individuellen Rechte und Freiheiten enthält«.

Das zweite Dokument war ungleich weniger bedeutungsvoll, eine Territorialreform innerhalb der westlichen Besatzungsgebiete schien angesichts der von den Alliierten geschaffenen Kunstgebilde im nordwestdeutschen Raum und der Zerschneidung der südwestdeutschen Länder durch Zonengrenzen durchaus einleuchtend, freilich nicht sehr dringlich. Die Grundzüge eines Besatzungsstatuts, wie sie im dritten Dokument umrissen waren, machten hingegen deutlich, wie eng der deutsche Spielraum für die Ausarbeitung einer Verfassung und – wichtiger noch – für deren Verwirklichung abgesteckt war: Die Militärgouverneure stellten die Gewährung einiger Befugnisse der Gesetzgebung, Verwaltung und Rechtsprechung in Aussicht; ausdrücklich ausgenommen blieben u. a. die Außenbeziehungen des zu gründenden deutschen Weststaats, die Überwachung des deutschen Außenhandels, die Kontrolle über Reparationen und den Stand der Industrie, über Dekartellisierung, Abrüstung, Entmilitarisierung und bestimmte Bereiche wissenschaftlicher Forschung.

Das Demokratierezept der westlichen Besatzungsmächte schrieb eine beschränkte und kontrollierte Selbstverwaltung vor, die auf Probezeit, ohne Termin, aber mit unbedingter Rücknahmegarantie bei deutschem Fehlverhalten durch die Alliierten verordnet war: »Die Militärgouverneure werden die Ausübung ihrer vollen Machtbefugnisse wieder aufnehmen, falls ein Notstand die Sicherheit bedroht, und um nötigenfalls die Beachtung der Verfassungen und des Besatzungsstatuts zu sichern.« Die weiteren Ankündigungen, wie die Militärgouverneure die Kontrollen auszuüben gedachten, klangen auch nicht besonders ermunternd. Den westdeutschen Länderchefs wie den Parteiführern erschien die Medizin, die den Deutschen in den Westzonen durch die Frankfurter Dokumente verschrieben wurde, zunächst mindestens so bitter wie heilsam. General Clay war jedoch zuversichtlich und meinte, die Sache sei glatt über die Bühne gegangen. Er war allenfalls ein bißchen irritiert, daß die Deutschen die Vorschläge so ernst aufgenommen hatten und beschlossen hatten, ihr nächstes Treffen in der französischen Zone abzuhalten.[16]

2. Die deutsche Option für den Weststaat

Die Regierungschefs stellten die Frankfurter Dokumente in den folgenden Tagen in den Länderkabinetten zur Diskussion; in Baden, Schleswig-Holstein, Württemberg-Baden und Bremen beschäftigten sich auch die Landtage mit dem Projekt der Staatsgründung auf westdeutschem Boden. Die Neigung der deutschen Politiker – mit Ausnahme der Kommunisten – in den Länderparlamenten und in den Führungsgremien der Parteien zu einer parlamentarischen Vertretung und zu einer deutschen Exekutive für ganz Westdeutschland war groß, viele wünschten aber Retuschen am alliierten Konzept. Das Besatzungsstatut, das die Zuständigkeiten zwischen alliiertem Einfluß und deutscher Politik klären und rechtlich fixieren sollte, müßte an erster Stelle stehen, die künftige Verfassungsordnung sollte weniger spektakulär in die Wege geleitet und bescheidener tituliert werden. Statt einer verfassunggebenden Versammlung, die eine durch Plebiszit zu verewigende Verfassung schaffen würde, wollte die Mehrheit der Sachwalter der deutschen Interessen lieber ein Verwaltungsstatut für ein provisorisches Gebilde, das zwar Staat sein, aber nicht unbedingt Staat und schon gar nicht Weststaat heißen sollte. Vor dem westdeutschen Teilstaat, auf den sich fast alle seit geraumer Zeit eingerichtet hatten, schreckten sie nun, da er Gestalt anzunehmen begann, noch einmal zurück. Bestimmt war diese schizophren anmutende Haltung von der berechtigten Furcht, den Anspruch auf den deutschen Nationalstaat aufgeben zu müssen. Die scheinbar akademische Streitfrage, ob das Deutsche Reich mit der Kapitulation im Mai 1945 untergegangen war, ob seitdem ein staats- und völkerrechtliches Vakuum bestehe

oder ob die Souveränität Deutschlands nur suspendiert und vorübergehend von den Alliierten wahrgenommen werde, hatte angesichts der voraussehbaren Konsequenzen einer Staatsgründung auf westlichem Besatzungsgebiet genügend reale Bezüge.
Drei Tage lang, vom 8. bis zum 10. Juli 1948, berieten die Ministerpräsidenten der drei Westzonen im Hotel Rittersturz im Stadtwald oberhalb Koblenz über die deutsche Antwort auf die alliierte Offerte zur Staatsgründung.[17] Einen Versuch, Vertreter der Ostzone einzuladen, hatten die Länderchefs nicht unternommen. Sie hätten die Möglichkeit dazu gehabt, und wenn sie wie die Westmächte einen Versuch unternommen hätten, den Anschein zu wahren, als zielten die Londoner Verhandlungsergebnisse auf die staatliche Konsolidierung aller vier Besatzungszonen, so wäre eine Art Alibi vor der Geschichte vorzuweisen gewesen. Nach den Erfahrungen mit der Münchner Konferenz vom Juni 1947 und unter dem Eindruck der Berlin-Blockade war die Neigung, ein solches Alibi zu schaffen, allerdings nicht groß[18], andererseits war es den Verantwortlichen bange vor der Rolle von »Erfüllungsgehilfen für politische Absichten fremder Staaten, die vielleicht ein Interesse daran hatten, Deutschland in zwei Teile zu spalten«.[19]
Vor und während der Ministerpräsidentenkonferenz waren die Frankfurter Dokumente auch auf parteipolitischer Ebene diskutiert worden. Unter Adenauers Leitung hatten die Landesvorsitzenden der CDU mit den den Unionsparteien angehörenden Regierungschefs am Vortag eine Besprechung abgehalten, in deren Fazit als Positivum hervorgehoben wurde, daß erstmals die Ministerpräsidenten der französischen Zone offiziell als Vertreter und Sprecher der Bevölkerung anerkannt waren. Ein Junktim zwischen Besatzungsstatut und Verfassung lehnten die CDU/CSU-Vertreter ab, sie drückten überdies die Erwartung aus, daß den Alliierten Gegenvorschläge zum Inhalt des Besatzungsstatuts gemacht würden. Bejaht wurde die im Dokument I erteilte »Ermächtigung, eine politische und wirtschaftliche Neuordnung des Besatzungsgebiets der Westmächte auf föderativer Grundlage in die Wege zu leiten«.[20] Die Resolution der CDU/CSU war einstimmig gefaßt worden, der Ton lag ganz darauf, die Offerte der Militärgouverneure so pragmatisch-positiv als irgend möglich zu interpretieren. Weniger verbindlich klang die Stellungnahme der SPD, deren Länderchefs mit dem Parteivorstand am 7. Juli im Jagdschloß Niederwald bei Rüdesheim beraten hatten. In der SPD standen sich zwei Richtungen gegenüber. Die Bürgermeister von Hamburg und Bremen und der hessische Ministerpräsident betrachteten die Frankfurter Dokumente als akzeptabel, die übrigen verhielten sich abwartend bis ablehnend. Der hessische Justizminister Zinn und Erich Ollenhauer, der den kranken Parteichef Schumacher vertrat, vermittelten

zwischen den Fronten mit dem Ergebnis, daß die SPD-Vertreter sich zur Mitarbeit bereit erklärten, aber nur unter Bedingungen. Auf alliierter Seite entstand aufgrund dieser Vorbesprechung der SPD-»Fraktion« der Ministerpräsidenten und der vorausgegangenen Beschlüsse des Parteivorstands vom 28./29. Juni der Eindruck, daß die Verhandlungsbereitschaft der Sozialdemokraten gering sei und daß von deren ultimativ klingenden Forderungen und Bedingungen die Hauptschwierigkeiten auf deutscher Seite zu erwarten seien.[21] Tatsächlich unterschied sich die Stimmung aber in beiden Parteien nicht wesentlich, die CDU/CSU argumentierte lediglich elastischer, während die Haltung der SPD wegen der Betonung der prinzipiellen Vorbehalte, die im Vordergrund stand, intransigenter wirkte, als sie dann in Wirklichkeit war.

Hinter dem Provisoriumskonzept, dessen Terminologie (»Zweckverband administrativer Qualität« anstelle von »Staat«) wesentlich von Carlo Schmid geprägt wurde – die SPD hatte auch immer wieder die These verfochten, die eigentliche Verfassung werden, das Besatzungsstatut sein[22] –, standen aber auch die anderen Parteien, natürlich nicht die KPD. Walter Strauß etwa, einer der wichtigsten Verfassungsväter der CDU, vertrat ebenfalls schon vor der Koblenzer Konferenz die Ansicht, daß einzig ein »Verwaltungsstatut des westdeutschen Besatzungsgebietes« in Frage komme, daß es aber unmöglich auszuarbeiten sei, »wenn nicht vorher durch ein endgültiges Besatzungsstatut, zu dem die deutschen Stellen gehört werden müssen, die Kompetenzen zwischen der Besatzungsmacht und den deutschen Regierungsstellen klar und umfassend abgegrenzt worden sind«.[23]

Entscheidenden Einfluß im dreitägigen Ringen der Ministerpräsidenten um Formulierungen, Nomenklaturen und Terminologien gewann Carlo Schmid (er war damals Justizminister und stellvertretender Staatspräsident von Württemberg-Hohenzollern) und die amtierende Oberbürgermeisterin von Berlin, Louise Schroeder, die als Gast nach Koblenz gekommen war. Louise Schroeders Beitrag war eher indirekt, ihre Beschwörungen, nichts Endgültiges zu schaffen, ehe nicht »Berlin mit den übrigen Zonen wieder zu einer Einheit gekommen« sei[24], verfehlte auf die ohnehin zögernden Vertreter der Westzonen aber nicht die Wirkung. Carlo Schmid argumentierte gewandt und überzeugend zugunsten des Provisoriums-Konzepts, das auch weitgehend der allgemeinen Stimmungslage entsprach und die Pragmatiker unter den Ministerpräsidenten – Ehard, Brauer, Kaisen, Stock – noch nicht recht zum Zuge kommen ließ. Am deutlichsten zeigte sich das Dilemma in den Sprachregelungen, nach denen die Politiker tasteten: sie wollten keine »Verfassung im eigentlichen Sinne«, keine »echte« Konstituante, keine Regierung, sondern eine »einheitliche Verwaltungsspitze« oder allenfalls »so etwas Ähnliches wie eine Regierungsgewalt«.

Reinhold Maier, der einzige FDP-Ministerpräsident zwischen fünf sozialdemokratischen und fünf christdemokratischen Kollegen, überliefert in seinen Memoiren ein Stimmungsbild von der Konferenz, das die Atmosphäre womöglich genauer als das offizielle Protokoll vermittelt: »Das Dokument I hatte eine verfassunggebende Versammlung vorgeschlagen. Verfassung gehört aber zu den Requisiten eines regelrechten Vollstaates. Einen solchen wollten wir aber gerade nicht. Da kam irgend jemand mit dem Wort ›Grundgesetz‹ anstelle von Verfassung, ... Wie vom Himmel gefallen stand das Wort vor uns und bemächtigte sich unserer Köpfe und Sinne, gewiß nicht der Herzen. Machten wir doch ein ›Grundgesetz‹, das keinen Vollstaat voraussetzt! Das neue jungfräuliche Wort vermochte so schon trügerisch von der Realität jener Tage wegzuführen.«[25] Es war übrigens Max Brauer gewesen, der den Begriff »Grundgesetz« in die Debatte eingeführt hatte.[26] In Kommissionssitzungen und Gesprächen mit den Parteispitzen (denen die Teilnahme an der eigentlichen Konferenz freilich verwehrt blieb) wurden Stellungnahmen zu den drei Sachkomplexen der alliierten Empfehlungen ausgearbeitet und vom Plenum verabschiedet. Als Anlagen zu einer Note mit den Unterschriften aller elf Ministerpräsidenten wurden die Koblenzer Beschlüsse noch am 10. Juli nach Frankfurt zu Händen von General Clay expediert.[27]

In der Antwort der Ministerpräsidenten war die Einstimmigkeit der »Koblenzer Beschlüsse« hervorgehoben worden, was freilich nicht darüber hinwegtäuschen darf, daß während der dreitägigen Beratungen beträchtliche Differenzen unter den Länderchefs ausgetragen worden waren. Das Schwergewicht der Argumentation gegenüber den Alliierten lag darauf, den Wunsch nach der Einheit der Nation zu betonen: »In Anbetracht der bisherigen Unmöglichkeit einer Einigung der vier Besatzungsmächte über Deutschland müssen die Ministerpräsidenten besonderen Wert darauf legen, daß bei der bevorstehenden Neuregelung alles vermieden wird, was geeignet sein könnte, die Spaltung zwischen West und Ost weiter zu vertiefen.« Eine deutsche Verfassung könne erst geschaffen werden – hieß es in der von Carlo Schmid entworfenen Mantelnote zu den Koblenzer Beschlüssen vom 10. Juli weiter –, »wenn das gesamte deutsche Volk die Möglichkeit besitzt, sich in freier Selbstbestimmung zu konstituieren; bis zum Eintritt dieses Zeitpunkts können nur vorläufige organisatorische Maßnahmen getroffen werden«. Die Verantwortung für das zu schaffende Provisorium wollten die Ministerpräsidenten ebenfalls gerne klargestellt haben, sie wünschten, »daß in dem Besatzungsstatut deutlich zum Ausdruck kommen sollte, daß auch die nunmehr geplanten organisatorischen Änderungen letztlich auf den Willen der Besatzungsmächte zu-

rückgehen, woraus sich andere Konsequenzen ergeben müssen, als wenn sie ein Akt freier Selbstbestimmung des deutschen Volkes wären«.[28] Eine solche *politische* Einleitung zu den Stellungnahmen zu den drei Frankfurter Dokumenten im einzelnen hatten die Militärgouverneure von den deutschen Länderchefs – die sie mehr oder minder immer noch in der Rolle von Beauftragten alliierter Politik sahen – nicht erwartet. Grund der deutlichen Sprache der Ministerpräsidenten war zweifellos auch die Tatsache gewesen, daß die Antagonie von Länderchefs und Parteigremien, wie sie im Streit um die nationale Repräsentation sichtbar geworden war, so nicht mehr existierte.[29] Die Ministerpräsidenten waren ja selbst keineswegs parteilose Länderrepräsentanten, sie wußten überdies, daß ihre Ära zu Ende ging, obgleich sie sich in Koblenz gerade als Organ der interimistischen Staatlichkeit mit einem »Ständigen Büro der Ministerpräsidenten-Konferenz« auf Zeit etabliert hatten. Die Parteiführer erblickten die parlamentarische Bühne ihres künftigen Wirkens bereits am Horizont und sahen mit Ungeduld auf das Treiben der Landespolitiker. Adenauer soll am Ende der Rittersturzdebatten gemurrt haben »Sind die Zaunkönige denn immer noch nicht fertig?«, und Erich Ollenhauer klagte, wie »Der Spiegel« berichtete, »Ja, sind sich unsere Leute denn jetzt einig? Es ist wie ein Gemeindetag in Posemuckel«.[30]
Jedenfalls hatten Parteichefs und Länderspitzen in Koblenz zusammengehalten; die Ergebnisse der Tagung auf dem Rittersturz beruhten sowohl auf Kompromissen der Ministerpräsidenten untereinander als auch mit den Parteizentralen der CDU/CSU und der SPD. In der Diktion der Koblenzer Beschlüsse war die Handschrift der Sozialdemokraten allerdings etwas deutlicher erkennbar.
Die deutsche Reaktion auf die Aufforderung der Westmächte, eine Verfassung für einen Weststaat zu schaffen, verband Weigerung und Zustimmung: Die Vollmachten wurden angenommen, aber nur mit dem Ziel einer »kraftvollen Organisation« der deutschen Gebietsteile, die unter westalliierter Jurisdiktion standen. Nationalversammlung und Verfassung sollten zurückgestellt werden bis zu einer gesamtdeutschen Regelung und bis zur Herstellung deutscher Souveränität in »ausreichendem Maße«. Statt dessen sollten die Landtage eine Vertretung (»Parlamentarischer Rat«) wählen, die ein »Grundgesetz für die einheitliche Verwaltung des Besatzungsgebietes der Westmächte« ausarbeiten würde. Um dessen vorläufigen Charakter zu betonen und dem Provisorium nicht zu viel Gewicht zu verleihen, sollte das Grundgesetz keinem Volksentscheid unterworfen werden, und als wesentlicher Punkt war der Erlaß eines Besatzungsstatuts durch die Alliierten vor dem Beginn der Beratungen über das Grundgesetz als notwendig bezeichnet worden.
Als Antwort auf das zweite Frankfurter Dokument erklärten die Mini-

sterpräsidenten, daß eine Überprüfung der Ländergrenzen zwar zweckmäßig, in kurzer Frist aber nicht durchführbar sei. Lediglich im Südwesten sei eine Änderung dringend geboten, darüber solle der Parlamentarische Rat beraten. Gegenüber dem dritten Dokument (Besatzungsstatut) hatten die Deutschen detaillierte Gegenvorschläge ausgearbeitet und kühn mit der Überschrift »Leitsätze für ein Besatzungsstatut« versehen. Sie bildeten die umfangreichste und detaillierteste Stellungnahme und stellten den Versuch dar, nicht nur eine generelle Rechtsgrundlage der Besatzung zu konstituieren, sondern auch möglichst viel an materiellen Rechten der deutschen Seite zu überschreiben. Überdies war verlangt worden, »daß in dem Besatzungsstatut deutlich zum Ausdruck kommen sollte, daß auch die nunmehr geplanten organisatorischen Änderungen letztlich auf den Willen der Besatzungsmächte zurückgehen, woraus sich andere Konsequenzen ergeben müssen, als wenn sie ein Akt freier Selbstbestimmung des deutschen Volkes wären«.[31] Das sollte heißen: Verantworten sollten die fremden Herren den Dreizonenstaat, die Früchte der Entwicklung aber sollten, freilich mit schmerzlichen Blicken gen Osten, möglichst ungestört genossen werden. Die westdeutschen Politiker befanden sich – das sollte vom Historiker nicht ironisiert werden – in einem argen Dilemma, was Wunder, daß sie aus der Situation das Bestmögliche herauszuholen gedachten. Eine Alternative zum Weststaat, wie bescheiden man ihn auch titulieren würde, war nirgends erkennbar, zumindest nicht zu Bedingungen, die akzeptabel waren.

Die Koblenzer Beschlüsse waren daher auch mehr als Zögern denn als Weigern zu verstehen, und so wurden sie auch in der Umgebung Clays empfunden. Während die Ministerpräsidenten noch an den Formulierungen ihrer Antwort feilten, beschäftigte sich der Stab General Clays am Vormittag des 10. Juli in Berlin auf der samstäglichen Routinesitzung bereits mit den Ergebnissen der Rittersturzkonferenz. Dr. Litchfield, Chef der Civil Administration Division von OMGUS, war in der Lage, einen zwar vorläufigen und inoffiziellen, aber recht genauen Bericht über die Haltung der deutschen Länderchefs zu geben.

Litchfields Informant war der bayerische Ministerpräsident. Ehard, »der bis gestern von uns zu desertieren schien«, habe angerufen und gesagt, seiner Meinung nach sei es möglich, mit einem bißchen Diskussion die Ministerpräsidenten von der Notwendigkeit einer Verfassung zu überzeugen. Sie wünschten nur zum Ausdruck zu bringen, daß es keine endgültige Verfassung sein solle; ihre Revision sei erforderlich, wenn ganz Deutschland einmal dahinter stehe. Ehard habe auch gemeint, daß diese Verfassung der Bevölkerung zur Ratifizierung vorgelegt werden könnte. Schwierigkeiten bestünden nur dann, wenn eine Legislative gewählt, die Verfassung aber abgelehnt würde. Ehard glaubte gegen Ende der Konferenz auf dem Rittersturz, die Länderchefs versuchten, zur Position der Amerikaner zurückzupendeln. Litchfields Ausführungen über die Beschlüsse der Ministerpräsidenten brachten General Clay offenbar nicht aus der Ruhe; er fürchtete lediglich, daß die Franzosen an der Neugliederung der Länder als Vorbedingung für die Verfassungsberatungen beharren würden. Bei der Unlust auf deutscher Seite, dieses Problem in Angriff zu nehmen, hätten die Franzosen damit das Instrument zur Hemmung der ganzen Entwicklung in der Hand.[32]

Trotz der Vorinformationen, die dank Ehard mindestens die Amerikaner am 10. Juli schon hatten, war die Wirkung der Koblenzer Beschlüsse auf die Militärgouverneure beträchtlich. General Clay, der am 14. Juli 1948 in Frankfurt mit den Regierungschefs der US-Zone zusammenkam, war erbost. Er fühlte sich auch persönlich gekränkt und düpiert, weil er – wie er den Ministerpräsidenten von Bayern, Hessen, Württemberg-Baden und dem Bremer Bürgermeister vorhielt – in London »wochenlang mit den Franzosen und Engländern um die Anerkennung der deutschen Souveränität im Rahmen eines Weststaats gekämpft« habe. Er habe in London damit operiert, daß die Deutschen die Verantwortung gerne übernehmen würden, die Franzosen hätten dies bezweifelt und nun leider recht behalten. Das Schicksal der Westzonen – »wenn wir im Westen nicht hier wären, wären sie längst russisch« – sei jetzt in die Hand der Franzosen gelegt. Frankreich habe nun die erwünschte Gelegenheit, »die mühsam erkämpfte Position im Westen wieder zu verschleppen«.[33] Tatsächlich hatte die erste Reaktion General Koenigs darin bestanden, die für den 15. Juli vorgesehene Konferenz der Ministerpräsidenten mit den Militärgouverneuren auf unbestimmte Zeit verschieben zu lassen, darüber hinaus hatte er die Länderchefs der französischen Zone wissen lassen, daß ihre Beteiligung an Konferenzen mit den Kollegen aus der Bizone als unfreundlicher Akt interpretiert werden würde.

Clay erklärte den Ministerpräsidenten, irgendwelche Verhandlungen über die Frankfurter Dokumente seien abwegig, die Londoner Empfehlungen seien ein Ganzes und müßten als Ganzes hingenommen werden. Bürgermeister Kaisen erwiderte Clay, daß Hintergründe und Absichten der Londoner Konferenz den Deutschen nicht bekanntgemacht und deren Ergebnisse, die Frankfurter Dokumente, durch die Militärgouverneure auch nicht interpretiert worden seien. Man könne die Deutschen nun nicht dafür verantwortlich machen, daß sie »ein großes weltpolitisches Ereignis nicht berücksichtigt hätten«. Kaisen fuhr fort: »Nehmen wir an, die Ministerpräsidenten wären in Koblenz anders verfahren, sie hätten einen Weststaat aufgerichtet mit einer Verfassung wie vorgesehen und einer Regierung und sie hätten dazu das Besatzungsstatut nach der Richtung hin geprüft, was dieser Regierung fehlt, um sie mit allen nötigen

Vollmachten auszurüsten, dann wäre die politische Linie dahin verlaufen, diesen Weststaat in einen Westblock einzugliedern und eine politische Linie zu beziehen, die alle, aber auch alle Konsequenzen in sich birgt. Das hieße, die deutsche Position aus dem jetzigen völkerrechtlichen Zustand herauszubringen und in ein politisches Kräftespiel der Weltpolitik einzuschalten. Es ist erklärlich, daß eine solche Konzeption nach Lage der Dinge von den elf Ministerpräsidenten in Koblenz nicht erwogen wurde.«[34] Die Argumentation des Bremer Bürgermeisters – er hatte in Koblenz zu den Befürwortern der Frankfurter Dokumente gehört – stand keineswegs in Widerspruch zu der Äußerung, die Clay kurz zuvor getan hatte: »... die Russen werden jetzt darauf hinweisen, daß die Deutschen den Weststaat nicht wollten und daß nur die Amerikaner ihn wünschen.«[35]

Der französische Militärgouverneur hielt eine neue Verhandlungsrunde auf Regierungsebene für notwendig (und erwünscht), da sich die deutsche Stellungnahme zu weit von den Empfehlungen der Londoner Konferenz – denen Frankreich ungern genug zugestimmt hatte – entfernt hatte. Seiner Meinung nach wäre nun lediglich ein Besatzungsstatut zu erlassen, eine von den Alliierten ernannte deutsche Regierung könne dann unter politischer Verantwortung der Besatzungsmächte tätig werden.

Einzelheiten über General Koenigs Reaktion auf die Koblenzer Beschlüsse hatte Hermann Brill, der Chef der hessischen Staatskanzlei, von einem Gewährsmann bei OMGUS erfahren. Koenig schien, wie Clay befürchtete, die Frage der Neugliederung der Länder als Hebel benutzen zu wollen: er erwartete eine definitive Erklärung der Deutschen; die Bereitwilligkeit, die Neugliederungsfrage zu einem späteren Zeitpunkt in Angriff zu nehmen, wie in der Antwort auf Dokument Nummer Zwei signalisiert, genüge Frankreich nicht. In der Frage der »Neuordnung der staatlichen Verhältnisse in den drei Besatzungsgebieten« solle man, hatte General Koenig erklärt, den Deutschen die Frage stellen, ob sie bereit seien, »die Verantwortung für die Ausübung einer Regierungstätigkeit zu übernehmen«. Würde diese Frage nicht eindeutig bejaht, »sollten die drei Oberbefehlshaber eine aus Deutschen bestehende Regierung ernennen, die dann unter der politischen Verantwortlichkeit der drei Besatzungsmächte arbeiten müsse. Eine Volksvertretung – auch eine von den Parteien ernannte Volksvertretung – neben dieser Regierung werde nicht erlaubt werden. Hingegen werde die von den Oberbefehlshabern ernannte deutsche Regierung volle Gesetzgebungsgewalt besitzen«.[36]

Die Leute von OMGUS versorgten Brill am 10. Juli 1948 nicht nur mit dieser Information, sie gaben ihm auch das Original der Londoner Empfehlungen zu lesen sowie das Protokoll einer Sitzung (vom 4. März 1948) des Fachausschusses für die staatliche Neuordnung Deutschlands der

Londoner Konferenz. Dem ersten Dokument konnte (und sollte) Brill entnehmen, daß den Mitteilungen der Militärgouverneure in Frankfurt keine bösen Überraschungen hinsichtlich des endgültigen Wortlauts des Ruhrstatuts und der deutschen Westgrenzen folgen würden. Solche Bedenken hatten die Ministerpräsidenten gehabt, sie zu zerstreuen war zweifellos die Absicht der Indiskretion bei OMGUS.

Das Ausschußprotokoll der Londoner Konferenz, das man Staatssekretär Brill zeigte, interpretierte er dahin, daß die Deutschen ziemlich viel Spielraum auf der Suche nach der richtigen Form für den westdeutschen Staat haben würden. Allerdings, dies stellte Brill ausdrücklich fest, die Forderung nach einem echten Zweikammersystem sei wohl unabdingbar. Aber auch das war natürlich nichts Schlechtes in den Augen der Adressaten, für die diese Mitteilungen Brills bestimmt waren, die Regierungschefs in der amerikanischen und britischen Zone. Brill hielt – sicherlich zu Recht in der gegebenen Situation – seine Informationen für so brisant, daß er sie nicht der Post anvertrauen wollte, sondern sie durch Boten dem in Bad Orb weilenden Ministerpräsidenten Stock, dem Vorsitzenden des Büros der Länderchefs der drei Westzonen, zustellen ließ. Den Ministerpräsidenten von Rheinland-Pfalz unterrichtete Brill, wohl stellvertretend für die Länderchefs in der französischen Zone, unmittelbar[37].

Während General Koenig allen Grund hatte, mit der Entscheidung von Koblenz zufrieden zu sein – er hatte nämlich in inoffiziellen Gesprächen deutsche Politiker geradezu ermuntert, die Londoner Empfehlungen nicht als das letzte Wort zu betrachten[38] –, bemühten sich Clay und Robertson in der ersten Julihälfte des Jahres 1948, massiv auf die Deutschen einzuwirken. Die Mitarbeiter der beiden Militärregierungen reisten umher und erteilten in den deutschen Staatskanzleien und Parteizentralen Lektionen über die Konsequenzen des deutschen Verhaltens. Robert Murphy verhandelte mit Ehard und Kaisen, die Verfassungsexperten von OMGUS, Friedrich, Litchfield und Simons, waren ausgeschwärmt, »um Vorwürfe zu machen und gut zuzureden. Auch Anthony Eden reiste herum und sprach persönlich mit allen Prominenten.«[39]

Ministerpräsident Kopf hatte eine Unterredung mit General Robertson und dessen Berater Steel. Mit Hamburgs Bürgermeister Brauer hatte Clay unter vier Augen gesprochen und dabei den Rat erhalten, sich mit besseren und weniger mit Vorurteilen behafteten Beratern zu umgeben, das würde die Beziehungen zwischen ihm und den Ministerpräsidenten verbessern.[40] Brauer hatte auch erklärt, die Einigkeit der elf Ministerpräsidenten sei ein Zeichen, wie das deutsche Volk denke, man halte an dem Gedanken der deutschen Einheit fest und wolle nicht ausschließlich amerikanische Politik machen.[41]

Der britische Militärgouverneur, der am 15. Juli mit den Regierungschefs seiner Zone konferiert hatte, war mit Rücksicht auf die internationale Lage, die eine Vertagung des Londoner Programms nicht zulasse, dafür, zwischen den deutschen Gegenvorschlägen und den Londoner Konferenzergebnissen unter allen Umständen einen Kompromiß zu suchen, wobei alle terminologischen Probleme diskussionsfähig seien, die materiellen Gegenvorschläge (Ablehnung des Verfassungsplebiszits und die Leitsätze für ein Besatzungsstatut) jedoch nicht.[42]

Für diskussionswürdig hielt auch Robert Murphy, der politische Berater der amerikanischen Militärregierung, der im Gegensatz zu General Clay dem US-Außenministerium unterstand, die deutschen Gegenvorschläge mit Ausnahme des Verfassungsplebiszits. Willy Brandt, damals Vertreter des SPD-Parteivorstands in Berlin, berichtete über Besprechungen mit verschiedenen Mitgliedern der US-Militärregierung, aus denen hervorging, daß die Reaktion Clays nicht unbedingt mit der amerikanischen Auffassung gleichzusetzen war. Clay hatte auch gegenüber seinen Mitarbeitern weidlich geschimpft, die Deutschen der Feigheit geziehen, erklärt, wenn sie die Regierungsverantwortung scheuten, seien sie entweder Kommunisten oder Kommunistenfreunde, er habe das Gefühl, alles, wofür er sich drei Jahre lang eingesetzt habe, sei nun zusammengebrochen. Brandt berichtet auch von diversen Andeutungen über den »serious effect on Berlin« und von möglichen negativen Auswirkungen auf die amerikanische Bereitschaft, das blockierte Berlin zu halten. Trotz des Clayschen Unmuts hatte Brandt nach den Gesprächen aber den Eindruck, daß ein Kompromiß über die Koblenzer Beschlüsse mit den Amerikanern möglich sei.[43]

Das war auch das Fazit der Besprechung, die die Ministerpräsidenten zur Lagebeurteilung in der Nacht vom 15. zum 16. Juli im Jagdschloß Niederwald bei Rüdesheim abhielten. (Trotz des Verbots waren auch die Vertreter der französisch besetzten Länder erschienen.) Die Stimmung war im ganzen so optimistisch – der Krampf habe sich gelöst, gab Carlo Schmid zu Protokoll –, daß ein Verfassungsausschuß aus elf Mitgliedern – ein Vertreter für jedes Land – ins Auge gefaßt wurde. Ministerpräsident Ehard lud den Verfassungsausschuß in einen ruhigen Ort nach Bayern ein. Das war die eigentliche Geburtsstunde des Verfassungskonvents, der vom 10. bis 23. August auf der Insel Herrenchiemsee tagte.[44]

Die Militärgouverneure trafen am 20. Juli in Frankfurt wieder mit den Länderchefs zusammen. Robertson, als Vorsitzender der Konferenz, teilte den deutschen Vertretern mit, daß die Militärgouverneure nicht in der Lage seien, von den Instruktionen ihrer Regierungen abzuweichen; den Ministerpräsidenten wurde dann angedeutet, worin die Generale die wesentlichen Unterschiede zwischen ihrer Position und den deutschen Vorstellungen sahen. Das Besatzungsstatut – soviel wurde klargestellt –

könne schon aus technischen Gründen, aber auch, weil das ein Abweichen von den Londoner Vereinbarungen bedeute, nicht vor den Beratungen über die deutsche Verfassung verkündet werden. Die Konferenz endete mit der Verabredung, am 26. Juli wieder zusammenzukommen. Bis dahin hatten die Deutschen Zeit, zwischen den Koblenzer Beschlüssen und dem Frankfurter Auftrag einen Mittelweg zu suchen, der sich im Rahmen der Londoner Empfehlungen halten würde.[45]

Am 21. und 22. Juli versammelten sich die Länderchefs wieder im Jagdschloß Niederwald. Unter dem Eindruck des Vortags war die Neigung zum Kompromiß beträchtlich gewachsen. In der Sache entschlossen sich die Ministerpräsidenten, den Londoner Empfehlungen zu folgen, in der Terminologie wollten sie so weit als irgend möglich auf der Rittersturz-Linie bleiben. Um den Begriff »Grundgesetz« der alliierten Seite schmackhaft zu machen, wurden als Übersetzungshilfen die Umschreibungen »basic constitutional law« bzw. »loi constitutionelle basique« offeriert. Ebenso wurde viel Gewicht darauf gelegt, das Grundgesetz durch einen »Parlamentarischen Rat«, nicht durch eine »Verfassunggebende Versammlung«, beraten zu lassen. Die einzige substantielle Abweichung vom Frankfurter Dokument I bestand am Ende der Debatte im Wunsch, das Grundgesetz nicht durch ein Referendum, sondern durch die Landtage ratifizieren zu lassen. Aber auch auf diesen Punkt wollte man sich bei größerem Widerstand der Alliierten nicht versteifen. Als Entscheidungshilfe gegen ein Plebiszit stellten die Ministerpräsidenten für die Militärgouverneure eine Liste von Gesichtspunkten auf, die sich von der Koblenzer Argumentation (Aufwertung des Provisoriums) wesentlich unterschieden: Ein Referendum könne nicht ohne Abstimmungskampf durchgeführt werden, dabei bestehe die Gefahr, daß oppositionelle (d. h. kommunistische) und destruktive (d. h. nationalistische) Elemente sich zur Ablehnung zusammenfänden. Ferner würde das Referendum einen unerträglichen Zeitverlust bedeuten, schließlich bringe es das Risiko einer politischen und wirtschaftlichen Katastrophe. Demgegenüber sei bei der Ratifizierung durch die Landtage mit einer überwältigenden Mehrheit zu rechnen.[46]

Gegen die Rüdesheimer Kompromisse hatte Carlo Schmid ziemlich als einziger noch Bedenken; er vertrat die Meinung, man verschütte endgültig die kleine Chance, die es für eine Viermächte-Einigung über ein einheitliches Deutschland noch gebe. Zur Option für den Weststaat hatte dagegen ein anderer Sozialdemokrat, der als Gast anwesende Vertreter Berlins, wesentlich beigetragen. Anstelle der amtierenden Oberbürgermeisterin Louise Schroeder, die in Koblenz gegen den Weststaat plädiert hatte, war Ernst Reuter an den Rhein gefahren, um den Berliner Standpunkt zu vertreten. Reuters Eintreten für eine westdeutsche Lösung im

Sinne der Kernstaatsidee war durch eine Mehrheit von Politikern aller demokratischen Parteien Berlins gedeckt.[47]
Im Verlauf von drei Wochen waren die Thesen von Koblenz, trotz aller verbalen Bekenntnisse, die im Jagdschloß Niederwald noch abgegeben wurden, zerbröckelt. Die Pragmatiker unter den Landesfürsten, allen voran Max Brauer, Hans Ehard und Wilhelm Kaisen, die sich auf dem Rittersturz um der Geschlossenheit der deutschen Front willen zurückgehalten hatten, gaben jetzt den Ton an. Carlo Schmid war fast in die Rolle des Außenseiters geraten. Ernst Reuter, der von Kurt Schumachers deutschlandpolitischer Linie am weitesten entfernte sozialdemokratische Politiker, hatte das Eis endgültig gebrochen. Reinhold Maier gab nach Reuters Plädoyer für den Weststaat zu, daß er sechs Wochen vorher, auf der Düsseldorfer Ruhrkohlenkonferenz der Ministerpräsidenten der Bizone, unter dem Eindruck der Berliner Delegation, die morgens, mittags und abends einen westlich orientierten Dreizonenstaat als Verrat an Berlin gebrandmarkt hatte, in seiner Auffassung einen großen Schritt rückwärts getan habe.[48] Mit ihm war die Mehrheit froh, daß mit dem Segen der Berliner vorwärts marschiert werden konnte.
In ihrem Aide-mémoire für die Militärgouverneure, das die Besprechungsergebnisse zusammenfaßte, hatten die Ministerpräsidenten viel Mühe auf die positive Formulierung ihres Standpunkts verwandt. So wurde die Übereinstimmung mit den alliierten Generalen betont, die erstrebte Neuregelung so schnell wie möglich zu schaffen; die Länderchefs zeigten sich auch entschlossen, die »im Rahmen der Londoner Empfehlungen« zu erreichende vorläufige Regelung »so kraftvoll und wirksam wie möglich zu gestalten«, und sie stellten ausdrücklich fest, daß die terminologischen Unterschiede zwischen den Frankfurter Dokumenten und den deutschen Vorschlägen keine inhaltlich verschiedenen Ziele bedeuteten.[49]
Die abschließende Konferenz der Militärgouverneure mit den Ministerpräsidenten der Westzonen am 26. Juli 1948 in Frankfurt war noch einmal hochdramatisch. Der nordrhein-westfälische Ministerpräsident Karl Arnold referierte über die deutsche Stellungnahme zum Verfassungsproblem, dann trug der Regierungschef von Schleswig-Holstein, Lüdemann, die Auffassung in der Frage der Ländergrenzen vor (das Besatzungsstatut stand nicht zur Debatte). Überraschend ergriff anschließend der Hamburger Bürgermeister Brauer das Wort (er hatte nämlich das Gefühl, alles sei verloren), um den befürchteten negativen Eindruck der Berichte seiner Kollegen auf die alliierten Generale zu relativieren. Die deutsche Seite wolle sich nicht an Worte klammern, erklärte er, sondern sich durch Verwendung des Begriffs Grundgesetz statt Verfassung den politischen Kampf mit der SED nicht schwer machen, ebenso

sei die Abneigung gegen das Referendum eine Frage der psychologischen Taktik; man wolle möglichst schnell zum Abschluß kommen und nichts mehr in der Schwebe lassen. Nach einer Pause von 45 Minuten, in der sich die Militärgouverneure untereinander berieten, antwortete General Koenig als Vorsitzender der Konferenz – in sehr liebenswürdiger Form –, daß die ganze Angelegenheit den alliierten Regierungen zur Beratung überwiesen werden müsse, da die deutschen Vorschläge von den Londoner Beschlüssen abwichen. Nun herrschte Ratlosigkeit auf beiden Seiten, und die drei Gewaltigen konferierten untereinander im Flüsterton.

Schließlich teilte Koenig immerhin mit, welche Punkte erneute Beratungen auf Regierungsebene erforderlich machten (Referendum, Bezeichnung der Verfassung, Zeitpunkt der Ländergrenzreform). Die Konferenz schien damit ergebnislos beendet. Hans Ehard riskierte einen Rettungsversuch. Er bat um eine Unterbrechung der Sitzung für eine interne Beratung der deutschen Seite, zuvor hielt er den Generalen noch einmal vor Augen, wie gering die Differenzen doch seien, und deutete vor allem an, daß in der Frage des Referendums eine Änderung des deutschen Standpunkts zu erwarten sei. Die Sitzung wurde wieder für zehn Minuten unterbrochen. Nach der Pause erklärte General Koenig, der Name der deutschen Verfassung sei so wichtig nicht, über die Ratifizierungsfrage und das Ländergrenzenproblem müßten allerdings die alliierten Regierungen benachrichtigt werden, das sei aber keine Ablehnung. Jetzt intervenierte der Bremer Bürgermeister Kaisen. Er sagte, die unterschiedlichen Auffassungen bräuchten das Ingangkommen des ganzen Verfahrens doch nicht zu verzögern, man habe lediglich den Wunsch, daß die deutschen Argumente den alliierten Regierungen mitgeteilt würden, auch seien die Vorbereitungen für den Parlamentarischen Rat bereits getroffen. Kaisen signalisierte damit, daß die Deutschen jetzt unter allen Umständen zu Verfassungsberatungen und zur Staatsgründung bereit waren. Der Vorsitzende Koenig meinte, vorbereitende Schritte könnten auch vor der bald zu erwartenden Antwort der Regierungen in Washington, London und Paris schon unternommen werden. Es folgte abermals eine zehnminütige Flüsterkonferenz der drei Generale und nochmals eine kurze Unterbrechung der Sitzung. Dann kam endlich die Erlösung durch die feierliche Feststellung General Koenigs: Die Benennung des Grundgesetzes mache keine Schwierigkeiten, in der Frage des Referendums hätten die Deutschen die Londoner Entscheidung angenommen, die Gegenvorschläge würden (trotzdem) den Regierungen überreicht, und in der Frage der Ländergrenzen wollten die Militärgouverneure die deutschen Wünsche (das hieß: Vertagung einer Neuregelung und Abkoppelung des Problems von den Londoner Empfehlungen) sogar befürworten. »Wenn Sie

akzeptieren, die volle Verantwortung zu übernehmen, können wir Ihnen sagen: En avant!«[50]
Die deutsche Seite hatte bereits akzeptiert. Der Weg zum Grundgesetz war frei. Die Erleichterung auf beiden Seiten war groß.

3. Neugliederung der Länder?

Trotz der mäßigen Neigung der Ministerpräsidenten, die Ländergrenzen zu überprüfen und eventuell zu revidieren, machte sich ein Ausschuß von Länderdelegierten Anfang August 1948 an die Arbeit. Den Ministerpräsidenten blieb angesichts des zweiten Frankfurter Dokuments keine andere Wahl, denn sie waren von den Militärgouverneuren eindringlich belehrt worden, daß die Erledigung des alliierten Auftrags mit der Freigabe des Wegs zum Grundgesetz verbunden war. Obwohl mit Ausnahme Bayerns (von dem allerdings die Pfalz abgetrennt worden war) und der beiden Hansestädte alle Länder der drei Westzonen ihre äußere Gestalt den Besatzungsmächten verdankten, gab es auf deutscher Seite lediglich im Südwesten Wünsche zur Vereinigung der drei zusammengestückelten bzw. durch Zonengrenzen auseinandergeschnittenen Länder Baden, Württemberg-Baden und Württemberg-Hohenzollern, allerdings auch den hartnäckigen Widerstand des Freiburger Staatspräsidenten Wohleb. Das Bewußtsein eigenständiger Staatlichkeit hatte sich in den übrigen, doch ziemlich willkürlich zustande gekommenen Ländern aber in der kurzen Zeit ihres Bestehens so erstaunlich entwickelt, daß ihre Regierungen an Veränderungen kaum Interesse hatten. Andererseits war natürlich das Gremium der Länderchefs nicht gerade das ideale Forum, um den Bestand des jeweils eigenen Landes in Frage zu stellen.
Die Westalliierten hatten ganz andere Interessen. Amerika war an der Existenz leistungsfähiger Länder etwa gleicher Größe, Struktur und Einwohnerzahl im Sinne der Stabilität des föderativen Systems interessiert. Großbritannien engagierte sich wenig, um so eindeutiger waren die Bestrebungen Frankreichs, das sich nicht nur für eine extensiv-föderalistische Gestaltung Deutschlands, sondern auch für Einflußsphären und Sicherheitszonen interessierte. Frankreich hätte gerne ein linksrheinisch orientiertes Territorium mit dem Zentrum Köln gehabt, das aus den südlichen Teilen Nordrhein-Westfalens und dem Norden von Rheinland-Pfalz bestanden hätte (die Pfalz wäre zu Hessen gekommen). Gegen die Aufteilung des Landes Nordrhein-Westfalen hatten aber die Engländer auf der Londoner Konferenz Einwendungen erhoben. Einig waren sich die

Westmächte aber auch, daß Nordrhein-Westfalen nicht vergrößert werden dürfte, daß historisch gewachsene Länder (Bayern) nicht neu eingeteilt werden, daß Hamburg und Bremen selbständig bleiben sollten und daß keine neuen Länder von der Kleinheit der Hansestädte oder von größerem Gewicht als Bayern und Nordrhein-Westfalen entstehen dürften. Die Details der Londoner Abmachungen waren den deutschen Ministerpräsidenten nicht bekannt, sie reagierten aber überwiegend so, als wären sie im Bilde.

Der Ausschuß zur Überprüfung der Ländergrenzen, der unter dem Vorsitz des Kieler Ministerpräsidenten Lüdemann im Laufe des August mehrmals tagte und auch mit den alliierten Verbindungsoffizieren mehrfach Kontakt aufnahm,[51] brachte vor allem ein Ergebnis zustande: Zeitgewinn und damit die Abkoppelung des Problems der Territorialreform von der Beratung des Grundgesetzes. Die Alliierten hatten den Termin für die deutschen Vorschläge, die eigentlich vor dem Zusammentreten des Parlamentarischen Rats hätten erfolgen müssen, bis zum 15. Oktober 1948 verlängert. In der Sache waren sich die Ministerpräsidenten, als sie am 31. August 1948 die Ergebnisse des Ländergrenzenausschusses diskutierten, einig, daß die drei Länder im Südwesten zusammenkommen sollten, und zwar durch eigene Anstrengung der Beteiligten; sie war bereits im Gange: in Stuttgart und Tübingen wurde löwenhaft dafür, in Freiburg fuchsartig dagegen gekämpft, bis 1952 das Land Baden-Württemberg zustande kam.[52] Der Ausschuß und die Länderchefs stimmten auch überein, daß Wünsche auf Bildung eines Ländchens Süd-Schleswig, das nach der Forderung des nach Dänemark tendierenden Südschleswigschen Wählerverbands direkt dem Alliierten Kontrollrat (!) unterstellt sein sollte, zu ignorieren seien. Aus außenpolitischen Gründen verbot sich nach Meinung der dortigen Staatskanzlei (trotz der grundsätzlichen Wünschbarkeit) auch eine Veränderung in Rheinland-Pfalz.

Ein Problem hatte allerdings, zum großen Ärger der Hanseaten, der Vorsitzende des Ländergrenzenausschusses aufgeworfen, das die Länderchefs in zwei Lager spaltete. Ministerpräsident Lüdemann, der als Vertreter einer Minderheit (im Ausschuß wie in der Ministerpräsidentenkonferenz) den alliierten Auftrag zur Territorialreform so weit auslegte, daß der Bestand aller Länder in Frage zu stellen sei, wollte sein eigenes Land Schleswig-Holstein entweder mit Hamburg oder Bremen oder mit Niedersachsen bzw. großen Teilen dieses Nachbarlandes vereinigen. Grund genug war für die schleswig-holsteinische Regierung in der katastrophalen Finanzlage, dem Bevölkerungsdruck der Flüchtlinge und der Strukturschwäche des Landes gegeben. Lüdemann versuchte daher, den Ländergrenzenausschuß für die eigene Sache zu benützen. Er bediente sich dazu alter wie zeitgenössischer Neugliederungspläne. Der Vorschlag von

Hugo Preuß aus dem Jahre 1918, der eine Aufteilung Preußens und der Kleinstaaten in etwa gleichstarke Verwaltungsgebiete vorgesehen hatte, wurde ebenso wieder aus der Schublade geholt wie Pläne der Länderkonferenz zur Reichsreform von 1928.[53]
Im Landesplanungsamt Kiel waren auch zeitgenössische Baurisse für neue Länder ins reine gezeichnet worden, darunter eine Fünf-Länder-Lösung (Niedersachsen, Rheinland-Westfalen, Hessen-Pfalz, Württemberg-Baden, Bayern) und ein Vorschlag Lüdemanns für eine Neueinteilung Westdeutschlands in die Länder Unterelbe, Niedersachsen, Westfalen, Rheinland, Hessen-Pfalz, Württemberg-Baden und Bayern. Lüdemann trug mit seinen Wünschen aber nur dazu bei, die Unlust seiner Kollegen so zu steigern, daß der Ländergrenzenausschuß nach erregter und gereizter Debatte auf Antrag Bürgermeister Brauers von der Ministerpräsidentenkonferenz am 31. August 1948 aufgelöst wurde. Sechs der elf Landesfürsten, und zwar die Chefs der historisch gefestigten Länder Bayern, Hamburg, Bremen, der auf die Eigenständigkeit seines Ländchens in der Südwestecke bedachte Staatspräsident Wohleb und die beiden Ministerpräsidenten vom Rhein, die auch außenpolitisch argumentierten, lehnten eine große Lösung des Territorialproblems ab und stimmten für die Auflösung des Ländergrenzenausschusses.[54]
Das Neugliederungsproblem wurde an den Parlamentarischen Rat weitergereicht, der es in einem Grundgesetzartikel festschrieb. Den Militärgouverneuren gegenüber begnügten sich die Ministerpräsidenten mit dem keineswegs überraschenden Vorschlag, die badischen und württembergischen Ländereien sollten sich zum Südweststaat vereinigen. Dem alliierten Auftrag war damit aber Genüge getan.[55]

4. Deutsche Verfassungspläne

Als James K. Pollock, General Clays persönlicher politischer Berater, nach seiner Reise durch die drei Westzonen im Juni 1948 feststellte, beinahe jeder maßgebliche Deutsche habe eine Verfassung in der Tasche, hatte er kaum übertrieben.[56] Das Pläneschmieden hatte schon begonnen, als die Weimarer Republik zusammenbrach. Gedanken zur Verfassungsstruktur Deutschlands nach Hitler finden sich in den verschiedenen Stadien und Entwürfen des »Prager Manifests« des emigrierten SPD-Vorstands vom Jahresende 1933. Erich Koch-Weser, einer der liberalen Verfassungsväter von 1919, hatte 1942 im brasilianischen Exil den »Entwurf einer Deutschen Reichsverfassung nach Hitlers Sturz« verfaßt.[57] In Amerika, in Großbritannien, in Schweden, in der Schweiz, in der Sowjetunion und wo sonst deutsche Emigranten auf ein anderes und besseres Deutschland hofften, wurden Verfassungsmodelle diskutiert, ebenso in den Zirkeln des Widerstands, in der Goerdeler-Gruppe wie bei den Kreisauern. Unmittelbaren Einfluß auf die bald nach dem Zusammenbruch des NS-Regimes neu einsetzende Debatte um die verfassungsrechtliche Zukunft Deutschlands hatten die Konzepte des Widerstands und des Exils freilich wenig, bemerkenswert waren aber gemeinsame Strömungen wie die verbreitete Absage an nationalstaatliches Denken zugunsten der Integration Deutschlands in ein neues Europa oder das Streben nach konstruktiven Konsequenzen aus den Mängeln der Weimarer Verfassung. Indirekt floß Gedankengut aus der Emigration und dem Widerstand freilich auch in die Verfassungsdiskussion der Jahre nach 1945 ein, durch Männer wie Wilhelm Hoegner und Hans Nawiasky, die die nationalsozialistischen Jahre in der Schweiz verbracht hatten, über Theodor Steltzer aus dem Kreisauer Kreis und nicht zuletzt – auf ganz andere Weise – durch frühere preußische Spitzenbeamte und ehemals deutsche Gelehrte, die als amerikanische Staatsbürger in Clays Stab Einfluß auf die deutschen Geschicke hatten. Zu ihnen gehörten Hans Simons, ein Sohn des deutschen Außenministers von 1920/21 und späteren Reichsgerichtspräsidenten, der vor seiner Emigration zuletzt Oberpräsident von Niederschlesien gewesen war. 1947 bis 1949 amtierte Simons als Abteilungsleiter bei der amerikanischen Militärregierung und Verbindungsmann zum Parlamentarischen Rat. Der frühere Ministerialdirektor im preußischen Staatsministerium Arnold Brecht war als New Yorker Professor ab Frühjahr 1948 im Auftrag der amerikanischen Regierung als Sachverständiger für Föderalismusfragen tätig. Um noch einen dritten zu nennen: Der Harvardprofessor Carl J. Friedrich, der schon seit den 20er Jahren in Amerika lebte (ab 1938 als US-Staatsbürger) gehörte als governmental affairs adviser zum Stab der amerikanischen Militärregierung. In dieser Eigenschaft verfolgte er vor Ort die Beratungen auf Herrenchiemsee und erstattete OMGUS darüber einen eingehenden (weitgehend positiven) Bericht.[58]

Die Diskussion über eine verfassungsrechtliche Neuordnung Deutschlands war auf allen möglichen Ebenen im Gange. Gelehrte, Publizisten, Ministerialbeamte und Politiker und selbstverständlich auch romantische Weltverbesserer und Phantasten erdachten Modelle und Entwürfe. Kluge Männer wie Theodor Eschenburg hatten, »um die eigenen Gedanken zu ordnen und sich eine Vorstellung von den konkreten Möglichkeiten der Wiederherstellung eines deutschen Staates zu machen« (mit diesen Worten beginnen seine unveröffentlichten »Überlegungen zur künftigen Verfassung und Verwaltung in Deutschland« vom Oktober 1945), aus privatem Antrieb zur Feder gegriffen, andere handelten in amtlichem Auftrag wie Friedrich Glum, der im Sommer 1946 als Verfassungsreferent in der Bayerischen Staatskanzlei eine »Verfassung der Vereinigten Staaten von Deutschland« ausgearbeitet hatte.[59]

Die Stuttgarter Rede des amerikanischen Außenministers Byrnes im September 1946 hatte den Anstoß zu Überlegungen über Verfassungs- und Organisationsstrukturen gegeben, die im Länderrat der US-Zone und in dessen Umkreis angestellt wurden. General Clay hatte die Ministerpräsidenten seiner Zone ermuntert, über ein Grundmuster für eine Nationalverfassung nachzudenken.[60]

Das geschah ab Frühjahr 1947 vor allem im Deutschen Büro für Friedensfragen, jener Organisation in der US-Zone, die Generalstabsarbeit zur Vorbereitung eines Friedensvertrags leistete und (auch personell) als Relikt des alten oder als Substrat eines neuen Auswärtigen Amts Pläne schmiedete.[61] Im Verfassungsausschuß des Friedensbüros wurden süddeutsch-föderalistische Positionen artikuliert; Ausgangspunkte waren die Vorschläge von Friedrich Glum und Hermann Brill. Trotz etlicher Kompromisse gelang es aber nicht, die staatenbündischen Wünsche Bayerns (Glum) und die weniger extremen Vorstellungen der anderen süddeutschen Länder in Einklang zu bringen. Ein letzter Versuch, ein geschlossenes Verfassungskonzept zu präsentieren, wurde Mitte Juli 1948 unternommen. Bayern und Bremen waren auf dieser Sitzung aber nicht mehr vertreten, so daß die »Vorschläge der süddeutschen Sachverständigenkommission für eine deutsche Verfassung« nur noch marginale Bedeutung hatten. Die Divergenzen im organisatorischen Bereich, die zwischen der bayerischen und der württemberg-badischen Auffassung vom Föderalismus bestanden, hatten das Bemühen, von Süddeutschland aus auf gouvernementaler Ebene die Entwicklung zu beeinflussen, scheitern lassen.[62]

Die maßgeblichen bayerischen Politiker hatten aber rechtzeitig auch eine parteipolitische Plattform gefunden, auf der ihre Wünsche wirkungsvoll artikuliert werden konnten. Dieses Forum war der »Ellwanger Kreis«, in dem die intensivste Diskussion über Verfassungsprobleme innerhalb der Unionsparteien geführt wurde. Entstanden war das Gremium engagierter Föderalisten im Frühjahr 1947 aus dem Bedürfnis der CDU- und CSU-Mitglieder der süddeutschen Länderregierungen, ihre Politik im Länderrat untereinander abzustimmen.[63] Die Zusammenkünfte im württembergischen Ellwangen standen im Zeichen von Grundsatzfragen christlicher Politik, sie konzentrierten sich im Herbst 1947 auf das Problem der föderalistischen Neugestaltung Deutschlands. Zusammen mit gleichgesinnten Freunden aus der CDU ganz Westdeutschlands – an vorderster Stelle standen Werner Hilpert (Hessen), Adolf Süsterhenn (Rheinland-Pfalz), Heinrich von Brentano und Walter Strauß – wurde im

November 1947 unter beträchtlichem Einfluß bayerischer Politiker wie Anton Pfeiffer und Hans Ehard ein Verfassungsmodell entworfen, das im April 1948 in Bad Brückenau mit einer von Adenauer geführten Delegation der unitarischer eingestellten CDU der britischen Zone diskutiert wurde.

Umstritten war (und blieb) vor allem das Problem einer zweiten Kammer. Adenauer und seine Anhänger sympathisierten mit einem Senat, der teilweise von den Landtagen gewählt sein, aber auch starke berufsständische Elemente enthalten sollte. Der Ellwanger Kreis verfocht dagegen auch in Bad Brückenau (bei dem Treffen war das bayerische Kabinett fast vollzählig anwesend) konsequent das Bundesratsprinzip. In Düsseldorf versuchte im Mai 1948 der Verfassungsausschuß der Arbeitsgemeinschaft der CDU/CSU, der unter Heinrich von Brentanos Leitung schon im Frühjahr 1947 ein freilich unverbindliches Verfassungskonzept der Union erarbeitet hatte (Heppenheimer Entwurf), die verschiedenen Ansätze zu harmonisieren. Es gelang, eine ganze Reihe von Übereinstimmungen zu finden wie die Ablehnung einer Kompetenz-Kompetenz des Bundes und der plebiszitären Wahl des Staatsoberhaupts, das Zweikammersystem war grundsätzlich erwünscht, und auch in der Frage des Wahlrechts gab es keine Gegensätze. Der in Düsseldorf angekündigte Verfassungsentwurf, der für die gesamte Union verbindlich sein sollte – er hätte auf einer Mittellinie zwischen dem moderaten Föderalismuskonzept der nordwestdeutschen und der Berliner CDU und den Ellwanger Vorstellungen liegen müssen –, kam nicht zustande.

Im Herrenchiemseer Konvent und im Parlamentarischen Rat war die Ellwanger Konzeption allgegenwärtig und ihre Propagandisten waren prominent vertreten, die andere Richtung unter Adenauers Führung war in Bonn freilich keineswegs im Hintertreffen.

Die Differenzen in der CDU/CSU waren im Sommer 1948 jedenfalls erheblich geringer als die Meinungsverschiedenheiten unter den Sozialdemokraten. Äußerlich bot die SPD allerdings ein Bild großer Geschlossenheit, das aber beim Vergleich der Parteilinie von Hannover mit den Standpunkten der sozialdemokratischen Landesfürsten in Facetten auseinanderfiel. Die »Richtlinien für den Aufbau der Deutschen Republik«, die ein vom Parteivorstand eingesetzter verfassungspolitischer Ausschuß ab September 1946 erarbeitet hatte – sie waren am 13./14. März 1947 vom Parteivorstand beschlossen und auf dem Nürnberger Parteitag im Juli 1947 einstimmig angenommen worden –, griffen weitgehend auf die Weimarer Reichsverfassung zurück.[64]

Modifiziert war namentlich die Stellung des Regierungschefs gegenüber dem Parlament (konstruktives Mißtrauensvotum), die Befugnisse des »Reichspräsidenten« sahen keine Beteiligung an der vollziehenden Gewalt vor, und ein Notstandsrecht wurde ausdrücklich abgelehnt. Trotz der Formulierung »Die Deutsche Republik wird ein Bundesstaat sein müssen« – das klang widerwillig genug – zielten die Richtlinien auf einen dezentralisierten Einheitsstaat. Die bayerischen Sozialdemokraten, an ihrer Spitze Wilhelm Hoegner, verhielten sich entsprechend reserviert gegenüber dem Verfassungskonzept der Parteizentrale, das freilich bis mindestens Sommer 1948 für die SPD offiziell verbindlich blieb. Walter Menzel, vom September 1946 bis Juni 1950 Innenminister von Nordrhein-Westfalen, Mitglied des Parteivorstands und Vorsitzender des verfassungspolitischen Ausschusses der SPD, vertrat als Verfassungsexperte und Autor aller SPD-Entwürfe das antiföderalistische Konzept innerhalb der Partei wie in der öffentlichen Diskussion. An die Adresse der Länder, vor allem Bayerns, richtete sich die These, Hitler sei nicht durch ein zentralistisch aufgebautes Reich, sondern durch die Reservatrechte der Länder zur Macht gekommen. Menzel verfocht insbesondere die Finanzhoheit der Zentralgewalt.[65]

Bis in den Sommer 1948 hinein begnügte sich die SPD-Zentrale, auf die Nürnberger Richtlinien zu verweisen, wenn dies notwendig schien. Im Vordergrund ihres Interesses standen Probleme der Wirtschafts- und Gesellschaftspolitik, und gegenüber der deutschlandpolitischen Konzeption spielte in Kurt Schumachers Umgebung die Verfassungsfrage eine untergeordnete Rolle. Aktueller als eine Verfassungsordnung erschien ein Besatzungsstatut – die Forderung, die Carlo Schmid in Übereinstimmung mit Schumacher seit dem Nürnberger Parteitag immer wieder propagierte.[66] Carlo Schmid war aber nicht nur der Exponent dieser Art von Verfassungspragmatismus nach dem Motto, die »wirkliche Verfassung, unter der wir leben«, müsse zunächst die rechtliche Fixierung eines »konstitutionellen Besatzungsregimes« sein, er bemühte sich daneben auch darum, die allzu starren Verfassungsrichtlinien der SPD im Sinne der sozialdemokratischen Prominenz in den Länderregierungen zu interpretieren.[67] Er unterstützte damit die Linie von Wilhelm Kaisen und Max Brauer in den Hansestädten oder von Hermann Brill in Hessen; Schmid blieb aber darauf bedacht, genügend Distanz zu beiden Extremen, dem Zentralismus Menzels wie dem eher staatenbündischen Föderalismus Hoegners zu halten.

Die Gegensätze zwischen den Pragmatikern in den Länderregierungen und den Dogmatikern im Parteivorstand – Carlo Schmid war eine Integrationsfigur – hatten zusammen mit der Fixierung auf den Vorrang eines Besatzungsstatuts zur Stagnation geführt, in deren Folge die SPD der Situation im Sommer 1948 ziemlich ungerüstet gegenüberstand. Erst im Juli 1948 bestellte der Parteivorstand bei seinem Verfassungsexperten Menzel einen Entwurf für ein westdeutsches Grundgesetz, der den Vorstellungen der Alliierten und der weit fortgeschrittenen Diskussion einer Weststaatsgründung Rechnung tragen sollte. Menzel legte den Entwurf für eine »Westdeutsche Satzung«[68] vor, in dem sorgfältig alle terminologischen Hinweise auf den Staatscharakter Westdeutschlands vermieden waren. Der »Erste Menzel-Entwurf«, der sich, in Übereinstimmung mit den Richtlinien von 1946/47, substantiell wenig von der Weimarer Reichsverfassung unterschied, war zum Zeitpunkt seiner Veröffentlichung (16. August 1948) bereits obsolet. Es waren darin nämlich nicht nur die Verhandlungsergebnisse der Ministerpräsidenten mit den Militärgouverneuren über die Frankfurter Dokumente ignoriert worden, inzwischen war auch der Verfassungskonvent in Herrenchiemsee (unter prominenter sozialdemokratischer Beteiligung: Carlo Schmid, Hermann Brill, Fritz Baade) an der Arbeit. Die Annahme, daß die Verhandlungen im Parlamentarischen Rat quasi am Nullpunkt beginnen würden, die Tätigkeit des Verfassungskonvents also mehr oder weniger unverbindliche Debatte und das Ergebnis nur eine Materialsammlung unter vielen sein würde, war eine Illusion. Diese ziemlich späte Erkenntnis des SPD-Vorstands führte zu einem neuen Auftrag an Menzel, der am 2. September 1948, einen Tag nach der Eröffnung des Parlamentarischen Rats, einen Entwurf für ein Grundgesetz (»Zweiter Menzel-Entwurf«) vorlegte.[69] Unter aller Betonung des Provisorischen wurde er auch terminologisch den Verhältnissen gerecht; materiell war einiges geändert worden (u. a. Gesetzgebungskompetenzen, Steuerrecht, Gerichtsbarkeit). Erst mit dem zweiten Menzel-Entwurf hatte die SPD in letzter Minute eine diskussionsfähige Alternative zu den Konzepten der Unionsparteien vorgelegt.

Die Verfassungskonzepte der liberalen Parteien, die sich im Dezember 1948 zur FDP zusammenschlossen, waren ebenso heterogen wie ihr programmatisches und organisatorisches Erscheinungsbild. Die Richtlinien der FDP in der britischen Zone vom Februar 1946 forderten recht allgemein einen Staat mit starker Zentralgewalt, die völlige Rechtssicherheit seiner Bürger und eine Wirtschaftsordnung gegründet auf persönliche Initiative und freien Wettbewerb. Im Herbst 1947 bestellte der »Vorläufige Reichsvorstand der Demokratischen Partei« eine Verfassungskommission unter dem Vorsitz Franz Blüchers, der in weitgehender »Anlehnung an den konstruktiven Teil der Weimarer Verfassung« einen Entwurf erarbeiten sollte. Er kam nicht zustande, Diskussionen zwischen nord- und süddeutschen Exponenten der Partei erbrachten aber im Juni 1948 einen Minimalkonsens innerhalb der FDP: Das künftige Deutschland werde ein Bundesstaat sein, »weniger aus unserem eigenen Willen heraus als durch den Zwang der Verhältnisse«.[70] Die Situation war ähnlich wie in den beiden großen Parteien von gegensätzlichen Auffassungen zwischen dem Norden, wo man mehr zum Einheitsstaat neigte, und dem föderalistischen Süden bestimmt. Das Gewicht des einzigen Ministerpräsidenten, den die FDP stellte, war erheblich, und Reinhold Maier war alles andere als ein Zentralist. Aber auch Theodor Spitta gehörte als Bremer Bürgermeister nicht zu den Unitariern.

Die kleinen Parteien, die auf regionaler Basis operierten, als Koalitionspartner oder Konkurrenten der CDU und CSU aber weit über ihre eigentliche Einflußsphäre hinaus von Bedeutung waren, verfochten neben den Sonderinteressen, denen sie ihre Wähler verdankten, föderative Positionen. Am weitesten ging die Bayernpartei, die als Heimatpartei christlich-konservativen und liberalen Politikern ebenso wie Monarchisten und Separatisten eine Plattform bot. Das Programm der BP zielte auf die ungestörte Entfaltung der bayerischen Eigenart in einem allenfalls staatenbündisch organisierten Deutschland.[71]

Die auf antipreußisch-welfische Traditionen gegründete konservativ-nationalistische Deutsche Partei in Niedersachsen propagierte einen deutschen Bundesstaat, bei dem das Schwergewicht der Kompetenzen bei den Ländern liegen sollte. Das Bekenntnis zur Einheit der Nation ging bei der DP einher mit der Forderung, das Deutsche Reich in seinem alten territorialen Bestand wiederherzustellen.[72] Die Deutsche Zentrumspartei, deren Wählerpotential im wesentlichen auf Nordrhein-Westfalen beschränkt war, bewegte sich in den Geleisen des alten Zentrums und vertrat, trotz ihres Selbstverständnisses als überkonfessionelle, sozialfortschrittliche Partei katholische Interessen wie das Elternrecht, das in einer föderativen Verfassung verankert sein sollte.[73]

Die verschiedenen Parteistandpunkte waren, allerdings in den jeweiligen norddeutschen Spielarten, zum ersten Mal im Herbst 1947 im Zonenbeirat der britischen Zone diskutiert worden. Für die Verfassungsdebatte am 24. November 1947, die mit dem Blick auf die Londoner Außenministerkonferenz und in der Hoffnung, daß diese eine Lösung für die deutschen Probleme finden würde, im Zonenbeirat geführt wurde, hatten die Parteien im britischen Besatzungsgebiet Verfassungskonzepte vorgelegt. Sie wurden, zusammen mit den Ergebnissen der Verhandlung in einer Denkschrift zusammengefaßt, die dann dem Parlamentarischen Rat als Arbeitsunterlage zugestellt wurde.[74] Sie enthielt auch eine Stellungnahme der KPD, in der jede auch nur vorläufige staatsrechtliche Zusammenfassung der Westzonen als Verhinderung der deutschen Einheit abgelehnt wurde. Im übrigen vertrat die KPD den Verfassungsentwurf der SED vom Herbst 1946, der auf konsequent parlamentarischer Grundlage eine »demokratische Volksrepublik« vorsah, in der die Einheit der Nation, der soziale Fortschritt, die Sicherung des Friedens und die Freundschaft mit anderen Völkern gewährleistet sein sollte. Der SED-Entwurf war in den Westzonen als Broschüre weit verbreitet.[75]

5. Der Herrenchiemseer Konvent im August 1948: Vorentscheidungen beim Planspiel der Rechtsgelehrten

Am 10. August 1948 versammelte sich auf der Herreninsel im Chiemsee das Expertenkomitee für Verfassungsfragen, das im Juli von den Ministerpräsidenten eingesetzt worden war. Der Tagungsort war der Ruhe und Konzentration wegen, aber auch nicht ohne Hintergedanken von der Bayerischen Staatsregierung empfohlen worden. Die Münchner Staatskanzlei hoffte, dort mindestens den föderalistischen genius loci ins Spiel bringen zu können. Die Abgeschiedenheit und Stille war aber keineswegs vollkommen. (Als größte Plage wurden Reporter und Mücken empfunden.)[76] Im Gegensatz zum »Konklave von Rothwesten«, bei dem die Währungsexperten im Frühjahr 1948 vollständig von der Außenwelt isoliert waren, tagte der Verfassungskonvent unter den Augen der Öffentlichkeit. Das Eiland im Chiemsee war auch für Touristen nicht gesperrt worden.

Erich Kuby beklagte in einer Reportage für die Süddeutsche Zeitung sogar den Mangel an Würde, der anfänglich geherrscht habe.[77] Der streitbare Liberale Thomas Dehler ereiferte sich über den Herrenchiemseer »Verfassungskonvent« (der Ausdruck stammt wahrscheinlich vom bayerischen Staatsminister Anton Pfeiffer), den er als »lebensfremde Theaterattrappe« empfand; die Erinnerung an Herrenchiemsee sei mit der Vorstellung des Unechten verbunden. Der bayerische FDP-Vorsitzende sorgte sich, daß der Ungeist des unschöpferischen Schloßbaus des Romantikers Ludwig II. auch über den Verfassungsberatungen walte.[78] Die Assoziation war aber schon im Äußerlichen falsch, das Kollegium tagte nämlich nicht im Schloß Herrenchiemsee, der Versailles-Imitation des bayerischen Märchenkönigs, sondern im Klostertrakt des säkularisierten Augustinerchorherrenstifts, dem »Alten Schloß«. Und die rund dreißig Fachleute, die sich im Eckzimmer des ersten Stocks[79] zwei Wochen lang, oft bis tief in die Nacht, die Köpfe zerbrachen, hatten nichts weniger als romantische Theatereffekte im Sinn. Die Zielstrebigkeit und der Sachverstand der Männer auf der Insel waren beachtlich, ebenso das Ergebnis ihres Bemühens. Die dominierenden Gestalten waren Anton Pfeiffer, Carlo Schmid und Hermann Brill. Pfeiffer, dem auch die geschäftsmäßige Leitung der ganzen Veranstaltung oblag (daneben wurde ein Vorstand gewählt, der sich aus einem Vertreter jeder Zone zusammensetzte: Theo Kordt für die britische, Carlo Schmid für die französische und Josef Schwalber für die amerikanische), war als Staatsminister und Chef der Münchner Staatskanzlei einer der mächtigsten Männer in Bayern, ebenso katholisch gesonnen wie auf die Wahrung der bayerischen Eigenstaatlichkeit bedacht. Dem Vorsitzenden der CSU, Josef Müller (Ochsensepp), war er als Angehöriger des Schäffer-Hundhammer-Flügels allzeit ein unbequemer Gegner, das politische Stellwerk in der Staatskanzlei beherrschte er virtuos, und er gehörte zu den Politikern, die auf Landesebene, auf den Ministerpräsidentenkonferenzen und im Parlamentarischen Rat, nie an vorderster Stelle, aber um so wirksamer in den Kulissen, an den Entscheidungen der ersten Nachkriegsjahre bedeutenden Anteil hatten. Hermann Brill brachte, wie viele seiner Kollegen auf Herrenchiemsee, Erfahrungen als Politiker der Weimarer Zeit mit. Er war im Thüringer Landtag (1932 auch im Reichstag) gesessen, war im Volksbildungsministerium und im Staatsgerichtshof in Jena tätig gewesen, war als erbitterter Gegner der Nationalsozialisten ins Zuchthaus und KZ geraten. Parteipolitisch gehörte er zur SPD, 1918 bis 1922 zur USPD und in der Illegalität nach 1933 zur Gruppe Neu Beginnen. 1945 war er Landesvorsitzender der SPD in Thüringen und amtierte – unter amerikanischer Ägide – kurze Zeit als Regierungschef in Weimar. Seine Überzeugung von der Notwendigkeit einer Vereinigung der Arbeiterbewegung, wie sie im Buchenwalder Manifest formuliert war, litt angesichts der Realitäten in der sowjetischen Besatzungszone so großen Schaden, daß er Thüringen Ende 1945 verließ. In Hessen wurde er im Rang eines Staatssekretärs Chef der Staatskanzlei. Hier und im Deutschen Büro für Friedensfragen galt sein Hauptinteresse der künftigen verfassungsrechtlichen Regelung eines westdeutschen Bundesstaats, wobei er sich besonders um die Vermittlung zwischen dem Föderalismus der süddeutschen Länder und den weniger weitgehenden Ambitionen der Norddeutschen bemühte. In Kurt Schumachers Augen blieb Brills Linie freilich partikularismusverdächtig.

Jedes der elf Länder hatte einen Bevollmächtigten in den Verfassungskonvent entsandt, zusätzlich war Berlin vertreten durch Otto Suhr, den Vorsteher des Stadtverordnetenkollegiums, der Gastrecht genoß. Die elf Bevollmächtigten waren allesamt Experten für staats- und verfassungsrechtliche Fragen, manche von ihnen hatten auch als Politiker Gewicht wie der Staatssekretär im Bayerischen Innenministerium, Josef Schwalber, der Bremer Bürgermeister Theodor Spitta (er war an der Entstehung zweier Verfassungen der Hansestadt entscheidend beteiligt, der von 1920 und der von 1947), Hermann Brill (Hessen), Josef Beyerle (Justizminister in Stuttgart von 1923 bis 1933 und von 1945 bis 1951), der langjährige Justiz- und Kultusminister von Rheinland-Pfalz, Adolf Süsterhenn, und Carlo Schmid als Stellvertretender Staatspräsident und Justizminister von Württemberg-Hohenzollern.

Das Land (Süd-)Baden war durch den Oberlandesgerichtspräsidenten Paul Zürcher vertreten, der innerhalb der engen Landesgrenzen als Berater des Staatspräsidenten Wohleb und als graue Eminenz der Landespolitik galt. (Wie seine Herrenchiemseer Kollegen Pfeiffer und Brill vertrat Zürcher sein Land gleichzeitig auch bei den Sitzungen des Ländergrenzenausschusses vor und nach dem Verfassungskonvent.) Hamburg hatte den Senatssyndikus Wilhelm Drexelius entsandt. Sein Titel, Ausdruck hanseatischen Understatements, umschrieb die Aufgaben eines Staatssekretärs, er war für die Geschäfte der Senatskanzlei und des Rechtsamts verantwortlich, und er galt als Vertrauter Bürgermeister Brauers. Niedersachsens Bevollmächtigter war Justus Danckwerts, Ministerialrat in der Staatskanzlei Hannover, und parteipolitisch ebenso ungebunden wie der Vertreter Nordrhein-Westfalens, der Bonner Dozent für Völkerrecht und Diplomatie Theodor Kordt, der früher im Auswärtigen Amt gewesen war und dort zum Widerstandskreis gegen den Nationalsozialismus gehörte. Schleswig-Holstein war durch den Wirtschafts- und Ernährungswissenschaftler Fritz Baade, den Leiter des Kieler Instituts für Weltwirtschaft, vertreten.

Aus der amerikanischen und der französischen Zone waren also Politiker, aus der britischen Fachleute ohne politische Bindung gekommen (das galt in diesem Zusammenhang auch für den Sozialdemokraten Fritz Baade); daß die elf Ministerpräsidenten Anhänger – allerdings verschiedener Spielarten – eines föderalistischen Systems delegiert hatten, entsprach der Natur der Dinge. Jeder der elf Bevollmächtigten war von einem oder zwei Mitarbeitern (das vielköpfige technische Personal nicht gerechnet) begleitet. Baden war mit seinem Justizminister Fecht und durch den Freiburger Ordinarius Theodor Maunz zusätzlich vertreten, Bayern hatte zwei hohe Ministerialbeamte, Claus Leusser und Ottmar Kollmann, nominiert. Bremen (Gert Feine) und Hamburg (Johannes Praß), Niedersachsen (Ulrich Jäger) und Rheinland-Pfalz (Bernhard Hülsmann und Klaus-Berto von Doemming) hatten ebenfalls erfahrene Fachbeamte auf die Chiemseeinsel geschickt, aus Hessen war ein Landtagsmitglied, Rechtsanwalt Karl Kanka, angereist, Fritz Baade hatte einen Mitarbeiter des Kieler Weltwirtschaftsinstituts (Friedrich Edding) mitgebracht, Carlo Schmid war von seinem Tübinger Schüler Gustav von Schmoller begleitet, und aus Württemberg-Baden waren Landgerichtsrat Kurt Held und Rechtsanwalt Otto Küster (zugleich Abteilungsleiter im Stuttgarter Justizministerium) gekommen. Nordrhein-Westfalen hatte den Richter am Obersten Gerichtshof für die Britische Zone in Köln, Hans Berger, benannt.

Außer diesen fünfzehn Mitarbeitern waren noch vier Sachverständige am Werk: Richard Ringelmann, Ministerialdirektor im bayerischen Finanzministerium, Herbert Fischer-Menshausen, Hauptreferent für Finanzen beim Länderrat der Bizone, Hans Storck, Finanzdezernent im Deutschen Städtetag, und Hans Nawiasky, Professor der Rechtswissenschaft in St.

Gallen und München. Nawiasky hatte schon in der Weimarer Zeit als Hausjurist der bayerischen Regierung gewirkt und Bayern 1932 vor dem Staatsgerichtshof in der Klage gegen Papens Preußenschlag vertreten. An der Entstehung der bayerischen Verfassung von 1946 war Nawiasky stark beteiligt gewesen.

Die Verfassungsexperten hatten dreizehn Tage Zeit für eine ähnliche Aufgabe, wie sie Hugo Preuß im Dezember 1918 gestellt war. Der damalige Chef des Reichsamts des Innern, prominent beraten von Max Weber und gestützt auf den Apparat der Reichsregierung, hatte aber vor anderen Schwierigkeiten gestanden als die Sachverständigen des Jahres 1948. 1918/1919 war es darum gegangen, das Prinzip der Volkssouveränität an Stelle des monarchischen Obrigkeitsstaats zu installieren, und zwar gegen den Willen einer breiten ehemals staatstragenden Bevölkerungsschicht. Ferner wollte Preuß die bundesstaatliche Organisation des Kaiserreichs gegen den Widerstand vor allem der süddeutschen Länder in einen Einheitsstaat umwandeln. Diese Bestrebungen waren auf halbem Weg zum Stehen gekommen: Das Deutsche Reich der Weimarer Verfassung blieb nominell ein Bundesstaat, die Machtverschiebung zugunsten der Zentrale war aber beträchtlich, und das Ergebnis befriedigte weder Unitaristen noch Föderalisten. Ein weiteres Problem bestand darin, daß Preußen erdrückende drei Fünftel des gesamten Reichsgebiets bedeckte (Hugo Preuß hatte eigentlich die Länder in gleichgroße Verwaltungseinheiten neu einteilen wollen) und ein entsprechender Machtfaktor blieb, dem die geschriebene Verfassung nicht Rechnung tragen konnte.

Die Ausgangslage beim Herrenchiemseer Konvent war nicht nur anders, sondern in mancher Hinsicht sogar besser; so war es sicher, daß die parlamentarische Demokratie nicht wie 1919 gegen den Widerstand einer unzufriedenen Oberschicht durchgesetzt werden mußte, auch spielte der Dualismus Preußen – Reich keine Rolle mehr, und schließlich gab es die historische Erfahrung der Weimarer Verfassung als Vorbild. Der Herrenchiemseer Konvent durfte sich auch freier fühlen als die Preußsche Verfassungskommission von 1918/19, die eine Regierungsvorlage zu erstellen hatte, also mit politischen Kompromissen arbeiten mußte, während die Männer auf der Chiemseeinsel ein formell unverbindliches Sachverständigengutachten zu liefern hatten, in dem Varianten und Alternativen, Mehrheitsvoten und Minderheitsmeinungen gegenübergestellt werden konnten.

Die Verfassungsrechtler von 1948 standen aber auch vor einem Problem, das 1919 nicht existiert hatte. Damals mußte eine neue Ordnung für ein äußerlich intaktes deutsches Staatswesen entworfen und politisch durchgesetzt werden. Die Liquidierung des verlorenen Ersten Weltkriegs war eine andere Sache als die verfassungsrechtliche Konsequenz der Novemberrevolution. 1948 standen die Rechtsgelehrten vor der Frage, ob das Deutsche Reich als Folge des Zweiten Weltkriegs als Staat und Rechtssubjekt untergegangen oder ob es lediglich desorganisiert und seiner Geschäftsfähigkeit beraubt worden war. War Deutschland als Ganzes untergegangen, so mußte es neu konstituiert werden, und dann erhob sich die Grundsatzfrage, die auf Herrenchiemsee ausführlich debattiert wurde, wo die Quelle der konstitutiven Gewalt liege, beim Volk oder bei den Ländern. Die Mehrheit vertrat den Standpunkt, Deutschland sei nicht untergegangen, es müsse nur neu organisiert werden, und zwar in der äußeren Gestalt eines Staatsfragments – hier hieß das politische Problem: westdeutscher Staat oder Proklamation des gesamtdeutschen Staates im Westen –, da wesentliche Souveränitätsrechte noch nicht in deutscher Hand waren. Die Minderheit – es waren die Bayern – huldigte der Auffassung, Deutschland müsse neu konstituiert werden, und zwar durch die Länder, die als einzelne und selbständige Rechtspersönlichkeiten zusammenwirken müßten.

Die bayerische Staatskanzlei hatte ihre Argumentation frühzeitig untermauert und zwei Schriftsätze als Beratungsunterlagen vorgelegt (es waren die einzigen Entwürfe, die an den Herrenchiemseer Konvent gelangten). Das eine Dokument war der »Entwurf eines Grundgesetzes«, und das zweite hieß »Bayerische Leitgedanken für die Schaffung des Grundgesetzes«. Die Schriftstücke waren ausdrücklich nicht als Vorlage der bayerischen Regierung deklariert, sondern als »private Arbeit, die dazu bestimmt sei, die Eröffnung des Gedankenaustausches zu erleichtern«.[80] Außer dem Professor Nawiasky waren die Autoren bayerische Ministerialbeamte, und sie vertraten entschieden bayerisch-föderalistische Forderungen, die über die Ellwanger Grundsätze der CDU/CSU hinausgingen, am wesentlichsten im Wunsch nach starkem Einfluß der Länder auf die Exekutive des Bundes.[81] Der Grundgesetzentwurf und die »Leitgedanken« bayerischer Provenienz wurden zur Kenntnis genommen, auch gelobt, aber weiter nicht berücksichtigt.

Nach der einleitenden Plenardebatte, die am 11. und 12. August in vier Sitzungen stattfand, teilte sich das Kollegium in drei Unterausschüsse. Unter dem Vorsitz von Josef Beyerle wurden Grundsatzfragen erörtert. Theodor Spitta, der Senior des Konvents, leitete den zweiten Unterausschuß für Zuständigkeitsfragen im Bereich der Gesetzgebung, Rechtsprechung und Verwaltung und der Finanzverfassung. Organisationsfragen (Aufbau, Gestaltung und Funktion der Bundesorgane) wurden im dritten Unterausschuß, dem Paul Zürcher präsidierte, diskutiert. Neben dem Plenum und den Unterausschüssen wurden Detailprobleme in Referentenbesprechungen behandelt, und am Schluß – nach gründlicher

Erörterung der Einzelergebnisse in Plenarsitzungen – wurde das Resultat der Arbeit von einer Redaktionskommission zusammengestellt, und zwar bei aller Sorgfalt in so großer Eile, daß der Bericht von 95 Druckseiten Umfang rechtzeitig den Ministerpräsidenten vorgelegt werden konnte, die sich am 31. August 1948 wieder im Jagdschloß Niederwald trafen, um die Eröffnung des Parlamentarischen Rats vorzubereiten.[82]

In der ersten Plenarsitzung hatten sich die Konventsmitglieder darüber verständigt, daß sie »keinerlei politische Entscheidungen zu treffen oder auch nur zu empfehlen« hätten. Sie wollten »alle für die Ausarbeitung einer Verfassung wichtigen Fragen« klären und Lösungsmöglichkeiten ausarbeiten, verschiedene Lösungen sollten als Varianten gegenübergestellt werden, und politische Kompromisse hätten »hiebei keinen Raum«.[83] Trotz dieser Grundsätze war das Kollegium natürlich kein unpolitischer Debattierklub, und das beachtliche Ergebnis des formal unverbindlichen Planspiels von Herrenchiemsee war schließlich doch eine Art Regierungsvorlage der Ministerpräsidenten, an dem die Mitglieder des Parlamentarischen Rats nicht mehr vorbeikamen. Der Schlußbericht gliederte sich in drei Abschnitte. Im ersten, dem darstellenden Teil, wurden unter Angabe von Mehrheits- und Minderheitsmeinungen die einzelnen Verfassungsprobleme in dreizehn Kapiteln dargelegt und diskutiert. Der zweite Teil bot in artikulierter Form den fast vollständigen Entwurf eines Grundgesetzes (mit Mehrheits- und Minderheitsvorschlägen zu bestimmten Verfassungsartikeln), und im dritten Teil wurden einzelne Bestimmungen des Entwurfs kommentiert.

Die bescheiden als Tätigkeitsbericht deklarierten Ergebnisse des Verfassungskonvents strukturierten die Debatten der kommenden Monate im Parlamentarischen Rat. Die strittigen Probleme von Herrenchiemsee waren meist auch die Streitfragen von Bonn. Konsens herrschte in Herrenchiemsee über zehn Leitgedanken, die auch die Nutzanwendung aus Konstruktionsmängeln der Weimarer Verfassung enthielten: Die Legislative sollte aus zwei Kammern bestehen, einem »echten Parlament« und einer Länderkammer. (Deren Struktur blieb umstritten.) Die Abhängigkeit der Regierung vom Parlament gründe sich auf das Vertrauen einer arbeitsfähigen Mehrheit, eine arbeitsunfähige Mehrheit dürfe weder eine Regierungsbildung vereiteln noch eine bestehende Regierung stürzen, Präsidialregierungen seien nicht möglich. Das Staatsoberhaupt stehe als neutrale Gewalt neben der Regierung und verfüge über keine Notverordnungsrechte. (Nach dem Herrenchiemseer Modell sollte die Funktion des Staatsoberhaupts bis zur Herstellung angemessener Souveränität und bis zur Klärung des Verhältnisses zu den »ostdeutschen Ländern« nur provisorisch versehen werden.) Volksbegehren seien ausgeschlossen und Volksentscheide nur bei Grundgesetzänderungen möglich. Grundge-

setzänderungen, »durch die die freiheitliche und demokratische Grundordnung« beseitigt würde (der Verfassungskonvent war nicht nur mit dieser Formulierung stilbildend), sollten unzulässig sein.
Mit dem Grundsatz »die Vermutung spricht für Gesetzgebung, Verwaltung, Justiz, Finanzhoheit und Finanzierungspflicht der Länder« hatten die Sachverständigen für eine weitgehend föderalistische Struktur des kommenden Staatswesens plädiert. Das entsprach sowohl den Wünschen und Hoffnungen der Landesregierungen als auch den alliierten Erwartungen, stieß aber bei den Parteipolitikern auf Kritik und Ablehnung. Gustav Dahrendorf, der sozialdemokratische Vizepräsident des Frankfurter Wirtschaftsrats, schrieb im »Hamburger Echo«, die Vorschläge von Herrenchiemsee seien für alle eine tiefe Enttäuschung, die bisher an die Möglichkeit glaubten, daß aus der Vergangenheit konstruktive und in die Zukunft weisende Folgerungen gezogen würden. Die Art von Föderalismus, die sich in Herrenchiemsee durchgesetzt habe, sei das Ende Deutschlands.[84] Konrad Adenauer machte in einer Presseerklärung deutlich, daß der Herrenchiemseer Entwurf völlig unverbindlich sei; die Ministerpräsidenten hätten zwar »in dankenswerter Weise versucht«, Material für die Beratungen des Parlamentarischen Rats bereitzustellen, die Konstituante könne es aber »völlig frei verwerten«.[85] In der »Neuen Zeitung«, dem Organ der amerikanischen Militärregierung, wurde dagegen eine etwas positivere Stellungnahme Adenauers referiert: Der Parlamentarische Rat werde die Verfassungsarbeiten von Herrenchiemsee sachlich beurteilen und bei seinen Beratungen verwerten. »Eigene Entwürfe der verschiedenen Parteien würden nur Uneinigkeit hervorrufen.«[86] Das entsprach der taktischen Linie, die in den Unionsparteien Ende August entwickelt wurde. Die Arbeitsgemeinschaft der CDU/CSU hatte sich entschlossen, selbst keinen Verfassungsentwurf im Parlamentarischen Rat einzubringen; es sollte auch versucht werden, die SPD von einem eigenen Entwurf abzubringen, um gemeinsam auf der Basis der Herrenchiemseer Vorschläge zu operieren. Das war aber wegen der Abneigung des sozialdemokratischen Parteivorstands gegen den Herrenchiemsee-Entwurf ganz aussichtslos.[87]
Im Pressedienst der SPD war es deutlich genug zu lesen. Der Chiemsee-Ausschuß sei aufgrund einer »privaten Vereinbarung« der Ministerpräsidenten entstanden. Die Verfassungsspezialisten der Länder seien zusammengekommen, um einen Grundgesetzentwurf anzufertigen, der den Länderinteressen entspreche. Der Ausschuß habe keine größere Bedeutung als andere politische Interessengruppen auch.[88] Auch Carlo Schmid hielt sich an die offizielle Parteilinie, als er im SPD-Pressedienst den Herrenchiemseer Entwurf als Empfehlung der »Techniker des Verfassungsrechtes« vorstellte und dessen Unverbindlichkeit betonte. Schmid plä-

dierte andererseits engagiert für die politische Essenz der Herrenchiemseer Arbeit. Die Logik der Tatsachen sei bei einer vernünftigen Lösung der Probleme wichtiger als formale Begrifflichkeit, man wolle keine Verfassung für einen Weststaat schaffen, sondern die Grundnorm eines Staatsfragments, ein Provisorium auf dem Weg und als vorbereitendes Mittel zur deutschen Einheit. Durch die Formulierung, daß das Grundgesetz automatisch außer Kraft treten solle, »sobald eine vom deutschen Volk in freier Selbstbestimmung geschaffene Verfassung Wirklichkeit wird«, komme das deutlich zum Ausdruck, und im westlichen Staatsfragment würden »deutsche«, nicht »westdeutsche« Hoheitsbefugnisse ausgeübt.[89] Die von der Sowjetischen Militäradministration inspirierte und kontrollierte »Tägliche Rundschau« in Berlin etikettierte das Herrenchiemseer Modell mit der darin formulierten Theorie vom Kernstaat freilich als »eine Art Arbeitsordnung für die westdeutsche Kolonie«.[90]

6. Der Parlamentarische Rat

Die Ministerpräsidenten begnügten sich bei ihrer Konferenz am Vortag der Eröffnung des Parlamentarischen Rats mit Referaten Pfeiffers und der drei Vorsitzenden der Unterausschüsse des Herrenchiemseer Konvents. Zu einer Debatte über den schriftlichen Bericht hatten sie gar keine Zeit.[91] Der Vormittag des 31. August war über der Diskussion um die Neugliederung der Länder vergangen, eine ganze Menge aktueller Probleme wie neue Demontagen in der französischen Zone, die Finanzhilfe für Berlin und der Finanzausgleich in den Ländern im Zusammenhang mit der Notlage Schleswig-Holsteins standen auf der Tagesordnung, und für den 1. September waren auch noch Vorbereitungen zu treffen. Mit den alliierten Verbindungsoffizieren war der Status der Berliner Vertretung beim Parlamentarischen Rat zu klären. Dazu mußte eine Delegation während der Sitzung nach Wiesbaden reisen; die Vertreter der Westmächte hatten nämlich keine Lust, den Konferenzort der Ministerpräsidenten, das Jagdschloß Niederwald bei Rüdesheim, aufzusuchen. Die Nähe des Monumentaldenkmals, das an den Krieg von 1870/71 erinnerte, schreckte vor allem die Franzosen ab. Die Delegation brachte in Erfahrung, daß die Alliierten die Teilnahme der Berliner, jedoch nur als Gäste und mit dem Bemerken, »es wäre doch zweckmäßig, wenn sich die Berliner nicht zu sehr hervortun würden«, zu tolerieren gedachten.[92] (Die Deutschen hatten eher an eine vollberechtigte aktive Teilnahme gedacht.)

Man erfuhr aber auch, daß die Militärgouverneure an der Konstituierung des Parlamentarischen Rats nicht teilnehmen würden. Sie mußten in Berlin mit ihren sowjetischen Kollegen über Details einer möglichen Aufhebung der Blockade konferieren. Der Anlaß der Verhinderung der alliierten Prominenz hätte hoffnungsvoll stimmen müssen, immerhin hatte die Sowjetunion auf Botschafterebene in Moskau Verständigungsbereitschaft in der Berlinfrage angedeutet, freilich in der Absicht, die Vorbereitungen für einen Weststaat zum Stehen zu bringen. Das paßte im August 1948 am ehesten ins französische Konzept, und das Büro der Ministerpräsidentenkonferenz hatte von französischer Seite auch den Rat empfangen, man solle »mit den westdeutschen Bestrebungen etwas kürzer treten«.[93] Die deutschen Länderchefs dachten aber ebensowenig wie die Amerikaner und Briten daran, die Entwicklung noch einmal zu bremsen.

In Bonn wurde seit Mitte August fieberhaft gearbeitet, um die verträumte Universitätsstadt zum Domizil des Parlamentarischen Rats herzurichten. Beworben hatten sich auch andere Städte um diese Ehre, nämlich Celle, Frankfurt, Karlsruhe, Koblenz, Düsseldorf und Köln. In einer telefonischen Abstimmung der Staatskanzleien war am 13. August die Wahl auf Bonn gefallen. Eine der Stationen auf dem Weg zur Bundesrepublik sollte in der britischen Zone liegen, mehr war nicht beabsichtigt. Als künftige Bundeshauptstadt galt Frankfurt.

Bonn hatte im Krieg weniger als andere Städte gelitten und bot einigermaßen hinlängliche Unterbringungsmöglichkeiten. Die Mitglieder der CDU/CSU-Fraktion erhielten Quartiere in Königswinter, im Haus des Vereins Arbeiterwohl, zugewiesen, die Sozialdemokraten sollten in Honnef im Hotel Drachenfelser Hof wohnen, die kleineren Fraktionen sollten in Bonn selbst unterkommen. (Die in den rechtsrheinischen Vororten wohnenden Abgeordneten wurden vorsorglich darauf hingewiesen, daß bei Nebel die Rheinfähre Schwierigkeiten habe.) Es war aber bald dafür gesorgt, daß fast alle Verfassungsväter in Bonn Unterkunft fanden, nicht wenige wohnten bei privaten Vermietern. Die Pädagogische Akademie am Rheinufer wurde in aller Eile zum Parlament umgerüstet. Zum Amtssitz des Präsidenten und für Repräsentationsveranstaltungen wurde das »Zoologische Forschungsinstitut und Museum Alexander König Reichsinstitut Bonn« bestimmt. Dieser klassizistische Prachtbau war auch Schauplatz des Festakts, der am 1. September 1948 der eigentlichen Eröffnungssitzung des Parlamentarischen Rats in der Pädagogischen Akademie voranging. Im festlich geschmückten Lichthof des Museums König hatten die Abgeordneten, alle Ministerpräsidenten, die Chefs der Ländermilitärregierungen und Vertreter der alliierten Zonenbefehlshaber und etliche Spitzen der Bizonenadministration Platz genommen. Die ausgestopften Tiere, die normalerweise den Raum bevölkerten, waren

beiseite geräumt oder drapiert worden, aber bei der Giraffe hatte es Unterbringungsprobleme gegeben, sie äugte präsentbleibend über die Festdekoration hinweg. Eingerahmt von Bach (Orchestersuite D-Dur) und Beethoven (Leonorenouvertüre Nr. 3) hielten Karl Arnold als Ministerpräsident des Gastgeberlandes Nordrhein-Westfalen und Christian Stock, der Vorsitzende der Ministerpräsidentenkonferenz, ihre Ansprachen.
Beide waren bemüht, Arnold in feierlicher und blumenreicher Rede, Stock in schlichteren Worten, die historische Bedeutung der Stunde zu charakterisieren. Beide beschworen den Geist der Einheit, als sie die Existenz der westdeutschen Konstituante rechtfertigten. Arnold sprach, im deutschen Volk gebe es keinen Streit über Einheit oder Teilung: »Man bleibe uns fern mit dem wurzellosen Geschwätz von einer Spaltung, von einer Separation zwischen Ost und West«, um fortzufahren »noch nie war der geistige Zusammenklang der Deutschen aus allen Schichten, Stämmen und Landschaften so tief und feierlich wie in dieser Stunde«.[94]
Ministerpräsident Stock, der vierzehn Monate vorher auch einer der Festredner bei der Eröffnung des Wirtschaftsrats in Frankfurt gewesen war, betonte den historischen Unterschied zwischen der Frankfurter Veranstaltung und dem Bonner Festakt: das Bizonenparlament verdankte seine Entstehung »einer militärischen Proklamation von zwei Besatzungsmächten«, der Parlamentarische Rat sei »nach deutschem Entschluß geformt und zusammengerufen worden«. Stocks Rückblick auf die Entwicklung seit 1945 war etwas eindimensional geraten; so charakterisierte er die Tätigkeit des Länderrats in der amerikanischen und des Zonenbeirats in der britischen Zone als Erfolge zielstrebiger Zusammenarbeit über Länder- und Zonengrenzen hinaus. Die drei Frankfurter Dokumente waren zwei Monate zuvor auch nicht so begeistert begrüßt worden, wie es nach Stocks Rede am 1. September 1948 scheinen mochte. Das obligate Bekenntnis zur Einheit des deutschen Volkes richtete sich unausgesprochen an die Medien der sowjetischen Besatzungszone, in denen die »Spaltertagung von Bonn« zur Vorbereitung eines westdeutschen »Separatstaates« unter heftigem Beschuß stand. »Wenn gesagt wird, in Bonn würde heute die Spaltung des deutschen Volkes vollendet, so erkläre ich hiermit vor dem ganzen deutschen Volke: Wir spalten nicht, wir führen zusammen und einigen.«
Daß keine Vertreter der Besatzungsmächte das Wort ergriffen, war ungewöhnlich und konnte als Illustration der These Stocks verstanden werden, daß am 1. September 1948 »zum ersten Mal in der neuen deutschen Geschichte seit der Kapitulation nicht nach einem Diktat, sondern nach Vereinbarungen, die zwischen den Herren Militärgouverneuren und den Ministerpräsidenten zustande gekommen sind«, gehandelt werden sollte.[95] In der Pädagogischen Akademie, dem heutigen Bundeshaus, das

schwarz-rot-gold beflaggt war – anders als in Frankfurt im Juni 1947 war kein alliierter Machtspruch dagegen erfolgt –, fand anschließend die erste Sitzung des Parlamentarischen Rats statt. Konrad Adenauer wurde zum Präsidenten, Adolph Schönfelder (SPD), der die Sitzung als Alterspräsident eröffnet hatte, und Hermann Schäfer (FDP) wurden als Stellvertreter gewählt. Der erste Beschluß galt der Einladung an die fünf Abgeordneten Berlins (drei der SPD, je einer der CDU und der FDP), an den Verhandlungen des Parlamentarischen Rats mit beratender Stimme teilzunehmen. Unter großem Beifall nahmen sie ihre Sitze ein. Der vorhergehende Antrag der beiden Kommunisten, der Parlamentarische Rat möge seine Beratungen über eine separate westdeutsche Verfassung einstellen, hatte für die erste Erregung im Hohen Haus gesorgt. Die Diskussionsbeiträge der beiden KPD-Abgeordneten in den folgenden Monaten bewegten sich auf der gleichen Ebene.

Die 65 Abgeordneten waren von den elf Parlamenten der Länder im Laufe des Monats August gewählt worden. Rechtsgrundlage der Wahl war ein Modellgesetz, das Ende Juli nach einem Entwurf von Hermann Brill durch einen von den Ministerpräsidenten bestellten Ausschuß vorgeschlagen worden war. Mit Ausnahme Nordrhein-Westfalens ratifizierten alle Landtage dieses Gesetz. Die Mitglieder des Parlamentarischen Rats waren im Proporz zur Bevölkerungszahl der Länder gewählt, auf 750000 Einwohner kam ein Abgeordneter, die Mindestzahl war jedoch ein Vertreter pro Land. Die Verteilung der Mandate auf die einzelnen Parteien erfolgte in Analogie zu den Ergebnissen der jeweils letzten Landtagswahl.[96] Dieses Verfahren führte in Bayern zu einem großen Krach, weil die Bayernpartei aufgrund der Ergebnisse der Kommunalwahlen, die ihre wirkliche Stärke erwiesen hatten, vier Sitze verlangt hatte. Während Ministerpräsident Ehard bereit war, der BP ein bis zwei Mandate auf Kosten der CSU zuzugestehen, blieb der Parteivorsitzende Josef Müller hart und zeigte sich zu keinerlei Konzession bereit. Formal war dies auch völlig legitim, denn im Landtag war die Bayernpartei lediglich durch den von der CSU übergetretenen ehemaligen Minister Baumgartner vertreten.

Bei der Sitzverteilung der Kandidaten hatte es zwischen den Unionsparteien und der SPD Arrangements gegeben. Württemberg-Hohenzollern hatte nach seiner Bevölkerungszahl Anspruch auf zwei Sitze, die nach der Parteiarithmetik beide der CDU zustanden. Gebhard Müller, seit August 1948 Staatspräsident in Tübingen, hatte bei seiner Fraktion aber durchgesetzt, daß Carlo Schmid nach Bonn geschickt werden sollte, da »es gemäßigter einflußreicher Sozialdemokraten dringend im Rat bedurft habe, um zu einem tragfähigen Verfassungskompromiß zu kommen«.[97] Zum Ausgleich für das Mandat Carlo Schmids verzich-

Zusammensetzung des Parlamentarischen Rats

Land	SPD	CDU/CSU	FDP/DVP/LDP	Kleine Parteien
Baden	Friedrich Maier	Dr. Hermann Fecht (bis 7. 3. 1949) *Anton Hilbert*		
Bayern	Josef Seifried (bis 14. 10. 1948) *Albert Roßhaupter,* Jean Stock Hans-Heinz Bauer, Dr. Willibald Mücke	Dr. Anton Pfeiffer, Dr. Josef Schwalber, Dr. Gerhard Kroll Dr. Wilhelm Laforet, Karl-Sigmund Mayr, Kaspar-Gottfried Schlör, Dr. Ferdinand Kleindinst, Dr. Kaspar Seibold	Dr. Thomas Dehler	
Bremen	Adolf Ehlers			
Hamburg	Adolph Schönfelder	Dr. Paul de Chapeaurouge		
Hessen	Dr. Ludwig Bergsträsser, Georg August Zinn, Dr. Fritz Hoch	Dr. Heinrich v. Brentano, Dr. Walter Strauß	Dr. Max Becker	
Niedersachsen	Dr. Georg Diederichs, Dr. Otto Heinrich Greve (bis 23. 5. 1949) *Erich Ollenhauer* Dr. Elisabeth Selbert, Hans Wunderlich	Heinrich Rönneburg (bis 24. 2. 1949) *Dr. Werner Hofmeister,* Ernst Wirmer	Dr. Hermann Schäfer	Dr. Hans Christoph Seebohm, DP Wilhelm Heile, DP
Nordrhein-Westfalen	Dr. Walter Menzel, Dr. Fritz Löwenthal (ab 4. 5. 1949 parteilos) Rudolf-Ernst Heiland,	Dr. Konrad Adenauer, Dr. Helene Weber, Lambert Lensing Dr. Robert Lehr Adolf Blomeyer Joseph Schrage	Dr. Hermann Höpker-Aschoff	Max Reimann, KPD Hugo Paul, KPD (bis 6. 10. 1948) *Heinz Renner,* KPD Johannes Brockmann,

Zusammensetzung des Parlamentarischen Rats (Forts.)

Land	SPD	CDU/CSU	FDP/DVP/LDP	Kleine Parteien
Nordrhein-Westfalen *(Forts.)*	Friederike Nadig Dr. Friedrich Wolff, Hermann Runge			Zentrum Helene Wessel, Zentrum
Rheinland-Pfalz	Friedrich Wilhelm Wagner Karl Kuhn	Dr. Adolf Süsterhenn (bis 5. 5. 1949) *Hubert Hermans* Dr. Albert Finck		
Schleswig-Holstein	Andreas Gayk Dr. Rudolf Katz	Carl Schröter Dr. Hermann v. Mangoldt		
Württemberg-Baden	Dr. Fritz Eberhard, Gustav Zimmermann	Theophil Kaufmann Felix Walter (bis 7. 2. 1949) *Adolf Kühn*	Dr. Theodor Heuss	
Württemberg-Hohenzollern	Dr. Carlo Schmid	Dr. Paul Binder		
Berlin (ohne Stimmrecht)	Ernst Reuter Dr. Otto Suhr Paul Löbe	Jakob Kaiser	Dr. Hans Reif	

Die Namen der Nachfolger für vorzeitig ausgeschiedene Abgeordnete sind nach dem Datum des Ausscheidens ihrer Vorgänger kursiv gedruckt.

tete die SPD in Hamburg auf einen ihrer beiden Sitze zugunsten der CDU.

Die Fraktionen der beiden großen Parteien waren gleich stark; den 27 Sozialdemokraten standen 19 Vertreter der CDU und 8 CSU-Abgeordnete gegenüber, die Liberalen hatten fünf Sitze. Über je zwei Mandate verfügten die Deutsche Partei, das Zentrum und die KPD. Zum Fraktionsvorsitzenden der CDU/CSU war gegen den Vorschlag Adenauers, der für Adolf Süsterhenn plädiert hatte, Anton Pfeiffer gewählt worden. Die SPD-Fraktion führte Carlo Schmid, an der Spitze der FDP stand Theodor Heuss.

Der Parlamentarische Rat war noch weiter als andere Parlamente davon entfernt, die Gesellschaft, für die er handelte, zu repräsentieren. Das zeigte sich am hohen Durchschnittsalter der Abgeordneten (56 Jahre), noch deutlicher aber daran, daß nur vier Frauen (Elisabeth Selbert und Friederike Nadig für die SPD, Helene Weber für die CDU und Helene Wessel für das Zentrum) im Rat saßen, ferner auch an der Bildungs- und Berufsstruktur. Zwei Drittel der Ratsmitglieder waren gleichzeitig Landtagsabgeordnete, zwölf waren gleichzeitig Minister oder Staatssekretär. Die Angehörigen des Öffentlichen Dienstes hatten ein beträchtliches Übergewicht (61%). Zwei Drittel der Abgeordneten waren Akademiker (mehr als die Hälfte führten Doktortitel), und unter ihnen dominierten die Juristen.[98] Ganz schwach waren selbständige Berufe, Landwirte, Techniker vertreten, und strenggenommen gehörte kein einziger Arbeiter dem Verfassungsparlament an (die wenigen, die vom Herkommen so bezeichnet werden konnten, waren längst Berufspolitiker).

Elf Abgeordnete im Parlamentarischen Rat hatten Reichstagserfahrung aus der Weimarer Zeit, drei hatten schon der Nationalversammlung von 1919 angehört, der Sozialdemokrat Paul Löbe, in Bonn einer der fünf Berliner Vertreter ohne Stimmrecht, war sogar Vizepräsident in Weimar gewesen (mit einer Unterbrechung war er von 1920 bis 1932 Reichstagspräsident, und bei der Konstituierenden Sitzung des Bundestags am 7. September 1949 amtierte er noch einmal als Alterspräsident). Helene Weber (CDU) war in Weimar für das Zentrum, Wilhelm Heile (Deutsche Partei) für die DDP dabeigewesen.

Walter Henkels, der in jenen Tagen den Grund legte für seine jahrzehntelange Karriere als journalistischer Genremaler der Bonner politischen Szene, porträtierte im Frühjahr 1949, also schon im Rückblick auf die Verhandlungen, die drei publikumswirksamsten Matadoren des Parlamentarischen Rats. Adenauers Rede sei »unpathetisch, bieder und warm«, zuweilen sei er »sarkastisch, manchmal zynisch«. Der Ratspräsident sei eine Persönlichkeit von suggestiver Wirkung und politischem Ingenium. »Seine konservative Grundeinstellung nennen seine Gegner, deren er nicht wenige hat, Sturheit, die politischen Fäden, die er spinnt, Verschlagenheit, Undurchdringlichkeit. Es sind indessen nur wenige unter den lebenden deutschen Politikern, die an sein Format heranreichen.« Carlo Schmid, um den alle Parteien die Sozialdemokraten beneideten, stehe im politischen Format »seinem großen Antipoden Konrad Adenauer in nichts nach«, er gelte als hervorragender Rechtswissenschaftler, »seine literarischen, schöngeistigen Eskapaden« rundeten – so Henkels – das Bild des Europäers, Weltbürgers und Weltmannes ab. »Er verhält sich zu den meisten Abgeordneten des Parlamentarischen Rates wie das frische Obst zur Konserve, er ist zweifellos die interessanteste Bonner Erscheinung.« In der SPD gelte er als »Komet«, als »Paradestück, der nichts von dem ideologischen, heute etwas verstaubten Marschgepäck der alten Sozialdemokratie mit sich schleppt«.

Henkels' Charakterzeichnungen erschienen in der Provinzpresse und prägten das Bild der Porträtierten nachhaltig, nicht zuletzt die Vorstellung vom schlecht in die sozialdemokratische Führungsriege passenden Carlo Schmid. SPD-Prominenz konnte sich das Bürgertum noch lange schlecht ohne die proletarischen Ballonmützen vom Anfang des Jahrhunderts vorstellen. Auch der künftige erste Bundespräsident Theodor Heuss war als Mitglied des Parlamentarischen Rats bereits so gezeichnet, wie er in die Annalen der Bundesrepublik eingehen sollte. Zu den Attributen seiner Erscheinung gehörte der Vergleich mit den Verfassungsvätern der Paulskirche von anno 1848, die Betonung der geistigen Liberalität (»Testamentsvollstrecker Friedrich Naumanns«), Weisheit, Güte, Toleranz und auch äußere Merkmale waren aufgelistet: der schwäbische Akzent, der tiefe Baß, das »mitschwingende Herz«, das überall herauszuhören sei. Die lebhafte publizistische Tätigkeit auf politischem, literarischem und künstlerischem Gebiet wurde erwähnt, auch die politische Vergangenheit als Reichstagsabgeordneter (1924–1928 und 1930–1933) und Kultusminister in Stuttgart in der allerersten Nachkriegszeit.[99]

Carlo Schmid war, nicht nur als Fraktionschef und Vorsitzender des Hauptausschusses, die überragende Figur im Parlamentarischen Rat. Anders als Adenauer, dessen Hauptinteresse nicht den eigentlichen Verfassungsberatungen, sondern deren raschem Fortgang galt, weil er die Dinge danach im Auge hatte, widmete sich Schmid den staatsphilosophischen Grundsatzfragen mit gleicher Eloquenz im Plenum – als häufiger Referent und als eifriger Zwischenrufer –, wie er im Hauptausschuß die Sachdiskussion en detail mit der Souveränität des Fachmanns und mit Hilfe seines ausgleichenden Temperaments lenkte.

Eine gelegentliche Beobachterin der Bonner Szene, die Journalistin Ursula von Kardorff, beschrieb ihn als »witzig, fair, leidenschaftlich bei der Sache, auf angenehm kindliche Art ein wenig eitel«; er sei »wohl die beliebteste Figur auf dieser Bühne ... gehätschelt vor allem von der Presse, wegen seiner unerschöpflichen Bonmots«.[100] Ernsthaft konkurrierte in dieser Beziehung Theodor Heuss, der ihm zum Gaudium der Kollegen lyrisch zu Leibe rückte: »Der Carlo celebriert wie ein Gedicht / die hohen Worte seines Staatsfragments, / auf jedem Comma wuchtet sein Gewicht – / jetzt die Cäsur, dann fühlsam die Cadenz.«[101]

Der maßgebende Verfassungsreferent im SPD-Vorstand war der nordrhein-westfälische Innenminister Walter Menzel, der in mancherlei Gegensatz zu Carlo Schmid stand, auch weil er die offizielle Linie der SPD nicht nur vertrat, sondern geradezu verkörperte. Rudolf Katz, seit Dezember 1947 Justizminister in Schleswig-Holstein und seit Februar 1948 Mitglied der Länderrats der Bizone, gehörte ebenfalls zu den prominenten Sachverständigen der SPD-Fraktion, seine Positionen – in der Frage des Verhältnisses von Bund und Ländern etwa – waren denen Schmids näher als die Postulate Menzels. Katz war von seiner Biographie her eine Ausnahmeerscheinung in Bonn. Der gelernte Jurist war 1933 nach China und von dort aus nach USA emigriert und 1946 als Amerikaner nach Deutschland zurückgekommen, aber nicht in Diensten der Militärregierung, sondern, um auf deutscher Seite am politischen Wiederaufbau teilzunehmen.

Fritz Eberhard war ebenfalls Emigrant gewesen, er kam aus England zurück, wurde in Stuttgart Landtagsabgeordneter der SPD und 1947 Staatssekretär im württemberg-badischen Staatsministerium; er hatte als Leiter des »Deutschen Büros für Friedensfragen« schon erhebliche Erfahrung in der Verfassungsdiskussion. Fritz Löwenthal, der als kommunistischer Reichstagsabgeordneter ins Moskauer Exil gegangen war und 1946 in der Zentralverwaltung für Justiz der sowjetischen Besatzungszone tätig wurde, war in den Westen geflohen und hatte sich der SPD angeschlossen, die er kurz vor der Verabschiedung des Grundgesetzes aber wieder verließ.

Ein anderer ehemaliger Reichstagsabgeordneter, Ludwig Bergsträsser, war schon 1930 von den Deutschen Demokraten zur SPD übergewechselt. Er hatte einen guten Namen als gelehrter Spezialist für die Geschichte der deutschen Parteien, er hatte nach 1933 Verbindungen zum Widerstand gehabt und war 1945 als Politiker einer der Männer der ersten Stunde in Hessen gewesen. Die Rechtsanwältin Elisabeth Selbert kämpfte in der SPD-Fraktion, im Hauptausschuß und in mehreren Fachausschüssen für die rechtliche und soziale Gleichstellung der Frau, aber auch für den Gedanken des Rechtsstaats (sie brachte den Begriff des »politischen Richters« in die Debatte) und für die verfassungsrechtliche Absicherung der Stellung der politischen Parteien.

Die Gleichberechtigung der Frau lag auch Helene Weber (CDU) am Herzen, die sich außerdem für die Komplexe Elternrecht, Erziehung, Ehe und Familie im Grundrechtskatalog besonders engagierte. Die bedeutenden politischen Köpfe in der Unionsfraktion waren Anton Pfeiffer, Heinrich von Brentano, Walter Strauß, Robert Lehr, Adolf Süsterhenn, während die Professoren Hermann von Mangoldt und Wilhelm Laforet mehr den akademischen Sachverstand vertraten, obwohl beide auch parlamentarische Erfahrungen hatten. Laforet verfügte auch über Verwaltungspraxis, und von Mangoldt war 1946 Innenminister von Schleswig-Holstein gewesen. Professor Laforet scheint allerdings durch sein unermüdliches Engagement bei Formulierungsfragen seinen Kollegen öfter auf die Nerven gegangen zu sein (Theodor Heuss widmete ihm den Vers: »In langen Linien läuft die Sitzung fort, skandiert von Laforet: Ich bitt ums Wort«). Professor von Mangoldt war dagegen bei der Diskussion struktureller

Probleme allzeit gefragt. Der konservative Robert Lehr (seine politische Heimat vor 1933 war die DNVP gewesen) gehörte zum Adenauer-Flügel, insbesondere in Organisationsfragen des Bundes (zweite Kammer) war er der Gegenspieler der süddeutschen Föderalisten innerhalb und außerhalb seiner Fraktion. Anton Pfeiffer als spiritus rector des Ellwanger Kreises und bayerischer Staatsminister war einer der Hauptstrategen im Kampf um die Länderrechte. Adolf Süsterhenn, einer der sechs Justizminister, die dem Parlamentarischen Rat angehörten und ebenfalls ein maßgeblicher Vertreter der Ellwanger Richtung, focht darüber hinaus (und wenig kompromißbereit) für die Einbindung katholischer Staatslehren in die Verfassung.

Von dominierendem Einfluß in der Unionsfraktion war der der Öffentlichkeit weniger bekannte Staatssekretär Walter Strauß. Nach Auftreten, Statur und juristischem (aber auch wirtschaftspolitischem) Kenntnisreichtum war er die geradezu klassische Inkarnation des preußischen Beamten. Bis zur Zwangspensionierung 1935 war er im Reichswirtschaftsministerium Hilfsreferent gewesen, hatte sich dann als Wirtschaftsberater durchgeschlagen und zuletzt als Rüstungsarbeiter sein Dasein gefristet. 1945 wurde er Mitgründer der Berliner CDU, im Jahr darauf Staatssekretär in Hessen. Kaum einer hat in diesen Jahren mehr Ämter bekleidet als er. Er war u. a. Mitglied des Direktoriums des Länderrats der US-Zone, Stellvertretender Direktor der Verwaltung für Wirtschaft und seit April 1948 Leiter des Rechtsamts der Bizone. Strauß gehörte zum Ellwanger Kreis, innerhalb der CDU vertrat er prononciert das protestantische Element. Strauß gehörte zu den ganz wenigen Männern der Bizonenadministration, die auch im Parlamentarischen Rat waren (Kaspar Seibold [CSU], 34jährig der Benjamin der Konstituante, war in Frankfurt Persönlicher Referent des Stellvertretenden Direktors der Verwaltung für Ernährung, Landwirtschaft und Forsten; gleichzeitige Mandate im Frankfurter Wirtschaftsrat und in Bonn hatten lediglich der Christdemokrat Theophil Kaufmann und der Kommunist Max Reimann, während 52 Ratsmitglieder auch in Landtagen saßen). Unermüdlich in Detail- und Formulierungsfragen, hatte der brillante Jurist und zähe Politiker Strauß Einfluß in der Konstituante und Anteil an der Gestaltung des Grundgesetzes wie wenige.

Heinrich von Brentano, CDU-Verfassungsexperte und hessischer Landespolitiker seit 1945, spielte in den Außenbeziehungen seiner Fraktion, wenn es um die Konsensbildung bei Grundsatzfragen zwischen den Parteien ging, eine wichtige Rolle. Im Redaktionsausschuß, dem kleinsten, aber höchst wichtigen Ausschuß des Parlamentarischen Rats, wirkte er mit dem Sozialdemokraten Zinn und dem Liberalen Thomas Dehler bei der Fixierung der Vorlagen für den Hauptausschuß zusammen. Die Tätigkeit der drei Männer, die die Ergebnisse der Fachausschüsse in Form brachten, dabei aber auch die Initiative zu neuen Formulierungen und Bestimmungen ergriffen, fand nicht immer den Beifall der anderen Ratsmitglieder, Carlo Schmid nannte später die Zusammenarbeit freilich »beispielhaft für politische Auseinandersetzungen, in denen bei aller Entschiedenheit in der Wahrnehmung des eigenen Standpunktes ein Weg der Mitte gesucht wird, den der Gegner mitgehen kann, ohne auf Selbstachtung verzichten zu müssen«.[102]

Zum Gewicht der FDP-Fraktion trug außer den forensischen Talenten des Theodor Heuss wesentlich der spezielle Sachverstand des früheren preußischen Finanzministers Hermann Höpker-Aschoff bei, der sich insbesondere beim Problem des Finanzausgleichs zwischen Bund und Ländern als Fachmann hohen Grades erwies. Farbe ins Parlament brachten nicht zuletzt die Angehörigen der kleinen Parteien (die zweiköpfigen Delegationen der DP, des Zentrums und der KPD hatten Fraktions-Status und sogar Vorsitzende), allen voran der äußerst konservative Hans-Christoph Seebohm (DP), der vielen wegen seiner zahllosen Anträge als Störenfried galt und durch seine nationalistischen Sonntagsreden als Verkehrsminister der Bundesrepublik (1949–1966) merkwürdig berühmt wurde. Die Kommunisten, Max Reimann und Heinz Renner (als einer der insgesamt sieben Ersatzleute, die vom Oktober 1948 bis Mai 1949 in den Parlamentarischen Rat nachrückten, ersetzte Renner Hugo Paul), sorgten im Plenum für Aufregung und gelegentlich für parlamentarischen Tumult, Renner aber auch oft für Heiterkeit, denn Präsident Adenauer hatte häufig Gelegenheit, mit ihm die Klinge zu kreuzen, der beiderseitige Aufwand an Witz und Ironie war beachtlich.

7. Die Arbeit an der Verfassung. Ausschüsse und Interessengruppen

Außer dem Herrenchiemseer Entwurf lagen dem Parlamentarischen Rat als Beratungsunterlagen vor der »zweite Menzel-Entwurf« der SPD, die Verfassungsvorschläge des »Ellwanger Kreises« der CDU/CSU, ein Entwurf der Deutschen Partei, der private »Diskussionsbeitrag zum deutschen Verfassungsproblem« aus der Feder Theodor Steltzers, die Denkschrift »Der Zonenbeirat zur Verfassungspolitik«. Die KPD-Fraktion verteilte Richtlinien des »Deutschen Volksrats«, der in der sowjetischen Besatzungszone unter Leitung Otto Grotewohls an einem Verfassungsentwurf arbeitete. Viel Gebrauch wurde von diesen und anderen mit dem

Herrenchiemseer Modell konkurrierenden Eingaben nicht gemacht (etliche Schriftsätze waren auch ausgesprochen obskur), die Gedankengänge der wichtigeren Dokumente waren natürlich präsent, da ja ihre Urheber im Parlamentarischen Rat saßen.

Übrigens hatte auch die Civil Administration Division der amerikanischen Militärregierung im September 1948 ein Kompendium unter dem Titel »Bundesstaatliche Verfassungen« publiziert, das »für den Gebrauch sowohl der Militärregierungen der alliierten Mächte als auch der interessierten Deutschen Informationsmaterial zur Erörterung der Grundsätze für eine künftige deutsche Regierung« enthielt. Die von Kurt Glaser zusammengestellte, 392 Seiten starke Schrift hatte neben den Verfassungstexten ausgewählter Länder (u. a. Schweiz, Kanada, Südafrika, Brasilien, USA, UdSSR, Italien) einen systematischen Vergleich ihrer Grundzüge zum Inhalt.[103] Die Abgeordneten konnten auch die Dienste einer eigenen Bibliothek in Anspruch nehmen. In aller Eile hatte man aus Beständen der Regierung Nordrhein-Westfalens und des Zonenbeirats der britischen Zone gut dreihundert Titel (höchst unterschiedlichen Gewichts) zusammengestellt; die staatsrechtliche Literatur des Bonner Juristischen Seminars stand ebenfalls zur Verfügung.[104]

Am 8. und 9. September nahm das Plenum »Berichte über die dem Parlamentarischen Rat gestellte Aufgabe an Hand der Vorarbeiten« entgegen. Da eine Regierungsvorlage nicht existierte, die Gegenstand einer ersten Lesung in der Vollversammlung gewesen wäre, wurde das Verfahren der Verfassungsberatung mit Grundsatzreferaten eingeleitet.[105] Mit Ausnahme von Walter Menzel, der anstelle Otto Suhrs die Staatsorgane behandelte, waren die Berichterstatter Teilnehmer des Herrenchiemseer Konvents gewesen. Carlo Schmid, der als erster sprach, wiederholte die Thesen, die er dort entwickelt hatte: Deutschland müsse als Staat nicht neu geschaffen, sondern nur neu organisiert werden, die Versammlung in Bonn müsse sich aber hüten, aus einer vorübergehenden Aufteilung Deutschlands eine definitive Trennung zu machen. Aus der Situation ergebe sich die Konsequenz, lediglich einen fragmentarischen Staat von administrativem Gepräge zu bilden. Gleichheit und Freiheit der Bürger seien Voraussetzungen für die Verwirklichung der staatlichen Freiheit. Die Grundrechte seien aber den Feinden der bürgerlichen Freiheit zu verwehren, keiner dürfe sich auf die Grundrechte der Verfassung berufen, wenn er entschlossen sei, dieselbe zu beseitigen und eine Diktatur zu errichten. In die Verfassung sollten auch Mindestbestimmungen zur Organisation der politischen Parteien aufgenommen werden. Adolf Süsterhenn blieb ebenfalls beim Grundsätzlichen: Das Mandat des Parlamentarischen Rats sei nicht von der Besatzungsmacht herzuleiten, er sei ein Instrument der Souveränität des deutschen Volkes. Das Frankfurter Dokument Nr. 1 sei keine Zwangsauflage, die die politische Willensbildung beschränke, und das zu schaffende Grundgesetz sei eine Etappe in der Entwicklung zum vollsouveränen gesamtdeutschen Bundesstaat. Den fragmentarischen Charakter des Kommenden nehme man bewußt in Kauf, weil die politische Konsolidierung der drei Westzonen im Interesse Berlins und des deutschen Ostens liege. Josef Schwalber, der letzte Redner, vertrat in seinem Referat über die Zuständigkeitsabgrenzung die föderalistischen Ansprüche, die man von einem Vertreter des bayerischen Standpunkts erwartete. Trotzdem waren die Berichte keine Parteireden, sondern eher weltanschaulich fundierte Kollegs im Fache Staats- und Verfassungsrecht.

Die eigentliche Verfassungsarbeit begann nach der Debatte über eine Resolution, die den Bewohnern Berlins und der Ostzone in ihrem »Menschheitskampf für Freiheit und Recht« die Verbundenheit des Parlamentarischen Rats zusicherte, mit der Konstituierung der Ausschüsse am 15. September. Im Ältestenrat war man übereingekommen, Fachausschüsse zu bilden, in denen, nach Problemkreisen geordnet, der materielle Inhalt der Verfassung beraten wurde. In den Ausschüssen waren CDU/CSU und SPD jeweils paritätisch vertreten, die FDP verfügte in jedem über einen Sitz, die drei kleinen Fraktionen wurden dergestalt berücksichtigt, daß in jedem Ausschuß ein Vertreter einer der drei kleinen Parteien mit Stimmrecht saß, die jeweils nicht berücksichtigten beiden Fraktionen konnten zusätzlich einen Abgeordneten mit Rede- und Antragsrecht, aber ohne Stimme entsenden.[106]

Im Ausschuß für Grundsatzfragen und Grundrechte wurden unter dem Vorsitz von Hermann von Mangoldt (CDU) die Präambel, der Grundrechtskatalog und die Bestimmungen konstitutiven Charakters (Definition des demokratischen Bundesstaats, Parteien, Bundesflagge, Geltungsbereich usw.) beraten. Der Ausschuß für Zuständigkeitsabgrenzung (Vorsitz: Friedrich Wilhelm Wagner, SPD) bereitete die Grundsatzartikel vor, die Rechte und Pflichten des Staats und der Bürger (Art. 33–37) definierten, die Gesetzgebungskompetenzen zwischen Bund und Ländern festlegten (Art. 70–75) und die Ausführung der Bundesgesetze und die Bundesverwaltung regelten (Art. 83–91). Die zehn Mitglieder des Ausschusses für Finanzfragen (Vorsitz: Paul Binder, CDU) entwarfen unter Assistenz zahlreicher Sachverständiger die späteren Artikel 105–115 (Grundgesetzabschnitt »Finanzwesen«) und beschäftigten sich mit vermögensrechtlichen Nachfolgeproblemen des Deutschen Reiches (Art. 134). Die beiden Ausschüsse für die Organisation des Bundes und für Verfassungsgerichtshof und Rechtspflege tagten von Mitte September bis Mitte Oktober gemeinsam, dann arbeiteten sie bis zum Januar 1949 selbständig. Robert Lehr (CDU) war Vorsitzender erst des Doppelgremiums, dann des Organisationsausschusses, Georg August Zinn (SPD) leitete den Rechtspflegeausschuß. Ohne daß der Parlamentarische Rat eine Kompetenz dafür hatte, wurde auch ein Ausschuß für Wahlrechtsfragen installiert, der bis Mai 1949 in 25 Sitzungen am Entwurf eines Wahlgesetzes für den Bundestag arbeitete. Den Auftrag und die Wirkungsmöglichkeit der Konstituante überstieg auch der Ausschuß für Besatzungsfragen, der unter Carlo Schmids Vorsitz fünfmal tagte, teilweise zusammen mit einem Ausschuß der Ministerpräsidentenkonferenz, der sich mit dem gleichen Problem beschäftigte.

Die Fachausschüsse hatten die Aufgabe, Vorlagen für das zentrale Gremium des Parlamentarischen Rats, den Hauptausschuß, zu erarbeiten. Dessen 21 Mitglieder (je acht von der CDU/CSU und der SPD, zwei von der FDP, je einer von der DP, dem Zentrum und der KPD) berieten – im Gegensatz zu den Fachausschüssen in öffentlicher Verhandlung – vom 11. November bis 10. Dezember 1948 in erster Lesung die einzelnen Verfassungsartikel. Dem Hauptausschuß, der unter Carlo Schmids Präsidium gleichsam als Verfassungsparlament im kleinen agierte, war der dreiköpfige Allgemeine Redaktionsausschuß vorgeschaltet, der die Formulierungen der Fachausschüsse juristisch hieb- und stichfest machen und aufeinander abstimmen sollte, manchmal aber auch änderte oder neu formulierte. Der Redaktionsausschuß war etwas informell zustande gekommen, nämlich nur durch einen Beschluß des Ältestenrats; da er nicht vom Plenum konstituiert war, hatte er eigentlich nicht den Status eines Organs des Parlamentarischen Rats, was aber der Effizienz der Redaktion keinerlei Abbruch tat.

Am weitesten gingen bei der ersten Lesung im Hauptausschuß die Meinungen, auch innerhalb der Fraktionen, bei folgenden Problemkreisen auseinander: Staatsoberhaupt, Zweite Kammer, Verteilung der Steuern zwischen Bund und Ländern und Organisation der Finanzverwaltung, Elternrecht, Verhältnis Kirche und Staat. Die SPD hatte zwar in ihrer ersten Verfassungskonzeption noch einen Präsidenten der »Deutschen Republik« vorgesehen, war aber von dieser Vorstellung dann abgerückt. In beiden Menzel-Entwürfen von 1948 war entsprechend der Provisoriumstheorie von einem Staatsoberhaupt keine Rede gewesen.[107] In der Frage der Gestaltung der Zweiten Kammer blieb die CDU/CSU-Fraktion gespalten, die Anhänger der Bundesratslösung standen den Verfechtern der Senatsidee innerhalb der Unionsparteien gegenüber. Ähnlich sah es bei der Verteilung der Steuern und der Finanzverfassung aus; ein Teil der CDU-Vertreter ging mit der Auffassung der SPD und der FDP konform, nach der die Finanzhoheit weitgehend Bundessache sein sollte.

Die verschiedenen und anfangs noch ungeklärten Standpunkte zeigten sich in den häufig wechselnden Mehrheiten bei den Abstimmungen, die ideologischen Gegensätze kamen bei der Regelung des Verhältnisses von Kirche und Staat am schärfsten zum Vorschein. Die Kirche, unterstützt von Blättern wie dem »Rheinischen Merkur« auf katholischer und »Christ und Welt« und Bischof Liljes »Sonntagsblatt« auf evangelischer Seite, verlangten die Garantie ihrer autonomen Rechte als öffentlichrechtliche Institutionen im vorstaatlichen Raum, sie forderten im Zeichen des »Elternrechts« Einfluß auf die weltanschauliche Gestaltung des Schulwesens und wünschten, beim Grundrechtskatalog unter den Stichworten Ehe und Familie, Schutz des Lebens (insbesondere des keimenden Lebens), Recht auf Unversehrtheit des Körpers ihre theologischen Vorstellungen durchzusetzen. In merkwürdigem Kontrast zur amtskirchlichen Forderung stand eine Eingabe der Arbeitsgemeinschaft evangelischer Religionslehrer, in der im Januar 1949 vehement gegen die kirchliche Aufsicht des Religionsunterrichts in öffentlichen Schulen plädiert wurde[108].

Aufgrund ihres Prestiges und ihrer moralischen Autorität waren die Kirchen ebenso ernstzunehmende wie erfolgreiche pressure groups gegenüber der Konstituante. Dadurch, daß sich die CDU/CSU-Fraktion ebenso wie das Zentrum und die DP die kirchlichen Forderungen weitgehend zu eigen machte, hatte sie den Grundgedanken, keine Vollverfassung anzustreben, stillschweigend aufgegeben. Während SPD und FDP aus solchen grundsätzlichen Erwägungen gegen die kirchlichen Forderungen, deren lebhaftester Propagandist der Abgeordnete Süsterhenn war, Widerstand leisteten, opponierten sie gegen die Festschreibung der Konkordate aus Gründen der politischen Moral, weil sie vom Vatikan mit dem nationalsozialistischen Regime abgeschlossen waren. Der Elternrechtsstreit zog sich in Ausschüssen und im Plenum monatelang dahin, begleitet und immer wieder geschürt von Eingaben und Verlautbarungen der Kirchen, kirchlicher Laienorganisationen und der interessierten Presse. Im Februar 1949 trat die Fuldaer Bischofskonferenz in Pützchen bei Bonn zu einer außerordentlichen Beratung zusammen, als deren Ergebnis Kardinal Frings in der katholischen Oberhirten eigenen Sprache unmißverständlich klarmachte, worum es ging. »Der Stand der Verhandlungen im Parlamentarischen Rat in Bonn läßt uns befürchten, daß in dem geplanten Bundesgrundgesetz wichtigste und für den Aufbau eines gesunden staatlichen Lebens unentbehrliche Grundrechte und Grundsätze außer acht gelassen werden.« Genannt wurde dann das »gottgegebene Elternrecht«, auf dessen Verankerung im Grundgesetz die deutschen Bischöfe unter keinen Umständen verzichten würden. Ferner hätten die Angriffe, die in Presse und Parlament bei den Auseinandersetzungen um das Reichskonkordat gegen den Heiligen Stuhl gerichtet worden sind, die Bischöfe »und das ganze katholische Volk aufs tiefste verletzt«. Die Schlußfolgerung lautete: »Wir erwarten, daß die Bundesverfassung eine Garantie für die Aufrechterhaltung des vom Heiligen Stuhl mit dem Deutschen Reich abgeschlossenen Konkordats enthält.« Das Konkordat war den Bischöfen auch deshalb so wichtig, weil es als zusätzliche institutionelle Absicherung die Einrichtung von Konfessionsschulen ermöglichte.[109] Die episkopale Verlautbarung war stark, aber noch heftigere Reaktionen der deutschen Bischöfe waren von Adenauer mit Hilfe kluger Sendboten, die mit den einzelnen Oberhirten verhandelten, verhindert worden. Bischof Keller, der sich an der Spitze der Diözese Münster als besonders intransigenter Vertreter katholischer Interessen hervortat, hatte seine Kollegen in der Bischofskonferenz nämlich dazu bewegen wollen, eine Aufforderung an alle Katholiken zu erlassen, nach der sie gegen das Grundgesetz stimmen sollten. Diese Drohung beunruhigte Anfang Februar 1949 die CDU/CSU erheblich. Adenauer ließ deshalb auch Erkundigungen einziehen über die Haltung des Vatikans, und dabei ergab sich, daß die deutschen Bischöfe päpstlicher waren als der Papst. Bruno Dörpinghaus, der Generalsekretär der Arbeitsgemeinschaft der CDU/CSU, hatte in Adenauers Auftrag zwei Unterredungen mit einem Vertreter der Vatikanischen Mission. Er erfuhr nicht nur, daß man in Sachen Elternrecht und Konkordat dort der Meinung war, daß »unter den obwaltenden Umständen das Bestmögliche erreicht worden« sei, sondern, daß Rom gar nicht erwartet habe, »daß es als solches mit Namensnennung in der Verfassung verankert sein würde. Zwar hätte sich Rom bis zum Äußersten gewehrt, wenn man es beiseite geschoben hätte. Die jetzige Lösung kann durchaus gebilligt werden.« Und Dörpinghaus berichtete weiter: »Jedenfalls könnten sich die Bischöfe bei einem evtl. Kampf nicht auf Rom berufen.« Der Vatikan werde zum Problem des Elternrechts offiziell keine Stellung nehmen: »Wenn es durchgekommen wäre, hätte man es natürlich begrüßt. Wenn nicht, wird man es hinnehmen. Die Angelegenheit sei ausschließlich Sache der deutschen Bischöfe.«[110]

Solchermaßen gerüstet machte Adenauer dem Kardinal Frings klar, was auf dem Spiele stand, wenn das Grundgesetz abgelehnt würde: »Eine politische Konsolidierung Westdeutschlands ist innen- und außenpolitisch sowohl vom deutschen wie vom westeuropäischen Standpunkt aus gesehen eine absolute Notwendigkeit. Diese Konsolidierung ist nicht möglich, ohne Annahme dieses Grundgesetzes, die erst die Wahl eines westdeutschen Parlaments und durch dieses die Schaffung einer westdeutschen Bundesregierung ermöglicht ... Wer auffordern würde, gegen das Grundgesetz zu stimmen, weil bezüglich des Elternrechts nicht alles erreicht worden ist – das Elternrecht ist weder bejaht noch verneint –, würde m. E. sich mit Sicherheit dem vernichtenden Vorwurf aussetzen, daß er in der schlimmsten Notzeit des deutschen Volkes gegen dessen Interesse gehandelt haben würde.«[111]

Die Mehrheit der Bischofskonferenz (und der Adenauer auch persönlich verbundene Kardinal Frings sowieso) war durch politische Argumente beeindruckbar. Der Münsteraner Bischof blieb freilich bis zuletzt ein Kirchenmann strengster Observanz, dem nur die eigenen Prioritäten zur Richtschnur dienten. Er schrieb am 19. April 1949 an den Präsidenten des Parlamentarischen Rats noch einmal einen ausführlichen Brief (den Adenauer mit Gespür für Nuancen unter dem Briefkopf »Vorsitzender der CDU der brit. Zone« beantwortete), in dem er seine Überzeugungen und Besorgnisse zusammenfaßte. Der Münsteraner Oberhirte bescheinigte der CDU, weil sie in der Frage des Elternrechts nicht alles auf eine Karte setzte und parlamentarische Mehrheiten respektierte, Lauheit und fragte, ob die Vorurteile der Verabschiedung des Grundgesetzes die Nachteile, nämlich die fehlende Sicherung des Elternrechts, überwögen. Bischof Keller meinte, wenn die Gelegenheit jetzt versäumt würde, gebe es kaum noch eine Chance, später »dem Elternrecht in den Ländern mit sozialistisch-liberalen Mehrheiten Anerkennung zu verschaffen, und vor allem den überall wieder auftretenden Tendenzen zum totalitären Staat hin Einhalt zu bieten. Es gibt dann keinen wirksamen Schutz mehr für die Freiheit des christlichen Gewissens in Deutschland.« Sein Vorschlag, wie das Problem zu lösen sei, zeugte allerdings mehr von frommem Eifer als von politischem Verstand: »Sollte sich bei dem augenblicklichen Kräfteverhältnis der Parteien im Parlamentarischen Rat unter keinen Umständen eine Sicherstellung des Elternrechts erreichen lassen, dann halte ich es entschieden für besser, sich jetzt mit einem provisorischen, für die Bildung einer Bundesregierung ausreichenden Statut zu begnügen und dem kommenden Bundestag die Schaffung einer Verfassung zu überlassen. Dabei müßte allerdings garantiert sein, daß der Bundestag wenigstens etwa in Jahresfrist auch tatsächlich diese Aufgabe erfüllt. Dann hätte wenigstens unser christliches Volk die Möglichkeit, durch sein Votum zu diesem, die Fundamente seines kulturellen Lebens berührenden Problem Stellung zu nehmen.«[112] Adenauers Antwort war erheblich kürzer. Die entscheidenden Sätze lauteten: »Ich bin der Auffassung, daß, wenn die CDU/CSU an der Frage des Elternrechts die ganze Arbeit hätte scheitern lassen, sie damit nicht nur eine von ihr nicht zu tragende Verantwortung für eine weitere Verelendung des deutschen Volkes auf sich genommen hätte, sondern daß ihre Haltung auch in den weitesten Kreisen ihrer Wählerschaft nicht gebilligt worden wäre.« Und: »Wir werden bei den Wahlen zum ersten Bundesparlament die Frage des Elternrechts in den Vordergrund stellen. Es wird sich dann ja zeigen, ob diese Frage wirklich eine große Mehrheit in der Wählerschaft findet, damit eine Änderung des

Grundgesetzes in dem von uns erstrebten Sinne vorgenommen werden kann.«[113] Der Wählerwille äußerte sich in dieser Richtung dann nicht so stark, daß Korrekturen an der Verfassung notwendig wurden.

Höchst erfolgreich unter den Interessengruppen, die auf den Parlamentarischen Rat einwirkten, waren auch die Beamtenorganisationen, die für die »wohlerworbenen Rechte« der Staatsdiener fochten und in Bonn die alliierten Reformbestrebungen, die in der Bizone eingeleitet wurden, bekämpften. Die Zusammensetzung der Konstituante (61 % der Abgeordneten waren Beamte oder ehemalige Beamte, Richter und Hochschullehrer) war für die Wünsche der rührigen Beamtenlobby außerordentlich günstig. Anläßlich seines zehnjährigen Bestehens konnte der Deutsche Beamtenbund 1959 feststellen: »In weit über 100 Eingaben, Vorschlägen und Rücksprachen beim Parlamentarischen Rat hat die Gewerkschaft Deutscher Beamtenbund, vom Beginn der Beratungen in Bonn angefangen bis in die letzten Sitzungen, maßgebend an der Gestaltung und auch der Formulierung der Bestimmungen über das Berufsbeamtentum mitgearbeitet.«[114]

Der Deutsche Beamtenbund adressierte an den Parlamentarischen Rat in einer Eingabe vom 29. Oktober 1948[115] drei grundsätzliche Forderungen. Er verlangte erstens die institutionelle Garantie des Berufsbeamtentums (»Für den Neuaufbau einer demokratischen Verwaltung ist die verfassungsmäßige Verankerung des Berufsbeamtentums, das sich allezeit als sicherste Stütze des Staates erwiesen hat, unentbehrlich«), zweitens eine grundgesetzliche Sperre gegen alle Bestrebungen, die Unterschiede zwischen Beamten und anderen Bediensteten der öffentlichen Verwaltungen aufzuheben (Funktionsvorbehalt), drittens die Vorranggesetzgebung des Bundes über Grundsätze der Gestaltung des Beamtenrechts. Gestützt auf das Rechtsstaatsprinzip verlangten die Interessenverbände außer den generellen (weitgehend am Individualinteresse der Beamten orientierten) Status-Sicherungen auch die Bestätigung der Rechte von Angehörigen des öffentlichen Dienstes, die durch »Kriegsfolgen« (im Zuge der Entnazifizierungs- und Entmilitarisierungsgesetzgebung der Alliierten, durch Flucht oder Verlust des Dienstherrn) Beschäftigung oder Versorgung verloren hatten, sowie die künftige Sicherung der Rechte der Beamten zonaler und bizonaler Dienststellen. Die Beamtenlobby war so unermüdlich wie aggressiv. Ende Januar 1949 demonstrierte der Beamtenbund auf einer Großkundgebung in Köln, daß er einen vollkommenen Sieg beanspruchte: »Die Beamtenschaft erwartet deshalb, daß im Grundgesetz an allen in Betracht kommenden Stellen und ebenso bei allen anderen gesetzlichen Regelungen des öffentlichen Dienstes klar und ohne Hinterhältigkeiten das Berufsbeamtentum für die Ausübung der öffentlichen Gewalt in seinen wesentlichen Merkmalen garantiert und eine dementsprechende einheitliche Regelung für alle Sparten sichergestellt wird.«[116]

Dank der Unterstützung der bürgerlichen Parteien, deren Anträge manchmal wörtlich mit den Eingaben der Beamtenlobby übereinstimmten, wurden die Wünsche der Staatsdiener weitgehend erfüllt. In einem Falle, dem Verlangen nach Vorranggesetzgebung des Bundes in Fragen des Beamtenrechts, hatte auch die SPD die Forderungen gegen die bürgerliche Föderalisten vorbehaltlos unterstützt. Den anderen Wünschen hatten die Sozialdemokraten mindestens anfänglich entgegenzuwirken versucht. Namentlich bei den Spezialinteressen dienenden Anträgen zur Sicherung der Rechte der »verdrängten« Beamten bzw. der Übernahme der Beamten der zonalen und bizonalen Bürokratien durch die Bundesverwaltung hatte die SPD teils aus politischen, teils aus finanziellen Gründen Widerstand geleistet. Mit den Artikeln 131 und 132 des Grundgesetzes konnten die Beamten aber schließlich recht zufrieden sein. Die ursprünglich drohende Aufhebung der Rechte der beiden Beamtengruppen war abgewendet worden; wenn auch keine verfassungsmäßige Garantie des Besitzstandes der verdrängten Beamten und der zonalen und bizonalen Verwaltungsangehörigen erreicht war, so gab es doch die prinzipielle Festschreibung ihrer Ansprüche, die in der Praxis dann auch befriedigt wurden.

Im Grundsätzlichen war der Sieg der Beamteninteressen ohnehin nahezu vollkommen. Der Artikel 33 des Grundgesetzes verpflichtete den künftigen Gesetzgeber auf die Essentialien des traditionellen Beamtenrechts, die Status-Schranken zwischen Angestellten und Beamten blieben geschlossen (Art. 33, 4: »Die Ausübung hoheitsrechtlicher Befugnisse ist als ständige Aufgabe in der Regel Angehörigen des öffentlichen Dienstes zu übertragen, die in einem öffentlich-rechtlichen Dienst- und Treueverhältnis stehen«) und die »hergebrachten Grundsätze« des Beamtenrechts blieben verbindliche Richtschnur für die Zukunft (Art. 33, 5: »Das Recht des öffentlichen Dienstes ist unter Berücksichtigung der hergebrachten Grundsätze des Berufsbeamtentums zu regeln«). Im Grundgesetzartikel 75 war außerdem die Vorranggesetzgebung des Bundes verankert worden.[117]

Mit den Verfassungsartikeln über das Beamtentum hatte der Parlamentarische Rat – unter den Augen der Besatzungsmächte – die entscheidende Weichenstellung vorgenommen, die wenig später die gesamte in der Bizone mit soviel Mühe und Aufwand durchgesetzte Reform des öffentlichen Dienstes zur Episode machte.

Weniger Glück bei der Durchsetzung ihrer Postulate hatten die Gewerkschaften. Der DGB der britischen Zone hatte schon für die Länderverfassungen einen Wunschkatalog aufgestellt, der im September 1948 auch in

Bonn angemeldet wurde. Das Programm der Wirtschaftsdemokratie, das in die Verfassung geschrieben werden sollte, reichte von der Forderung nach »einheitlichem Arbeitsrecht« bis zur »Sozialisierung der Schlüsselindustrien« und schloß »gleichberechtigte Mitwirkung und Mitbestimmung in allen sozialen und wirtschaftlichen Einrichtungen und Angelegenheiten« ebenso ein wie »Koalitionsfreiheit, Streikrecht, Mitbestimmungsrecht in der Wirtschaft und im Betrieb«.

Anders als in der Weimarer Republik, »in der man die Demokratisierung der Wirtschaft vergaß«, müßten die gewerkschaftlichen Postulate verfassungsrechtlich fixiert werden, wenn die neue Demokratie nicht eine »politische Halbheit« bleiben sollte.[118] Ende Oktober machte Hans Böckler als Sprecher des Gewerkschaftsrates der vereinigten Westzonen den Präsidenten des Parlamentarischen Rats und die Abgeordneten mit »Vorschlägen zur Abänderung bzw. Ergänzung des vorliegenden Entwurfs zu einem Grundgesetz« bekannt.[119] Die gewerkschaftlichen Ansprüche waren aber jetzt schon beträchtlich reduziert. Statt dem wirtschaftsdemokratischen Generalprogramm verlangte Böckler die Aufnahme einzelner, zum Teil bereits ausformulierter Bestimmungen, er plädierte aber auch für die Errichtung einer einheitlichen Finanzverwaltung und die ausschließliche Bundeskompetenz in der Finanz- und Steuergesetzgebung. Für »unbedingt notwendig« erachteten die Gewerkschafter ferner die Einrichtung von Körperschaften der wirtschaftlichen Selbstverwaltung (Wirtschaftskammern), die paritätisch aus Unternehmer- und Arbeitnehmervertretern zusammengesetzt sein und gegenüber der Legislative und Verwaltung auch beratend und unterstützend tätig sein sollten. Die Wunschliste enthielt Forderungen wie den besonderen Schutz der arbeitenden Menschen, der Vorrang vor dem Schutz des materiellen Besitzes haben müsse, das Verbot von Zwangsarbeit, die Sicherung der Koalitionsfreiheit (über die allgemeine Vereinsfreiheit hinaus) und des Streikrechts, der Gewerbefreiheit und des freien Leistungswettbewerbs. Zu den Anliegen der Gewerkschafter gehörte ferner die Verankerung des Rechts auf freie Zeit zur Wahrnehmung staatsbürgerlicher Rechte und öffentlicher Ehrenämter und die Einrichtung eines selbständigen obersten Arbeits- und Sozialgerichts in der Kompetenz der zuständigen Arbeitsbehörden, d. h. außerhalb der Justiz.[120]

Dem Verlangen nach eigener Arbeits- und Sozialgerichtsbarkeit war als einzigem voller Erfolg beschieden. Die Wünsche der Gewerkschaften nach verfassungsmäßig kodifizierten sozialen Grundrechten kamen über den Grundsatzausschuß nicht hinaus. Einige Details (Verbot der Zwangsarbeit, Koalitionsfreiheit, Schutz der Arbeit) wurden berücksichtigt oder im Grundgesetz immerhin erwähnt, freilich meist nicht in der ursprünglich erstrebten Form und nicht im Range eigener sozialrechtlicher Verfas-

sungsartikel. Im Hauptausschuß war am 4. Dezember 1948 auch die Aufnahme des Streikrechts in den Grundrechtskatalog abgelehnt worden, aber nicht, weil es nicht anerkannt worden wäre, sondern weil man, um wilde politische und tarifwidrige Streiks zu verhindern, Beschränkungen hätte mit einbauen müssen.[121]
Die spätere Resignation und Enttäuschung über Mängel des Grundgesetzes, die es in Gewerkschafteraugen hatte, war zum Teil selbstverschuldet. Die gewerkschaftliche Lobby erhob ab Dezember 1948 in Bonn kaum noch ihre Stimme, und im Gegensatz zu den Kirchen und den Beamtenorganisationen verzichtete der bizonale Gewerkschaftsrat oder der DGB der britischen Zone darauf, auf breiter Front mobil zu machen, um die Verfassungsväter in Bonn zu beeinflussen, wie es gegenüber dem Frankfurter Wirtschaftsrat, der aktuellere Angriffsflächen bot, geschah. Anders als Beamte und Kirchen hatten die Gewerkschaften in Bonn aber auch keinen Resonanzboden im Parlamentarischen Rat, der ihre Interessen verstärken und tragfähig machen wollte. Das lag daran, daß unter den Abgeordneten keine aktiven einflußreichen Gewerkschaftsfunktionäre waren (alte Gewerkschafter wie Adolph Schönfelder spielten in der neuen Organisation keine Rolle), vor allem aber fielen die Sozialdemokraten in Bonn als Partner aus, da sie es dem Provisoriumskonzept zuliebe grundsätzlich ablehnten, Probleme der Sozialordnung im Grundgesetz zu regeln.
Trotz des Widerspruchs, der durch die Aufnahme der kirchlichen Forderungen in die Verfassung entstand, hielten die Parteien am stillschweigenden Übereinkommen fest, in den Grundrechtskatalog nur die klassischen, individuellen Grundrechte aufzunehmen und den sozialen Bereich der späteren Gesetzgebung zu überlassen. Die SPD hatte gern und mit Erfolg die Aufgabe übernommen, dies den Gewerkschaftern klarzumachen.[122]
Die Abgeordneten des Parlamentarischen Rats wurden im Lauf der Monate mit Eingaben von Verbänden und Organisationen geradezu überschüttet. Als pressure groups betätigten sich Naturschützer ebenso wie Flüchtlingsverbände, Privatpersonen mit Vorschlägen zur Verbesserung der Welt oder Vereinigungen, denen das Kriminalwesen oder das Jagdrecht am Herzen lag.[123] Interessenvertreter waren auch die Länderregierungen, die über die Ministerpräsidenten (die in Bad Godesberg ein Verbindungsbüro unterhielten) und ihre »Gesandtschaften« – die Dienststellen der Landesregierungen in Bonn – Einfluß nahmen. Am eifrigsten vertrat die bayerische Regierung ihre Belange, durch Interventionen des Ministerpräsidenten und Besuche einzelner Minister in Bonn, über ihre dortige Vertretung und natürlich durch das Zusammenspiel der CSU-Abgeordneten mit der Münchner Staatskanzlei. In der Argumentation

zugunsten einer extensiv-föderalistischen Ausgestaltung der Verfassung erlegten sich die Bayern wenig Zwang auf. So hieß es in einer »Vorläufigen Äußerung zu den von den Fachausschüssen des Parlamentarischen Rats bisher formulierten Artikeln des Grundgesetzes« (Stand 18. Oktober 1948) zum Problem des Bundeszwangs: »Auch die Verfassung von Sowjetrußland enthält keine Regelung der Bundesexekution. Vielmehr bestimmt ihr Artikel 117: ›Jeder Unionsrepublik bleibt das Recht auf freien Austritt aus der UdSSR gewährleistet.‹«[124] Ob in München an die Realisierbarkeit solcher sowjetischer Verfassungsartikel – die Bayerische Staatskanzlei hatte auch angeführt, in der Sowjetunion hätten die Länder das Gesandtschaftsrecht und der Bund fahre recht gut damit – geglaubt wurde, fragten sich wohl nicht nur die sozialdemokratischen Abgeordneten in Bonn.[125] Ministerpräsident Ehard hatte jedenfalls recht, als er in einer Rundfunkansprache Anfang April 1949 konstatierte: »Ich will keineswegs behaupten, daß die Stimme Bayerns in Bonn etwa völlig verhallt wäre. Die Spuren des bayerischen Einflusses und der Rücksicht auf Bayern sind greifbar. Die Mitarbeit war nicht umsonst! Man kann sich an den fünf Fingern abzählen, was in Bonn herausgekommen wäre, wenn man denen gefolgt wäre, die die Verweigerung jeder Mitarbeit als ihrer politischen Weisheit höchsten Schluß preisen! Ich erinnere nur an die Geschichte der Entstehung des Bundesrates, der zweifellos auf das bayerische Konto geht!«[126]

8. Die Alliierten und der Parlamentarische Rat. Krisen und Kompromisse in Bonn

In der Frage, wie die Zweite Kammer aussehen und welche Kompetenzen sie haben sollte, schieden sich die Geister. Die SPD focht in Herrenchiemsee und in den Generaldebatten des Parlamentarischen Rats am 8./9. September und am 21. Oktober für das reine Senatsprinzip, das heißt für Senatoren, die von den Landtagen gewählt sein sollten. Einen Bundesrat aus Mitgliedern der Landesregierungen erstrebten die CSU im Verein mit den süddeutschen CDU-Abgeordneten und ebenso das Zentrum und die Deutsche Partei.

Der Adenauer-Flügel in der CDU war mehrheitlich auf das Senatsprinzip festgelegt, die Abgeordneten der FDP neigten zu einer Mischung von Senats- und Bundesratselementen in der Zweiten Kammer. In der CDU/CSU-Fraktion wurde wochenlang um eine einheitliche Linie gerungen, allerlei Varianten standen zur Diskussion. Es war eine der Sensationen in Bonn, daß sich Ende Oktober die CSU im Alleingang mit einem prominenten Vertreter der SPD-Fraktion auf die Bundesratslösung einigte. Am 26. Oktober traf sich der bayerische Ministerpräsident mit dem stellvertretenden Fraktionsvorsitzenden der SPD im Bonner Hotel Königshof zum Abendessen. Ehard und Menzel verständigten sich im Laufe von zwei Stunden über die zweite Kammer. Die ungewöhnliche Koalition bot reichlich Anlaß zu Mutmaßungen, wie es Ehard gelungen war, Menzel von den Vorteilen eines Bundesrats zu überzeugen. Es sei Ehards Meisterstück gewesen, Menzel für die Bundesratslösung zu gewinnen und die SPD zur Schwenkung in der Streitfrage zu bewegen, heißt es in der einschlägigen Literatur.[127]

Tatsächlich war aber eher Menzel der Initiator und Planer des Coups, er mußte weder überzeugt noch überredet werden, und die Sozialdemokraten vollzogen auch keine jähe Schwenkung. Schon am 1. Oktober hatte Menzel dem Parteivorstand vorgeschlagen, die Biersteuerhoheit – das jahrzehntealte Streitobjekt zwischen Bayern und Reich – den Bayern zu überlassen und dafür Konzessionen auf anderen Gebieten zu verlangen. Er sei der Auffassung, schrieb Menzel, »daß die Bayern eher bereit sind, auf eine gleichberechtigte zweite Länderkammer zu verzichten und sich mit einem Vetorecht einverstanden erklären würden, wenn sie die Biersteuer bekommen. Das wäre ein Kaufpreis, den wir vertreten könnten.« Und eine Woche später, am 8. Oktober, berichtete Menzel der SPD-Zentrale, entscheidend sei nicht die Frage: Bundesrat oder Senat, sondern welche Funktion die zweite Kammer erhalte. In der Diskussion stünde aber die Art der Zusammensetzung, nicht die Funktion im Vordergrund. Über die unterschiedlichen Meinungen in der Unionsfraktion war Menzel genau im Bilde, er folgerte, »die Süddeutschen legen mehr Wert auf das Bundesratssystem, würden sich dafür aber mit dem Vetorecht begnügen, also eine Konstruktion ähnlich dem jetzigen Länderrat in Frankfurt/M. Ich meine, unsere Fraktion sollte dieser letzteren Lösung zustreben, um dafür vielleicht auf einem anderen Gebiet eine Konzession der Süddeutschen zu erlangen.« Menzel dachte jetzt daran, das Zugeständnis in der Frage des Staatsoberhaupts zu suchen. Die SPD hatte dieses Problem – aus ihrer Sicht hieß es: Ablehnung des Amts eines Bundespräsidenten – für die interfraktionellen Besprechungen, die ab 27. Oktober stattfanden, angemeldet. Der Bericht Menzels an Erich Ollenhauer vom 22. Oktober, in dem er den Parteivorstand wieder über den Diskussionsstand innerhalb der Unionsparteien zur zweiten Kammer informierte, schloß mit der Bemerkung, Ministerpräsident Ehard werde in den nächsten Tagen in Bonn sein. Die Sozialdemokraten hatten sich also vorbereitet und ein Übereinkommen mit der CSU angesteuert.[128]

Ehard und Menzel verständigten sich am Abend des 26. Oktober darüber, daß ein Bundesrat angestrebt werden sollte, dessen Befugnisse aber – das war die Konzession der CSU – im wesentlichen auf das Vetorecht in der Gesetzgebung beschränkt bleiben sollte. Die Verabredung führte zu einer schweren Krise in der christdemokratischen Fraktion. Teilnehmer des politischen Abendessens war nämlich auch Anton Pfeiffer gewesen, der ja nicht nur bayerischer Staatsminister, sondern auch Fraktionschef in Bonn war.

Die Fraktionssitzung am übernächsten Tag geriet zum Eklat. Adenauer sprach von einer Parteikrise und bezeichnete das Ergebnis des Gesprächs zwischen Ehard und Menzel, das letzterer ein gentlemen's agreement genannt hatte, als Vertrauensbruch gegenüber der Fraktion. Adenauer war besonders erbost, daß er den Sachverhalt aus amerikanischer Quelle und von Menzel erfahren hatte.[129]

Die Krise in der CDU/CSU dauerte noch einige Zeit an, die Sache war aber durch den Vorstoß Ehards praktisch entschieden. Daran änderte auch eine neue Konzeption, die Adenauer präsentierte, nichts. Adenauer hatte Anfang November ein Dreikammersystem zur Diskussion gestellt; dem Bundestag sollte sowohl ein Senat als auch ein Bundesrat zur Seite gestellt werden. Die Idee, die schnell wieder in der Versenkung verschwand, war wohl in erster Linie taktisch gemeint, sie sollte die Geschlossenheit der Unionsfraktion retten helfen, eine weitere Annäherung zwischen CSU und SPD verhindern, die Bayern aber auch bei der Stange halten, denn nach einer Ablehnung des Grundgesetzes in Bayern wurde von den Unionsparteien bei den kommenden Wahlkämpfen Schlimmstes befürchtet.

In der zweiten Lesung des Hauptausschusses, die am 15. Dezember 1948 begann und, von der Weihnachtspause unterbrochen, am 20. Januar 1949 beendet wurde, blieben die Standpunkte in den Hauptstreitfragen ziemlich unverändert. Bei der Diskussion über die Zweite Kammer stand aber nun die Frage der Gleichberechtigung zwischen Bundesrat und Bundestag im Vordergrund, der Senat war vom Tisch. Gekämpft wurde zunehmend mit härteren Bandagen. Wenn die Abgeordneten und Parteizentralen mit Rücksicht auf die parlamentarischen Sitten in Bonn Zurückhaltung übten, so holten sie das Versäumte in Reden und Artikeln nach. So beklagte sich Süsterhenn im Hauptausschuß, daß der SOPADE-Pressedienst der SPD und CDU und vor allem Adenauer eine »Politik des nationalen Verrats« unterstelle,[130] mußte sich aber einige Tage später von Theodor Heuss den Kopf waschen lassen, weil er selbst in einem Aufsatz über die rechtliche Situation des Reichskonkordats geschrieben hatte, der »sowjetische Standpunkt« werde »im Parlamentarischen Rat in Bonn von der SPD, KPD und FDP gemeinsam vertreten«.[131]

Seit Beginn der Beratungen des Parlamentarischen Rats hatte es halboffizielle Kontakte zwischen deutschen Politikern und alliierten Verbindungsoffizieren gegeben, halboffiziell deshalb, weil die Alliierten sich vorgenommen hatten, sich größter Zurückhaltung zu befleißigen, um die Verfassung nicht mit dem Odium eines Diktats zu belasten, aber auch wegen der von der SPD erfolgreich propagierten deutschen Haltung, nach der mit den Alliierten nicht über Einzelbestimmungen des Grundgesetzes in statu nascendi, sondern erst über einen Gesamtentwurf verhandelt werden sollte. Dahinter stand die Annahme, daß den Militärgouverneuren eine Ablehnung des Gesamtwerks des Parlamentarischen Rats sehr viel schwerer fallen würde als die Zurückweisung einzelner Verfassungsartikel.

Elf Wochen nach Beginn der Beratungen gingen die Militärgouverneure etwas aus der Reserve. Am 22. November 1948 ließen sie dem Parlamentarischen Rat ein Aide-mémoire übergeben, das die wesentlichsten Grundsätze enthielt, die in der deutschen Verfassung beherzigt werden sollten. Der wichtigste Punkt war die Forderung nach einer Zweiten Kammer, die mit genügender Befugnis zur Wahrung der Länderinteressen ausgestattet sein müsse. Ferner sollten die Kompetenzen der Bundesregierung sich nicht auf das Erziehungswesen, kulturelle und kirchliche Angelegenheiten erstrecken, die Verfügung des Bundes über öffentliche Finanzen sollte zugunsten der Länder beschränkt bleiben, eine unabhängige Gerichtsbarkeit müßte Bundesgesetze und die Bundesexekutive überprüfen können, jeder Bürger müsse Zugang zu öffentlichen Ämtern haben, Angehörige des Öffentlichen Dienstes sollten vor Übernahme eines Mandats in der Bundeslegislative von ihrem Amt zurücktreten. Es handelte sich also um recht allgemein gehaltene Interpretationen des ersten Frankfurter Dokuments.[132]

Die Form der Übergabe des alliierten Memorandums war stilbildend für die Verkehrsformen zwischen dem Präsidenten des Parlamentarischen Rats und den Vertretern der Besatzungsmächte. Die Verbindungsoffiziere der Militärregierung in Bonn hatten Adenauer mitgeteilt, sie wollten ihn am Montag, dem 22. November, um 12 Uhr empfangen. Adenauer ließ ihnen ausrichten, er lasse sich nicht zitieren, die Herren sollten zu ihm kommen, wie das diplomatische Vertreter täten. Die Verbindungsoffiziere ließen Adenauer wissen, sie seien keine diplomatischen Vertreter, und der Parlamentarische Rat unterstünde den Militärregierungen. Schließlich wurde der Präsident von den alliierten Vertretern zum Mittagessen gebeten.[133] Der Übergabe des Aide-mémoire war am 17. November ein Frühstück vorausgegangen, zu dem General Robertson Adenauer nach Homburg eingeladen hatte. Im Anschluß daran konferierten der britische Militärgouverneur und sein politischer Berater Steel zweieinhalb Stunden lang mit dem Präsidenten des Parlamentarischen Rats. Robertson kündigte den Besuch der Verbindungsstäbe zwecks

Interpretation der alliierten Vorstellungen an und teilte bei der Gelegenheit mit, im Hinblick auf die internationale Lage sei es außerordentlich wünschenswert, daß baldmöglichst eine westdeutsche Regierung gebildet werde. Außerdem machte Robertson darauf aufmerksam, daß das Aide-mémoire nichts über den Status Berlins enthalten werde. Das habe bestimmte Gründe, die mit den Wahlen in Berlin zusammenhingen. Aber es sei darüber hinaus gar nicht daran zu denken, daß die Westmächte einer Verfassung zustimmen würden, »die Berlin als Teil des Bundes vorsehen, schon aus dem einfachen Grunde heraus, weil über die Verwaltung Berlins eine besondere Verabredung unter den Alliierten Mächten mit den Russen bestände«.[134]
Adenauer hatte zwei Anliegen, die er mit Robertson erörterte. Er schlug vor, um Beanstandungen des Grundgesetzes nach der Verabschiedung im Parlamentarischen Rat durch die Alliierten zu vermeiden, vor Abschluß der Beratungen eine Aussprache über den Verfassungstext zwischen einer Delegation des Parlamentarischen Rats und Beauftragten der Militärgouverneure abzuhalten. Robertson begrüßte diesen Vorschlag und stellte in Aussicht, daß die Militärgouverneure zu diesem Zweck wohl persönlich zur Verfügung stünden. Das andere Anliegen Adenauers wies in etwas fernere Zukunft: Er wiederholte seinen Wunsch, daß das Besatzungsstatut eine Bestimmung enthalten sollte, die es ermöglichte, das Besatzungsstatut der »fortschreitenden Entwicklung« anzupassen. Gemeint war die vertragliche Fixierung des deutschen Anspruchs auf wachsende Souveränität nach Gründung der Bundesrepublik. Dem Verlangen Adenauers wurde dann auch tatsächlich entsprochen.
Der Hauptausschuß beschloß am 25. November mit der üblichen Gegenstimme der KPD einmütig, das alliierte Memorandum als »lediglich eine Erläuterung« zu betrachten: »Die Abgeordneten des Parlamentarischen Rates setzen die Beratungen als Vertreter des deutschen Volkes fort, dessen Vertrauen sie nach Bonn entsandt hat.«[135] Der deutschen Seite war damals nicht genügend bewußt, daß es sich dabei um nichts anderes als den Wortlaut der Londoner Empfehlungen vom Juni 1948, also um conditiones sine qua non, handelte.
Als Konrad Adenauer an der Spitze einer Delegation des Parlamentarischen Rats am 16. und 17. Dezember 1948 mit den Militärgouverneuren zu einer Besprechung zusammentraf, erläuterte er die Differenzen auf deutscher Seite; er zog sich danach den Vorwurf der SPD-Fraktion zu, Interna ausgeplaudert zu haben, um einen alliierten Schiedsspruch im Sinne der Vorstellungen der Unionsparteien bzw. des von ihm repräsentierten Flügels der CDU zu erreichen. Die »Frankfurter Affäre« hatte, weil die Deutschen die Hintergründe und Bedeutung des Aide-mémoires ignorierten, in der Sache noch keine Bedeutung, vergiftete aber die

Atmosphäre für einige Zeit gründlich. Die SPD-Fraktion bescheinigte Adenauer in einem Brief am 18. Dezember, daß er als Sprecher der Delegation das notwendige Vertrauen der Sozialdemokraten nicht mehr genieße. Das hatte zwar keine unmittelbaren Folgen (über den kommunistischen Antrag, Adenauer als Präsident des Parlamentarischen Rats abzuberufen, ging man zur Tagesordnung über), aber das »abgrundtiefe Mißtrauen« der SPD gegen den Bundeskanzler Adenauer in den folgenden Jahren hatte eine Wurzel auch im Dezember 1948.[136] Am gleichen Tag beschäftigte sich der Hauptausschuß in nichtöffentlicher Sitzung mit den Frankfurter Ereignissen.[137] Von den Vertretern der Unionsparteien wurden die Verhandlungen mit den Militärgouverneuren der Form nach wie in der Sache als Erfolg, von den Sozialdemokraten, die erwartet hatten, daß vor allem über das Besatzungsstatut geredet werde, als eine Art Landesverrat gewertet. Der Parteienstreit verebbte erst in den Weihnachtsferien. General Clay hatte ihn immerhin so ernst genommen, daß er im Monatsbericht der amerikanischen Militärregierung schrieb, die »Adenauer-Krise« hätte den ganzen Parlamentarischen Rat torpedieren können, schuld daran sei die Parteileitung der SPD in Hannover gewesen, die die Bonner Fraktion gegen den Präsidenten scharf zu machen versucht habe. Gottlob sei es aber den gemäßigten Elementen innerhalb der SPD gelungen, den Zusammenbruch der Konstituante zu verhindern.[138]

Trotz des großen Krachs vor der Weihnachtspause ging die Arbeit in Bonn zu Beginn des neuen Jahres ziemlich reibungslos weiter. Zu verdanken war dies auch der Veröffentlichung des Ruhrstatuts am 28. Dezember 1948. Im Hauptausschuß des Parlamentarischen Rats wurde am 7. Januar 1949 darüber debattiert. Und die Empfindungen über dieses Dokument – das neben dem Besatzungsstatut und dem Grundgesetz für die Bundesrepublik konstitutionelle Bedeutung haben sollte – reichten von Enttäuschung bei den Sozialdemokraten bis zur zähneknirschenden Zuversicht bei den Christdemokraten. Daß die Bodenschätze und die Montanindustrie des Ruhrgebiets unter internationale Kontrolle kommen würden, – an der die Bundesrepublik aber beteiligt sein würde –, war als eine der Voraussetzungen zur Weststaatgründung längst bekannt und akzeptiert. Aber die Modalitäten berührten, obwohl ursprünglich viel Schlimmeres gedroht hatte, nämlich auch die politische Abtrennung des Ruhrgebiets, zu Beginn des Jahres 1949 schmerzlich. Viele deutsche Politiker hatten sich gleichberechtigter mit den Nachbar- und Siegerstaaten gehofft, als ihnen jetzt demonstriert wurde. In der Erklärung der SPD-Fraktion hieß es, das Ruhrstatut enttäusche die Hoffnungen, »daß aus der Katastrophe des Hitlerkrieges die große Idee eines politisch, wirtschaftlich und konstitutionell geeinten Europa, eines Europa des Friedens und der Freiheit geboren werden würde«. Dem deutschen Volke werde in dem Augenblick, da in Bonn die Grundlagen für deutsche Selbstverantwortung geschaffen würden, »die Möglichkeit genommen, seine Wirtschaft in eigener Verantwortung zu führen und so die materiellen Grundlagen für eine echte und lebendige Demokratie zu schaffen«[139]. Die Liberalen nannten das Ruhrstatut »eine neue Zitadelle der Zwangswirtschaft, von der wir aus dem eigenen Lande schon soviel Unheil erfahren haben«[140]. Die CDU/CSU-Fraktion war entschlossen, dem Ruhrstatut so viel Gutes wie nur möglich abzugewinnen. So hieß es in der CDU/CSU-Erklärung nach der einleitenden Feststellung, man könne »in dem ohne deutsche Mitwirkung zustande gekommenen Ruhrstatut nur eine schmerzliche Übergangslösung sehen, die im Schatten einer düsteren Vergangenheit« stehe, mit einigem Optimismus: »Wenn auch das deutsche Volk zu einer Vorleistung für eine europäische wirtschaftliche und politische Zusammenarbeit entschlossen ist, so erwartet es aber zugleich, daß Maßnahmen der Gegenseitigkeit folgen, und daß diese Maßnahmen auch dem Wiederaufbau der von allen europäischen Volkswirtschaften am schwersten getroffenen deutschen Wirtschaft helfen werden.«[141]

Keiner der deutschen Politiker, die sich am 7. Januar 1949 in Bonn mit der Ankündigung des Ruhrstatuts beschäftigten, konnte damals ahnen, wie wenig verhängnisvoll diese Regelung sein würde und daß gerade sie in unverhältnismäßig kurzer Zeit, nämlich nach nur drei Jahren, einen ersten realen Ansatz zur europäischen Integration mit gleichberechtigter deutscher Beteiligung – der Montanunion von 1952 – bieten würde. Im Januar 1949 jedenfalls wirkte das Ruhrstatut für die deutschen Politiker zunächst einmal friedenstiftend. Die Arbeit am Grundgesetz ging weiter.

Nach der zweiten Lesung im Hauptausschuß mußten Kompromisse für den endgültigen Entwurf gesucht werden, der nach dem Wunsch der Fraktionen eine breite Mehrheit des Parlamentarischen Rats finden sollte. Die Verhandlungen über die strittigen politischen Grundentscheidungen wurden in einer interfraktionellen Kommission, dem Ende Januar gebildeten Fünfer-Ausschuß (je zwei Abgeordnete der CDU/CSU und der SPD, einer der FDP) geführt. Unter Adenauers Vorsitz fand der Fünfer-Ausschuß bis zum 3. Februar 1949 Kompromisse in der Frage der Mitwirkung des Bundesrats bei der Gesetzgebung und, den Vorstellungen der SPD und FDP folgend, zum Problem der Finanzverfassung. Auch das »Elternrecht« wurde grundsätzlich anerkannt, und beim Verhältnis Kirche und Staat einigte man sich auf die Lösung, die schon in der Weimarer Verfassung verankert gewesen war. Die dritte Lesung des Grundgesetz-Entwurfs im Hauptausschuß konnte auf der Basis dieser Kompromisse in nur fünf Sitzungen vom 8. bis 10. Februar 1949 abgeschlossen werden.

Ehe der Entwurf dem Plenum des Parlamentarischen Rats unterbreitet wurde, sollte aber die Zustimmung der Alliierten vorliegen. Der Grundgesetz-Entwurf wurde daher den Militärgouverneuren zur Stellungnahme übermittelt, die ihn zwei Wochen lang prüften. Am 2. März meldeten sie ihre Bedenken an. Die Arbeit an der Verfassung, die kurz vor dem Abschluß zu stehen schien, geriet damit in ihre ernsteste Krise.[142]
In der Sitzung am 2. März 1949 teilte der britische Militärgouverneur Robertson als Sprecher der Alliierten der Delegation des Parlamentarischen Rats mit, daß der Grundgesetz-Entwurf in acht Punkten von den Forderungen des Memorandums vom 22. November 1948 abweiche. Die beiden wichtigsten, um die in der Folge der Streit auf deutscher Seite entbrannte, waren – wie gehabt – die Finanzverfassung und die Aufteilung der Gesetzgebungskompetenzen zwischen Bund und Ländern. Die Alliierten lehnten insbesondere den Finanzausgleich zwischen den Ländern mit hohem und geringem Steueraufkommen ab und verlangten getrennte Systeme der Steuergesetzgebung und der Steuerverwaltung beim Bund und den Ländern, um die finanzielle Unabhängigkeit der Länder zu sichern.
Die Suche nach Lösungen, die sowohl die deutschen Interessen befriedigen als auch den Alliierten konvenieren würden, fand im Siebener-Ausschuß statt, dem durch Vertreter der Deutschen Partei und des Zentrums erweiterten interfraktionellen Gremium, das sich schon als Fünfer-Ausschuß bewährt hatte. Am 18. März wurden den Militärgouverneuren die Ergebnisse übermittelt. In der Frage der Finanzhoheit waren die deutschen Vorschläge aber im wesentlichen unverändert geblieben. Ohne auf die Einzelheiten einzugehen, ließen die Alliierten daher mitteilen, daß die deutschen Vorstellungen ihren am 2. März vorgetragenen Grundsätzen nicht entsprächen. Das bedeutete, daß die Kompromisse zwischen den Fraktionen, denen auch die Vorschläge des Siebener-Ausschusses Rechnung getragen hatten, nicht mehr zu halten waren.
Die SPD, die fürchtete, um die Früchte ihres Nachgebens in der Bundesratsfrage (Ehard-Menzel-Gespräch) zu kommen, verhielt sich gegenüber den Änderungswünschen der Finanzverfassung intransigent, während die CDU/CSU am 30. März selbständig neue Formulierungen vorlegte, um den Amerikanern entgegenzukommen. Adenauer, der in Verfassungsfragen wenig dogmatisch dachte, wollte lieber ein weniger ideales Grundgesetz als gar keines.[143] Die CDU gedachte also, den Militärgouverneur Clay, der sich am hartnäckigsten zeigte, durch Nachgeben zu besänftigen, während die SPD es auf eine Kraftprobe mit den Alliierten ankommen lassen wollte. Die SPD setzte dabei auf die flexiblere Haltung der Engländer, ihre Position wurde außerdem – ohne ihr Wissen – dadurch unterstützt, daß man in Washington, wo die Zuständigkeiten für die Deutschlandpolitik in Kürze vom Heeresministerium auf das State Department

übergehen sollten, kompromißbereiter war als die US-Militärregierung in Deutschland. Tatsächlich war Clay am 2. April vom State Department empfohlen worden, den Grundgesetz-Entwurf in der Fassung vom 17./18. März zu akzeptieren. Clay lehnte dies ab, wobei seine Argumentation auf die Sicherung des föderalistischen Prinzips im Wortlaut der künftigen Verfassung abgestellt war. Zu seinen Motiven gehörte aber auch das Mißtrauen gegen die Sozialdemokraten, von denen er glaubte, daß sie eine starke Bundesfinanzverwaltung zur späteren Durchführung ihrer gesellschaftspolitischen Konzepte brauchten.[144]

In Washington tagten Anfang April 1949 (im Anschluß an die Gründung der NATO) die Außenminister der drei Westmächte, um sich über das Besatzungsstatut zu verständigen. Die Mitteilung der drei Außenminister an den Parlamentarischen Rat, daß das alliierte Memorandum vom 2. März dem Londoner Abkommen entspreche – das hieß, daß die deutschen Vorschläge nicht verhandlungsfähig waren –, machte das Konzept der SPD, den vorliegenden Grundgesetz-Entwurf im Hauptausschuß durch Kampfabstimmung durchzusetzen, zunichte, da damit das ganze Verfassungswerk von der Ablehnung bedroht gewesen wäre. In den folgenden Tagen stand erst einmal das Besatzungsstatut im Vordergrund. Die Begleitmusik zu den Beratungen mit den Militärgouverneuren in dieser Frage bestand aus öffentlichen Erklärungen der Parteien zum Stand des Grundgesetzes in schrillen Tonarten: Warf die SPD, die »kein Grundgesetz mit alliiertem Inhalt« hinnehmen wollte, der CDU und CSU »Erfüllungspolitik« vor, so warnte Adenauer vor »Patentnationalen«, die leichtfertig die alliierte Politik angriffen.

Vom 22. bis 24. April fanden aber wieder interfraktionelle Verhandlungen statt, bei denen die SPD einen verkürzten Grundgesetz-Entwurf vorlegte, der wieder mehr ihrem Provisoriumskonzept Rechnung trug, u. a. durch die Eliminierung des Grundrechtskataloges. Gleichzeitig war dem Präsidenten des Parlamentarischen Rats ein Memorandum der Außenminister übergeben worden, das vom 8. April datiert war, von den Militärgouverneuren aber, die von ihren Regierungen ermächtigt worden waren, es bis zu einem ihnen geeignet erscheinenden Zeitpunkt zurückzuhalten, erst jetzt benutzt wurde. Dieses Memorandum enthielt die Konzessionen der Alliierten in den beiden noch strittigen Komplexen Finanzverfassung und Gesetzgebungskompetenzen.[145]

Adenauer und die Unionsfraktion fühlten sich düpiert, um so mehr, als sie Grund zur Annahme hatten, daß die Sozialdemokraten rechtzeitig einen Wink über den Inhalt des Memorandums von britischer Seite erhalten hatten, der sie zu ihrer unnachgiebigen Haltung ermutigt. Noch am 20. April hatte sich der erweiterte SPD-Vorstand entschlossen gezeigt, die Verfassungsarbeit scheitern zu lassen und auf dem vereinfachten Grundgesetz-Entwurf, der in gar keinem Zusammenhang mit den deutsch-alliierten Streitfragen stand, zu beharren. Das Vabanquespiel der SPD war aber erfolgreich gewesen, auch wenn es Opfer kostete: Fritz Löwenthal schied am folgenden Tag aus der Fraktion und am 4. Mai aus der Partei aus, resignierend vor der »Gefahr der Parteidisziplin«. So lautete der Titel eines vielbeachteten Artikels, in dem er die Haltung der Parteizentrale gegenüber den Abgeordneten als unvereinbar mit »demokratischen Grundsätzen« bezeichnete.[146]

Die Kontakte zwischen der britischen Militärregierung und der SPD im April 1949 und die tatsächlichen oder vermeintlichen Indiskretionen des Militärgouverneurs blieben umstritten. Im Wahlkampf zum ersten Bundestag schlachtete Adenauer die Angelegenheit noch einmal aus. Er erklärte in einer Rede in Heidelberg im Juli 1949, Walter Menzel und Carlo Schmid hätten das Memorandum der Außenminister aus britischer Hand vorzeitig erhalten. Dann aber wäre der sozialdemokratische Widerstand gegen die alliierten Einwände zum Grundgesetz ohne Risiko und die christdemokratische Konzessionsbereitschaft voreilig und sinnlos gewesen. Kurt Schumacher war so erstaunt über die Enthüllungen Adenauers, daß er Menzel im Urlaubsquartier auf Norderney aufstören ließ und Auskunft verlangte. Menzel rekonstruierte daraufhin in einem Brief an Fritz Heine das Gespräch, das General Robertson am 14. April 1949 (es war der Gründonnerstag gewesen) mit Carlo Schmid und Walter Menzel geführt hatte. Robertson wollte damals vorfühlen, wie weit der Widerstand der SPD gehen würde, und als er im Laufe der Unterhaltung erkannte, wie ernst es den Sozialdemokraten war, gab er zu erkennen, »daß die britische Regierung bereit wäre, sich bei ihren beiden Verbündeten für ein Nachgeben in einigen Punkten einzusetzen.« Daß Robertson seinen deutschen Gesprächspartnern das alliierte Memorandum gezeigt habe, verneinte Menzel energisch: »Es war aber für Carlo und mich nicht im entferntesten erkennbar, ob Robertson bereits auf die anderen Alliierten eingewirkt hatte, geschweige denn, daß schon eine andere entsprechende Note in der Schublade lag. So bleibt es nach wie vor dabei, daß die SPD von der zweiten Note und ihrem Inhalt vor ihrer amtlichen Herausgabe nichts gewußt hat, und es bleibt dabei, daß *nur* unser Widerstand die Alliierten zum Nachgeben zwang.«[147]

Während der interfraktionellen Verhandlungen vom 22. bis 24. April gab die SPD ihren verkürzten Entwurf wieder auf, da auf der Grundlage des Memorandums der Außenminister die notwendigen Kompromisse auf deutscher Seite wie gegenüber den Alliierten jetzt gefunden wurden. Am 25. April einigte sich die Delegation des Parlamentarischen Rats mit den Militärgouverneuren in Frankfurt[148]. Nach der Redaktion der Ergebnisse, die bis zum 3. Mai dauerte, wurde der Grundgesetz-Entwurf am 5.

und 6. Mai in vierter Lesung im Hauptausschuß behandelt und am 6. und 8. Mai 1949 in zweiter und dritter Lesung der Vollversammlung des Parlamentarischen Rats verabschiedet.
In den letzten Sitzungen des Hauptausschusses und des Plenums im Mai 1949 waren noch Probleme gelöst worden, die teils aufgespart und ausgeklammert worden waren oder erst in letzter Minute auftauchten. Der heute gegenstandslose Artikel 118, der die Bildung des Südweststaats von der allgemeinen Neugliederungsbestimmung (Artikel 29) unabhängig machte, war erst am 5. Mai von Fritz Eberhard im Hauptausschuß beantragt worden. Entworfen hatte ihn Theodor Eschenburg. Notwendig war diese lex specialis, da der Zusammenschluß Württembergs und Badens sonst wie die gesamte Neugliederung der Länder ad calendas graecas verschoben worden wäre. Die Alliierten hatten nämlich, entgegen ihrer Forderung vom Sommer 1948, beschlossen, das Neugliederungsproblem einzufrieren, im Südwesten waren die Politiker aber inzwischen auf dem Weg der Einigung.
Grundsätzliche Bedeutung hatte die Frage der Bundesflagge, sie war bereits im Oktober 1948 im Grundsatzausschuß diskutiert worden, entschieden wurde sie aber erst in der dritten Lesung des Plenums. Unstrittig waren seit Herrenchiemsee die Farben Schwarz-Rot-Gold, diskutiert wurde dagegen, ob sich der Parlamentarische Rat mit einer provisorischen Lösung begnügen solle, und gekämpft wurde bis zum Schluß, ob die Bundesfarben als Trikolore gezeigt werden – diese Lösung vertrat die SPD – oder ob sie in Kreuzform erscheinen sollten. Das Kreuz als »Symbol der abendländischen Kultur« hatte die CDU beantragt, sie konnte sich aber nicht durchsetzen.
Die Ratifizierung des Grundgesetzes durch eine Volksabstimmung war ein anderes Anliegen, das die CDU am 6. und am 8. Mai vergeblich in die Debatte warf. Das Ratifikationsproblem hatte schon in den Verhandlungen der Ministerpräsidenten mit den Militärgouverneuren im Juli 1948 eine beträchtliche Rolle gespielt, und mit erheblichem Kräfteeinsatz hatten die Deutschen damals klargemacht, daß ein Plebiszit dem Provisoriumscharakter der Verfassung widerspreche und folglich unerwünscht sei. In den Ausschüssen des Parlamentarischen Rats hatten sich die Standpunkte aber verändert. Während die Sozialdemokraten an der Ausgangsposition festhielten und ein Plebiszit ablehnten, plädierten CDU und FDP für die Volksabstimmung, um dem Prinzip der Volkssouveränität Rechnung zu tragen. Abgesehen von diesem Gesichtspunkt und von den staatsrechtlichen Problemen bei einer Genehmigung des Grundgesetzes durch die Landtage (die bayerische Verfassung schien einen Volksentscheid sogar vorzuschreiben) gab es auch andere Gründe, die den Unionspolitikern ein Plebiszit wünschenswert erscheinen ließen. Die

Sorge der CDU, daß die mangelnde Begeisterung der CSU über das Grundgesetz – die sich in der Ablehnung durch den Bayerischen Landtag zeigen würde – auf die Unionsparteien als Ganzes auswirken würde, war einer dieser Gründe. Das Plenum des Parlamentarischen Rats entschied sich aber mit Mehrheit für die Ratifizierung durch die Landtage.
Bei der zweiten Lesung im Plenum hatten 47 der 65 Abgeordneten mit Ja gestimmt, die fünfzehn Stimmenthaltungen drückten föderalistische Vorbehalte (bei der CSU und der DP) und Unmut über die unbefriedigende Regelung des Elternrechts (beim Zentrum) aus. Die zwei Nein-Stimmen der KPD waren obligat. Am 8. Mai 1949, dem vierten Jahrestag der deutschen Kapitulation, stimmten 53 Abgeordnete für das Grundgesetz; sechs von acht Abgeordneten der CSU, die beiden Vertreter des Zentrums und die zwei Abgeordneten der Deutschen Partei stimmten dagegen und natürlich auch wieder die beiden Kommunisten.
Thomas Dehler ging vor der Abstimmung mit den Neinsagern ins Gericht. Als bayerischer Abgeordneter fühlte er sich zu einer Adresse an die CSU besonders berufen. Er rief ihnen zu, Monat um Monat habe man darum gerungen, »den Wünschen der Bayern entgegenzukommen« und »den Wünschen der Kirchen zu entsprechen. Der Dank war, daß sie immer wieder nein sagen.« Dehler nannte die Neinsager verantwortungslos, warf ihnen Sabotage vor und zieh sie der Unwahrhaftigkeit (was vom Präsidenten Adenauer mit einem Ordnungsruf quittiert wurde).[149]
Im Namen der sechs CSU-Abgeordneten (die beiden Franken Mayr und Schlör stimmten mit Ja) begründete Josef Schwalber deren Ablehnung, weil das Grundgesetz die Hoheitsrechte der Länder nicht genügend berücksichtige, nicht genügend Schutz gegen »eine unheilvolle Entwicklung des Parteiwesens durch eine Wiederholung der Parteienzersplitterung« biete und sich nicht »eindeutig und entschieden zu den Gedanken unserer christlichen Staatsauffassung« bekenne. Schwalber schloß mit der Versicherung »wir erklären aber auch zu dieser Stunde mit allem Nachdruck, daß wir uns trotz unserer Einwendungen gegen das Grundgesetz dem neuen Staat und Gesamtdeutschland aus tiefstem Empfinden verpflichtet fühlen«.[150]
In der Fraktionssitzung am Vormittag des 8. Mai hatte Pfeiffer den Vorsitz der CDU/CSU-Fraktion niedergelegt (am 10. Mai übernahm er ihn wieder) und auch das Ausscheiden der CSU aus der Fraktionsgemeinschaft angeboten. Das letztere unterblieb auf Wunsch Adenauers, der die Kollegen von der CSU vergebens bat, Stimmenthaltung zu üben statt nein zu sagen. Daß Pfeiffer als Exponent der bayerischen Position nicht als Sprecher der Fraktion im Plenum auftreten konnte, war klar, diese Aufgabe fiel darum Robert Lehr zu. Die verständnisvolle Haltung der CDU wurde

von den Bayern dadurch honoriert, daß sie ihren Widerstand gegen Bonn als künftige Bundeshauptstadt aufzugeben bereit waren.[151]

Am späten Abend des 12. Mai 1949 – es war der Tag, an dem die sowjetische Blockade Berlins aufgehoben wurde – fand die letzte Sitzung der Konferenzserie statt, die mit der Übergabe der Frankfurter Dokumente am 1. Juli 1948 begonnen hatte. Im Namen der drei Militärgouverneure verlas General Robertson einen Brief an den Präsidenten der Konstituante, der Adenauer anschließend überreicht wurde. Es war das Genehmigungsschreiben zum Grundgesetz, das nicht nur Glückwünsche, sondern auch Einschränkungen enthielt. Die Genehmigung erfolgte natürlich unter dem Generalvorbehalt des Besatzungsstatuts, das am gleichen Tag verkündet wurde (es trat zum Zeitpunkt der Konstituierung der Bundesrepublik im September 1949 in Kraft). Einzelvorbehalte galten den Polizeibefugnissen, der Beteiligung Berlins am Bund und dem Vollzug der Artikel 29 und 118 (Ländergrenzen). Senatspräsident Kaisen erhielt eine Durchschrift des Genehmigungsschreibens für die Ministerpräsidenten, die gleichzeitig ermächtigt wurden, den Landtagen das Grundgesetz zur Ratifizierung vorzulegen.

Adenauer dankte den Militärgouverneuren und besonders Robertson, der in seiner Ansprache ein Gespenst gebannt hatte, das in den letzten Wochen viele Verfassungsväter erschreckt hatte: Es war das Gerücht, daß die Westalliierten im Hinblick auf die kommende Viermächte-Außenministerkonferenz über die deutsche Frage in Paris (23. Mai–20. Juni 1949) die Pläne zur Errichtung einer Regierung in Westdeutschland ändern oder verzögern würden. Robertson wiederum lobte Adenauer für seine »staatsmännische und sehr gefällige Rede«, die in Übereinstimmung gestanden habe mit seiner »würdigen und fähigen Haltung, die er in der schwierigen Rolle des Präsidenten während der ganzen langen Arbeitszeit des Parlamentarischen Rates gezeigt« habe.[152]

Der Ausschuß des Parlamentarischen Rats für das Besatzungsstatut hatte sich anhand von Denkschriften, die im Büro für Friedensfragen und im Rechtsamt der Bizone angefertigt waren, im Herbst 1948 mit dem – deutscherseits erwünschten – Inhalt des Besatzungsstatuts beschäftigt. In der Annahme, daß die Alliierten Anregungen hierzu verwerten würden und in der allmählich schwindenden Hoffnung, daß der Parlamentarische Rat über den Diskussionsstand bei den Besatzungsmächten unterrichtet würde, verabschiedete der Hauptausschuß am 10. Dezember eine Erklärung, die zwölf Thesen zum Besatzungsstatut zum Inhalt hatte.[153]

Am 10. April 1949 – bis dahin hatten die Alliierten die Deutschen im dunkeln tappen lassen – wurde dem Parlamentarischen Rat der Entwurf zum Besatzungsstatut, über den sich die drei Außenminister Anfang April in Washington geeinigt hatten, übergeben. Das Schriftstück war sowohl dem Umfang wie dem Inhalt nach eine Überraschung, es enthielt nur neun Punkte und weniger Vorbehalte als erwartet. Bund und Länder sollten im Prinzip die volle gesetzgebende, vollziehende und rechtsprechende Gewalt haben, unter alliiertem Vorbehalt blieben im wesentlichen die Entmilitarisierung (einschließlich der Zivilluftfahrt), die Kontrolle über die Ruhr, die auswärtigen Angelegenheiten. Die Gesetzgebung der Militärregierungen sollte mit dem Besatzungsstatut und dem Grundgesetz in Einklang gebracht werden, nach Ablauf von zwölf Monaten war eine Überprüfung des Dokuments im Hinblick auf eine Erweiterung der deutschen Zuständigkeiten in Aussicht gestellt.[154]

Am 18., 20. und 21. Mai billigten die Landtage von zehn Ländern das Grundgesetz. Bayern, dessen Vertreter mehr als nur proportionalen Einfluß auf die föderalistische Gestaltung der Verfassung ausgeübt hatten, lehnte die Ratifizierung am 20. Mai 1949 nach einer 17stündigen Landtagssitzung mit 101 gegen 63 Stimmen ab. Trotz der beruhigenden Eröffnungssentenz des Landtagspräsidenten Horlacher, »man soll die Dinge nicht so tragisch nehmen, wie sie sind«, steigerten sich die Wogen der Leidenschaft einige Male zum Tumult. Die Abstimmung selbst vollzog sich unter Blitz und Donner eines nächtlichen Gewitters. Der Antrag der Regierung, das Grundgesetz als rechtsverbindlich auch für Bayern anzuerkennen, wenn es von zwei Dritteln der übrigen Länder angenommen sei, wurde mit 97 Stimmen der CSU bei 70 Enthaltungen (SPD und FDP) und 6 Neinstimmen angenommen. Einstimmig wurde beschlossen, eine Volksbefragung über das Grundgesetz abzuhalten, wenn die Militärregierung dies gestatte.[155]

Der amerikanische Gouverneur für Bayern erklärte jedoch ein paar Tage später, ein bayerisches Plebiszit sei völlig bedeutungslos, und einer seiner Mitarbeiter meinte, man würde es sicher nicht verbieten, aber ihm scheine, »daß man nach Kuchen verlange, der bereits verspeist wurde«.[156]

Ministerpräsident Ehard verteidigte die bayerische Entscheidung gegen die massive Kritik außerhalb der weiß-blauen Grenzpfähle in einer Rundfunkansprache am 2. Juli 1949: »Die Mehrheit der bayerischen Volksvertretung folgte unserem Rate zum Nein, das wir für notwendig hielten, damit Bayern im kommenden Bunde die Sache des Föderalismus mit freien Händen vertreten kann. Wir erläuterten unser Nein offen und freimütig vor der ganzen Welt dahin, daß wir trotz dieses Neins uns zugehörig zu dem Ganzen betrachten, das durch die Bundesverfassung als der Anfang eines deutschen Bundesstaates nun einmal zustande gekommen ist, ob man in Bayern ja oder nein dazu sagt. Ich glaube, daß das eine sehr zielklare, konsequente und ehrliche Politik war, die der bayerischen und der deutschen Lage gerecht wird.«[157]

Die Politik, die die Christlich Soziale Union seit dem Frühherbst 1948, seit dem Zusammentritt der Konstituante in Bonn, betrieben hatte, war allerdings zielklar und konsequent gewesen, in dem Sinne nämlich, ein Höchstmaß an föderalistischen Wohltaten in der Verfassung festschreiben zu lassen. Als Richtschnur dienten ausschließlich die bayerischen Belange, und bei der Wahl der Mittel zur Durchsetzung waren die CSU-Politiker und ihr Protagonist Ehard alles andere als zimperlich. Im November 1948 konferierte Ehard z. B. in Frankfurt mit den drei Ministerpräsidenten der französischen Zone, und es gelang ihm dabei, die Kollegen Altmeier (Rheinland-Pfalz), Müller (Württemberg-Hohenzollern) und Wohleb (Baden) darauf festzulegen, daß sie ihre Stellungnahmen zum ganzen Grundgesetz von der wunschgemäßen Erledigung der Probleme Bundesrat und Verteilung der finanziellen Zuständigkeiten zwischen Bund und Ländern abhängig machen wollten. Ehard schrieb – und der Stil des Briefs war typisch – nach dieser Konferenz an den nordrhein-westfälischen Regierungschef Arnold, der trotz einer Einladung nicht erschienen war, u. a.: »Wir haben Ihr Nichterscheinen in Frankfurt um so mehr bedauert, als es für den weiteren Gang der Dinge von größter Bedeutung sein wird, ob sich und wie sich die Stimme des Landes Nordrhein-Westfalen zur Geltung bringen wird. Meines Erachtens ist die Stunde gekommen, wo es sich zeigen muß, ob nach dem Zerfall des preußischen Staates im westlichen Deutschland am Rhein genügend staatsbildende Kräfte für die Schaffung eines deutschen Föderativ-Staates vorhanden sind. Hierzu bedarf es eines entschlossenen Willens, in der zukünftigen Verfassung die Grundlage für ein Staatsdenken im bundesstaatlichen Sinne auch in den neu entstandenen Ländern zu schaffen.«[158] War das ein Versuch, den Chef des Landes Nordrhein-Westfalen am preußischen Portepee zu fassen – und in Fortsetzung Weimarer Traditionen ein verfassungspolitisches Bündnis unter föderalistischen Vorzeichen zwischen den beiden größten deutschen Ländern zu stiften, so war der bayerische Ministerpräsident auch gegenüber dem starken Mann der CDU mit schmeichelhaften Vergleichen – die wegen ihrer Schmeichelhaftigkeit um so beschwörenderen Charakter hatten – nicht verlegen. Im Januar 1949 schrieb Ehard in einem langen Brief an Adenauer, den er als »maßgebenden deutschen Politiker föderalistischer Richtung« titulierte: »Ich bin der Meinung, daß jeder deutsche Politiker, der mit staatsmännischen Vorstellungen an die staatliche Neuordnung der deutschen Verhältnisse herangeht, es für eine Selbstverständlichkeit betrachten müßte, daß der neue Zustand nicht sofort wieder mit einer blutenden bayerischen Frage belastet wird. Man sollte sich daran erinnern, wie segensreich es für Deutschland wurde, daß Bismarck, der innerlich gewiß kein Föderalist war, bei der Gründung des Reiches Erwägungen bei der Behandlung der bayerischen Frage walten ließ, die eben den Staatsmann kennzeichneten. Mögen sich im Parlamentarischen Rat Männer finden, die von solchen staatsmännischen Erwägungen erfüllt sind und die dadurch den Parlamentarischen Rat davor bewahren, mit seiner Arbeit in den Dunstkreis der reinen Parteipolitik zu versinken. Mein Wissen, daß Sie zu diesen Politikern gehören, ermuntert mich zu meiner Bitte an Sie, alles zu tun, um die Sache in Bonn zu einem guten und positiven Ende zu führen«[159].

Die bayerischen Politiker verhielten sich, so großzügig sie zu fordern verstanden, bis zum Frühjahr 1949 allezeit bedeckt, wenn sie selbst Zugeständnisse machen oder auch nur bestimmte Zusammenhänge akzeptieren sollten. Ende April 1949, bei der Tagung der Arbeitsgemeinschaft der CDU/CSU in Königswinter, bei der u. a. die Landesvorsitzenden, die Regierungschefs, die Landtagspräsidenten, die Direktoren der Frankfurter Bizonen-Verwaltungen, die Vorstands- und Fraktionsmitglieder von Frankfurt und Bonn teilnahmen, kam es zu einem Zusammenstoß zwischen Adenauer und Ehard, bei dem Adenauer lange aufgestaute Gefühle artikulierte, wie der starke Beifall bewies. Ehard, der im Dezember 1948 zum großen Ärger Adenauers und der Fraktion mit dem Sozialdemokraten Menzel paktiert hatte, war in Königswinter so unvorsichtig gewesen, der Bonner Fraktion vorzuwerfen, sie sei den Sozialdemokraten nachgelaufen. Vor dem Hintergrund des monatelangen Feilschens und Zauderns der bayerischen Parteifreunde war das einfach zuviel. Adenauer hielt Ehard vor: »Nachdem uns gerade von unseren bayerischen Freunden immer und immer wieder die Frage der Bundes- oder Länderfinanzverwaltung als das entscheidendste Moment, das überhaupt vorhanden sei, dargestellt worden ist – ich habe es ja nie verstanden, ich habe mehr als einmal gesagt, mir kommt die ganze Finanzfrage allmählich zum Halse heraus geradezu –, daß mit dieser Frage die Entscheidung über das Grundgesetz stehe und falle, bedeutet nun auf einmal, nachdem im Sinne der Bayern die Entscheidung gefallen ist, die ganze Frage nichts mehr!« Adenauer, durch das ewige Taktieren in München, bei dem jedes Zugeständnis bald durch ein »Ja aber« entwertet wurde (diese Erfahrung hatte übrigens auch Ehards sozialdemokratischer Gesprächspartner Menzel machen müssen), ermüdet, fauchte Ehard an, er habe nie verstanden, »wie man wegen der Bundes- und Länderfinanzverwaltung überhaupt ein solches Theater aufführen konnte, wie es das viele Wochen lang aufgeführt worden ist«. Darauf war der bayerische Ministerpräsident ziemlich beleidigt[160].

Adenauer versuchte trotz des Eklats in Königswinter bis zum letzten Augenblick, die CSU-Politiker zu bewegen, dem Grundgesetz zuzustimmen. Am 7. Mai beschwor er Ehard und Hundhammer ein letztes Mal per Fernschreiben und Telegramm. Als Präsident des Parlamentarischen

Rats und als Parteifreund bat er den bayerischen Ministerpräsidenten und den Kultusminister, der gleichzeitig Fraktionschef im Landtag war, sich für die Zustimmung der CSU zum Grundgesetz einzusetzen. Die »Sicherheit des föderalistischen Gedankens« sei, »dank auch der Zähigkeit Bayerns« in viel stärkerem Maße in die Verfassung eingebaut worden, »als sich das bei Beginn der Arbeiten des Parlamentarischen Rates erwarten ließ. Auf Zustimmung Bayerns legen wir allergrößten Wert.«[161]
Die Schlußsitzung des Parlamentarischen Rats am 23. Mai 1949 diente der feierlichen Feststellung der Annahme des Grundgesetzes für die Bundesrepublik Deutschland, der Ausfertigung und Verkündung. Anwesend waren die Ministerpräsidenten der deutschen Länder, Vertreter der Militärregierungen, die elf Landtagspräsidenten, Abordnungen des Wirtschaftsrats und der Frankfurter Bizonen-Administration. Die Abgeordneten – unter ihnen befand sich als Neuling Erich Ollenhauer – und nach ihnen die Ministerpräsidenten und die Präsidenten der elf Landtage unterschrieben das Grundgesetz (Max Reimann und Heinz Renner verweigerten ihr Autogramm). Konrad Adenauer schloß die letzte Sitzung der Konstituante mit einer Ansprache – auf die der gemeinsame Gesang des Liedes »Ich hab mich ergeben« folgte –, in der ähnlich wie zu Beginn der Verfassungsberatung knapp neun Monate zuvor die Einheit Deutschlands beschworen wurde: »Wir sind der festen Überzeugung, daß wir durch unsere Arbeit einen wesentlichen Beitrag zur Wiedervereinigung des ganzen deutschen Volkes und auch zur Rückkehr unserer Kriegsgefangenen und Verschleppten leisten.«[162] Am gleichen Tag wurde das Grundgesetz in der ersten Nummer des Bundesgesetzblatts verkündet.

9. Das Grundgesetz – ein dauerhaftes Provisorium

Die Verfassungsväter beklagten sich noch während der Arbeit am Grundgesetz und erst recht in späteren Erinnerungen und Reflexionen über das geringe Interesse, das die Öffentlichkeit ihrem Tun und dessen Ergebnis widmete.[163] Umgekehrt verhielten sich aber auch die Abgeordneten eher medienscheu, sofern es nicht darum ging, für bestimmte Lösungen, die ihnen jeweils besonders am Herzen lagen, publizistische Hilfstruppen ins Gefecht zu werfen; dann griffen viele auch selbst zur Feder, um für das Elternrecht, für föderalistische Strukturen oder andere Grundsätze zu streiten. Die allgemeine Berichterstattung über den Parlamentarischen Rat war gar nicht so dürftig, es war aber für Jounalisten schwer genug, aus dem komplizierten Geschäftsgang der Konstituante die richtigen und jeweils aktuellen Informationen zu erhalten, und das Interesse des Bürgers am Entstehungsprozeß verfassungsrechtlicher Normen hat natürliche Grenzen. Die Verfassungsgläubigkeit des konstitutionellen Zeitalters war nicht nur in Deutschland längst verflogen, die französische Nachkriegsverfassung entstand, wie Walter Dirks schrieb, »in einer Atmosphäre der Unlust« im halbleeren Parlament,[164] in Österreich wurde im Mai 1945 die Verfassung der ersten Republik einfach wieder in Kraft gesetzt, und auch die neue Verfassung Italiens war 1948 ohne besondere Begeisterung oder Anteilnahme der Bevölkerung zustande gekommen.

Die historische Situation, in der das Grundgesetz für die Bundesrepublik Deutschland entstand, war besonders wenig geeignet, Euphorie aufkommen zu lassen. Sosehr eine beschränkt handlungsfähige deutsche Staatlichkeit herbeigesehnt wurde, so unübersehbar war der Preis, der dafür gezahlt wurde, auch wenn die Deutschen in den drei westlichen Besatzungszonen bereit waren, ihn zu zahlen. Die Anleitung, die die Alliierten bei der Vorbereitung der von ihnen angeregten und schließlich genehmigten Verfassung den Deutschen zuteil werden ließen, war vielen ein Makel, mit dem das Grundgesetz behaftet blieb, auch wenn die Verfassungsväter mit guten Gründen ihre Selbständigkeit immer wieder betonten.

In Japan, dessen Nachkriegszustand in einiger Beziehung dem deutschen ähnlich war, trat zwei Jahre früher als in Westdeutschland eine Verfassung in Kraft, die nahezu vollständig nach einem von der amerikanischen Besatzungsmacht gelieferten Modell geformt werden mußte und die einer importierten Revolution gleichkam – davon war in Deutschland keine Rede.[165]

Formen waren in dieser Situation noch wichtiger als der Inhalt, der sich erst in der Zukunft bewähren mußte. Wegen der bis zum Überdruß propagierten Provisoriumsidee, in deren Rahmen die Verfassung gelten sollte, wußte niemand, wie lange sie dauern würde. Mit gleich guten Gründen war also zu hoffen, daß das Grundgesetz Bestand haben oder kurzlebig sein würde. So stachen im Mai 1949 Unzulänglichkeiten, Versäumnisse und Konstruktionsfehler – vor allem vermeintliche – vielen mehr ins Auge als die nach wenigen Jahren unbestrittenen Vorzüge der Bonner Verfassung.

Kurt Hiller – Literat, Pazifist und Emigrant, als Polemiker und Künstler im Schimpfen von säkularem Rang – rechnete das Grundgesetz als Prosastück »zu den Fällen, wo die Spießbürgerlichkeit des Ausdrucks derart zum Himmel brüllt, daß man einfach nicht schweigen kann«. Hiller hielt die Verfassung für eine stilistische Katastrophe: »Es sind nicht so sehr die unzulänglichen Einzelheiten, die hier, je nach Temperament, amüsieren oder erbittern, wie das Unhelle, Unpräzise, Wolkige, das Muffige

Entstehung des Grundgesetzes. Chronologische Übersicht

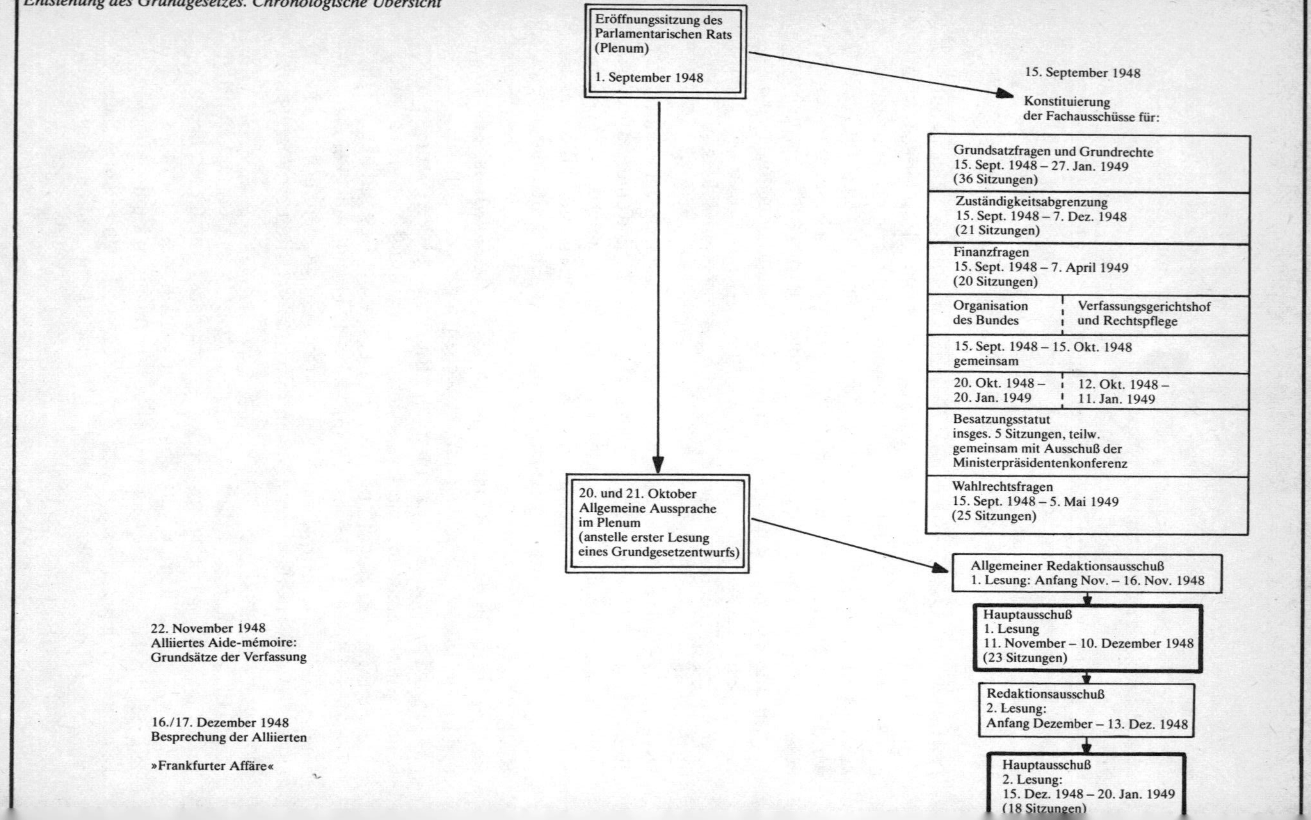

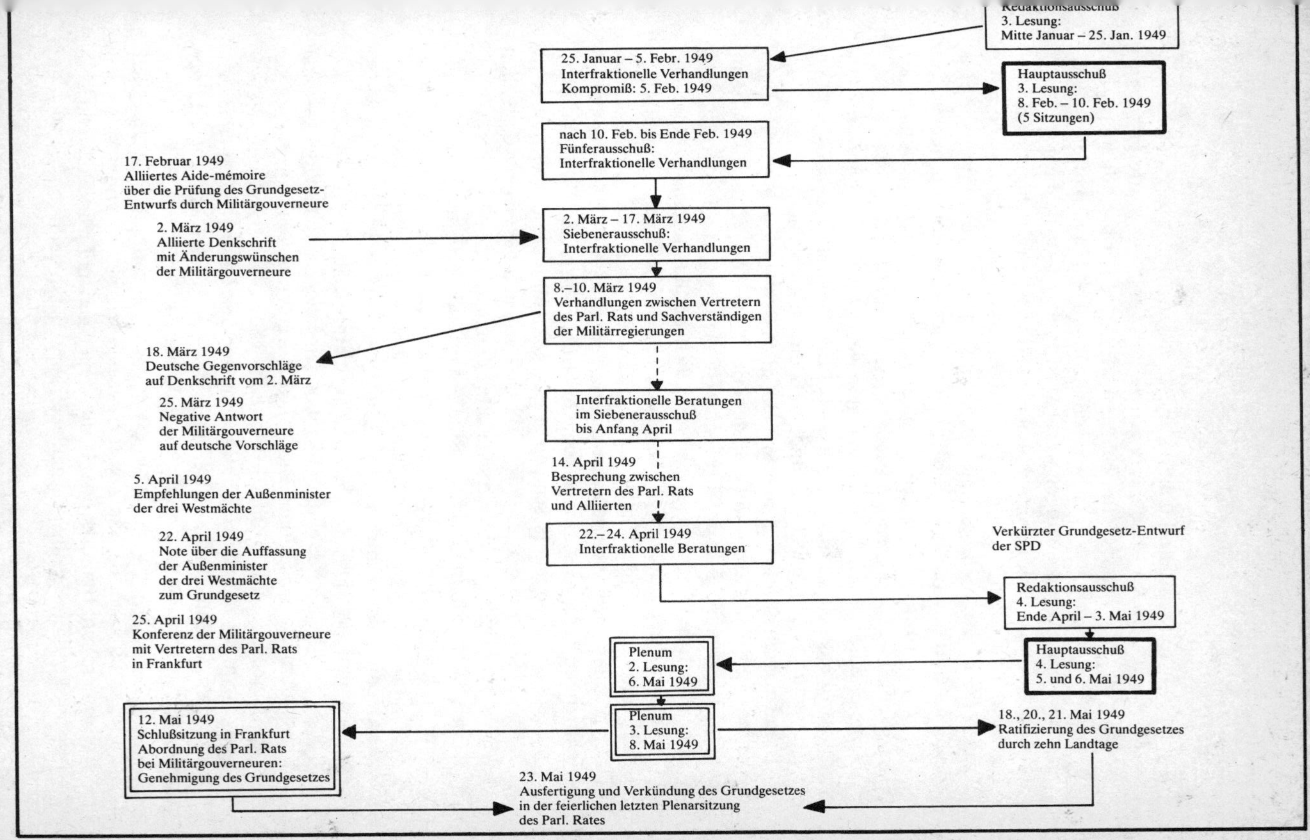
Redaktionsausschuß
3. Lesung:
Mitte Januar – 25. Jan. 1949
25. Januar – 5. Febr. 1949
Interfraktionelle Verhandlungen
Kompromiß: 5. Feb. 1949
Hauptausschuß
3. Lesung:
8. Feb. – 10. Feb. 1949
(5 Sitzungen)
nach 10. Feb. bis Ende Feb. 1949
Fünferausschuß:
Interfraktionelle Verhandlungen
17. Februar 1949
Alliiertes Aide-mémoire
über die Prüfung des Grundgesetz-Entwurfs durch Militärgouverneure
2. März 1949
Alliierte Denkschrift
mit Änderungswünschen
der Militärgouverneure
2. März – 17. März 1949
Siebenerausschuß:
Interfraktionelle Verhandlungen
8.–10. März 1949
Verhandlungen zwischen Vertretern
des Parl. Rats und Sachverständigen
der Militärregierungen
18. März 1949
Deutsche Gegenvorschläge
auf Denkschrift vom 2. März
25. März 1949
Negative Antwort
der Militärgouverneure
auf deutsche Vorschläge
Interfraktionelle Beratungen
im Siebenerausschuß
bis Anfang April
5. April 1949
Empfehlungen der Außenminister
der drei Westmächte
14. April 1949
Besprechung zwischen
Vertretern des Parl. Rats
und Alliierten
22. April 1949
Note über die Auffassung
der Außenminister
der drei Westmächte
zum Grundgesetz
22.–24. April 1949
Interfraktionelle Beratungen
Verkürzter Grundgesetz-Entwurf
der SPD
Redaktionsausschuß
4. Lesung:
Ende April – 3. Mai 1949
25. April 1949
Konferenz der Militärgouverneure
mit Vertretern des Parl. Rats
in Frankfurt
Plenum
2. Lesung:
6. Mai 1949
Hauptausschuß
4. Lesung:
5. und 6. Mai 1949
12. Mai 1949
Schlußsitzung in Frankfurt
Abordnung des Parl. Rats
bei Militärgouverneuren:
Genehmigung des Grundgesetzes
Plenum
3. Lesung:
8. Mai 1949
18., 20., 21. Mai 1949
Ratifizierung des Grundgesetzes
durch zehn Landtage
23. Mai 1949
Ausfertigung und Verkündung des Grundgesetzes
in der feierlichen letzten Plenarsitzung
des Parl. Rates

und Bürosaure der ganzen Sprache dieses zusammengeschwitzten Opus. Der Entwurf von Herrenchiemsee war hundertmal besser.« Eines der zahlreichen Exempel, die er vorführte, war Artikel 4, Abs. 3 (Niemand darf gegen sein Gewissen zum Kriegsdienst mit der Waffe gezwungen werden): »Mit dem Besen, dem nassen Lappen, der nackten Faust, dem erigierten Zeigefinger oder dem rollenden Auge darf also offenbar jeder zum Kriegsdienst gezwungen werden! Nur mit der Waffe nicht.«[166]

Aus ganz anderen Gründen waren die katholischen Bischöfe nicht völlig zufrieden mit dem Grundgesetz. Sie lobten zwar die Anrufung Gottes in der Präambel, im großen und ganzen auch den Grundrechtskatalog, sie sahen sich ferner in der Lage, der Übernahme der Kirchenartikel aus der Weimarer Verfassung zuzustimmen, sie waren aber mit der Konkordatsregelung nicht genügend zufriedengestellt; bei aller Dankbarkeit, daß »einer Reihe von Einzelforderungen in vielfacher Hinsicht entsprochen« war, wollten sich die Bischöfe »nicht darüber täuschen lassen, daß es nicht gelungen ist, dem ganzen Grundgesetz die tiefere religiöse Begründung zu geben, um deren Verankerung christlich denkende Abgeordnete sich so sehr bemüht hatten«. Mit »tiefstem Bedauern« wiesen die Bischöfe auf den Hauptmangel hin, der ihre »schärfste Kritik« herausforderte und der den »Wert des Grundgesetzes wesentlich herabmindern« würde: Das Recht der Eltern, den religiösen Charakter der öffentlichen Pflichtschule zu bestimmen, sei nicht als für das ganze Bundesgebiet gültig festgeschrieben worden, weil eine schwache parlamentarische Mehrheit das abgelehnt habe. Der Gesamtepiskopat und der ganze christliche Volksteil müsse sich daher »aufs schwerste gekränkt fühlen«, das Grundgesetz bleibe mit »einem schweren Makel behaftet«, und die Gegner des vollen Elternrechts hätten sich »ein schlechtes Zeugnis ausgestellt«.

Dem Volk wurde immerhin Absolution erteilt, da es die Abgeordneten zum Parlamentarischen Rat nicht direkt gewählt hatte. Eine Verantwortung allerdings trage es, »nämlich durch die Wahlen, die es zu den Landesparlamenten vorgenommen hat. Die Ergebnisse dieser Wahlen waren mitbestimmend für die Mehrheitsverhältnisse im Parlamentarischen Rat.« In christlicher Demut und gebotener Feierlichkeit stellte Kardinal Frings namens der Fuldaer Bischofskonferenz fest, daß der Kampf um Gewissensfreiheit und volles Elternrecht weitergehe, der Kampf sei aufgezwungen, er wäre zu verhindern gewesen und hätte nicht zu entstehen brauchen, »wenn man unsere ernsten Mahnungen, die dem inneren Frieden im Volke dienten, Gehör geschenkt hätte«.[167]

Das Kind der Bonner Verfassungsväter war, als es im Mai 1949 aus der Taufe gehoben wurde, ein Zwitter, gezeugt aus Restaurationswillen und Reformstreben. Bemerkt oder beim Namen genannt wurde das von Verfassungskritikern im allgemeinen erst Jahre später, denn zunächst war die

Befriedigung über die unbestritten freiheitlichste Verfassung, die Deutschland je hatte, vorherrschend. Der merkwürdige Gegensatz von Freiheit und Gleichheit – denn ein Rest von Obrigkeitsstaat blieb im Grundgesetz verankert, der sich in der Verfassungswirklichkeit erst allmählich zeigen sollte – wird sogar nach dreißigjährigem Erfolg der Bonner Verfassung weithin widerspruchslos hingenommen. Ein liberaler Verfassungskritiker, Hans Robinsohn, sah im Grundgesetz den Wunsch verkörpert, »die Stabilität von Ruhe und Ordnung mit den liberalen Ideen des 19. Jahrhunderts und den romantischen Gefühlen deutscher Stammesgeschichte zu kombinieren«, und er beklagte, daß das Grundgesetz gut passe, wenn konservativ und autoritär regiert werde, sich aber nicht bewähre, wenn gesellschaftlichen Veränderungen politisch Rechnung getragen werden müsse, ja eine fortschrittliche Bundestagsmehrheit werde in ihrem Handlungsspielraum fast unerträglich beschränkt, und wegen des Verbots, die entsprechenden Grundgesetzartikel zu ändern, seien Resignation und Lähmung der Demokratie zwangsläufige Folgen.[168]

Die berechtigten kritischen Einwände haben den Erfahrungshintergrund von dreißig Jahren Verfassungsleben. Die Ängste und Hoffnungen der Verfassungsväter waren jedoch anders geartet. Ein konservativer Jurist, Werner Weber, hatte, bald nach der Entstehung des Grundgesetzes, als »Frucht besorgten Nachdenkens über das innenpolitische Schicksal Deutschlands als Staat und Demokratie« konstatiert, welche historische Hypothek auf den Debatten des Parlamentarischen Rats lastete: »Wie die geisterhafte Erscheinung eines nach verfehltem Leben unglücklich Abgeschiedenen hat die Weimarer Verfassung die Bonner Beratungen erfüllt und bedrückt.«[169]

Das Weimarer Vorbild schimmert tatsächlich im Grundgesetz fast überall durch, in Bestimmungen, die als Nutzanwendung des Scheiterns der ersten Republik entstanden, in Artikeln, die historische Formelkompromisse sind und teilweise wörtlich übernommen wurden (Staatskirchenrecht und öffentlicher Dienst) und auch in den Teilen, die in radikaler Abwehr der Weimarer Konstruktionsfehler formuliert wurden. Zusammen mit dem grundsätzlichen Wertrelativismus der Weimarer Verfassung, die sich deswegen mit Hilfe ihrer eigenen Bestimmungen aus dem Scharnier hebeln ließ, hatte der Parlamentarische Rat auch jedes ordnungs- und funktionsgefährdende politische Risiko aus dem Grundgesetz ausgeschlossen. Verbannt wurden alle präsidiale Macht des Staatsoberhaupts und alle plebiszitären Elemente; in die Verfassung eingebaut wurde dafür der Mechanismus der Krisenregelung. Statt der Präsidialregierung nach Artikel 48 der Weimarer Verfassung muß in Bonn im Krisenfall – Unmöglichkeit der Regierungsbildung oder parlamentarische Obstruktion – die verfassungsmäßig durch das konstruktive Mißtrauens-

votum geschützte Minderheitsregierung über die Runden kommen, gestürzt werden kann sie nur durch eine regierungsfähige Mehrheit.
Parallel zur Entmachtung des Staatsoberhaupts wurde die Stellung des Regierungschefs gestärkt, die Kompetenzen des Reichspräsidenten im Krisenfall gingen in Bonn teilweise an den Kanzler, teilweise ans Parlament über. Diese Tendenz zur »Kanzlerdemokratie« wurde bezahlt mit einer Schwächung des Parlamentarismus.[170] Die Sicherung des demokratischen Prinzips wurde – mit furchtsamen Blicken gen Weimar – erkauft mit Abstrichen am demokratischen System. Nicht auf die Grundrechte sollte sich berufen dürfen, wer »von ihnen Gebrauch machen will zum Kampf gegen die Demokratie und die freiheitliche Grundordnung«. Diese, von Carlo Schmid in breitem Konsens formulierte Einschränkung war schon in Herrenchiemsee unbestritten, sie fand ihren Niederschlag im Artikel 18 des Grundgesetzes.
Als Wächter über das Grundgesetz wurde ein einzigartiges und nicht nur in der deutschen Verfassungsgeschichte neues Instrument geschaffen, das Bundesverfassungsgericht. Die Idee war schon auf Herrenchiemsee diskutiert worden, sie ging auf den 1922 installierten »Staatsgerichtshof zum Schutz der Republik« zurück. Anstelle des Weimarer Republikschutzes, den der Reichspräsident mit Hilfe des Notverordnungsrechts handhabte, wurde in Bonn ein richterliches Kollegium (dessen Mitglieder durch Bundestag und Bundesrat gewählt werden) ins Leben gerufen, dem die Entscheidung über die Verwirkung der Grundrechte durch Einzelpersonen oder Vereinigungen obliegt, aber auch die Entscheidung und Kontrolle der Rechtsprechung und der Gesetzgebung in letzter Instanz. Die Gefahr, daß das Bundesverfassungsgericht vom »Hüter der Verfassung im wahrhaften Sinne«[171] zum Verbündeten der jeweiligen Opposition im Parlament werden – der Gang nach Karlsruhe, um Mehrheitsentscheidungen mit Hilfe einer Normenkontrollklage umzustoßen, ist natürlich völlig legal, von der Verfassungsidee her aber bedenklich – oder sich gar zum politischen Übergesetzgeber entwickeln könnte, war im Parlamentarischen Rat noch nicht zu sehen.
Das Mißtrauen der Verfassungsväter gegenüber dem Volk war groß. Nach den Erfahrungen in der Weimarer Republik und unter der nationalsozialistischen Diktatur hatten sich die Männer des Parlamentarischen Rats bei der Ausarbeitung des Grundgesetzes keineswegs auf die »Weisheit, Mäßigung und Kompromißbereitschaft derer verlassen, die damit umzugehen haben«.[172] Das Trauma des Zusammenbruchs der Weimarer Demokratie war 1948/49 noch frisch, der Wunsch nach einer verbesserten Neuauflage des Weimarer Systems durch eine wehrhafte und nicht krisenanfällige Demokratie war verständlich. Eine Konsequenz war die Option zum repräsentativen Regierungssystem ohne plebiszitäre Elemente, bei

dem die Gewichte zwischen Parlament und Exekutive zugunsten der letzteren ein bißchen verschoben wurden; eine andere war die konstitutionelle Verankerung der Parteien. Die Weichenstellung zum Parteienstaat war im Grundgesetz freilich eher unbewußt erfolgt. Den Parteien wurde eine »mitwirkende Funktion« bei der politischen Willensbildung zuerkannt – das war ein großer Fortschritt. Das verfassungspolitische Ideal blieb freilich der sich über die Partei erhebende einzelne Abgeordnete als das nur seinem Gewissen verantwortliche politisch handelnde Individuum im Parlament. Die Realität der parteienstaatlichen Demokratie der Bundesrepublik, in der die Parteien die eigentlichen Träger der politischen Willensbildung sind, wurde aber durch dieses Traumbild der Schöpfer des Grundgesetzes nicht behindert. Die von vielen begrüßte oder beklagte »Mediatisierung des Volkes«[173] durch die Parteien erwies sich wiederum als stabilisierender Mechanismus, bei dem die plebiszitären Elemente der Artikulation politischen Willens im vorkonstitutionellen Raum aufgefangen, grundsätzlich aber nicht negiert werden. Das Problem der Interessenvertretung durch Verbände, der bereits der Parlamentarische Rat in hohem Maß ausgesetzt war, wurde von der Konstituante aber nicht erkannt oder ignoriert.[174]
Die Verfassungsväter, die so ängstlich darauf bedacht waren, Funktionsstörungen des demokratischen und parlamentarischen Systems durch den Einbau von Klauseln zu verhindern, mit deren Hilfe möglichst jeder Extremfall zu regeln ist, setzten sich kühn über die Provisoriumstheorie hinweg, als sie die Bestimmungen einbauten, die den Kern der Verfassung gegen jegliche Veränderung schützen. Grundsätzlich unveränderlich sind die Sicherung der metajuristischen Werte Menschenwürde und Menschenrechte und die daraus abgeleiteten Grundrechte. Verfassungsänderungen entzogen ist gleichfalls der Artikel 20, der die Prinzipien der freiheitlich demokratischen Grundordnung – demokratischer und sozialer Bundesstaat, Rechtsstaat, Volkssouveränität, Gewaltenteilung – definiert, und unmöglich ist schließlich auch die Änderung des föderalistischen Strukturprinzips: Gliederung des Bundes in Länder und Mitwirkung der Länder bei der Gesetzgebung.
Das alles hatte eine bemerkenswerte Stabilität des keineswegs provisorischen Grundgesetzes zur Folge. Wünsche nach grundsätzlicher Verfassungsrevision, wie sie in der Weimarer Republik von Anfang an von den verschiedensten Interessenten lautstark artikuliert wurden, blieben in der Bonner Republik aus – die Verfassung von 1949 prinzipiell in Frage zu stellen, gilt immer noch als Sakrileg. Bei aller Starre und Sprödigkeit des Grundgesetzes, in dem sich das Bemühen der Verfassungsväter um Krisenfestigkeit bis hin zur juristischen Überspitztheit manifestierte, erwies es sich als dauerhaft und friedenstiftend.

V. Der Übergang zur Bundesrepublik

1. Die »Trizone«: Hoffnungen und Realitäten

Landauf, landab trällerten im Karneval 1948 frohsinnige Menschen den Schlager »Wir sind die Eingeborenen von Trizonesien«. Die inoffizielle westdeutsche Nationalhymne war um so populärer, als sie den Realitäten nur wenig entsprach. Die Trizone existierte nämlich strenggenommen erst von dem Augenblick an, da sie im Bewußtsein der Öffentlichkeit der Vergangenheit angehörte. Der juristisch exakte Zeitpunkt war der Tag der Amtsübernahme der Bundesregierung, der 21. September 1949. So war es von den Außenministern der drei Westmächte in Washington im April 1949 beschlossen worden. Die Außenministerkonferenz hatte den Rahmen, innerhalb dessen Westdeutschland nach Inkrafttreten des Grundgesetzes regiert werden sollte, abgesteckt und dazu den Entwurf des Besatzungsstatuts verabschiedet, ein »Abkommen über Dreimächtekontrolle« beschlossen und außer der Instruktion für die Militärgouverneure über die Bedingungen zur Genehmigung des Grundgesetzes Vereinbarungen über die Ruhrkontrolle und die Industrie Westdeutschlands getroffen. Zum Paket der alliierten Vorbehalte gehörten schließlich noch ein Protokoll über eine Volksabstimmung in Württemberg und Baden (sie sollte verschoben werden, um die Bildung der Bundesregierung nicht zu verzögern) und ein Abkommen über Kehl, das die allmähliche Rückgabe der Stadt in deutsche Hände vorsah. Die Erklärung über Reparationen und verbotene und beschränkte Industrien begrenzte die Demontagen auf sechs Stahlwerke und drei Chemiebetriebe; 158 Betriebe, die im Januar 1949 noch zur Diskussion gestanden hatten, sollten in Deutschland verbleiben, »da sie in ihrem gegenwärtigen Standort einen wirksameren Beitrag für den Wiederaufbau Europas leisten« konnten.[1]

Die erlaubte Stahlproduktion war nun, im Frühjahr 1949, auf 11,1 Millionen Tonnen jährlich festgesetzt, und die sonstigen Beschränkungen waren bei genauer Betrachtung keineswegs unerträglich. Theoretisch verboten blieben die im Kontrollratsgesetz No. 43 vom 20. Dezember 1946 genannten Typen von Werkzeugmaschinen wie zum Beispiel mechanische oder hydraulische Pressen mit einem effektiven Arbeitsdruck über 1016 t oder »Oberflächen-Rundtischschleifmaschinen mit einem Tischdurchmesser über 914 mm«. Solche Geräte durften nicht hergestellt werden »außer unter einer Lizenz der Militärgouverneure auf Veranlassung des Military Security Board, eine Lizenz, die normalerweise erteilt werden wird, es sei denn, daß die Militärgouverneure Grund zu der Annahme haben, daß diese Werkzeuge nicht für die Friedensproduktion bestimmt sind«.[2]

Die wichtigsten Beschlüsse der Washingtoner Konferenz galten dem Besatzungsstatut und der künftigen Kontrolle der Bundesrepublik. Das Abkommen über Dreimächtekontrolle enthielt die Grundzüge der künftigen Besatzungspolitik, denn mit der Konstituierung der Regierung Westdeutschlands sollte das Besatzungsregime ja nicht aufgehoben, sondern nur modifiziert werden. An die Stelle der Militärgouverneure und ihrer umfänglichen Administrationen würden drei Hohe Kommissare treten und gemeinsam als Alliierte Hohe Kommission die oberste Besatzungsbehörde darstellen. Der Apparat sollte, »um es der deutschen Bundesrepublik zu erlauben, in inneren Angelegenheiten größere Verantwortung zu übernehmen und um die Last der Besatzungskosten zu vermindern«, so klein wie möglich gehalten werden.[3]

Die Verschmelzung der drei Zonen bzw. die Erweiterung der Bizone zur Trizone war seit Herbst 1947 erwartet, von der Bevölkerung der französischen Besatzungszone immer sehnlicher erhofft und von den Franzosen zuerst dementiert, dann in Aussicht gestellt, aber immer wieder verschoben worden. Juristisch, politisch und realiter hat die Trizone nie existiert, gleichwohl wurde der »seidene Vorhang« zwischen dem französischen Besatzungsgebiet und der Bizone seit Frühjahr 1948 allmählich durchsichtiger. Der erste Schritt war die Einbeziehung der französischen Zone neben der Bizone in die Organisation des Marshallplans im April 1948. Der Beitritt der Landeszentralbanken der französischen Zone zur Bank deutscher Länder (sie war am 1. März 1948 durch amerikanisch-britische Hoheitsakte in Frankfurt am Main errichtet worden) unmittelbar vor der Währungsreform im Juni 1948 war eine weitere Station. Die Währungsreform selbst wurde – vor allem durch die Ausgrenzung der sowjetischen Besatzungszone aus dem neuen westdeutschen Währungsgebiet – zum entscheidenden Moment dreizonaler Gemeinsamkeit. Das war freilich im Sommer 1948 noch nicht spürbar, denn die Grenzen zwischen der Bizone und der französischen Zone blieben noch geschlossen. Sie waren zwar mit Hilfe von Interzonenpässen und Passierscheinen überwindbar, aber es gab noch schwierigere Hindernisse als die Schlagbäume. Durch die Lokkerung der Bewirtschaftung war die Bizone in den Augen der Bewohner von Württemberg-Hohenzollern, Baden und Rheinland-Pfalz zu einer Art Schweiz geworden, in der das Geld wieder Kaufkraft gewann. Die französische Zone blieb im Schatten. Für das neue Geld gab es nur wenig Nützliches zu kaufen, die Situation blieb wie vor der Währungsreform von Schwarzhandel, von überhöhten Preisen und mangelndem Warenangebot bestimmt: »Das neue Geld, von der Bevölkerung endlich unter Opfern erkauft, hat nicht gezündet, der Motor stockt. Die Folgen: Minderung des Ansehens der neuen Währung und damit schwerer psychologischer Schaden. Schwarzhändler und Kompensateure, dankbar für das zonale Schongebiet, reiben sich die Hände: die Luft, in der sie atmen können, ist aus Verboten gemacht. Die Preise steigen, die Kaufkraft sinkt; die Steuereinnahmen sind gering, denn gekauft und verkauft wird weiter im dunkeln. Das Geld sucht die Ware, wo es sie findet, zum guten Teil wandert es ab in die Doppelzone, mit wie vielen Umständen das auch verbunden sein mag ...«[4]

Die äußere Abgeschiedenheit der französischen Zone endete im Sommer 1948, als der seidene Vorhang hochgezogen wurde. Am 20. August 1948 wurde der Paßzwang zwischen der französischen Zone und der Bizone aufgehoben. Zwischen Mainz und Wiesbaden, zwischen Mannheim und Ludwigshafen herrschte wieder Freizügigkeit ohne Interzonenpaß oder Passierschein. Auf halbem Weg zwischen Stuttgart und Tübingen, am »Grenzbahnhof« Metzingen, erinnerten noch eine Zeitlang die 15 Minuten fahrplanmäßigen Aufenthalts Bahnreisende an die Zonengrenze und ihre Kontrolle.[5]

Warenbegleitscheine für mitgeführte Güter wurden aber auch im westlichen Interzonenverkehr noch benötigt, folglich gab es auf den Straßen auch noch Grenzpolizeiposten, Untersuchungen und Zurückweisungen von Fahrzeugen, deren Insassen die notwendigen Papiere nicht vorweisen konnten.

Politisch hatten die Frankfurter Dokumente und in ihrer Folge die Konferenzen der Ministerpräsidenten auf Dreizonenbasis und die Delegation der Abgeordneten zum Parlamentarischen Rat durch die Landtage aller drei Westzonen das Gefühl der Gemeinsamkeit in »Trizonesien« gestärkt, aber vom wirtschaftlichen Zusammenschluß ihrer Zone mit der Bizone schreckten die Franzosen noch im Frühjahr 1949 zurück. General Koenig, der in ähnlicher Form wie es seine Kollegen Clay und Robertson im Vereinigten Wirtschaftsgebiet taten, mit den Regierungschefs der Länder seiner Zone regelmäßig konferierte, warnte sie vor den »Sirenenklängen« aus Frankfurt und empfahl ihnen, sich nicht verführen zu lassen, er sei überzeugt, daß sie übervorteilt würden.[6]

Immerhin waren im Oktober 1948 aber die alliierten Dienststellen, die den deutschen Außenhandel kontrollierten und betrieben, zusammengelegt worden. Das Office du Commerce Extérieur (OFFICOMEX) wurde in die amerikanisch-britische Joint Export-Import Agency (JEIA) eingegliedert, unter alliierter Hoheit und amerikanischer Dominanz wurde von da an der Außenhandel aller drei Zonen nach einheitlichen Grundsätzen gelenkt.

Wie gering die Einheitlichkeit zwischen der Bizone und der französischen Zone noch im Sommer 1949 war, zeigte sich auch bei der Organisation des Eisenbahnwesens. Mit dem Ziel, den Zusammenschluß der westdeutschen Bahnen als der künftigen Deutschen Bundesbahn vorzubereiten, trat am 19. Juli 1949 in Baden-Baden erstmals ein Überleitungsausschuß zusammen, dem acht Vertreter angehörten; sie berieten namens der Südwestdeutschen Eisenbahnen in der französischen Zone, der Hauptverwaltung der Reichsbahn des Vereinigten Wirtschaftsgebiets, der drei Länder der französischen Zone und der Verwaltung für Verkehr der Bizone. Zweck der Besprechungen und des ganzen Ausschusses war nicht mehr, als eine engere technische und betriebsmäßige Kooperation der Bahnen vorzubereiten, die juristische und organisatorische Zusammenführung stand noch gar nicht zur Debatte, dies sollte Aufgabe des Bundestags und des künftigen Bundesverkehrsministers sein.[7]

Seit der Londoner Sechsmächte-Konferenz kooperierten die drei Militärgouverneure miteinander, das heißt der französische Oberbefehlshaber gesellte sich ab Oktober 1948 als regelmäßiger Gesprächs- und Verhandlungspartner zu den beiden Verantwortlichen der angelsächsischen Mächte in Deutschland. Die Konferenzen der drei Militärgouverneure, die zweimal im Monat meist in Frankfurt stattfanden, waren oft genug mühselig, da General Koenig in Zweifelsfällen, und es ergaben sich viele für ihn, Verhandlungen auf Regierungsebene vorzuschlagen pflegte, was mindestens Zeitverlust statt Entscheidung bedeutete. Seit Januar 1949 gab es auch eine ständige französische Delegation bei BICO und eine Verbindungsstelle der Länder der französischen Zone bei der Bizonenadministration, freilich ohne einen Chef, weil sich die drei Landesregierungen nicht einigen konnten.[8]

Es gelang zwar, für einige Maßnahmen – wie die Soforthilfegesetzgebung im Zuge der Währungsreform – Gleichförmigkeit in allen drei Zonen zu vereinbaren, aber in der Wirtschafts- und Ernährungspolitik blieb die französische Zone in ihrer Außenseiterrolle, und gar eine organisatorische Angleichung zwischen dem Frankfurter Behördenapparat der Bizone und dem auf Ministerkonferenzen beschränkten System deutscher Politik oberhalb der Länderebene in der französischen Zone fand nie statt. Insofern hatte die französische Zone an der administrativen Kontinuität von der Zeit der direkten Besatzungsherrschaft zur Bundesrepublik so gut wie keinen Anteil. Träger dieser Kontinuität war die Frankfurter Bizonenorganisation, die im Sommer 1949 Vorbereitungen traf, nach Bonn zu übersiedeln.

2. Frankfurt oder Bonn: Der Streit um die Hauptstadt

Die Entscheidung für Bonn als künftigem Regierungssitz und provisorischer Hauptstadt der Bundesrepublik war nach zähem Ringen und listenreichen Kämpfen am 10. Mai 1949 gefallen. Der Parlamentarische Rat hatte in geheimer Abstimmung – diese hatte die SPD beantragt und zu diesem Zweck wurde sogar die Geschäftsordnung geändert – mit sehr knapper Mehrheit die Stadt am Rhein, die in erster Linie mit Assoziationen wie Ruheständlerdomizil, Pensionopolis, verschlafen oder verträumt behaftet war, zum »vorläufigen Sitz der Bundesorgane« bestimmt. Die Vorgeschichte dieser umstrittenen Entscheidung war verwickelt und intrigenreich, sie reichte in den Sonner 1948 zurück, als ein Ministerialdirektor in der Düsseldorfer Staatskanzlei die Idee, den Parlamentarischen Rat nach Bonn zu bringen, gegen allerlei Widerstände durchsetzte. Der Ministerialdirektor hieß Hermann Wandersleb, man nannte ihn, seiner Agilität und Allgegenwart wegen auch den Kugelblitz.[9]

Die Absicht, Bonn auch zur Hauptstadt der Bundesrepublik zu machen, hatte freilich zunächst, im Herbst 1948, Konrad Adenauer allein. Wandersleb war aber bei dem schier unmöglichen Unterfangen, Bonn zur Kapitale des neuen Staatswesens zu promovieren, Adenauers treueste Stütze. Bonn schien für die Mitbewerber um die Hauptstadtwürde kaum ein ernsthafter Konkurrent. Hoher Favorit war Frankfurt, interessiert waren auch Stuttgart und Kassel.

Ohne Rücksicht auf die Kompetenzverhältnisse – war der Parlamentarische Rat überhaupt das zuständige Gremium für die Entscheidung oder fiel sie in die Zuständigkeit der Ministerpräsidenten? – und die Mitbewerber förderte Adenauer sein Hauptstadtprojekt mit allen Mitteln. Am 27. Oktober 1948 durften die Anhänger der Stadt Bonn, der nordrhein-westfälische Ministerpräsident Arnold und der Chef seiner Staatskanzlei Wandersleb, im Ältestenrat des Parlamentarischen Rats für die Vorzüge der rheinischen Universitätsstadt plädieren, die Frankfurter Lobby, die den Oberbürgermeister Walter Kolb unterstützte, erhielt erst nach Intervention Anfang November 1948 ebenfalls einen Anhörungstermin.

In der Zwischenzeit hatte Adenauer durch eine neue Idee die Gegner seines Plans verwirrt: Die Hauptstadtwürde könnte aufgeteilt werden zwischen Frankfurt und Bonn. Der ganze Behördenapparat könne am Main bleiben, die politische Spitze solle am Rhein residieren. Der Vorschlag war unsinnig (ein Heer von Kurieren und Aktenspediteuren wäre ständig zwischen dem Parlaments- und Regierungssitz in Bonn und der Administration in Frankfurt unterwegs gewesen), aber er erfüllte seinen taktischen Zweck: Die Sozialdemokraten kämpften gegen den Zweiteilungsplan noch lange, als er schon in der Versenkung verschwunden war.

Adenauer operierte auch mit der britischen Zusage, daß Bonn, falls sich eine Mehrheit dafür als Bundeshauptstadt ausspreche, entmilitarisiertes Gebiet werde (in und um Bonn waren belgische Truppen stationiert, die quasi als Subunternehmer Großbritanniens Besatzungsfunktionen ausübten), und betonte unermüdlich, in Frankfurt sei eine Entmilitarisierung nicht möglich, weil dort die Amerikaner ihre massive Präsenz nicht abbauen könnten und wollten. Frankfurt war tatsächlich, auch wegen des Rhein-Main-Flughafens, Hauptquartier der Amerikaner, die im Laufe des Sommers 1949 auch die meisten Abteilungen ihrer Berliner Zentrale dorthin verlegten. Freilich zogen sie dann bald nach Heidelberg um und hätten dies bei der Wahl Frankfurts zur Hauptstadt noch früher getan.

Für Frankfurt sprachen natürlich auch die beträchtlichen Mittel, die dort für die Unterbringung der Bizonenadministration bereits investiert waren, gegen Bonn sprachen die hohen Kosten, die erst investiert werden mußten. Ein Gutachten des Rechnungshofes der britischen Zone, das Adenauer im Herbst 1948 bestellte, fiel deshalb zugunsten des Zweiteilungsplans Bonn/Frankfurt aus; ein zweites Gutachten, diesmal vom Rechnungshof der Bizone im Frühjahr 1949 gefertigt, untermauerte wiederum den Standpunkt, die Hauptstadtfunktion sei an einen Ort zu binden. Zu diesem Zeitpunkt begann sich das Blatt schon zugunsten Bonns zu wenden. Ohne Rücksicht auf den Baulärm, der die Verfassungsväter bis spät in die Nacht störte, und ohne Rücksicht auf die fehlende Baugenehmigung (sie traf zum Richtfest ein) hatte der Hausherr des Parlamentarischen Rats im Februar 1949 auch vorsorglich damit begonnen, die Bonner Pädagogische Akademie durch Anbauten zu erweitern, um für den Bundestag und den Bundesrat Platz zu schaffen. Das Richtfest war am 5. Mai, fünf Tage vor der Abstimmung über die Bundeshauptstadt.

Man hat Adenauer noch lange unterstellt, er habe so vehement und trickreich Bonn zur Bundeshauptstadt machen wollen, weil es so bequem in der Nähe seines Hauses in Rhöndorf lag. Die politische Intention, nach der die Metropole des Weststaats am Rhein liegen sollte, und nicht nur am Rhein, sondern sogar auf dem linksrheinischen Ufer, konnte dagegen als Programm gegen die latenten Ansprüche Frankreichs auf linksrheinisches Gebiet verstanden werden, und entsprechend wurde auch argumentiert.[10]

Aus anderen Gründen waren die Sozialdemokraten nicht so geschlossen für Frankfurt, wie es zuletzt schien. Die Berliner SPD-Vertreter waren ausgesprochene Gegner einer Hauptstadt Frankfurt. Bonn konnte viel eher als sinnfälliger Ausdruck des Provisoriums gelten als Frankfurt, Bonn würde nach der in irgendeiner Zukunft erhofften deutschen Wiedervereinigung der »wirklichen« Kapitale Berlin den Rang nicht streitig machen, wohl aber die Banken- und Börsengroßstadt am Main. Mit Bonn

verband sich der Eindruck des Vorläufigen, Frankfurt würde, einmal dazu erkoren, endgültig Hauptstadt bleiben.
Für den originellsten Tribut ans Provisorische plädierte Carlo Schmid, der die Bundeshauptstadt als Baracken- oder Zeltlager an der Zonengrenze bei Helmstedt zu etablieren vorschlug. Der einflußreiche Chef des Deutschen Gewerkschaftsbunds, Hans Böckler, ging auch nicht mit den Sozialdemokraten konform, er wollte die Hauptstadt möglichst nahe am Ruhrgebiet haben. Innerhalb der SPD-Fraktion, die so energisch für Frankfurt kämpfte, war Walter Menzel ein Anhänger Bonns. Er hatte sich verschiedentlich dafür stark gemacht, die Schaltstellen der Politik den süddeutschen Einflüssen zu entziehen, und als Innenminister Nordrhein-Westfalens war er zudem in der Zwickmühle von Fraktionsdisziplin und Regionalpatriotismus. Umgekehrt waren zwei prominente Abgeordnete der CDU, Heinrich von Brentano und Walter Strauß als Vertreter Hessens, auf Frankfurt festgelegt, ebenso das württemberg-badische Ratsmitglied Paul Binder. Die CSU-Abgeordneten hielten sich die Entscheidung offen, sie signalisierten erst in der Fraktionssitzung am 9. Mai, als Dank für das Verständnis der CDU für ihr Nein zum Grundgesetz, ihre Bereitschaft, für Bonn zu stimmen.[11]
Eine geheime Probeabstimmung der CDU/CSU-Fraktion am Vormittag des 10. Mai ergab aber nur 21 Stimmen für Bonn und 6 Stimmen für Frankfurt. Adenauers Niederlage schien unvermeidbar, da im Plenum des Parlamentarischen Rats am Abend des 10. Mai die SPD-Fraktion zusammen mit einigen anderen Abgeordneten die sichere Mehrheit zu haben schien. Durch kunstvolle Regie, ein Gerücht und eine Intrige wurde jedoch im Laufe des 10. Mai der Spieß umgedreht. Aus einer Vorstandssitzung der SPD, bei der Kurt Schumacher am Vormittag in Köln die sichere Niederlage der CDU/CSU in der Hauptstadtfrage und die wohltätigen Wirkungen dieser Tatsache für die künftige Politik erörterte, drangen entsprechende Nachrichten ins Pressequartier des Parlamentarischen Rats, wurden vergröbert und zu einer Depesche verdichtet, die scheinbar (aber nur scheinbar) im ganzen Land verbreitet wurde. Mit dieser »vertraulichen Meldung« des Deutschen Pressedienstes dpd bewaffnet, schwor Adenauer am Nachmittag die CDU/CSU-Fraktion auf Bonn ein. Der Inhalt der vermeintlichen Nachricht – sie wurde von der SPD verzweifelt dementiert – ermöglichte es auch den beiden Vertretern Hessens, Brentano und Strauß, die Parteiloyalität über die Landestreue zu stellen; sie hatten jetzt eine Rechtfertigung, daß sie Frankfurt in Stich ließen. Zusätzlich wurde, um der CDU/CSU-Fraktion die Zerreißprobe zu ersparen, noch etwas Formulierungskosmetik getrieben, »die es den Freunden, die Bedenken gegen Bonn hätten, leichter machte, dafür zu stimmen«. Der Fraktionsvorschlag lautete alsdann »Die Bundesorgane neh-

men ihre erste Tätigkeit in ...«, das klang noch provisorischer, als es gemeint war.[12]

Spät in der Nacht des 10. Mai kürte der Parlamentarische Rat dann Bonn mit 33 gegen 29 Stimmen zur vorläufigen Hauptstadt. Der Streit dauerte an, endgültig wurde er erst am 3. November 1949 im Bundestag, der das Problem noch einmal gründlich aufrollte, durch einen Ausschuß abermals die Eignung Frankfurts und Bonns prüfen ließ, entschieden, und zwar diesmal mit 200 gegen 176 Stimmen für Bonn. Die vorläufige Entscheidung vom 10. Mai hatte im Juli auch die Ministerpräsidentenkonferenz gebilligt – unter leichter Nachhilfe durch die Militärregierungen, die keine Zeit mehr verlieren wollten.

3. Zwischenlegalität und Umorganisierung

»Zwischenlegalität und Umorganisierung« seien die Kennzeichen der Zeitspanne, die dem Ende des Parlamentarischen Rats folgte, hatte es in einem Kommentar im Sommer 1949 in den Frankfurter Heften geheißen.[13] Die reichlich drei Monate zwischen der Verabschiedung des Grundgesetzes und dem Zusammentritt des Bundestags waren alles andere als eine Zeit der Stagnation oder des Abwartens. Die bizonale Gesetzesmaschinerie lief bis zum Hochsommer 1949 auf vollen Touren. Die letzte, die vierzigste Sitzung des Frankfurter Wirtschaftsrats wurde am Abend des 8. August mit dem feierlichen Bekenntnis seines Präsidenten Köhler beschlossen: »Wenn der Tag unserer Auflösung kommt, soll er nicht ein Trauertag für uns sein, denn er ist in Wahrheit ein Freudentag, weil dann die Bundesrepublik Deutschland als die letzte Stufe zu einem ganzen Deutschland Realität geworden ist ...«[14] Die formelle Auflösung des Wirtschaftsrats und des Länderrats erfolgte am 1. September. Wie sie ins Leben gerufen worden waren, so endeten die beiden Institutionen auch durch Rechtsakte der Militärregierungen.[15]

Am 16. August trafen sich zum letzten Mal die Spitzen der Bizone zur Routinebesprechung mit den Militärgouverneuren; auf der Tagesordnung standen u. a. Probleme der Finanzhilfe für Berlin und ein Güterfernverkehrsgesetz. General Robertson würdigte die gemeinsame Arbeit in Frankfurt und den wirtschaftlichen Wiederaufbau als gemeinsame Leistung der Deutschen und der Besatzungsmächte.[16] Wenig später, am 15. September, löste sich BICO, die alliierte Kontrollinstanz der Bizone, auf. Aufbruchstimmung bei den Alliierten herrschte aber schon seit Mai. Nach General Clays triumphaler Abschiedstournee durch die US-Zone

wurden die Funktionen des amerikanischen Militärgouverneurs zunächst an Stellvertreter übertragen, in den ersten Julitagen traf John J. McCloy, vormals Präsident der Weltbank und am 18. Mai, drei Tage nach Clays Abschied, zum Hohen Kommissar der Vereinigten Staaten ernannt, in Deutschland ein. Bis zum Inkrafttreten des Besatzungsstatuts amtierte der Zivilist McCloy formal als Militärgouverneur.[17]
In der französischen Zone verabschiedete sich General Koenig mit Truppenparaden. Aus dem rauhen Kämpen von 1945 sei ein Plauderer geworden, bescheinigte ihm der Spiegel zum Abschied.[18] Koenigs ziviler Nachfolger war André François-Poncet, ehemals (1931 bis 1938) Botschafter Frankreichs in Berlin und nach seiner Amtszeit als Hoher Kommissar ab 1953 noch einmal Botschafter seines Landes in Bonn. Er habe das Amt des Hochkommissars mit dem Wunsch übernommen, sagte er im August in Mainz, daß sich die Bande zwischen Deutschland und Frankreich immer enger gestalten würden.[19] Großbritannien wahrte personelle Kontinuität: General Robertson blieb, vorübergehend von der britischen Armee beurlaubt, als Hoher Kommissar in Deutschland.
Parallel zum Umbau der Militärregierungen in zivile Besatzungsbehörden wurde auf deutscher Seite einerseits, in der Bizonenadministration, im bisherigen Stil weitergearbeitet, andererseits waren neue Gremien am Werk, um Brücken von Frankfurt nach Bonn zu schlagen und um die verfassungsrechtlich trassierten Wege in die Zukunft zu planieren. Das formelle Ende des Parlamentarischen Rats, der nach der Ausarbeitung des Grundgesetzes nach alliiertem Verständnis keine Befugnisse mehr hatte, de jure nicht mehr existent war, weil für das Weitere die Ministerpräsidentenkonferenz als Übergangssouverän zuständig war, hatte zunächst Kompetenzstreitigkeiten ausgelöst. Der Parlamentarische Rat und vorab sein Präsident Adenauer gedachten weiterhin Einfluß zu nehmen und den Apparat, vor allem das 80 Personen starke Sekretariat, bis zum Arbeitsbeginn des Bundestags zusammenzuhalten. Mangels eigenen Etats ging Adenauer die Regierung in Düsseldorf um Hilfe an, ebenso wie er Nordrhein-Westfalen zu beträchtlichen Vorschüssen für die baulichen Investitionen in Bonn bewogen hatte.[20] Die Ministerpräsidenten wehrten sich erfolgreich dagegen, daß ein Überleitungsausschuß des Parlamentarischen Rats die Planungen für den Start der Bundesrepublik in die Hand nahm. Auf ihren Konferenzen in Königstein am 23. und 24. Mai und in Bad Schlangenbad am 14./15. Juni hatten die Länderchefs nach einigem Hin und Her einem gemeinsamen »Ausschuß zur Prüfung der vorbereitenden Maßnahmen für die Errichtung der Bundesorgane« zugestimmt, in dem Ländervertreter, Abgeordnete des Parlamentarischen Rats und des Wirtschaftsrats unter Leitung der Ministerpräsidenten tätig wurden. Die eigentliche Arbeit vollzog sich dann in vier Unterausschüs-

sen, die selbständig operierten und in denen beamteter Sachverstand dominierte.
Als die Länderchefs am 25./26. August auf dem Koblenzer Rittersturz zum letzten Mal institutionell in der Form der Ministerpräsidentenkonferenz konferierten – sie trafen sich wenig später im Bundesrat mit minderer Kompetenz wieder –, billigten sie die Berichte der vier Überleitungsausschüsse und überwiesen sie an die zuständigen Bundesorgane. Zur Diskussion über den Inhalt war keine Zeit mehr. Die Empfehlungen, wie die Berichte der Ausschüsse offiziell hießen, enthielten detaillierte Baurisse und Strukturpläne für Organisation, Rechtssystem und Haushalt des Bundes. Der Organisationsausschuß, der das größte Arbeitspensum hatte, erarbeitete Geschäftsverteilungspläne für die Bundesressorts und bemühte sich um Abgrenzungen der einzelnen Behörden. Die organisatorischen Empfehlungen hätten bald ein Begräbnis erster Klasse erhalten,[21] konstatierte ein Beteiligter im Rückblick, das ist aber sicherlich nur zum Teil richtig. Der Vergleich zwischen den zurückhaltenden Vorschlägen zur Personalausstattung und den bald einsetzenden Wucherungen des Bonner Behördenapparats spricht dafür, daß manches schnell Makulatur wurde. Es wurden aber auch gravierende Vorschläge beherzigt, etwa der, daß das Personalamt aus der Zeit der Reformbemühungen im öffentlichen Dienst stillschweigend gestrichen wurde. Der Juristische Ausschuß arbeitete sich durch das Dickicht von Besatzungs-, Zonen- und Zweizonenrecht und stellte zusammen, was galt und auch künftig gelten würde, machte Vorschläge, wie die Rechtsangleichung des französisch besetzten Gebiets am besten bewerkstelligt würde und unterbreitete dem Bundesgesetzgeber eine Liste von Gesetzentwürfen – spezifiziert in »Sofort-Gesetze« und »Dringliche Gesetze«, die unmittelbar oder bald nach dem Zusammentritt des Bundestags verabschiedet werden sollten, »um vordringlichen politischen, sozialen oder wirtschaftlichen Bedürfnissen zu genügen«.[22] Zu dem Katalog gehörten Gesetze über Bevölkerungsausgleich (Flüchtlinge), vordringliche Fragen des Beamtenrechts, über den Schutz von Patenten aus Länder der französischen Zone, über eine Bundesamnestie.
Der Finanzausschuß legte u. a. einen ersten Haushaltsplan für den Bund vor, es war im wesentlichen der Rumpfhaushalt der Bizone, denn das Etatjahr der Bundesrepublik, die zunächst über keine Einnahmen und Rücklagen verfügte, sollte erst am 1. April 1950 beginnen. Die größte Mühe hatte der »Technische Ausschuß«, dessen letzte Sitzung noch am 30. August stattfand und der keinen so schönen Abschlußbericht wie die drei anderen Überleitungsgremien vorlegen konnte. Im technischen Ausschuß wurde nämlich über das Hauptstadtproblem, über die Kostensituation beim Ausbau Bonns und die Schwierigkeiten bei der Unterbringung

der Bundesbehörden wegen mangelnder Fortschritte auf den Baustellen gestritten. Außerdem fand im Technischen Ausschuß mancher politische Nachtarock statt über die Entscheidung zugunsten Bonns, die sich immer mehr als finanzielle Katastrophe entpuppte.

In diesem Zusammenhang mußte sich gegen Ende seiner Amtszeit, im Juni 1949, auch der Oberdirektor Pünder noch einem parlamentarischen Untersuchungsausschuß im Wirtschaftsrat stellen, weil ihm vorgeworfen wurde, seinem Parteifreund Adenauer zu große Gefälligkeiten zugunsten Bonns und zu Lasten Frankfurts erwiesen zu haben. Der Verwaltungsrat in Frankfurt setzte seine Tätigkeit in regelmäßigen Direktorialsitzungen bis zum Vortag des Zusammentretens des Bundestags fort. Bei der 68. Sitzung am 6. September trafen sich die Direktoren zum letzten Mal, um routinemäßig über Zuckerrübenpreise, Verminderung der Arbeitslosigkeit, die Einführung der Sommerzeit im Jahr 1950 und anderes mehr zu debattieren und Beschlüsse zu fassen.

Am 21. September war mit der Konstituierung der Bundesregierung und dem Inkrafttreten des Besatzungsstatuts der Verwaltungsrat aufgelöst. Oberdirektor Pünder dankte an diesem Tag den Direktoren und bizonalen Behördenchefs mit einer Adresse, die die Erfolge und Meriten des Verwaltungsrats um den politischen und wirtschaftlichen Wiederaufbau hervorhob, und in der auch der Satz vorkam: »Es wird die Zeit kommen, in der man dieser Aufbauarbeit unseres Verwaltungsrates in den Jahren 1948/49 mehr als heute gerecht werden wird.«[23]

Ministerialdirektor Heinrich Knappstein, der Leiter der Presseabteilung des Verwaltungsrats des Vereinigten Wirtschaftsgebietes, schrieb am 23. September zurück, es sei bitter zu sehen, wie wenig »die für die Bildung der Bundesregierung verantwortlichen Persönlichkeiten die ungeheuere Arbeit zu schätzen gewußt haben, die von den bizonalen Instanzen, insbesondere aber vom Verwaltungsrat und seinem Vorsitzer, in den letzten zweieinhalb Jahren unter so vielen widrigen Umständen geleistet worden ist. Das ist um so weniger verständlich, als es doch zweifellos der wirtschaftliche Erfolg dieser Arbeit gewesen ist, der zu dem politischen Erfolg der letzten Wahl geführt und dadurch die Bildung dieser Bundesregierung überhaupt erst ermöglicht hat.« Der Betriebsratsvorsitzende der Behörde »Verwaltungsrat des Vereinigten Wirtschaftsgebiets« habe schon recht gehabt, schrieb Knappstein weiter, als er bei der Abschiedsfeier das »resignierte Wort von dem Undank sprach, der der Lohn der Welt sei«. Knappstein hoffte dagegen »mit Zuversicht, daß die Geschichtsschreibung gerechter sein« werde und die »von der Regierung der Bizone geleistete Arbeit als wertvollste Pionierarbeit für die Gründung des Bundes ansehen« werde[24].

Am 16. September hatte Pünder die Übergabe der Dienstgeschäfte an

den Bundeskanzler mit einem Brief, dem er Listen über den Stand der Geschäfte des Verwaltungsrats beifügte, vollzogen. Ein feierliches Zeremoniell gab es nicht, und der Dank des Bundeskanzlers an den Oberdirektor war eher kühl. Adenauer teilte Pünder am 26. September förmlich mit, daß gemäß Artikel 130 des Grundgesetzes nach Bildung der Bundesregierung alle bizonalen Verwaltungen dieser unterstünden, und dementsprechend habe er die Bundesministerien beauftragt, das Erforderliche zu veranlassen. Daran schlossen sich Danksagungen in allgemeinen Wendungen, die den Oberdirektor keineswegs befriedigten.[25]
In einem Brief an den im amerikanischen Exil lebenden ehemaligen Reichskanzler Brüning verglich Pünder sein Geschick im Herbst 1949 mit dem Brünings 1932: Der damalige Reichskanzler habe Hindenburg bei der Reichspräsidentenwahl »bei seinen alten Gesinnungsgenossen« in Ostpreußen herausgepaukt und wenige Wochen später sei er von Hindenburg in die Wüste geschickt worden. Ihm, Pünder, sei es irgendwie ähnlich ergangen: »Da ich persönlich schon recht bald in sehr grundsätzlichen Organisationsfragen eine betont andere Meinung äußerte, als der Herr und Meister es wünschte, wurde es bald sehr still um den bisherigen Vorsitzer des Verwaltungsrats und die Frankfurter Arbeit dann ja auch in der Regierungserklärung und bei allen anderen möglichen Gelegenheiten restlos totgeschwiegen.«[26]
Hauptgrund der Enttäuschung des ehemaligen Oberdirektors war die Tatsache, daß Adenauer nicht darauf reagiert hatte, als sich Pünder für das Amt des Quasi-Außenministers in der künftigen Bundesregierung empfohlen hatte. Schon im Juni hatte Pünder zusammen mit anderen Empfehlungen zur Organisation der künftigen Bundesregierung dafür plädiert, als Ersatz für das laut Besatzungsstatut noch nicht mögliche Außenministerium ein Marshall-Plan-Ressort oder ein »Bundesministerium für zwischenstaatliche Beziehungen« zu errichten. Daß er selbst das Amt am besten ausfüllen würde, hatte Pünder mehrfach zu verstehen gegeben, jedoch ohne Resonanz zu finden.[27]
Kränkend war aber auch, daß Adenauer aus seiner Abneigung gegen die Frankfurter Administration kein Hehl machte und dies bei gebotener Gelegenheit auch immer sehr freimütig artikulierte. Vor CDU-Parlamentariern in Königswinter hatte Adenauer z. B. im September 1949 im Beisein Pünders, der zwar schwieg, aber etliche Tage später einen Klagebrief schrieb, »die leidige Frankfurter Gewohnheit, immer zunächst bei den Alliierten zu fragen«, apostrophiert.[28] Adenauer hatte Pünder dann zwar erklärt, er habe vor allem die unteren Instanzen gemeint, der Oberdirektor blieb aber voll Bitterkeit. Beim Parteifreund Pferdmenges, dem Kölner Bankier, der freilich auch Adenauer freundschaftlich verbunden war, machte Pünder seinem Herzen Luft: »Ich überlege mir immer wieder, wie

ich mir diese hart an die Grenze der Grausamkeit und der Freude am Quälen gehende Behandlung von Herrn Adenauer verdient habe. Ich hatte bisher geglaubt, nach den Tiefen des Menschenlebens, die ich mit meiner Familie im Nazi-Terror reichlich kennengelernt hatte, ein mehr als hinreichendes Maß an Menschenkenntnis gewonnen zu haben. Zu meinem mich tief schmerzenden Bedauern bin ich ausgerechnet durch einen führenden christlichen Politiker eines anderen belehrt worden.«[29]

Kränkend war auch, daß Pünder, der als einfacher CDU-Abgeordneter ab Herbst 1949 im Bundestag saß, als Oberdirektor nicht einmal förmlich verabschiedet worden war, sondern mitsamt den Resten seiner Dienststelle auf dem politischen Abstellgleis gelandet war. Im Dezember 1949 erinnerte er den Bundeskanzler daran, daß die Dienststelle der Direktorialkanzlei der Bizone noch der Auflösung und er der förmlichen Zurruhesetzung harre. Da er keine Antwort erhielt, drängte Pünder im Februar 1950 noch einmal. Er könne zur Abwicklung und Überführung seiner bisherigen Frankfurter Dienststelle kaum noch etwas beitragen, und er sei ja auch zur Unterbreitung entsprechender Vorschläge vom Bundeskanzler niemals herangezogen worden, schrieb er an Adenauer. Der erbarmte sich schließlich. Unter dem Datum des 25. April 1950 erhielt Pünder aufgrund des Beschlusses der Bundesregierung vom 7. März die Entlassungsurkunde. Auf seinen Antrag war er damit »von dem Amt als Oberdirektor und Vorsitzer des Verwaltungsrates des Vereinigten Wirtschaftsgebietes mit Wirkung vom 30. April 1950 entbunden«. Im Begleitbrief sprach Adenauer »den besonderen Dank der Bundesregierung für die hervorragenden Verdienste« aus, die sich Pünder »unter schwierigsten Verhältnissen um den Wiederaufbau Deutschlands erworben« habe. Und am 4. Mai empfing Adenauer die Herren Pünder und Schlange-Schöningen, der sich in einer ähnlichen Situation befand, zur Übergabe der Schriftstücke. Er fand dabei auch freundliche Worte, erbat von ihnen Denkschriften über die Frankfurter Wirksamkeit, die dem noch zu gründenden Bundesarchiv einverleibt werden sollten, und für Pünder gab es noch einen besonderen Trost: Adenauer eröffnete ihm unter vier Augen, daß er künftig eine wichtige Stellung bei der Verwaltung bundeseigenen Vermögens bekleiden solle. Die Abschiedsaudienz am 4. Mai 1950 beendete jedenfalls endgültig die bizonale Ära, die weitgehend schon in Vergessenheit geraten war.[30]

4. Das Wahlgesetz

Ende September 1948 hatten zehn Mitglieder des Parlamentarischen Rats im Wahlrechtsausschuß damit begonnen, sich Gedanken darüber zu machen, nach welchem Modus der erste Bundestag gewählt werden sollte. Strenggenommen hatte der Parlamentarische Rat keine Kompetenz, darüber zu entscheiden, und der Wahlrechtsausschuß (unter Vorsitz des FDP-Abgeordneten Becker) hätte sich auf allgemeine Probleme des Wahlrechts beschränken müssen. Das Wahlgesetz zum ersten Bundestag war nach dem Wortlaut der Frankfurter Dokumente Sache der Ministerpräsidenten, denen auch die erstmalige Einberufung des Bundesparlaments oblag. Nach amerikanischer Auffassung, die sich auf heimatliche Tradition gründete, waren Wahlgesetze aber Sache der Länder, die Franzosen waren aus anderen Gründen daran interessiert, möglichst viele Probleme auf Länderebene zu regeln. Der Wahlrechtsausschuß in Bonn ging von der Prämisse aus, daß die Alliierten das Wahlgesetz, wenn es als Appendix zum Grundgesetz, quasi als angehängte Übergangsbestimmung, vorliege, wohl genehmigen würden.
Daß weder das reine Mehrheitswahlsystem noch das reine Verhältniswahlprinzip zur Anwendung kommen würde, stand bald fest, die Frage war, wie eine Kombination beider Systeme aussehen müßte, um die extremen Auswirkungen der reinen Mehrheits- oder Verhältniswahl zu vermeiden. Das Geschick der Weimarer Republik, die auch an der durch das Verhältniswahlrecht begünstigten Parteienzersplitterung zugrunde gegangen war, stand den Parlamentariern vor Augen, die Parteipolitiker maßen das Wahlsystem aber natürlich auch mit der Elle ihrer künftigen Chancen. Die Vorschläge der SPD näherten sich am stärksten der Verhältniswahl, die CDU neigte mehr zum relativen Mehrheitsprinzip. Der Entwurf des FDP-Abgeordneten Becker lag in der Mitte, tendierte aber auch stärker zur Mehrheitswahl. Kurioserweise war der FDP-Entwurf dem in den 50er Jahren von der CDU/CSU propagierten, gegen die Liberalen gerichteten »Grabenwahlsystem« sehr ähnlich.[31]
Die Meinungen innerhalb der Fraktionen der größeren Parteien waren aber durchaus verschieden, die meisten CSU-Politiker waren angesichts ihrer Bedrohungen durch die Bayernpartei und die WAV für die Mehrheitswahl nicht recht zu erwärmen, auch in der französischen Zone neigte die CDU mehr zum Verhältniswahlrecht, während es in Nordrhein-Westfalen auch viele CDU-Anhänger eines absoluten Mehrheitswahlrechts gab. Adenauer plädierte wiederum für ein System, das Listenverbindungen mit anderen Parteien im Hinblick auf spätere Koalitionen ermöglichte. Die kleinen Parteien waren mit Ausnahme der Deutschen Partei, die das absolute Mehrheitsprinzip propagierte, für die Verhältniswahl. In

der Öffentlichkeit kämpfte die »Deutsche Wählergesellschaft« mit Dolf Sternberger an der Spitze für das Mehrheitswahlrecht als Voraussetzung einer funktionierenden Demokratie. Publizistische Plattform der Wählergesellschaft war die Zeitschrift »Die Wandlung«, die Sternberger seit November 1945 zusammen mit Karl Jaspers, Werner Kraus und Alfred Weber in Heidelberg herausgab. Die SPD suchte und fand Kompromisse in interfraktionellen Beratungen mit den kleinen Parteien. Im Wahlrechtsausschuß (am 4. Februar 1949), im Hauptausschuß (22. und 23. Februar) und im Plenum des Parlamentarischen Rats (am 24. Februar) fand der Gesetzentwurf die Mehrheit gegen die CDU/CSU und die KPD.
Die Hälfte der Abgeordneten sollte direkt nach dem einfachen Mehrheitsprinzip gewählt, die andere Hälfte der Mandate über Bundeslisten (unter Anrechnung der Direktmandate) vergeben werden. Die Alliierten versagten aber diesem Wahlgesetz am 2. März ihre Genehmigung. Das Veto beruhte im wesentlichen auf formalen Einwänden; die Ministerpräsidenten sollten sich mit der Materie beschäftigen. Das taten sie, zusammen mit Vertretern des Parlamentarischen Rats, am 24. März in Königstein. Dann wurde die Sache wieder nach Bonn überwiesen, verbunden mit der Auflage, das neue Wahlgesetz müsse mit Zweidrittelmehrheit beschlossen werden. Die Alliierten entsprachen wenig später auch dem deutschen Wunsch, das Gesetz durch den Parlamentarischen Rat verabschieden zu lassen, sie hatten sich halbwegs überzeugen lassen, daß das Wahlsystem einheitlich, also nicht Ländersache sein solle.
Im Parlamentarischen Rat wurde das Wahlgesetz zunächst als Rahmengesetz behandelt – inhaltliche Änderungen gegenüber der Version vom Februar erfuhr es praktisch nicht –, das von den Ländern ausgefüllt werden sollte. Das hätte vor allem der CSU die Möglichkeit gegeben, in Bayern eigene Flüchtlingswahlkreise zu schaffen, eine Idee, die aus parteipragmatischen Gesichtspunkten sehr attraktiv schien und noch einige Zeit verfolgt wurde.
Im Hauptausschuß wurde am 9. Mai aber der Gedanke des »Rahmengesetzes« wieder aufgegeben, damit gingen die SPD und die FDP wieder auf Konfrontationskurs zur CDU/CSU und zu den Militärregierungen. Am 10. Mai wurde das Gesetz im Plenum gegen die Stimmen der Union verabschiedet und am 23. Mai zusammen mit dem Grundgesetz verkündet. Die Rechnung war wieder ohne die Alliierten gemacht, die am 28. Mai gegen einige Bestimmungen Verwahrung einlegten. Es waren wieder Formalia, die den auf Zeitgewinn bedachten Franzosen nicht gefielen. Die Zustimmung der Ministerpräsidenten, und zwar einer erheblichen Mehrheit der Länderchefs, wurde verlangt. Von amerikanischer Seite wurde bedeutet, daß unter »erheblicher Mehrheit« sieben Ministerpräsidenten zu verstehen seien, mit anderen Worten: die vier Länderchefs der ameri-

kanischen Zone sollten es zusammen mit drei Kollegen aus der britischen Zone gegen die Franzosen durchsetzen.[32] Am 31. Mai und 1. Juni 1949 beschäftigten sich die Ministerpräsidenten in Bad Schlangenbad mit dem Wahlgesetz; hier wurde noch einmal erbittert gekämpft. Unmittelbar vor der Konferenz hatten Briten und Amerikaner die Politiker ihrer Zonen instruiert, welche Formulierungen änderungsbedürftig seien und welche Inhalte nicht mehr geändert werden durften. Die Ministerpräsidenten gingen aber noch weiter und änderten das Verhältnis zwischen direkt zu Wählenden und Listenkandidaten von 50 zu 50 auf 60 zu 40 und führten die Sperrklausel ein, nach der Parteien, die weniger als 5 % der Stimmen im Bundesgebiet oder kein Direktmandat erzielten, nicht berücksichtigt werden sollten.
Die Ministerpräsidenten sahen sich seitens der SPD, der FDP, des Zentrums und der Kommunisten dem Vorwurf des »ersten Verfassungsbruchs« konfrontiert, als diese Änderungen bekannt wurden. Der sozialdemokratische Parteivorstand nahm die Länderchefs der eigenen Partei nicht davon aus. Die Militärgouverneure sanktionierten jedoch das Wahlgesetz, lediglich die Sperrklausel durfte nur für jeweils ein Land gelten. Am 15. Juni 1949 wurde das »Wahlgesetz zum ersten Bundestag und zur ersten Bundesversammlung der Bundesrepublik Deutschland« von den Ministerpräsidenten verkündet, eine Verordnung vom gleichen Tag setzte als Wahltag den 14. August 1949 fest.[33]

5. Der Bundestags-Wahlkampf 1949

Zum Kampf um die 402 Bundestagsmandate waren in den elf Ländern der drei Westzonen 16 Parteien und 70 parteilose Kandidaten angetreten. In allen Ländern kandidierten aber nur vier Parteien, CDU/CSU, SPD, FDP und KPD. Regionalparteien wie die Bayernpartei und die WAV in Bayern, der Südschleswigsche Wählerverband (SSW) in Schleswig-Holstein, die Rheinisch-Westfälische Volkspartei und regionale Interessengruppen wie die »Notgemeinschaft« in Württemberg-Baden (sie errang dort 16,7 % der Stimmen und brachte einen Kandidaten ins Parlament), die »Vereinigung der Fliegergeschädigten (und Sparer)« in den beiden Hansestädten, die verworren-neutralistische »Sammlung zur Tat« in Baden und Württemberg-Hohenzollern und andere Splitterparteien konkurrierten mit den Großen und einigen anderen, die in mehreren Ländern Kandidaten und Listen aufgestellt hatten. Das waren die Deutsche Konservative Partei/Deutsche Rechtspartei (DKP/DRP), die in

Hamburg, Niedersachsen, Nordrhein-Westfalen und Schleswig-Holstein bei Altnazis, Ultrakonservativen und Neofaschisten auf Stimmenfang ging, die Radikalsoziale Freiheitspartei (RSF) in Bremen, Niedersachsen, Nordrhein-Westfalen, Schleswig-Holstein und Württemberg-Baden, die Deutsche Partei mit ihren Schwerpunkten in Nordrhein-Westfalen, Niedersachsen und Schleswig-Holstein.

Am schwersten taten sich im Wahlkampf die Kommunisten. In der antikommunistischen Einstellung waren alle anderen Parteien mit der übergroßen Mehrheit der Bevölkerung längst einig; daß trotzdem mehr als 1,3 Millionen Wähler der KPD zu 15 Mandaten im Bonner »Spalter-Parlament« verhalfen (davon neun über die nordrhein-westfälische Landesliste), hatte eher Gründe in wirtschaftlicher Unsicherheit und Zukunftsangst als in der Neigung zur Parteiideologie. Max Reimann, der rastlose Parteivorsitzende, wurde auch von der britischen Militärregierung schlecht behandelt. Er hatte von einem britischen Militärgericht drei Monate Gefängnis diktiert bekommen, weil er deutsche Politiker wegen ihrer Zusammenarbeit mit den Besatzungsmächten als Quislinge beschimpft hatte. Nach seiner Freilassung im Juli 1949 wurde er von seinen Anhängern zwar als nationaler Märtyrer gefeiert,[34] die Behinderungen im Wahlkampf dauerten aber an. So wurden rund 160000 Wahlbroschüren von der britischen Militärregierung in Dortmund beschlagnahmt, weil unter dem Titel »Trautes Heim« die Wohnungsnot mit »bewußt unrichtig« zusammengestelltem Zahlenmaterial behandelt worden war.[35] In Bayern verbot die amerikanische Militärregierung eine KPD-Broschüre über Besatzungskosten, in Recklinghausen wurde eine Kundgebung Max Reimanns durch Tränengasbomben gesprengt.[36] Andererseits brachte Max Reimann in Frankfurt zwei Tage vor der Wahl mehr Zuhörer auf die Beine als alle anderen Parteiführer.[37]

An Zimperlichkeit litten in den Wochen vor dem 14. August 1949 die wenigsten, der erste Wahlkampf in der Geschichte der Bundesrepublik war wohl auch der härteste. Die Beleidigungen, die Kurt Schumacher in der Hitze des Gefechts um sich schleuderte, wurden auch in der sozialdemokratischen Presse nur in abgeschwächter Form gedruckt, dafür ließ Adenauer die Reden seines Konkurrenten von eigens engagierten Stenographen aufnehmen.[38] Man blieb sich aber gegenseitig nicht viel schuldig: Nannte Schumacher die CDU einen »zusammengelaufenen Haufen« oder eine »klerikale, konservative und kapitalistische Partei«, so titulierte Ludwig Erhard in Hannover den niedersächsischen Wirtschaftsminister als einen »pathologisch Schwachsinnigen«.[39] Knalleffekte und Feuerwerk gab es aber auch im buchstäblichen Wortsinn. Ein Wuppertaler pyrotechnischer Betrieb konnte die Bestellungen auf Flugzettelbomben

und Propagandaraketen, mit denen zentnerweise Wahlaufrufe vom Himmel geregnet wurden, nur mit Mühe ausführen.[40]
Solcher Propagandaeinsatz war freilich das Vorrecht der zahlungskräftigen großen Parteien, allen voran ging die FDP, gefolgt von CDU und SPD. Die kleinen Parteien waren vor allem auf das Instrumentarium von Plakatwänden und Litfaßsäulen, Versammlungen und Kundgebungen, Broschüren und – im günstigen Falle – Parteizeitungen angewiesen. Stammesunterschiede und Gruppeninteressen spielten im Wahlkampf 1949 noch eine große Rolle, der relative Erfolg der kleinen Parteien (rechnet man die FDP zu ihnen, so verteilte sich die Wählergunst ziemlich genau zu je einem Drittel auf die kleinen und auf CDU/CSU und SPD) war aber weniger ein Symptom für die Wiederkehr der Weimarer Zersplitterung des politischen Willens als für die Ratlosigkeit vieler angesichts unkonsolidierter Zustände. Zu den Ratlosen gehörten vor allem die Heimatvertriebenen, die Depossedierten und nicht zuletzt die 1,3 Millionen Arbeitslosen, aber auch mancherorts die Einheimischen, die gegen den Zustrom der Flüchtlinge sich und das ihre verteidigen zu müssen glaubten.
Die Bayernpartei, in deren Programm »als oberstes Ziel die geistige und sittliche Erneuerung des bayerischen Volkes nach den Grundsätzen der Wahrheit, Gerechtigkeit und Liebe«[41] gefordert wurde – diese hehren Grundsätze wurden freilich in den internen Flügel- und Richtungskämpfen mehr mißachtet als angewendet –, mobilisierte Emotionen und Wähler vor allem in den Gefilden südlich der Donau. Als bayerische Volksbewegung kämpfte sie gegen das Grundgesetz, bewaffnet mit Parolen und Leerformeln, die an traditionelle Gefühle der Eigenständigkeit appellierten. Die Mischung aus staatenbündischer Ideologie, Folklore, Partikularismus und monarchistischen oder separatistischen Sehnsüchten zielte auf das Protestpotential, dem Schlagworte wie »Bayern den Bayern« Programm genug war. Am 14. August schlug das immerhin mit fast einer Million Stimmen zu Buche, 17 Abgeordnete der Bayernpartei zogen in den ersten Bundestag.
Ebenfalls in Bayern und gleichfalls mit Protestwählern im Visier agitierte die Wirtschaftliche Aufbau-Vereinigung. Sie verdankte ihren Erfolg bei der ersten Bundestagswahl – fast 700000 Wähler und 12 Mandate – nicht so sehr ihrem skandalumwitterten Vorsitzenden, dem Polit-Clown Alfred Loritz, als vielmehr einem Wahlbündnis mit dem Neubürgerbund. Weil die Militärregierung einer Flüchtlingspartei die Lizenz verweigert hatte, suchte der Neubürgerbund Kontakte erst mit der SPD und dann der FDP, um schließlich bei der schon im Zerfall begriffenen WAV zu landen. Der Kitt für das Wahlbündnis, das sowohl in der WAV wie im Neubürgerbund erheblich umstritten blieb, bestand hauptsächlich in der strikten Opposi-

tion gegen die regierende CSU, die die Interessenvertretung der Flüchtlinge und die Loritz-Partei einigte. Der Wahlkampf wurde nach den inzwischen eher anachronistischen Rezepten der Jahre 1946 und 1947 geführt. Alfred Loritz ging in den bayerischen Städten auf Stimmenfang, der Neubürgerfunktionär Götzendorff beackerte die Dörfer. Die politischen Probleme der künftigen Bundesrepublik, das Grundgesetz, die Einheit der Nation, das Besatzungsstatut und das Verhältnis zu den Alliierten, die Frage Marktwirtschaft oder Planwirtschaft, das alles spielte bei der WAV keine Rolle. Loritz appellierte direkt und ausschließlich an die Ressentiments, Ängste und Verstimmungen der Wähler, attackierte vor allem die bayerische Regierung, enthüllte, griff an, beschuldigte – der Unterhaltungswert seiner Veranstaltungen war beträchtlich. In den Loritz-Versammlungen konnte man hören, daß eine Clique böswilliger und korrupter Politiker an allem schuld sei: zuerst am Nationalsozialismus und am Krieg und dann – jetzt mit Unterstützung der Alliierten – an der Rationierung der Lebensmittel, der Arbeitslosigkeit, der Wohnungsnot, der Entnazifizierung. Diese versprach Loritz ebenso zu beenden (faktisch war sie ohnehin im Sommer 1949 so gut wie abgeschlossen), wie er die Wohnungsnot abschaffen und die Steuern auf ein Minimum senken wollte.[42]

Fast so erfolgreich wie die Bayernpartei und dann ebenfalls mit 17 Mandaten im ersten Bundestag vertreten, kämpfte die Deutsche Partei in Niedersachsen, Bremen, Hamburg und Schleswig-Holstein um Stimmen. Im Gegensatz zu den süddeutschen Regionalparteien vertrat die konservative DP nicht nur Interessen, sondern auch ein Programm. Es war, bei aller Verwandtschaft zu den Vorstellungen des rechten Flügels der CDU, eigenständig und lag am äußersten rechten Ende des Spektrums der demokratischen Bewerber um Bundestagsmandate. Die Deutsche Partei wollte sich mit dem Verlust der deutschen Ostgebiete ebensowenig abfinden wie mit der Preisgabe des Namens »Deutsches Reich« für den Weststaat; sie beklagte, daß im Grundgesetz kein »Recht auf Heimat« in den Katalog der Grundrechte aufgenommen worden war, und sie mißbilligte den Grundgesetzartikel, der die Freiheit der Lehre an die Verfassungstreue der Lehrenden bindet, denn dieser »dehnbare Begriff kann in der Hand einer zur Unduldsamkeit neigenden Mehrheit ein Maulkorb-Paragraph für Hochschule und Schule werden«.[43]

Die Anerkennung des Elternrechts, die Sicherung des Föderalismus, der Beamtenrechte und der Eigenständigkeit der Kirchen im Grundgesetz erschien der DP noch unzulänglich, und der Bundespräsident sollte ihrer Meinung nach mächtiger sein. Aber noch leidenschaftlicher kämpfte die Deutsche Partei – ihre Spitzenkandidaten waren Heinrich Hellwege, Hans-Christoph Seebohm und Margot Kalinke – für das Eigentum und gegen jede Art von Sozialisierung oder das, was die welfischen Konservativen dafür hielten. Als Erzfeinde galten der DP die Sozialdemokraten, von denen »die Vergesellschaftung der Produktionsmittel durch Enteignung und der strenge Kommando- und Kontrollstaat mit einer ausgedehnten Bürokratie« drohe.[44] Auch liege den Sozialdemokraten daran, »den Grundbesitz zu zerschlagen, weil sie wissen, daß der heimat- und schollengebundene Bauer sich niemals zu den Ideen des Marxismus bekennen wird«.[45]

Der FDP konnten die Wahlkämpfer der DP solches nicht gut nachsagen, vor ihr warnten sie, weil sie »in allen Kulturfragen ... dem unnatürlichen Materialismus der SPD mehr oder minder offen Gefolgschaft leistet. Vom christlich-konservativen Standpunkt aus gesehen versucht auch die FDP abstrakte Theorien der Politik in die Tat umzusetzen, ohne den ganzen Menschen in Natur und Geschichte zu sehen.«[46] Angriffe auf die CDU vermied die DP so weit wie möglich; wenn die Christdemokraten aber, die in Niedersachsen etwas weniger Anhänger hatten als die DP, diese als hannoversche Heimatpartei oder als Splitterpartei bezeichneten und die Wähler gar aufforderten, statt der DP die CDU zu wählen, dann wurde man böse und schlug zurück: So war in den »Niedersächsischen Stimmen«, dem Wochenblatt der DP, zu lesen, wo die Partei stünde, wenn sie Adenauers Vorschlag zur Fusion mit der CDU befolgt hätte: »Nicht ›angehängt‹ an eine ›große‹ Partei, sondern angeklebt an einen Brei, der an allen Ecken und Enden anders aussieht, weil seine Köche ihn zum Sammelsurium von Kompromissen gemacht haben.«[47]

Die Deutsche Partei hatte, gerade in Niedersachsen, auch Konkurrenz auf der äußersten Rechten. Die Deutsche Konservative Partei/Deutsche Rechtspartei, zu der sich verschiedene Gruppierungen rechtsradikaler Observanz zusammengeschlossen hatten und die im nordwestdeutschen Raum über 400000 Stimmen (und fünf Bundestagsmandate) errang, hatte zum Teil gleiche Zielgruppen wie die DP, nämlich ganz allgemein den Mittelstand und speziell ehemalige Berufssoldaten, verdrängte und entlassene Beamte. Im Wettbewerb mit den Ultrarechten fielen im Wahlkampf von der DP erklärende Worte zur jüngsten Vergangenheit, die den Zusammenbruch des Dritten Reiches, das sich selbst verraten habe, recht einfach erklärten: »Indem sich eine minderwertige Oberschicht bildete, verriet man selbst die Grundsätze, die man einmal dem Volke angepriesen hatte.« Richtig aber sei, »daß die Gegenwart gerade die schlechtesten Eigenschaften des nationalsozialistischen Regimes übernommen hat. Die häßliche Parteibuch- und Bonzenwirtschaft feierte fröhliche Urständ.«[48] Das klang den Tiraden des Alfred Loritz in Bayern nicht unähnlich.

Im Rheinland war die Deutsche Zentrumspartei, die den Umarmungsversuchen der CDU zähen Widerstand entgegensetzte, eine ernste Kon-

kurrenz für die Christdemokraten, aber auch für die SPD. Zum ersten Mal in der deutschen Parteigeschichte stand seit Anfang Juli 1949 eine Frau an der Spitze einer Partei. Helene Wessel hatte als Nachfolgerin des tödlich verunglückten Fritz Stricker den Vorsitz des Zentrums übernommen. Die Partei hatte ihren Schwerpunkt in Nordrhein-Westfalen, wo sie 8,9 % der Stimmen und zehn Abgeordnetensitze gewann, sie kandidierte aber auch in Niedersachsen und Schleswig-Holstein. Von der CDU unterschied sich das Zentrum nicht nur durch die kompromißlosere Vertretung kirchlicher Anliegen (an erster Stelle des Elternrechts), sondern auch durch soziale Postulate, mit denen sie der SPD Wähler abspenstig machte. Zur »sozial gebundenen freien Wirtschaft« gehörte für das Zentrum »die straffe Lenkung der Produktion und die rücksichtslose Bekämpfung des Preiswuchers«. Im Wohnungsbau sei in den drei Jahren, in denen CDU und FDP im Frankfurter Wirtschaftsrat das Heft in der Hand gehabt hatten, »ebensowenig geschehen wie in der Fürsorge für die Heimatvertriebenen und Fliegergeschädigten«.[49] Das Zentrum forderte sogar »die Überleitung der Grundstoffindustrie in Gemeinbesitz«.[50]
Zu den obskuren Bewerbern um die Gunst der Wähler gehörte die Radikalsoziale Freiheitspartei (RSF), die ein Herr Sonnenschmidt in Düsseldorf gegründet hatte. Das bizarre Parteiprogramm versuchte, die Theorien des Geldreformers Silvio Gesell wiederzubeleben; mit Hilfe der Freigeld-Freiland-Freiwirtschaftslehre sollten Not, Elend und Chaos in Zukunft abgewendet werden. Für die RSF war der Staat ein »Scheusal«, die Menschen »zerfielen in zwei Klassen, nämlich in ehrlich Arbeitende und in Politiker, Abgeordnete und Minister, die überhaupt nichts täten«.[51] Vor allem die Zinsen sollten abgeschafft werden, der gesamte Bodenbesitz müsse in die öffentliche Hand kommen. Das Hauptanliegen der Partei war, wie Sonnenschmidt in Karlsruhe bei einer Kundgebung erklärte, die Einführung besteuerten Geldes, das jeweils den auf dem Markt befindlichen Warenmengen entsprechend in Umlauf gegeben werden solle.[52] Der RSF, die im Bergischen Land, im Harzvorland und in Schleswig-Holstein bei Gemeindewahlen einige Erfolge errungen hatte, gaben im August 1949 in Bremen, Niedersachsen, Nordrhein-Westfalen, Schleswig-Holstein und Württemberg-Baden mehr als 200000 Wähler ihre Stimme, in den Bundestag konnte sie aber nicht einziehen.
Die FDP, die im Frankfurter Wirtschaftsrat bedingungslos den neoliberalen Kurs Ludwig Erhards und der CDU unterstützt, im Parlamentarischen Rat dagegen in wichtigen Fragen – einheitliche Bundesfinanzverwaltung, Verteilung der Gesetzgebungskompetenzen zwischen Bund und Ländern, Bildungs- und Kulturpolitik, Problem Kirche und Staat – Seite an Seite mit der SPD gefochten hatte, bemühte sich im ersten Bundestagswahlkampf folgerichtig um diejenigen Wähler, die kulturpolitisch die

CDU/CSU ablehnten und wirtschaftspolitisch keine Sympathien für die Sozialdemokraten aufbrachten. Am 11. und 12. Juni 1949 hatten die Freien Demokraten in Bremen einen Parteitag abgehalten, der ein umfängliches Wahlprogramm, die »Bremer Plattform«, beschloß. Die Partei zeichnete sich durch programmatische Indifferenz, geringe Parteidisziplin, regionale Heterogenität und eine ideologische Bandbreite aus, die von Altliberalen bis zu konservativen Nationalisten reichte. Die Aussagen der Bremer Plattform waren dementsprechend Ausdruck innerparteilicher Kompromisse und, bei aller Liebe zum Detail, allgemein gehalten. Am Anfang stand ein Beschluß in Sachen »Ostzone«, in dem die Stunde herbeigesehnt wurde, »in der frei gewählte Vertreter aller Teile unseres Volkes unbeeinflußt durch fremden Zwang in gemeinsamer Beratung die Geschicke Deutschlands gemäß den Bonner Grundsätzen bestimmen können«. Das war auch die Ansicht der anderen Parteien, natürlich nicht der KPD, ebenso wie die Überzeugung, daß dem Wohnungsbau größte Bedeutung zukam. Die FDP befürwortete die Wählbarkeit von Beamten, verurteilte die Demontagen, verlangte die Rückführung der Kriegsgefangenen und verschleppten Zivilpersonen, forderte die Herabsetzung der Besatzungskosten und propagierte eine Steuerreform.
Auf den ersten Blick merkwürdig mutete die Auseinandersetzung mit der »Flaggenfrage« an, in der es hieß, die FDP erkenne die Flagge Schwarz-Rot-Gold als die Fahne des neuen Deutschland an, werde aber den schwarz-weiß-roten Farben »immer ein ehrfurchtsvolles Gedenken bewahren«. Auf Plakaten und sonstigen Werbemitteln bevorzugte die FDP im Wahlkampf sogar Schwarz-Weiß-Rot, und zwar nicht von ungefähr. Sie gedachte im »nationalen Lager«, dessen Wiedererstehen viereinhalb Jahre nach dem Zusammenbruch allenthalben beobachtet und von der Auslandspresse mit großem Unbehagen registriert wurde, Anhänger oder Wähler zu gewinnen. Das Werben um die alten Rechten ging so weit, daß der hessische Landesverband der FDP gerne die dortige Nationaldemokratische Partei (NDP), die Lizenzierungsprobleme hatte, aufs Trittbrett nahm und NDP-Kandidaten in einem Wahlbündnis mit Listenplätzen versorgte.
Folgerichtig forderte die FDP in der Bremer Plattform auch, die Entnazifizierung (»sie hat Millionen Menschen guten Willens dem neuen demokratischen Staat entfremdet ...«) durch einen Amnestieakt zu beenden und die »kriminell Schuldigen dem Strafrichter zu überweisen«. Daß die FDP gegen das Mehrheitswahlrecht Sturm lief, war selbstverständlich. Von den Liberalen erwartete man Wahlaussagen zum Elternrecht, und sie plädierten für die christliche Gemeinschaftsschule. Die »Bekenntnisschule«, das Lieblingskind der CDU/CSU und des Zentrums, »leiste der konfessionellen Zwietracht Vorschub und erschwere zudem das Zusam-

menleben zwischen Heimatvertriebenen und einheimischer Bevölkerung«. Aber auch die weltliche Schule wurde von der FDP abgelehnt, »weil sie die Jugend breiter städtischer Schichten der Gefahr aussetzt, ohne hinreichende Kenntnis der christlichen Glaubens- und Kulturwerte und damit hinreichendes Verständnis für die gesamte abendländische Überlieferung aufzuwachsen«.[53] Der harte Kern des FDP-Wahlprogramms, und daran war sie am besten zu identifizieren, bestand im Kampf gegen jedes Enteignungs- und Sozialisierungsbestreben und für die freie Marktwirtschaft. Im Schulterschluß mit Ludwig Erhard, mit dem die FDP auch gemeinsame Wahlkundgebungen durchführte, machten die Freidemokraten Front gegen alles, was nach Planwirtschaft und Wirtschaftslenkung roch. In einem FDP-Flugblatt vom Sommer 1949 war zu lesen: »Die staatliche Lenkung der Wirtschaft bedeutet in jeder Form Unordnung, Verschwendung, Armut, Korruption. Sie geht gerade auf Kosten des sozial Schwachen, des Arbeiters, des Vertriebenen, des Kriegsgeschädigten, des Verbrauchers überhaupt. Der Staat muß über der Wirtschaft, er darf nicht in der Wirtschaft stehen. Ihm kommt es zu, eine Rechts- und Wirtschaftsordnung zu schaffen, die den Mißbrauch der Marktfreiheit verhindert und dafür sorgt, daß niemand ohne Leistung für die anderen zu einem wirtschaftlichen Erfolg kommt. In dieser Form muß sich die Wirtschaft frei entfalten können, wenn sie im selbstverantwortlichen Zusammenwirken von Unternehmer und Arbeiter, Handwerker und Bauern das Höchstmaß an Erzeugung und an Leistung für unser Volk erbringen soll. Es ist eine törichte Entstellung unseres politischen und sozialen Wollens, uns als eine Besitzbürger- und Kapitalistenpartei zu beschimpfen. Der Unternehmer wird von uns nur bewertet und anerkannt nach seiner Leistung für die Gemeinschaft. Unser besonderer Schutz gilt den kleineren und mittleren Betrieben, diesen vorzüglichen Trägern der demokratischen Wirtschafts- und Gesellschaftsordnung, den Bauern, dem Handwerk, dem Gewerbe und den freien Berufen.«[54]

In einem anderen Wahlaufruf an »Werktätige! Arbeiter!«, in dem sich die FDP als »die Partei der Arbeit« empfahl, waren unter Hinweisen auf England (»Der Engländer lebt schlechter als wir, das ist der Erfolg der Sozialisierung«), auf Rußland und die Ostzone (»Dort herrscht das System der Zwangsverpflichtung, der Drohung, des Zwangs durch K. Z. und Genickschuß«) und Amerika (»Hier siehst Du die Kraft und die Möglichkeit der freien Wirtschaft. Sie allein kann die sozialen Nöte unserer Zeit verscheuchen«) die Nachteile von Sozialisierung, staatlicher Planung und Lenkung der Wirtschaft beschrieben: »Wird ein Betrieb sozialisiert, so wird er von irgendeiner Behörde in der Bundes- oder Landeshauptstadt dirigiert. Bis jetzt weißt Du, wer der Eigentümer oder der verantwortliche Leiter Deines Betriebes ist, Du hast eine persönliche Beziehung zu ihm, Du kannst Dich mit Deinen Wünschen und Beschwerden an ihn wenden. Wird der Betrieb sozialisiert, so stehst Du keinem Menschen, sondern einer bürokratischen Apparatur gegenüber. Du hast es nicht mehr mit einem Kaufmann oder einem Ingenieur zu tun; Dein Arbeitgeber ist der allmächtige Staat. Dein Betrieb ist nichts als ein kleines Rädchen in seiner riesenhaften Maschinerie. Glaubst Du, Du könntest Dich gegen einen allmächtigen Staat durchsetzen? Hast Du Dich schon einmal gegen eine Behörde, gegen ein Wohnungsamt, gegen ein Ernährungsamt durchsetzen können? Lenkt der Staat die Wirtschaft, dann herrscht er auch über die wirtschaftenden Menschen, und mit ihrer Freiheit ist es zu Ende. In der freien Marktwirtschaft hast Du die Möglichkeit, dort zu arbeiten, wo Du willst, wo Du am besten verdienst, und die Arbeit zu verrichten, die Dir liegt. Sozialisierung und staatliche Lenkung der Wirtschaft führen zu Zwang und Unfreiheit.«[55]

Mit 11,9 Prozent der Wählerstimmen und 52 Abgeordneten im ersten Bundestag gehörte die FDP neben den beiden regional starken Bewerbern DP und Bayernpartei zu den eigentlichen Gewinnern der Wahl. Der Rückgriff auf den Konfrontationskurs zur SPD im Frankfurter Wirtschaftsrat und die unbedingte Option für den »Bürgerblock« hatte sich ausgezahlt, die programmatischen und organisatorischen Schwächen der Partei waren in der Konstellation von 1949 noch kein Hindernis für den Erfolg der FDP gewesen.

Die stärksten Streitkräfte im Wahlkampf stellten CDU/CSU und SPD, und die meisten gaben den Sozialdemokraten die größeren Chancen. Die beiden Schlachtenlenker, der im 74. Lebensjahr stehende Konrad Adenauer und der knapp 54jährige, schwer invalide Kurt Schumacher, den man zum Rednerpodium halb stützen, halb tragen mußte, schienen untereinander und mit ihrer Gefolgschaft einig, daß der Wahlkampf als Orgie von Schmähungen gegen den Gegner geführt werden müsse. Schumacher redete und schrie mit säkularer Grobheit Argumente und Beleidigungen in seine Versammlungen hinein, in seinem »Amoklauf gegen alle Andersdenkenden« bleibe »dem fanatisierten Sozialistenführer kaum mehr Zeit zur Entwicklung konstruktiver und programmatischer Ideen«, schrieb der Korrespondent der Neuen Zürcher Zeitung[56] über einen Auftritt Schumachers in Hamburg. Adenauer war moderater im Ton, sehr bürgerlich und sehr staatsmännisch, und die derbe Form der Beleidigung vermied er allemal. Agierte Schumacher als Volkstribun, der Besatzungsmächte und politische Gegner pausenlos anklagte, so gab sich Adenauer als Familienoberhaupt, der eine Rede jovial-mahnend mit »Jetzt wollen wir mal sehr ernst miteinander sprechen« begann, um dann ein Bild dessen, was seine Partei bereits geleistet hatte und was in Zukunft zum Wohle aller geschehen müsse, zu entwerfen.[57] Vor Unterstellungen und abgefeimten Verdächtigungen des politischen Gegners hatte Adenauer nicht die geringste Scheu, sie gelangten ebenso schlicht wie beiläufig, besser präpariert, weniger plump und daher erheblich wirkungsvoller und überzeugender zur Anwendung als die zornigen Tiraden seines Gegenspielers.

Ein Beispiel für so eine gelungene Schuldzuweisung ist die Darstellung Adenauers, die er im Heidelberger Schloß am 21. Juli 1949 über die prekäre Situation beim Krach um das Grundgesetz mit den Alliierten im April 1949 gab: »Am 14. April – lassen Sie mich lieber noch einmal im Kalender nachsehen, damit ich kein falsches Datum sage –, ja am 14. April, am Gründonnerstag, ist den sozialdemokratischen Vertretern Schmid und Menzel von einem der höchsten englischen Vertreter in Deutschland mitgeteilt worden der Inhalt einer in Washington von den drei Botschaftern, dem Amerikaner, dem Engländer und dem Franzosen, verfaßten Botschaft über gewisse Möglichkeiten der Änderung im Grundgesetz. Keinem anderen, ich wiederhole, keinem anderen ist damals etwas mitgeteilt worden über den Inhalt dieser Botschaft (Hört, hört). Erst am 22. April ist mir als dem Präsidenten des Parlamentarischen Rates diese Note übergeben worden, und ich habe sie dann der Öffentlichkeit und den Parteien übergeben. Die Sozialdemokraten hatten schon den Inhalt mitgeteilt bekommen am 14. April, weil sie am 20. April eine Parteivorstandssitzung hatten, damit sie sich auf dieser Parteivorstandssitzung dieser Note entsprechend einstellen konnten, d. h. damit sie Forderungen aufstellen und dann am 22. April der deutschen und der Weltöffentlichkeit mitteilen konnten, seht, wir Sozialdemokraten haben das erreicht. Ein absolut abgekartetes Spiel, meine Damen und Herren! zwischen der britischen Regierung und den deutschen Sozialdemokraten (Hört-hört-Rufe und Pfui), um auf diese Weise den deutschen Sozialdemokraten den Nimbus zu geben, daß sie die nationale Partei par excellence seien.«

Das lakonisch angefügte »Also, das sind die Alliierten und ihre Helfershelfer!« war überzeugend, wie der starke und langanhaltende Beifall bewies. Die Sozialdemokraten hatten in den folgenden Wochen viel Mühe, diese Version der Geschichte zu dementieren, und die Mühe war weitgehend vergeblich, obwohl den Sozialdemokraten Unrecht geschehen war.[58] Die Angelegenheit sorgte noch einige Zeit für Schlagzeilen, der SPD-Vorstand sandte wütende Telegramme nach Rhöndorf, und Kurt Schumacher apostrophierte den CDU-Chef als »Lügenauer«.[59]

Auch beim telegraphischen Schlagabtausch (die Depeschen wurden an die Presse gegeben und dienten als zusätzliche Munition im Wahlkampf) hatte Adenauer die glücklichere Hand. Ollenhauer forderte am 27. Juli 1949 Adenauer auf, »jetzt den Namen der hochgestellten britischen Persönlichkeit« sowie die »angeblichen Beweismittel« sofort bekanntzugeben. Er fügte hinzu: »Sie machen vergeblich den Versuch, mit dem Trick der Anzweiflung des sozialdemokratischen Nein die unbestreitbaren Tatsachen zu verdecken, daß Sie und Ihre Partei zusammen mit Besatzungsmächten gegen die Notwendigkeit des deutschen Volkes gearbeitet haben.« Adenauer telegraphierte am nächsten Tag an den SPD-Vorstand zurück, er habe niemals mehr behauptet, als daß Schmid und Menzel von General Robertson und dessen politischem Berater Steel darüber informiert worden seien, »zu welchen äußersten Zugeständnissen im Grundgesetz die Alliierten nach Meinung der britischen Regierung unter Zugrundelegung der Washingtoner Besprechungen bereit seien«, und als Quelle konnte Adenauer jetzt sogar eine Erklärung des britischen Foreign Office vom 27. Juli 1949 angeben, die aufgrund der Aufregung in Westdeutschland herausgekommen war. Nach dieser Erklärung hatte der Chef des britischen Verbindungsstabs zum Parlamentarischen Rat, Chaput de Saintonge, dem persönlichen Referenten Adenauers, Herbert Blankenhorn, am 30. April – zur vertraulichen Information Adenauers und »zur Widerlegung von Gerüchten über ein Durchsickern des alliierten Memorandums« – Mitteilungen über das Treffen am 14. April gemacht.

In der vertraulichen Information für Adenauer sei gesagt worden, »daß die einzige Aussprache zwischen britischen Vertretern und der SPD nach den Washingtoner Beschlüssen am 14. April in Frankfurt zwischen dem britischen Militärgouverneur General Robertson, seinem politischen Berater Steel, Prof. Carlo Schmid und Dr. Menzel stattgefunden habe«, dabei »sei die Existenz eines Memorandums der Außenminister nicht erwähnt worden, geschweige denn der Inhalt des Memorandums. Der britische Sprecher habe indessen den Vertretern der SPD angedeutet, zu welcher Verfassung die Alliierten – nach britischer Ansicht – im äußersten Fall ihre Zustimmung erteilen könnten. Dieser Rat habe sich auf das gegründet, was den britischen Vertretern selbst über die Washingtoner Beschlüsse bekannt gewesen sei.«

Der Vorsitzende der SPD reagierte auf Adenauers diplomatische Antwort (mehr habe er niemals behauptet) mit äußerstem Zorn. Schumacher beschuldigte am 29. Juli seinen Widersacher telegrafisch, er versuche sich herauszuwinden und sich auf die ganz allgemeine Bemerkung in der britischen Darstellung über die westdeutsche Verfassung zu stützen, und dieser Bemerkung gebe Adenauer willkürlich einen den Tatsachen widersprechenden Inhalt in seinem Sinne: »Nur aus dem Willen zu verdächtigen behaupten Sie einfach drauflos, daß hier der Grund zum sozialdemokratischen ›Nein‹ liege, trotzdem Sie wissen, daß diese Unterhaltung im Einverständnis mit General Clay erfolgte, der Ihnen als schärfster Geg-

ner des betont nationalen sozialdemokratischen Standpunktes bekannt ist.« In diesem Stil ging es weiter, bis zum abschließenden Vorwurf Schumachers an Adenauer, er suche vergeblich durch hartnäckige Wiederholung seiner wahrheitswidrigen Behauptung die SPD auf eine Ebene herabzuziehen, »auf der Sie und Ihre Freunde zusammen mit den Alliierten für einen neuen Rheinbund und gegen Deutschland konspiriert haben«[60].
Wenn Adenauer die SPD mit Wahlkampftricks als Gefolgschaft der im Sommer 1949 besonders wenig beliebten britischen Besatzungsmacht etikettiert hatte, so versäumte es Schumacher nie, die CDU/CSU als Hörige der Franzosen abzustempeln, sie des »klerikalen Partikularismus im Interesse Frankreichs«[61] zu zeihen und ihr – auf seiner Rede in Koblenz am 23. Juli – zu empfehlen, sie »möge doch einmal ihren französischen Freunden so gegenübertreten, wie es die SPD gegen die britische Besatzungsmacht oft genug getan habe, da sie die Rechte des deutschen Volkes gegenüber allen, also auch den britischen, Ansprüchen verteidige«.[62]
Vier Wochen vorher, als Schumacher in Gelsenkirchen den Wahlkampf der SPD eröffnet hatte, erklärte er: »Wir sind für die deutsch-französische Verständigung, aber wir sind nicht dafür, uns von der unheilvollen Allianz eines französischen Generals und eines römischen Kardinals beherrschen zu lassen. Gekuscht wird nicht!«[63]
Die Angriffe Schumachers auf die Alliierten übertrafen die der anderen Parteien an Heftigkeit beträchtlich – kräftige Reden gegen die Besatzungsmächte gehörten bei allen zum Repertoire –, in Gelsenkirchen hatte der SPD-Vorsitzende aber noch ein übriges getan und von der Kirche als fünfter Besatzungsmacht gesprochen. Auch wenn er in den folgenden Wochen immer wieder erklären mußte, wie er es gemeint hatte und daß der vollständige Satz gelautet habe: »Wir wollen den Frieden und die Zusammenarbeit mit allen kirchlichen Institutionen. Aber wir denken gar nicht daran, das deutsche Volk einer fünften Besatzungsmacht zu unterwerfen«,[64] das Wort war gefallen und wurde den Sozialdemokraten immer wieder vorgehalten.
Der subtile Wahlkämpfer Adenauer bemühte solche grobschlächtigen Zitate aber gar nicht, als er die SPD als Feind des Christentums entlarvte. In seiner Heidelberger Rede, die nicht zuletzt deshalb so starke Aufmerksamkeit fand, weil die britische Nachrichtenagentur Reuter am Vortag seinen Tod gemeldet hatte, was ihn offensichtlich amüsierte, griff er zu einem anderen, viel eindrucksvolleren Beispiel, das schwarz auf weiß vorlag und vorgelesen werden konnte. Daß es sich um ein zweieinhalb Jahre altes Parteiblättchen der SPD für den Bezirk Ostwestfalen-Lippe handelte, steigerte die Wirkung eher, als daß es sie abschwächte, geschickt ausgewählt war es, und repräsentativ für die ganze Sozialdemokratie wurde es durch die Verlesung ohnehin. Adenauer zitierte: »Man wird

auch den jüngeren und vor allem den älteren zur Partei stoßenden Genossen Zeit lassen müssen, um sich von ihren bürgerlichen Anschauungen zu trennen. Wenn aber alte, in der Parteibewegung ergraute Genossen noch Mitglieder einer Kirche sind, so zeigt das, wie wenig sich diese mit dem eigentlichen Wesen der Partei befaßt haben. Nun mag das noch hingehen, wenn es sich um einfache Genossen handelt, viel schlimmer aber ist es, wenn führende Genossen und Parteiredner sich in öffentlichen Versammlungen vom Rednerpult aus zur Kirche bekennen. Diese Herren hätten dann doch lieber Pfarrer werden sollen; dann würden sie für ihre christlichen Ergüsse ein geeigneteres Publikum vorfinden. Für einen wirklichen Sozialdemokraten wirken solche Redensarten ekelerregend. Die Kirche ist und bleibt der stärkste Feind der Partei.«[65]

Kurt Schumacher machte es der CDU leicht, den Wählern zu beweisen, daß sie als Hüterin des Christentums und christlicher Institutionen, der Ehe, der Familie, der religiösen Erziehung das Bollwerk gegen die heidnischen Brüder Sozialismus und Kommunismus angetreten sei. Die Erbitterung darüber, daß die CDU sich der massiven Unterstützung durch die katholische Kirche erfreute – daran änderte der viel beredete Austritt des Kölner Kardinals Frings aus der CDU nichts –, steigerte Schumachers Ausfälle gegen die Kirche nur noch. Tatsächlich wurde der Wahlkampf im katholischen Rheinland und Ruhrgebiet entschieden und von der SPD verloren.[66]

Nach der Rede Schumachers in Koblenz schrieb Paul Wilhelm Wenger im Rheinischen Merkur, den der SPD-Chef ausgerechnet in Koblenz als »Landesspucknapf des Landes Rheinland-Pfalz« bezeichnet hatte, Schumacher könne »als Fazit seiner rheinischen Premiere die Feststellung nach Hannover mitnehmen, daß er die beste Propaganda gegen sich selbst gemacht hat. Die CDU tut der SPD bitter Unrecht, wenn sie die Reisekosten dieses ihres besten Wahlredners nicht auf ihre eigene Kasse übernimmt.«[67]

Anfang August, als viel Terrain bereits verloren war, startete die SPD eine Kampagne an die Adresse katholischer Wähler, denen in einem Aufruf, unterzeichnet hatten ihn »64 namhafte katholische Sozialdemokraten«, etwas ungelenk versichert wurde, die CDU schade der Kirche, »indem sie ein furchtbares Ärgernis gibt, das auf diese zurückfällt«. Zum Beweis, daß die CDU durch die Wiederherstellung der kapitalistischen Ordnung, gar noch in Bündnis mit der FDP, »der Partei des weltanschaulichen Liberalismus«, sich versündige, wurden u. a. Zitate aus dem Osservatore Romano angeführt, wie »Der Kapitalismus ist eine Sünde wider die Natur ... ein soziales Übel gleich der Krebskrankheit«. Die Zitate stammten aus dem Jahr 1932.[68] Das war aber keineswegs der ärgste Schönheitsfehler. Nicht alle der »namhaften katholischen Sozialdemo-

kraten« waren nämlich rechtzeitig davon verständigt worden, daß sie den Aufruf unterschrieben hatten. Die CDU veröffentlichte mit der Bemerkung, das sei »tatsächlich das übelste Bubenstück dieses Wahlkampfes«, den Protest eines Mannes, dessen Name ohne sein Wissen auf das Pamphlet geraten war, und versicherte, das sei kein Einzelfall.[69]
Der sozialdemokratische Spitzenpolitiker war ein Meister des rhetorischen Kahlschlags. Ebenfalls in Koblenz hatte er am 23. Juli 1949 erklärt: »Ich habe nie an die Existenz des Herrn Adenauer geglaubt. Ich habe gedacht, das sei nur ein propagandistisches Vorurteil des von den Alliierten kontrollierten Rundfunks ... Ich habe den Mann nach sorgfältiger Beobachtung noch niemals als Persönlichkeit begriffen, sondern immer nur als Symptom einer Klasse, die politisch bankrott ist und darum mit allen Methoden der Verlogenheit arbeitet.«[70] Das war zweifellos die Reaktion auf Adenauers Ausführungen über das Verhältnis der SPD zur sowjetischen Besatzungszone. Den Sozialdemokraten war die Zwangsvereinigung von SPD und KPD in der sowjetischen Besatzungszone im Frühjahr 1946 ein Trauma. Unzählige SPD-Genossen hatten dagegen Widerstand geleistet und waren dafür verfolgt worden, in Sachen Antikommunismus ließen sich seither und schon länger Schumacher und seine Partei von keinem so leicht übertreffen. Und Schumacher war zweifellos der deutsche Politiker, für den die Wiedervereinigung am stärksten Gegenstand leidenschaftlicher Sehnsucht war.
Adenauers Unterstellung von der »historischen Schuld der Sozialdemokratie in der Ostzone und in Berlin«, weil sie »den einheitlichen Widerstand der deutschen Parteien in der russischen Besatzungszone gegen den Kommunismus und gegen die Russen zerbrochen hat«,[71] schmerzte daher besonders, ja, sie wurde als nfamie empfunden, weil umgekehrt die SPD mit tiefer Überzeugung in ihrem Wahlaufruf erklärt hatte, ohne Hilfe anderer Parteien habe sie die Vereinigung mit den russisch dirigierten Kommunisten erfolgreich verweigert; die Sozialdemokratie »trug die Bürden des Kampfes um Berlin und trägt auch heute noch unter unerhörten Opfern die Lasten des Widerstandes in der Ostzone«.[72]
Adenauer hatte die Sozialdemokraten in Heidelberg also aufs äußerste gereizt, als er unter beifälligem »hört, hört« auseinandersetzte, daß fünf SED-Ministerpräsidenten in der Ostzone frühere Sozialdemokraten seien, und wenig später andeutete, die Sozialdemokratie stehe noch auf dem Boden des Marxismus, um seine Rede dann mit den Worten zu beschließen: »Wird Deutschland christlich oder wird es sozialistisch regiert werden? Wenn es sozialistisch regiert werden wird, dann seien wir uns klar darüber, daß der Sozialismus keinen Damm gegen den Kommunismus bildet.« Der Berliner Beauftragte des Parteivorstands, Willy Brandt, schlug im Sozialdemokratischen Pressedienst zurück und schrieb, Ade-

nauer »möchte der Sozialdemokratie den Renegaten Grotewohl in die Schuhe schieben, der beim Parteivorstand in Hannover gar nicht erst die Treppe heraufkommen würde, während man bei der CDU mit Sendboten des Ostens Kaffeekränzchen veranstaltet, als ob nichts passiert wäre«.[73]

Der weitaus größte Teil der Wähler finde sich in diesen Intrigen nicht zurecht, schrieb der Korrespondent der Neuen Zürcher Zeitung, und bleibe ihnen gegenüber völlig gleichgültig. Das weitgehende Mißtrauen, »das der Mann auf der Straße heute allem entgegenbringt, was mit Politik zu tun hat, wird nicht dadurch gemildert, daß sich die Wahlredner darauf konzentrieren, ihre Gegner als notorische Lügner und Schurken hinzustellen«.[74] Beklagt wurden auch die rauhen Formen und Exzesse des Wahlkampfs: Saalschlacht bei einer Adenauer-Rede in Nürnberg, Max Reimann in Braunschweig niedergeschrien, Johlen und Pfeifen bei einer Erhard-Kundgebung auf dem Frankfurter Römerberg, in Niederbayern gar ein Toter, ein Kommunist, der nach einer Wahlversammlung im politischen Streit erstochen wurde.[75] Andere ausländische Blätter waren weniger über die Tumulte und das Geschrei, dafür mehr über die nationalistischen Töne, die sich allenthalben lautstark vernehmen ließen, besorgt. Die Londoner »Times« etwa warnte davor, den »schlafenden Tiger« des deutschen Nationalismus in die Rippen zu stoßen, er würde nach Futter heulen, wenn er erwacht sei, das würden die deutschen Parteiführer ihm nicht geben können, auch nicht geben wollen.[76]

Aber ebenso wie die Kulturkampfatmosphäre beim Streit um Kirche und Staat, Christentum, Elternrecht und Schule, das Wettern gegen Militärregierungen und Demontagen, die Erfolgsbilanzen der CDU/CSU aus dem Frankfurter Wirtschaftsrat und die der SPD aus dem Bonner Parlamentarischen Rat war auch das Kampfgetöse um die nationale Unzuverlässigkeit, derer sich die beiden großen Kontrahenten wechselweise ziehen, nur Hintergrundmusik und Nebenkriegsschauplatz. Der Hauptkampf ging um die Wirtschaftspolitik. In den Düsseldorfer Leitsätzen,[77] die am 15. Juli 1949 in einer großen Pressekonferenz der Öffentlichkeit vorgestellt wurden, hatte die CDU das Programm der »Sozialen Marktwirtschaft« verkündet, das der damals noch parteilose Ludwig Erhard als Wirtschaftsdirektor der Bizone seit Juni 1948 praktizierte. (Ironischerweise zeichnete für das Frankfurter Konzept der neoliberalen Wirtschaftsordnung, die grundsätzlich »auf Planung und Lenkung von Produktion, Arbeitskraft und Absatz« verzichtete, ein Sozialdemokrat mitverantwortlich, nämlich Erhards Mitarbeiter Leonhard Miksch, der die ersten »Grundsätze der Wirtschaftspolitik für die der Währungsreform folgende Übergangsperiode« entworfen hatte und der mit Erhard zusammen den Entwurf des berühmten Leitsätzegesetzes verfaßt hatte.)[78] Die Düsseldorfer Leitsätze als Programm bedeuteten eine Kurskorrektur innerhalb der CDU,[79] das legendäre »Ahlener Programm« des Jahres 1947 hatte ausgedient, die Vertreter des christlichen Sozialismus in der Union agierten nur noch in Nebenrollen.

Vorgestellt wurden die Düsseldorfer Leitsätze freilich als Teil eines organischen Programms und einer harmonischen Entwicklung: »Der Grundstein hierfür wurde bereits 1947 im ›Ahlener Programm‹ mit seinen vorwiegend eigentumsrechtlichen und gesellschaftspolitischen Forderungen gelegt. Durch die jetzt der Öffentlichkeit übergebenen wirtschaftlichen Leitsätze ist es nicht etwa als überholt oder gar als außer Kraft gesetzt anzusehen. Die ›Düsseldorfer Leitsätze‹ stellen vielmehr eine systematische und organische Weiterentwicklung des Ahlener Programms nach der marktwirtschaftlichen und sozialpolitischen Seite hin dar. Sie stellen die unmißverständliche Definition jener wirtschaftspolitischen Maßnahmen dar, die infolge ihrer Neuartigkeit für viele bisher nur eine vage Vorstellung waren und denen Blut und Leben fehlte, wiewohl sie ihre Bewährungsprobe in der Praxis bereits abgelegt hatten.«[80]

Mit vertraueneinflößender Gemütlichkeit propagierte Ludwig Erhard in den folgenden Wochen in Stadt und Land sein Wirtschaftsprogramm unbeirrt von den Angriffen der Sozialdemokraten, die das bittere Ende prophezeiten und hartnäckig auf die steigende Arbeitslosigkeit verwiesen, die Erhard wiederum als Übergangserscheinung, als Symptom einer Reinigungskrise erklärte. Trotz steigender Preise und wachsender Arbeitslosenzahlen waren Erhards Rezepte, da er auch sichtbare Erfolge herzeigen konnte, besser vermittelbar als die Schlagworte des sozialdemokratischen Wahlprogramms, in dem allzuviel nach Klassenkampf roch. Die Frankfurter Wirtschaftsverwaltung, hieß es im SPD-Wahlaufruf, habe »die Bedrohung durch Krisen nicht ausgeschaltet«. Sie habe »nur als Instrument des Klassenkampfes von oben funktioniert«, sie habe »die Armen ärmer und die Reichen reicher gemacht«.[81] In Schumachers Diktion klang das noch schrecklicher: In Frankfurt hätten sich die Nutznießer des Dritten Reiches unter dem Schutz der Besatzungsmächte als diktatorische Oberschicht etabliert, Deutschland sei die Zitrone, die von ihnen ausgepreßt werde.[82]

Was die SPD als Wirtschaftsprogramm dagegen setzte, war für den Mann auf der Straße nicht sehr attraktiv, auch wenn es meilenweit von der gefürchteten Zwangswirtschaft entfernt war: »Auch die reichen Länder können es sich nicht leisten, auf Planung in der Kapitalversorgung, der Produktion und der Ein- und Ausfuhr zu verzichten. Weil sich die wirtschaftlichen Beherrscher Deutschlands diesen Luxus leisten wollen, den sie hinter dem sinnlosen Wort von der sozialen Marktwirtschaft verstekken, fehlen die Kapitalien, herrscht die Not gegenüber einem Überfluß der Oberschicht, den sogar die meisten Siegerländer nicht kennen. Planung ist notwendig. Sie ist das Gegenteil der Zwangswirtschaft des Dritten Reiches. Beides gleichsetzen heißt das Volk bewußt betrügen. Kredite und Rohstoffe müssen der Dringlichkeit nach an die Industrie gegeben werden, von denen die anderen abhängen und an die Produktionszweige, die den lebensnotwendigen Bedarf decken ... Sozialisierung der großen Industrien, Kredit- und Geldinstitute und des Versicherungswesens bedeutet Eigentum des deutschen Volkes an diesen Mitteln der Wirtschaft und ihre Demokratisierung. Sozialisierung ist nicht Antasten des privaten persönlichen Eigentums oder des mittleren und kleineren Eigentums an Produktionsmitteln.«[83]

Das klang akademisch genug, aber in der Vergröberung in den Arenen des Wahlkampfs wurde das Programm nicht besser. Im Gegenteil. Erik Nölting, der sozialdemokratische Wirtschaftsminister in Nordrhein-Westfalen und Gegenspieler Ludwig Erhards, wie dieser Professor der Nationalökonomie, hatte in Gelsenkirchen auf dem Bezirksparteitag seiner Partei im Juni 1949 ahnungsvoll prophezeit: »Man will uns, das ist die offensichtliche Absicht der CDU, die Zwangswirtschaft aufhalsen, und wir sollen mit dieser Kette am Bein durch den Wahlkampf stolpern. Erhard aber möchte als strahlender Gralsritter erscheinen, der uns von dem Tändelkram der Bezugsscheine erlöst hat.« Die Zwangswirtschaft sei verwerflich, führte Nölting dann aus, weil sie unvereinbar mit der Demokratie sei, den Volkskörper vergifte, weil sie zur Denunziation und Korruption einlade, und schließlich sei Zwangswirtschaft ein Vorwand für Lässigkeit und Schlendrian, weil sie den Wettbewerb fernhalte. Genauso entschieden, wie die Zwangswirtschaft abzulehnen sei, müsse aber an planmäßiger Wirtschaftslenkung festgehalten werden, sie sei im allgemeinen Interesse notwendig und kein zeitbedingtes Übel.[84]

Es kam, wie Nölting gefürchtet hatte. Und ganz abgesehen von den grobschlächtigen Simplifizierungen des sozialdemokratischen Konzepts, die es im Wahlkampf erfuhr, war es theoretische Verheißung, der die CDU mindestens Anfangserfolge ihres gegenteiligen Programms in der Praxis, vor allem aber die Personifizierung ihrer Wirtschaftspolitik entgegensetzen konnte. Ludwig Erhard war an sich als Wahllokomotive, in welcher Rolle er sich noch mehrfach bewähren konnte, ein Glücksfall, und für Publizität und Popularität sorgte die CDU/CSU nach Kräften. Die Arbeitsgemeinschaft der CDU/CSU Deutschlands, jener Dachverband der christdemokratischen Landesorganisationen, der den Wahlkampf steuerte – das geschah sicher bei weitem nicht so routiniert und perfektionistisch, wie die SPD-Parteizentrale in Hannover den Einsatz der Werbemittel und Redner dirigierte –, gab in seinem Informations- und Rednerdienst den CDU-Wahlkämpfern ein Erhard-Porträt in die Hand, das, reichlich unbeholfen und provinziell gefertigt, genau den richtigen Ton traf: »Erhard ist ein Tatmensch, wie unser Volk und unsere Zeit sie braucht. Zum Tatmenschen gehört ein gesunder Optimismus. Er verfügt über eine unheimliche Arbeitskraft. Dabei ist er rein menschlich stets von gleichbleibender Liebenswürdigkeit und Humor. Mit Gelassenheit läßt er die Angriffe der Gegner von sich abprallen.«[85] Erhard erinnerte sich zwei Jahrzehnte später noch gerne daran, daß er »die Trümpfe in der Hand«, aber vor allem auch die »öffentliche Meinung mehr und mehr« hinter sich hatte. »In jenem ersten Wahlkampf waren *Soziale Marktwirtschaft* und *CDU* zu einer Identität geworden.«[86]

Kurios daran, aber das wußten nur ganz wenige, war freilich die Tatsache, daß Ludwig Erhard zwar bei der CDU kandidierte, aber ohne Mitglied zu sein. Erhard hatte im Juli 1949 in Briefen bei der FDP-Prominenz – Blücher, Dehler und Heuss – um Verständnis dafür gebeten, daß er bei den Christdemokraten antrat. An Franz Blücher schrieb er: »Ich habe in diesem Jahr die Erfahrung gemacht, daß es wohl nur meinem Einsatz zu verdanken war, wenn die CDU auf der liberalen Linie der sozialen Marktwirtschaft verharrte, und ich bin auch für die Zukunft überzeugt, daß nur der starke Einfluß einer starken Persönlichkeit dieser Partei das notwendige Rückgrat verleihen kann. Vor die staatspolitische Entscheidung gestellt, ob einer starken demokratisch-liberalen Partei oder der Durchsetzung einer liberalen Politik auf parlamentarischer Grundlage der Vorzug zu geben ist, habe ich mich nach wirklich nicht leichten inneren Kämpfen aus einer höheren Verantwortung zu diesem letzteren Weg entschieden und danach meine Entscheidung getroffen. Ich würde es bedauern, wenn irgendein maßgebender Mann der FDP diese Haltung nicht anerkennen oder mir vielleicht sogar andere Motive unterschieben würde. Für heute drängt es mich, Ihnen mitzuteilen, daß ich in dem bevorstehenden Wahlkampf alle Energien darauf verwenden werde, um die linke Front der CDU gegen die SPD zu stärken, und nur gegen diese operiere.«[87]

So hatte er auch gegenüber Theodor Heuss argumentiert. Die beiden hatten vereinbart, im Wahlkampf jeweils einige freundliche Worte über den anderen zu sagen, um durchblicken zu lassen, daß zwischen Erhard und der FDP geistige Übereinstimmung herrsche. Die »Front der CDU gegen die Sozialisierung zu stärken«, war für Erhard das erklärte Ziel, als er Heuss versicherte: »Ich glaube, je deutlicher wir beide diesen Willen zum Ausdruck bringen und dabei gleichzeitig unsere Verbundenheit in wirtschaftspolitischen Zielsetzungen betonen, desto klarer werden die Fronten sein und desto weniger werden sich die beiden Parteien berühren. Ich habe auch den anderen Herren der CDU diesen meinen Willen in unmißverständlicher Weise zum Ausdruck gebracht und die Zusicherung erhalten, daß sich alle Redner der Einhaltung dieser Linie befleißigen. Es ist auch klargestellt, daß der Wahlkampf seitens der CDU nicht unter dem Motto ›Erhardsche Wirtschaftspolitik‹, sondern ›Frankfurter Wirtschaftspolitik‹ geführt wird.«[88]

Diese Vereinbarung wurde auf seiten der CDU aber nicht sehr ernst genommen. Ende Juli rechtfertigte sich Erhard noch einmal bei Blücher wegen einer mißverständlichen Berichterstattung, nach der er erklärt habe, daß die CDU allein die Verantwortung für die Frankfurter Wirtschaftspolitik trage. »Das ist selbstverständlich völlig unrichtig«, schrieb Erhard: »Ich erkläre vielmehr, daß ich mich *vor* die CDU gestellt habe, weil sie mich als die größte Partei des Wirtschaftsrates in der Verfolgung meiner Wirtschaftspolitik unterstützt hat. In der Zwischenzeit habe ich, wie Sie wahrscheinlich auch während Ihrer Wahlreisen gehört haben, meine Taktik überhaupt dahin geändert, daß ich ausdrücklich betone, kein Parteiredner sein zu wollen, sondern als Vertreter der Frankfurter marktwirtschaftlichen Politik spreche. Ich bringe meine Kandidatur für die CDU nicht mehr zur Erwähnung und spreche grundsätzlich nur gegen die Front der SPD. So wurde mir in Bremen und Oldenburg nach den Versammlungen von demokratischer Seite für diese vornehm-neutrale Haltung sogar besonders Dank gesagt.«[89]

Die vornehm-neutrale Haltung behielt Erhard übrigens noch lange bei: Erst 1963 wurde er, in aller Stille, Mitglied der CDU. Im Parteiausweis wurde allerdings der 1. März 1949 als Eintrittsdatum vermerkt. Einer höheren Wahrheit entsprach diese Datierung natürlich. Trotzdem versuchte im Februar 1966 Adenauer die Frage der kurzen Parteimitgliedschaft Erhards als Hebel in der Auseinandersetzung um den CDU-Vorsitz gegen seinen ungeliebten Nachfolger zu benützen. In seiner Antwort machte Erhard Adenauer aber darauf aufmerksam, daß er vom Sachverhalt seit Jahren Kenntnis gehabt habe, überdies werde niemand an seinem Einsatz für die CDU zweifeln und bestreiten können, daß seine Politik wesentlich zu den Siegen der CDU beigetragen habe. Angesichts dieser Sachlage habe er dem Besitz des Parteibuches keine Beachtung geschenkt, bis ein Journalist die Sache ausgegraben habe. Er habe dann, auf ausdrückliche Empfehlung Adenauers, den formellen Parteibeitritt vollzogen, obwohl er selbst dies angesichts der Vorgeschichte eigentlich für überflüssig gehalten habe. Ihn habe ohnehin jedermann mit der CDU identifiziert. Es erscheine ihm grotesk, diese Frage jetzt, 1966, mit der Wahl des Parteivorsitzenden in Verbindung zu bringen.[90]

Am 14. August 1949 endete die Schlacht um Stimmen. Die Nacht nach dem Wahlsonntag war lang und spannend. Vor den Rundfunkempfängern verfolgten Wähler und Kandidaten mit Stift und Block die allmählich bekanntwerdenden Teilergebnisse, die noch von Hand addiert und über Fernschreiber oder durch Boten den Landeswahlleitern übermittelt wurden. Es dauerte bis zum Vormittag des 15. August, bis das Büro der Ministerpräsidenten in Wiesbaden das Endergebnis feststellen konnte. Mehr als 31 Millionen Bürger (78,5 % der Wahlberechtigten) waren zu den Urnen gegangen. CDU und CSU hatten einen Vorsprung von 424 109 Wählerstimmen (31,0 %) vor den Sozialdemokraten (29,2 %). 139 Christdemokraten konnten sich zum Einzug in den Bundestag vorbereiten. Die SPD brachte es auf 131 Mandate. Am 7. September trat das Parlament der Bundesrepublik zum ersten Mal zusammen, eine Woche später wählte es den gewesenen Präsidenten des Parlamentarischen Rats und Sieger der Wahlschlacht zum Bundeskanzler. Die Ära Adenauer begann.

Abkürzungen

AVBRD	Akten zur Vorgeschichte der Bundesrepublik Deutschland
BA	Bundesarchiv
BICO	Bipartite Control Office
BP	Bayernpartei
DENA	Deutsche Allgemeine Nachrichtenagentur
DP	Deutsche Partei
DPD	Deutscher Presse Dienst
DVP	Deutsche Volkspartei (FDP)
DVP	Deutsche Volkspartei (vor 1933)
EAC	European Advisory Commission
ERP	European Recovery Program (Marshallplan)
FRUS	Foreign Relations of the United States
GARIOA	Government Aid and Relief in Occupied Areas
HICOG	High Commission(er) for Germany
IfZ	Institut für Zeitgeschichte
JCS	Joint Chiefs of Staff
JEIA	Joint Export – Import Agency
LDP	Liberal-Demokratische Partei (FDP)
OEEC	Organization for European Economic Cooperation
OMGUS	Office of Military Government for Germany, U. S.
SJZ	Süddeutsche Juristenzeitung
SOPADE	Sozialdemokratische Partei Deutschlands (Parteipublikation)
VfZ	Vierteljahrshefte für Zeitgeschichte
VWG	Vereinigtes Wirtschaftsgebiet
WAV	Wirtschaftliche Aufbau-Vereinigung
Z	Zentrumspartei

Anmerkungen

I. Die Anfänge der Besatzungsherrschaft

1 Bundesarchiv Koblenz, Nachlaß Moldenhauer, Tagebuch S. 29f.
2 Landesbischof Wurm an die französische Militärregierung für Württemberg, 18.5.1945, zit. mit frdl. Genehmigung des Landeskirchlichen Archivs Stuttgart nach der Materialsammlung meines Kollegen Klaus-Dietmar Henke, dem ich für den Hinweis und die Einholung der Benutzungserlaubnis herzlich danke.
3 Bericht Evangel. Dekanat Maulbronn an Ev. Oberkirchenrat, 28.5.1945, Fundort wie Anm. 2.
4 Eingabe Prälat Hartenstein u. Dekan Spohn an französische Militärregierung Stuttgart vom 3.6.1945, Fundort wie Anm. 2.
5 Ebenda.
6 Amtliche Verlautbarung über die Konferenz von Potsdam vom 17. Juli bis 2. August 1945, in: Ernst Deuerlein, Die Einheit Deutschlands. Ihre Erörterung und Behandlung auf den Kriegs- und Nachkriegskonferenzen 1941 bis 1949, Frankfurt 1957, S. 249.
7 Rolf Lahr, Zeuge von Fall und Aufstieg. Private Briefe 1934–1974, Hamburg 1981, S. 104.
8 Wortlaut des Berichts bei Hermann Graml, Zur Frage der Demokratiebereitschaft des deutschen Bürgertums nach dem Ende der NS-Herrschaft. Hermann Maus Bericht über eine Reise nach München im März 1946, in: Miscellanea. Festschrift für Helmut Krausnick zum 75. Geburtstag, Stuttgart 1980, S. 162f.
9 Winston S. Churchill, Reden 1943. Vorwärts zum Sieg, Zürich 1948, S. 221 (Reden Band 4).
10 Hermann Graml, Die Alliierten und die Teilung Deutschlands. Konflikte und Entscheidungen 1941–1948, Frankfurt 1985.
11 Berliner Deklaration, u. a. in: Ursachen und Folgen, Bd. 23, S. 308f.; vgl. Rolf Steininger, Deutsche Geschichte 1945–1961. Darstellung und Dokumente, Frankfurt 1983, Band 1, S. 72.
12 Milovan Djilas, Gespräche mit Stalin, Frankfurt 1962, S. 146.
13 Wortlaut des »Potsdamer Abkommens« (amtlich: Mitteilung über die Dreimächte-Konferenz von Berlin) vom 2. August 1945 u. a. bei Ernst Deuerlein (Hrsg.), Potsdam 1945. Quellen zur Konferenz der »Großen Drei«, München 1963, S. 350–370 (hier S. 352f.); vgl. Ernst Deuerlein, Die Einheit Deutschlands, Frankfurt, Berlin 1957 und Wolfgang Maienfeld, Konferenzen über Deutschland, Hannover 1962; Charles L. Mee jun., Die Teilung der Beute. Die Potsdamer Konferenz 1945, Wien, München 1977.
14 Deuerlein, Potsdam 1945, S. 356.
15 Ebenda, S. 354.
16 Ebenda, S. 356.

17 Ebenda, S. 357.
18 Ebenda.
19 Ebenda, S. 360.
20 Der Wortlaut des »Level-of-Industry-Plan« ist u. a. abgedruckt in: Europa-Archiv, Dokumente I. Oberursel 1947, S. 65ff. S. auch Nicholas Balabkins, Germany under direct controls. Economic aspects of industrial disarmament 1945–1948, New Brunswick, N. J. 1964 und das für den Zonenbeirat der britischen Besatzungszone im Mai 1947 vom Institut für Weltwirtschaft in Kiel, dem Rhein.-Westf. Institut für praktische Wirtschaftsforschung Essen, der Sozialforschungsstelle Dortmund und der Forschungsstelle für allgemeine und textile Marktwirtschaft Münster gemeinsam erstellte Gutachten: Deutsche Wirtschaft und Industrieplan, Essen 1947.
21 Deuerlein, Potsdam 1945, S. 364.
22 Ebenda, S. 361f.
23 Winston S. Churchill, Reden 1945. Endsieg, Zürich 1950, S. 362 (Reden Band 6).
24 Ebenda, S. 365.
25 Ebenda.

II. Die Bizone 1946–1949: Vorform des Weststaats

1 Clay, Entscheidung, S. 190.
2 Gimbel, Amerikanische Besatzungspolitik, S. 104.
3 Clay, Entscheidung, S. 91.
4 Ebenda, S. 91f.
5 Ebenda, S. 95.
6 Vgl. Byrnes, In aller Offenheit, S. 263.
7 John Gimbel, Byrnes' Stuttgarter Rede, in: VfZ 20 (1972), S. 39ff.
8 Hans-Dieter Kreikamp, Die amerikanische Deutschlandpolitik im Herbst 1946 und die Byrnes-Rede in Stuttgart, in: VfZ 29 (1981), S. 269–285.
9 Günter Plum, Einleitung zu: Akten zur Vorgeschichte der Bundesrepublik Deutschland (künftig: AVBRD), Bd. 3, S. 4.
10 Yergin, Der zerbrochene Frieden, S. 218f.
11 Reparationen, Sozialprodukt, Lebensstandard. Versuch einer Wirtschaftsbilanz, Bremen 1948, Heft 1, S. 76; Walter Vogel, Christoph Weisz, Einleitung zu AVBRD, Bd. 1, S. 25.
12 Abelshauser, Wirtschaft in Westdeutschland, S. 78f.
13 Maier, Grundstein, S. 315.
14 11. Tagung des Länderrates der US-Zone, 6. 8. 1946, in: AVBRD, Bd. 1, S. 639; 6. Sitzung des Zonenbeirats der britisch besetzten Zone, 14./15. 8. 1946, ebenda, S. 664.
15 W. Strauß, Entwicklung, S. 13f.; Protokolle der Sitzungen der Verwaltungsräte und Wortlaut der Verwaltungsabkommen im Institut für Zeitgeschichte, Nachlaß Walter Strauß, ED 94, Bd. 48–54.
16 Vogel, Westdeutschland, Teil I, S. 21f.
17 Foelz-Schroeter, Föderalistische Politik, S. 135 u. 224.

18 Aufzeichnung Roßmann, Institut für Zeitgeschichte, Nachlaß Hoegner, ED 120, Bd. 131.
19 Aufzeichnung Agartz, Institut für Zeitgeschichte, Nachlaß Hoegner, ED 120, Bd. 131.
20 Außerordentliche Tagung des Länderrats der US-Zone in Marktheidenfeld, 26. 9. 1946, in: AVBRD, Bd. 1, S. 871 f. (zit. S. 873).
21 Vgl. 4. Sitzung des Verwaltungsrats für Wirtschaft, 29./30. 10. 1946, Institut für Zeitgeschichte, Nachlaß Strauß, ED 94, Bd. 49.
22 Vogel, Westdeutschland 1945–1950, Teil II, S. 226 f.
23 Länderrat der US-Zone, Interne Besprechung der Ministerpräsidenten mit General Clay, 4. 2. 1947, in: AVBRD, Bd. 2, S. 194 ff.
24 W. Vogel (Hrsg.), Abraham Frowein, S. 19; vgl. Koolen, Viktor Agartz, S. 21 ff.
25 Der Aktenvermerk Möllers v. 6. 2. 1947 befindet sich zusammen mit einer umfangreichen Aufzeichnung Rudolf Muellers, die er unter dem Titel »Minden und die SPD« im Februar 1947 verfaßt hatte, im Archiv IfZ, Depositum Hans Möller.
26 Anweisung Clay und Robertson an Cowley und McComb, 18. 1. 1947, IfZ, Nachlaß Strauß, ED 94, Bd. 48, und Nachlaß Hoegner, ED 120, Bd. 132.
27 Ruhrreise der Ministerpräsidenten, Wirtschafts- und Arbeitsminister der amerikanischen und britischen Zone, 23.–25. 1. 1947, in: AVBRD, Bd. 2, S. 134 ff. (zit. S. 142).
28 Maier, Grundstein, S. 311.
29 Interzonenkonferenz der Chefs der Länder und Freien Städte, Bremen 4./5. 10. 1946, in: AVBRD, Bd. 1, S. 878 ff. (zit. S. 898).
30 Vgl. Ehards Vortrag auf der Tagung deutscher Juristen in Bad Godesberg am 30. 9./1. 10. 1947 über staatsrechtliche Probleme des bizonalen Aufbaus, in: Süddeutsche Juristen-Zeitung 1947, Sp. 585–594, sowie Bernd Steger, Konstruktionsfehler der bizonalen »Verfassung«. Vorschläge Edmund Kaufmanns zur Überwindung struktureller Mängel des Vereinigten Wirtschaftsgebiets 1947/48, in: VfZ 29 (1981), S. 286–304.
31 Abelshauser, Wirtschaft in Westdeutschland, S. 35.
32 Chronik der Stadt München 1945–1948, bearb. von Wolfram Selig, München 1980, S. 242.
33 Vgl. Christoph Weisz, Organisation und Ideologie der Landwirtschaft, in: VfZ 21 (1973), S. 192–199.
34 Battle of Minden, in: The Economist, 26. 4. 1947.
35 Wolfram Werner, Einleitung zu AVBRD, Bd. 2, S. 29.
36 Vgl. Jürgen Weber (Hrsg.), Auf dem Wege zur Republik 1945–1947, München 1978, S. 203; Christoph Kleßmann, Peter Friedemann, Streiks und Hungermärsche im Ruhrgebiet 1946–1948, Frankfurt, New York 1977.
37 Wolfram Werner, Einleitung zu AVBRD, Bd. 2, S. 30.
38 Benz, Bewegt von der Hoffnung, S. 208 f.
39 Ebenda, S. 214.
40 Konferenz der Ministerpräsidenten der britischen und amerikanischen Zone in Wiesbaden, 17. 2. 1947, in: AVBRD, Bd. 2, S. 205 ff. (zit. S. 210).
41 Ebenda, S. 227.
42 Clay, Entscheidung, S. 200; vgl. FRUS 1947, Vol. II, S. 909 ff.
43 Günter Plum, Einleitung zu AVBRD, Bd. 3, S. 17 f.

44 Text der Proklamation u. a. bei Tilman Pünder, Das Bizonale Interregnum, S. 370f.
45 Hans Ehard, Staatsrechtliche Probleme des bizonalen Aufbaus, in: SJZ 1947, Sp. 585.
46 Länderrat der US-Zone, Interne Besprechung der Ministerpräsidenten mit General Clay, in: AVBRD, Bd. 2, S. 471 f. (zit. S. 474).
47 Ebenda, S. 474.
48 Ministerpräsidentenkonferenz in München, 6./7.6.1947, in: AVBRD, Bd. 2, S. 511 ff. (zit. S. 555 f.).
49 Strauß, Entwicklung, S. 11, Anm. 1.
50 Konferenz der Ministerpräsidenten am 16. 6. 1947 in Wiesbaden (Referat des Frankfurter Oberbürgermeisters Kolb: Probleme der Unterbringung in Frankfurt), in: AVBRD, Bd. 3, S. 151 f. (zit. S. 152 ff.); vgl. Aktennotiz »Geschichtliche Entwicklung des Bauprogramms Zweizonenaktion«, 30. 9. 1948, Bundesarchiv, Z 13/48.
51 T. Pünder, Interregnum, S. 100.
52 H. Pünder, Von Preußen nach Europa, S. 348.
53 H. Troeger, Erlebtes und Gedachtes, Erinnerungen Bd. 1, S. 114 (unveröff. Manuskript im Archiv der sozialen Demokratie, Bonn).
54 Vgl. 5. und 13. Sitzung des Exekutivrats, 14.–16. 7. und 1. 8. 1947 in: AVBRD, Bd. 3, S. 268 und S. 287.
55 Wirtschaftsrat, Wörtl. Bericht über die 2. Vollversammlung (22.–24. 7. 1947), S. 3.
56 T. Pünder, Interregnum, S. 116.
57 Süddeutsche Zeitung, 1. 7. 1947 (Übernahme der Ruhrbergwerke unwahrscheinlich).
58 Wirtschaftsrat, Wörtl. Bericht über die 2. Vollversammlung (22.–24. 7. 1947), S. 26.
59 Ebenda, S. 36.
60 Union-Dienst, Ausg. C, Nr. 1, 9. 8. 1947.
61 Niederschriften der Sitzungen der CDU-Fraktion und des CDU-Fraktionsvorstandes, Archiv für Christlich-Demokratische Politik, St. Augustin.
62 Wirtschaftsrat, Wörtl. Bericht, S. 37.
63 Rhein-Echo (Düsseldorf), 26. 7. 1947.
64 Süddeutsche Zeitung, 29. 7. 1947 (Stimmen zur Frankfurter Entscheidung).
65 Informationsdienst – A, Zonenausschuß der Christlich Demokratischen Union, Nr. 16, 7. 8. 1947.
66 Badische Zeitung Freiburg, 12. 8. 1947 (Alles oder nichts), zit. nach SOPADE Querschnitt durch Politik und Wirtschaft, August 1947, S. 76.
67 Neue Zeitung, 28. 7. 1947 (Die Direktoren).
68 Süddeutsche Zeitung, 12. 8. 1947 (Gegen parteipolitische Gesichtspunkte. Dr. Ehard antwortet Dr. Adenauer).
69 Vgl. Heinrich Köhler, Lebenserinnerungen des Politikers und Staatsmannes 1878–1949, Stuttgart 1964, S. 370f.
70 Niederschriften der Sitzungen der CDU-Fraktion und des CDU-Fraktionsvorstandes, Archiv für Christlich-Demokratische Politik, St. Augustin.
71 Süddeutsche Zeitung, 5. 8. 1947 (Keine Änderung in Frankfurt).
72 Troeger, Erlebtes und Gedachtes, S. 118–119.

73 Wirtschaftsrat, 4. Vollversammlung, 4./5. Sept. 1947, Wörtl. Berichte, S. 93f., und 5. Vollversammlung, 29./30. Sept. 1947, S. 114.
74 BICO-Memo (47) vom 26. 9. 1947, Wirtschaftsrat-Drucksache, Nr. 83.
75 Wirtschaftsrat, 5. Vollversammlung, Wörtl. Berichte, S. 116ff.
76 Vgl. Süddeutsche Zeitung, 4. 10. 1947 (Neue Versorgungsgesetze des Wirtschaftsrats. Kartoffelernte beschlagnahmt/Einheitliche Fleischrationen).
77 Süddeutsche Zeitung, 11. 10. 1947 (Der Kampf ums tägliche Brot).
78 Bayer. Bevollmächtigter an Bayer. Staatskanzlei, 10. 10. 1947, IfZ, Nachlaß Baumgartner, ED 132, Bd. 7.
79 Prüfungsbericht vom 8. 10. 1947, IfZ, Nachlaß Baumgartner, ED 132, Bd. 7.
80 Brief vom 4. 11. 1947, IfZ, Nachlaß Baumgartner, ED 132, Bd. 7.
81 Brief Baumgartners an Bayer. Staatskanzlei, 7. 11. 1947, IfZ, Nachlaß Baumgartner, ED 132, Bd. 7.
82 Dienstreisebericht vom 4. 4. 1947, IfZ, Nachlaß Baumgartner, ED 132, Bd. 7.
83 Wirtschaftsrat, 8. Vollversammlung, 21. 11. 1947, Wörtl. Berichte, S. 205ff.
84 Ebenda, S. 210.
85 Süddeutsche Zeitung, 6. 12. 1947 (Kartoffelkrieg jetzt mit Niedersachsen).
86 Süddeutsche Zeitung, 18. 11. 1947 (Das Ende des Kartoffelkriegs).
87 Süddeutsche Zeitung, 20. 12. 1947 (230000 t Kartoffeln beschlagnahmt).
88 Süddeutsche Zeitung, 13. 12. 1947 (Der Rücktritt des Landwirtschaftsministers).
89 Süddeutsche Zeitung, 2. 3. 1948, und Süddeutsche Zeitung, 10. 2. 1948. Dort war auch berichtet worden, daß eine ähnliche Aktion im Februar 1918 in ganz Bayern einen einzigen Schinken zutage gefördert habe.
90 Zum Personalstand der Verwaltung des Vereinigten Wirtschaftsgebiets vgl. Süddeutsche Zeitung, 16. 12. 1947 (»Zweizonenrecht« und Länder). Danach waren bei der Verwaltung für Wirtschaft 2225, bei der für Verkehr 1258 und der für Ernährung 530 Beamte und Angestellte beschäftigt.
91 Troeger, Erlebtes und Gedachtes, S. 122.
92 Wirtschaftsrat, 9. Vollversammlung, 18. 12. 1947, Wörtl. Berichte, S. 238.
93 102. Sitzung des Exekutivrates, 30. 12. 1947, in: AVBRD, Bd. 3, S. 1006ff. (zit. S. 1015).
94 Troeger, Erlebtes und Gedachtes, S. 124.
95 Gerhard Kreyssig, Der neue Industrieplan, in: Süddeutsche Zeitung, 2. 9. 1947.
96 Clay, Entscheidung, S. 356ff.
97 15. Sitzung des Zonenbeirats der britisch besetzten Zone, 15. und 16. 10. 1947, in: AVBRD, Bd. 3, S. 624ff. (zit. S. 674–675).
98 Konferenz der Ministerpräsidenten, Arbeitsminister und Wirtschaftsminister des VWG mit dem Exekutivrat und Vertretern des Wirtschaftsrats in Wiesbaden, 22. 10. 1947, in: AVBRD, Bd. 3, S. 690ff. (zit. S. 706).
99 Ebenda, Bd. 3, S. 703.
100 Abelshauser, Wirtschaft in Westdeutschland, S. 148.
101 26. Tagung des Länderrates des amerikanischen Besatzungsgebietes in Stuttgart, 3./4. November 1947, in: AVBRD, Bd. 3, S. 750.
102 Konferenz der Ministerpräsidenten, Arbeitsminister und Wirtschaftsminister des VWG mit dem Exekutivrat und Vertretern des Wirtschaftsrats in Wiesbaden, 22. 10. 1947, in: AVBRD, Bd. 3, S. 695.

103 Vgl. Hans-Dieter Kreikamp, Deutsches Vermögen in den Vereinigten Staaten, Stuttgart 1979.
104 Konferenz in Wiesbaden (vgl. Anm. 98), a.a.O., S. 710–711.
105 Wirtschaftsrat, 7. Vollversammlung, 29.10.1947, Wörtl. Berichte, S. 151 bis 153.
106 Vgl. etwa Wilhelm Hausenstein, Licht unter dem Horizont. Tagebücher von 1942 bis 1946, München 1967.
107 Wirtschaftsrat, 1. Vollversammlung, 25.6.1947, Wörtl. Berichte, S. 3f.
108 Kennan, Memoiren, S. 432; Murphy, Diplomat, S. 284.
109 Süddeutsche Zeitung, 16.8.1947 (Vor einer tragischen Situation).
110 Johannes Semler, Kommentar zu meiner Erlanger Rede, IfZ, F 84. Das 130 Seiten starke und mit zahlreichen Anlagen bestückte Dokument wurde vervielfältigt und im Februar 1948 an zahlreiche Adressaten verschickt. Semler versuchte darin, seine Behauptungen durch Einzelheiten nachzuweisen.
111 Die der Presse entnommenen Zitate stimmem mit dem Wortlaut der Fassung der Semler-Rede im IfZ, MA 90 bzw. ED 94, Bd. 114, im wesentlichen überein.
112 DENA-Meldung vom 8.1.1948, Anlage zum Kommentar Semlers zur Rede vom 4.1.1948.
113 SOPADE, Querschnitt Januar 1948, S. 207–208.
114 Wirtschaftsrat, 12. Vollversammlung, 2.3.1948, Wörtl. Bericht, S. 352.
115 Telegramm Murphy an Secretary of State, 8.1.1948, FRUS 1948, Vol. II, S. 11.
116 Notiz Clay for Noce, 9.1.1948, in: J. E. Smith (Ed.), The Papers of General Lucius D. Clay, Vol. II, S. 528. Clay war sich der Tragweite einer Entlassung Semlers offensichtlich bewußt. In der Notiz hieß es: »He is a Bizonal official and joint action is necessary for his removal. Moreover he is an elected official for Economic Council.«
117 Am 24.1.1948 wurde Semler durch BICO von seiner Entlassung in Kenntnis gesetzt, am 26.1.1948 wurde der Exekutivrat unterrichtet. Bundesarchiv, Best. Z 4/221.
118 OMGUS, Report of the Military Governor, January 1948, p. 39.
119 Wirtschaftsrat, 12. Vollversammlung, 2.3.1948, Wörtl. Berichte, S. 348 bis 354.
120 Süddeutsche Zeitung, 31.1.1948 (Schlußwort zum Fall Semler).
121 Bayerischer Landtag, 54. Sitzung, 18.2.1948, Sten. Bericht, S. 864ff.; s. a. Die Welt, 19.2.1948; Telegraf, 21.2.1948.
122 Süddeutsche Zeitung, 21.2.1948 (Neue Spannungen um Dr. Semler) und 28.2.1948 (Ersatzwahl für Dr. Semler).
123 Protokolle der Konferenzen der Militärgouverneure mit den Ministerpräsidenten und Vertretern der bizonalen Verwaltungen in Frankfurt, 7.1.1948 und 8.1. 1948, in: AVBRD, Bd. 4, S. 126ff. und S. 147ff.; Kurzprotokolle im IfZ, Nachlaß Strauß, ED 94, Bd. 63.
124 Süddeutsche Zeitung, 31.1.1948 (Gegen »uferlosen Zentralismus«).
125 SOPADE, Querschnitt Januar 1948, S. 192 und 222.
126 Vogel, Westdeutschland 1945–1950, Teil I, S. 31f.
127 Troeger-Tagebuch, 7.9.1948, Archiv der sozialen Demokratie, Bonn-Bad Godesberg.
128 SOPADE, Querschnitt Februar 1948, S. 82.

129 Troeger-Tagebuch, 22.2.1948.
130 Carlo Schmid, Erinnerungen, S. 300.
131 Fraktionssitzungen v. 24.2.1948, Niederschriften der Sitzungen der CDU-Fraktion, Archiv für Christlich-Demokratische Politik, St. Augustin.
132 H. Pünder, Von Preußen nach Europa, S. 320 f. Mindestens bei der Datierung der Teestunde hatte sich Pünder geirrt. Das Treffen mit Adenauer und Pferdmenges fand am 27. (nicht am 29.) Februar statt, zwei Tage vorher hatte Pferdmenges erstmals sondiert. Dies ergibt sich aus Briefen Pünders an zwei Kölner Stadtverordnete vom 28. 2.1948, in denen er mitteilt, »gestern« habe eine Besprechung in Köln stattgefunden, bei der ihm eröffnet worden sei, »die CDU/CSU-Fraktion des Wirtschaftsrates sei in voller Einstimmigkeit der Auffassung, daß ich den Posten des Frankfurter Oberdirektors annehmen solle ... Insbesondere betonte auch Herr Dr. Adenauer immer wieder, daß ich mich dieser höchsten Aufgabe, die es gegenwärtig in Deutschland zu lösen gelte, nicht entziehen dürfe«. In einem sehr ausführlichen Brief vom 27. Februar an Pferdmenges hatte Pünder sich für den Posten des Kölner Obergerichtspräsidenten und Andreas Hermes für das Amt des Oberdirektors in Frankfurt empfohlen (Bundesarchiv, Nachlaß Pünder, Bd. 701). Am frühen Abend des 29. Februar stellte sich Pünder der CDU-Fraktion in Frankfurt vor und gab »auf Wunsch der Fraktion seine Einstellung zu dem Amt bekannt«. Niederschriften der Sitzungen der CDU-Fraktion, Archiv für Christlich-Demokratische Politik, St. Augustin.
133 Wirtschaftsrat, 12. Vollversammlung, 2.3.1948, Wörtl. Bericht, S. 324.
134 Ebenda, S. 327.
135 Fraktionssitzung vom 1.3.1948, Niederschriften der Sitzungen der CDU-Fraktion, Archiv für Christlich-Demokratische Politik, St. Augustin.
136 Ebenda.
137 Süddeutsche Zeitung, 6.3.1948 (Dr. Pünder Oberdirektor in Frankfurt); Neue Zeitung, 4.3.1948 (»Unsachliche« Wahl in Frankfurt. Adcock und Mac Ready üben heftige Kritik – Dr. Pünder Oberdirektor).
138 Der Spiegel, 6.3.1948, S. 6 (Titelgeschichte: Nicht der Stärkste).
139 Tagesspiegel, 3.3.1948.
140 Vgl. Hermann Pünder, Politik in der Reichskanzlei: Aufzeichnungen aus den Jahren 1929–1932, hrsg. von Thilo Vogelsang, Stuttgart 1961.
141 Troeger-Tagebuch, 17.8.1948, Archiv der sozialen Demokratie, Bonn-Bad Godesberg.
142 Wirtschaftsrat, 13. Vollversammlung, 16.3.1948, Wörtl. Bericht, S. 361; vgl. Telegraf (Berlin), 18.3.1948 (Eine magere Rede).
143 T. Pünder, Interregnum, S. 124.
144 Vogel, Westdeutschland 1945–1950, Teil I, S. 39.
145 Clay, Entscheidung, S. 210.
146 T. Pünder, Interregnum, S. 166.
147 H. Pünder, Von Preußen nach Europa, S. 338.
148 Vogel, Westdeutschland 1945–1950, Teil I, S. 110ff.
149 Wirtschaftsrat, 20. Vollversammlung, 17./19./20.8.1948, Wörtl. Bericht, S. 827–830.
150 Korrespondenz 30.10.–6.11.1948 im Nachlaß Adenauer, Best. 08.61, Stiftung Bundeskanzler-Adenauer-Haus, Rhöndorf.

151 Briefwechsel Dörpinghaus–Pünder, 29.3.–5.4.1949 im Nachlaß Adenauer, Best. 09.02, Stiftung Bundeskanzler-Adenauer-Haus, Rhöndorf.
152 Korrespondenz Pünder–Adenauer, 25.1.–4.2.1949, Bundesarchiv Koblenz, Nachlaß Pünder, Bd. 250.
153 Vgl. Haushaltspläne der Verwaltung des Vereinigten Wirtschaftsgebiets für die Rechnungsjahre 1948 und 1949 nebst Nachträgen (IfZ, DK 515. 001).
154 Die Gesamtstärke betrug am 31.8.1948 einschließlich der Bediensteten der nachgeordneten Dienststellen und incl. Eisenbahn und Post 782200 Menschen. Bei den Verwaltungen, beim Wirtschaftsrat und Länderrat waren davon freilich nur 5125 tätig. Vgl. Übersicht über den Personalbestand der Verwaltung des Vereinigten Wirtschaftsgebietes, Bundesarchiv, Z 13/347.
155 Hans-Dieter Kreikamp, Einleitung zu AVBRD, Bd. 5, S. 28; Besprechung der Militärgouverneure mit bizonalen Vertretern in Frankfurt, 16.5. 1949, ebenda S. 445.
156 Vgl. AVBRD, Bd. 5, S. 948f.
157 Besprechung der Militärgouverneure mit bizonalen Vertretern in Frankfurt, 15.7.1949, in: AVBRD, Bd. 5, S. 888ff. (zit. S. 897).
158 Abschließender Bericht des Präsidenten des Wirtschaftsrates des Vereinigten Wirtschaftsgebietes über die Gesetzgebung des Wirtschaftsrates, Frankfurt, 7.9.1949 (Archiv IfZ).
159 Besprechung der Militärgouverneure mit bizonalen Vertretern in Frankfurt, 15.2.1949, in: AVBRD, Bd. 5, S. 223ff. (zit. S. 233).
160 Wolfgang Benz, Versuche zur Reform des öffentlichen Dienstes in Deutschland 1945–1952. Deutsche Opposition gegen alliierte Initiativen, in: VfZ 29 (1981), S. 216–245.
161 Vgl. Strauß, Entwicklung, S. 48.
162 Vgl. Vogel, Westdeutschland 1945–1950, Teil I, S. 33, Anm. 41.
163 Clay, Entscheidung, S. 208.
164 H. Pünder, Von Preußen nach Europa, S. 389.
165 Maier, Grundstein, S. 313.
166 Vgl. Besprechung der Militärgouverneure mit bizonalen Vertretern in Frankfurt, 16.5.1949, in: AVBRD, Bd. 5, S. 443f., sowie die 63. Direktorialsitzung (13.7.1949) und die 65. Direktorialsitzung (27.7. 1949), ebenda, S. 880 und 920; außerdem H. Pünder, Von Preußen nach Europa, S. 374f.

III. Die Grundlagen des Wirtschaftswunders

1 Alle Biographien und Nachschlagewerke enthalten zum persönlichen Werdegang Erhards erstaunlich viele Unklarheiten und Widersprüche. Der Nachlaß im Ludwig-Erhard-Archiv in Bonn enthält über die frühen Jahre so gut wie nichts. Eine Erhard-Biographie, die Ansprüchen genügt, steht noch aus. Ersatzweise stehen zur Verfügung Jess M. Lukomski, Ludwig Erhard. Der Mensch und der Politiker, Düsseldorf, Wien 1965 (Hofberichterstattung), und Gerhard Schröder u. a. (Hrsg.), Ludwig Erhard. Beiträge zu seiner politischen Biographie. Festschrift zum 75. Geburtstag, Frankfurt, Berlin, Wien 1972; s. a. Volkhard Laitenberger, Zur Programmatik und zur Politik Ludwig

Erhards in der Vor- und Frühgeschichte der Bundesrepublik Deutschland, in: Ludwig-Erhard-Stiftung (Hrsg.), Orientierungen zur Wirtschafts- und Gesellschaftspolitik 3 (März 1980), S. 19–26.

2 Zum 80. Geburtstag Erhards veröffentlicht: Ludwig Erhard, Kriegsfinanzierung und Schuldenkonsolidierung. Faksimiledruck der Denkschrift von 1943/44. Mit Vorbemerkungen von Ludwig Erhard, Theodor Eschenburg, Günter Schmölders, Frankfurt, Berlin, Wien 1977; Zur Einordnung der Denkschrift in die Nachkriegsplanungen der Industrie vgl. Ludolf Herbst, Der Totale Krieg und die Ordnung der Wirtschaft. Die Kriegswirtschaft im Spannungsfeld von Politik, Ideologie und Propaganda 1939–1945, Stuttgart 1982, S. 383 ff.

3 Denkschrift a.a.O., S. 243–244.

4 Bay. Landtag, Tagung 1946/47, Beilage 799: Bericht des Ausschusses zur Untersuchung der Mißstände im Bayerischen Wirtschaftsministerium und in den Wirtschaftsämtern.

5 Ebenda.

6 Ludwig Erhard, Freie Wirtschaft und Planwirtschaft. Gedanken über das Verhältnis von Wirtschaft und Staat, in: Die Neue Zeitung, 14.10.1946.

7 Wirtschaftsrat, Wörtliche Berichte, 14. Vollversammlung, 21.4.1948, S. 436.

8 Ebenda, S. 437.

9 Ebenda, S. 443.

10 Ebenda, S. 438.

11 Ebenda, S. 439.

12 Ebenda.

13 Ebenda, S. 441.

14 Ebenda.

15 Ebenda, S. 445.

16 Weitere Schriften mit programmatischer Bedeutung: Wilhelm Röpke. Die Gesellschaftskrisis der Gegenwart, Erlenbach-Zürich 1942; ders., Die Krise des Kollektivismus, München 1947; Alexander Rüstow, Das Versagen des Wirtschaftsliberalismus, Bad Godesberg 1950[2]; Leonhard Miksch, Wettbewerb als Aufgabe. Grundsätze einer Wettbewerbsordnung, Stuttgart 1937 (Godesberg 1947[2]).

17 Herausgeber waren Walter Eucken und Franz Böhm. Besonders wichtig waren folgende Beiträge in den ersten beiden Jahrgängen: Müller-Armack, Die Wirtschaftsordnung sozial gesehen, in: Ordo 1948, S. 125–155; Walter Eukken, Das ordnungspolitische Problem, ebenda, S. 56–90; Walter Eucken, Die Wettbewerbsordnung und ihre Verwirklichung, in: Ordo 1949, S. 1–99; Alexander Rüstow, Zwischen Kapitalismus und Kommunismus, ebenda, S. 100–169.

18 Zit. nach Walter Eucken, Grundsätze der Wirtschaftspolitik, hrsg. von Edith Eucken u. K. Paul Hensel, Tübingen, Zürich 1968[4], S. 334 ff.

19 Vgl. Alfred Müller-Armack, Die Anfänge der Sozialen Marktwirtschaft, in: Löwenthal, Schwarz (Hrsg.), Die zweite Republik, S. 123–148; Alfred Müller-Armack, Wirtschaftspolitiker zwischen Wissenschaft und Politik, in: Schröder u. a. (Hrsg.), Ludwig Erhard. Beiträge zu seiner politischen Biographie, S. 472–493.

20 Herbert Hoover, Bericht Nr. 3: Die nötigen Schritte zur Belebung der deut-

schen Ausfuhr, zur Entlastung der amerikanischen Steuerzahler von der Bürde der Nothilfe und zur wirtschaftlichen Erholung Europas, 18. März 1947, abgedr. bei: Gustav Stolper, Die deutsche Wirklichkeit, Hamburg 1949, zit. S. 337.

21 Vorschläge Marshalls zur amerikanischen Hilfeleistung für die europäischen Länder. Text der Rede vom 5. Juni 1947 an der Harvard-Universität, in: Europa-Archiv 2 (1947), S. 821.

22 Die Neue Zeitung, 9. 6. 1947 (Truman über amerikanische Weltpolitik).

23 Vgl. Abelshauser, Wirtschaft in Westdeutschland, S. 64 ff.

24 Die Wiedergesundung Europas. Schlußbericht der Pariser Wirtschaftskonferenz der sechzehn Nationen, Oberursel 1948, S. 30.

25 Dokumentiert bei: Hans Möller, Zur Vorgeschichte der Deutschen Mark. Die Währungsreformpläne 1945–1948, Basel u. Tübingen 1961.

26 Ebenda, S. 5.

27 Erwin Hielscher, Gutachten zur Währungslage in Deutschland (Juni 1947), streng vertraulich, als Manuskript gedruckt, S. 12, Institut für Zeitgeschichte, Depositum Hans Möller (gedruckt in: Erwin Hielscher, Das Jahrhundert der Inflationen in Deutschland. Ein Beitrag aus der Bundesrepublik, München 1968, S. 109– 134).

28 Sonderstelle Geld und Kredit bei der Verwaltung für Finanzen des Zweizonen-Wirtschaftsrates, Protokoll über die 5. Sitzung vom 16. 10. 1947, BA, Z 32/1.

29 Sonderstelle Geld und Kredit, Protokoll über die 25. Sitzung vom 16. 12. 1947, BA, Z 32/3.

30 Wortlaut bei Möller, Zur Vorgeschichte, S. 477–503.

31 Notiz Erwin Hielscher v. 20. 11. 1947, IfZ, Depositum Hans Möller.

32 Wortlaut bei Möller, Zur Vorgeschichte, S. 214–254 u. 429–476.

33 Eckhard Wandel, Die Entstehung der Bank deutscher Länder, S. 126 f.; Die Neue Zeitung, 20. 6. 1948 (Operation »Bird-Dog«).

34 Wandel, Die Entstehung, S. 75; Wilhelm Vocke, Memoiren, Stuttgart 1973, S. 146 f.

35 Hans Möller, Die westdeutsche Währungsreform von 1948, in: Währung und Wirtschaft in Deutschland 1876–1975, Frankfurt 1976, S. 445 f.

36 Clay an Lt. Col. Stoker, 1. und 12. 4. 1948, IfZ, Depositum Hans Möller.

37 Notiz Hielscher v. 19. 4. 1948, ebenda.

38 Ebenda.

39 Notiz Hielscher v. 24. 4. 1948, ebenda.

40 Entwurf (Viktor Wrede) einer Erklärung der deutschen Sachverständigen im Konklave gegenüber den Vertretern ihrer Militärregierungen, 7. 5. 1948. Die Erklärung stand am 11. 5. zur Debatte, sie wurde wahrscheinlich nie überreicht. IfZ, Depositum Hans Möller; Eckhard Wandel, Die Entstehung der Bank deutscher Länder, S. 182–187 (Protokoll der Sitzung am 11. 5. 1948 in Rothwesten).

41 Hans Möller, Die westdeutsche Währungsreform, S. 450; vgl. die Protokolle des Konklave im IfZ, Depositum Hans Möller.

42 Erwin Hielscher, Der Leidensweg der deutschen Währungsreform, München 1948. Den Plan zu dieser Broschüre hatte Hielscher schon im Konklave gefaßt und dort die Notizen angefertigt, aus denen bereits zitiert wurde (IfZ, Depositum Hans Möller).

43 Wortlaut der Erklärung vom 8. Juni 1948 bei Eckhard Wandel, Die Entstehung der Bank deutscher Länder, S. 188–191. Entwurf (Viktor Wrede) im IfZ, Depositum Hans Möller. Der Text ist teilweise mit dem Protestmemorandum vom Mai 1948 identisch und fortgeschrieben; ob die Erklärung tatsächlich überreicht wurde, ist unklar.
44 Süddeutsche Zeitung, 22. 6. 1948 (Der aufgewertete Kunde).
45 Die Welt, 22. 6. 1948 (Verschwundene Waren tauchen auf).
46 Ebenda.
47 Die Welt, 19. 6. 1948 (Nur Illusionen vernichtet).
48 John H. Backer, Die deutschen Jahre des Generals Clay, München 1983, S. 263.
49 Rundfunkansprache vom 21. 6. 1948, zit. nach: Ludwig Erhard, Deutsche Wirtschaftspolitik, Düsseldorf 1962, S. 62f.
50 Wirtschaftsrat, Wörtl. Bericht über die 17. Vollversammlung, 14. 6. 1948, S. 601–611.
51 Wirtschaftsrat, Wörtl. Bericht über die 18. Vollversammlung, 17./18. 6. 1948, S. 623–677; Gesetz- u. Verordnungsblatt des Wirtschaftsrates des Vereinigten Wirtschaftsgebietes 1947–1949, S. 59–60. Das Leitsätzegesetz war bis 31. 12. 1948 befristet, wurde jedoch mehrfach modifiziert und verlängert; das Gesetz zur Änderung des Bewirtschaftungsnotgesetzes stieß auf Widerspruch des Länderrats und wurde am 9. Juli 1948 in einer neuen Fassung verabschiedet.
52 Vgl. Tilman Pünder, Das Bizonale Interregnum, S. 305; Georg Müller, Die Grundlegung der westdeutschen Wirtschaftsordnung im Frankfurter Wirtschaftsrat, S. 140f.
53 Ebenda, S. 141f.
54 Vgl. Bundesministerium für Wirtschaft (Hrsg.), Der Wissenschaftliche Beirat beim Bundesministerium für Wirtschaft. Sammelband der Gutachten von 1948 bis 1972, Göttingen 1973.
55 Gutachten des Wissenschaftlichen Beirats bei der Verwaltung für Wirtschaft, 18. 4. 1948, Archiv IfZ, Depositum Hans Möller.
56 Diese Version bei Lukomski, Ludwig Erhard, S. 92f.; ähnlich Volkmar Muthesius, Erinnerungen an den »Befreiungskrieg«, in: Schröder u. a. (Hrsg.), Ludwig Erhard, Beiträge zu seiner politischen Biographie, S. 160, und Franz Böhm, Der Sprung in die Marktwirtschaft, ebenda, S. 421.
57 Vg. Hans Riehl, Die Mark. Die aufregende Geschichte einer Weltwährung, Hannover 1978, S. 105ff.
58 Werner Abelshauser, Wirtschaft und Besatzungspolitik in der Französischen Zone 1945–1949, in: C. Scharf, H.-J. Schröder (Hrsg.), Die Deutschlandpolitik Frankreichs und die Französische Zone 1945–1949, Wiesbaden 1983, S. 111–139.
59 Erwin Hielscher, Das Jahrhundert der Inflationen in Deutschland, München 1968, S. 43.
60 Tilman Pünder, Das Bizonale Interregnum, S. 201; vgl. Wirtschaftsrat, 27. Vollversammlung, 2. 12. 1948, Wörtl. Berichte S. 1206.
61 Gerold Ambrosius, Die Durchsetzung der Sozialen Marktwirtschaft, S. 171ff.
62 Wirtschaftsrat, 20. Vollversammlung, 17. 8. 1948, Wörtl. Bericht, S. 787.
63 Ebenda, S. 789.

64 Ludwig Erhard, Deutsche Wirtschaftspolitik, Düsseldorf 1962, S. 78.
65 Protokoll der Verhandlungen des Parteitages der Sozialdemokratischen Partei Deutschlands vom 11. bis 14. September 1948 in Düsseldorf, S. 135.
66 Ebenda, S. 136.
67 Aufsichtsratssitzung der Vereinigten Glanzstoffabriken (VGF), 13.9. 1948, zit. nach Ludwig Vaubel, Zusammenbruch und Wiederaufbau, Anm. 190.
68 Westfälische Rundschau, Dortmund, 28.9.1948, zit. nach SOPADE Informationsdienst Nr. 604 v. 20.10.1948.
69 Tagesspiegel, 19.10.1948 (Bayerische Kritik an Erhard).
70 Wirtschaftsrat, 24. Vollversammlung, 10.11.1948, Wörtl. Berichte, S. 1127.
71 Die Neue Zeitung, 9.11.1948; vgl. auch Hans Böckler, Gewerkschaftliche Mitbestimmung, in: Die Neue Zeitung, 11.11.1948.
72 Vgl. die Rundfunkansprache Erhards am 11.11.1948 »Generalstreik zur Rettung eines unhaltbaren Dogmas«, in: Erhard, Deutsche Wirtschaftspolitik, S. 96f.; vgl. »Ein Tag Streik kostet ...«, in: Wirtschaftsverwaltung 1 (1948), H. 11, S. 26.
73 Zu der öffentlichen Diskussion zwischen dem wirtschaftspolitischen Sprecher der SPD, Erik Nölting, und Ludwig Erhard in Frankfurt im November 1948 erschienen 4000 Zuhörer, die offensichtlich eher der Argumentation Nöltings zustimmten. Vgl. Neuer Vorwärts, 13.11.1948; ein weiteres berühmtes Streitgespräch zwischen Nölting und Erhard über dasselbe Thema fand am 8.12.1951 in Düsseldorf vor 5000 Besuchern statt; vgl. Vorstand der SPD (Hrsg.), Nölting kontra Erhard. Streitgespräch zwischen Bundeswirtschaftsminister Prof. Dr. L. Erhard und Prof. Dr. Erik Nölting am 8. Dezember 1951 in Düsseldorf, Bonn 1951.
74 John E. Killick, Political Adviser's Department, BICO, Visit of Dr. Erhard to London, 10.12.1948, OMGUS 7/51–1/13.
75 Ebenda, Appendix: Erhard on the Economic Situation in Western Germany.
76 Ebenda.

IV. Der Weg zum Grundgesetz

1 Schlußkommuniqué der Londoner Sechs-Mächte-Konferenz über Deutschland, 7. 6.1948, in: Der Parlamentarische Rat 1948–1949. Akten und Protokolle, Bd. 1, S. 1–17 [künftig zit.: Parl. Rat]; vgl. OMGUS 17/8242/11.
2 SPD und Londoner Empfehlungen, in: SOPADE Querschnitt, Juni 1948, S. 61.
3 Konrad Adenauer, Die Empfehlungen von London, in: Die Welt, 10.6.1948.
4 Erich Ollenhauer, Die Ehre auf dem Spiel?, in: Die Welt, 12.6.1948.
5 Schwarz, Vom Reich zur Bundesrepublik, S. 478.
6 Adenauer, Erinnerungen 1945–1953, S. 140f.; Adenauer und die SPD, in: SOPADE Querschnitt, Juni 1948, S. 111; Gimbel, Amerikanische Besatzungspolitik, S. 272.

7 Bericht James Pollock an Clay vom 11. Juni 1948, Institut für Zeitgeschichte, Pollock Papers, ED 122, Bd. 37.
8 Süddeutsche Zeitung, 15.6.1948 (Clay: Ganz Deutschland für den Westen); Die Neue Zeitung, 13.6.1948 (General Clay: London kein Diktat).
9 Aufzeichnung einer Besprechung der Ministerpräsidenten der amerikanischen Besatzungszone mit General Clay, 14.6.1948, in: Parl. Rat Bd. 1, S. 17–21.
10 Rede des Militärgouverneurs Robertson auf der Sitzung des Zonenbeirats der britisch besetzten Zone, 29.6.1948, in: AVBRD, Bd. 4, S. 655f.; Adenauer, Erinnerungen 1945–1953, S. 144f.
11 Troeger-Tagebuch, 4.7.1948, Archiv der sozialen Demokratie, Bonn.
12 Clay, Entscheidung, S. 451.
13 Maier, Erinnerungen 1948–1955, S. 54f.; Kaisen, Meine Arbeit, S. 259; Rudolf Morsey, Zwischen Bayern und Bundesrepublik. Die politische Rolle des bayerischen Ministerpräsidenten Hans Ehard 1946–1949, in: Juristenzeitung, 12. 6.1981, S. 365.
14 Konferenz der Militärgouverneure mit den Ministerpräsidenten der westdeutschen Besatzungszonen, Frankfurt, 1.7.1948, in: Parl. Rat, Bd. 1, S. 22 bis 29.
15 Wortlaut der drei Frankfurter Dokumente, in: Parl. Rat, Bd. 1, S. 30–36.
16 Tagebucheintrag James Pollocks am 2.7.1948 über ein Telefonat mit Clay, IfZ, Pollock Papers, ED 122, Bd. 3.
17 Konferenz der Ministerpräsidenten der westdeutschen Besatzungszonen in Koblenz (Rittersturz), 8.–10.7.1948, in: Parl. Rat, Bd. 1, S. 60–142.
18 Parl. Rat, Bd. 1, S. XXIf.; vgl. Sigmar Rothstein, Die Voraussetzungen zur Gründung der Bundesrepublik Deutschland 1948/49, Wesseling 1969.
19 Carlo Schmid, Erinnerungen, S. 327.
20 Die CDU-CSU zu den Vorschlägen der Militärgouverneure (Resolution der Konferenz der Landesvorsitzenden vom 7.7.1948) im Nachlaß Strauß, IfZ, ED 94, Bd. 139.
21 Sörgel, Konsensus und Interessen, S. 40.
22 Carlo Schmid, Erinnerungen, S. 218f.; s. a. ders., Gliederung und Einheit, in: Benz (Hrsg.), Bewegt von der Hoffnung, S. 383f., und Kurt Schumachers Referat auf dem Düsseldorfer SPD-Parteitag, ebenda, S. 484f.
23 Walter Strauß, Verwaltungsstatut vor gesamtdeutscher Verfassung, in: Benz (Hrsg.), Bewegt von der Hoffnung, S. 476f.
24 Rittersturz-Konferenz, Parl. Rat, Bd. 1, S. 115; Carlo Schmid, Erinnerungen, S. 327.
25 Maier, Erinnerungen, S. 62.
26 Rittersturz-Konferenz, Parl. Rat, Bd. 1, S. 75.
27 Antwortnote der Ministerpräsidenten der westdeutschen Besatzungszonen an die Militärgouverneure mit Stellungnahme zu den Frankfurter Dokumenten, 10.7. 1948, in: Parl. Rat, Bd. 1, S. 143–150.
28 Antwortnote, ebenda, S. 144f.
29 Vgl. Marie Elise Foelz-Schroeter, Föderalistische Politik und nationale Repräsentation 1945–1947. Westdeutsche Länderregierungen, zonale Bürokratien und politische Parteien im Widerstreit, Stuttgart 1974, insbes. S. 134ff.
30 Thilo Vogelsang, Koblenz, Berlin und Rüdesheim. Die Option für den westdeutschen Staat im Juli 1948, in: Festschrift für Hermann Heimpel, S. 168;

Rudolf Morsey, Entscheidung für den Westen. Die Rolle der Ministerpräsidenten in den drei Westzonen im Vorfeld der Bundesrepublik Deutschland 1947–1949, in: Westfälische Forschungen 26 (1974), S. 16; vgl. Schwarz, Vom Reich zur Bundesrepublik, S. 611f., S. 828, Anm. 29.

31 Antwortnote der Ministerpräsidenten an die Militärgouverneure, 10. 7. 1948, in: Parl. Rat, Bd. 1, S. 145.

32 OMGUS Staff Conference, 10. 7. 1948, IfZ, Fg 12/14.

33 Besprechung der Ministerpräsidenten der US-Zone mit General Clay, 14. 7. 1948, in: Parl. Rat, Bd. 1, S. 151–156; Gimbel, Amerikanische Besatzungspolitik, S. 282f.; Aufz. »Erste amerikanische Reaktionen auf die Koblenzer Beschlüsse. Für PV-Sitzung (der SPD) am 2. und 3. 8. 1948 in Springe«, Nachlaß Menzel, R 1, Archiv der sozialen Demokratie, Bonn.

34 Besprechung der Ministerpräsidenten der US-Zone mit General Clay, 14. 7. 1948, in: Parl. Rat, Bd. 1, S. 155.

35 Besprechung der Ministerpräsidenten der US-Zone mit General Clay, Frankfurt, 14. 7. 1948, in: Parl. Rat, Bd. 1, S. 152.

36 Hermann L. Brill an Stock, 17. 7. 1948, Bundesarchiv Koblenz, Z 12, Bd. 8.

37 Ebenda.

38 Parl. Rat, Bd. 1, S. XXXV.

39 Troeger-Tagebuch, 18. 7. 1948, Archiv der sozialen Demokratie, Bonn.

40 US-Generalconsul Hamburg, Edward M. Groth, an Secretary of State, Washington, National Archives Washington, RG 59, 740.00119.

41 Troeger-Tagebuch, 18. 7. 1948, Archiv der sozialen Demokratie, Bonn.

42 Konferenz der Ministerpräsidenten der westdeutschen Besatzungszonen Jagdschloß Niederwald, 15.–16. 7. 1948, in: Parl. Rat, Bd. 1, S. 157–171, hier S. 158.

43 Parl. Rat, Bd. 1, S. 153f. (Anm. 9).

44 Konferenz auf Jagdschloß Niederwald, ebenda, S. 157f.

45 Konferenz der Militärgouverneure mit den Ministerpräsidenten der westdeutschen Besatzungszonen, Frankfurt, 20. 7. 1948, in: Parl. Rat, Bd. 1, S. 163–171.

46 Konferenz der Ministerpräsidenten der westdeutschen Besatzungszonen, Jagdschloß Niederwald, 21.–22. 7. 1948, in: Parl. Rat, Bd. 1, S. 172–270.

47 Vgl. Thilo Vogelsang, Koblenz, Berlin und Rüdesheim. Die Option für den westdeutschen Staat im Juli 1948, in: Festschrift für Hermann Heimpel, Bd. 1, S. 161–179; Rudolf Morsey, Zwischen Bayern und der Bundesrepublik. Die politische Rolle des bayerischen Ministerpräsidenten Hans Ehard 1946–1949, in: Juristenzeitung, 12. 6. 1981, S. 365.

48 Konferenz auf Jagdschloß Niederwald, in: Parl. Rat, Bd. 1, S. 196f.

49 Aide-mémoire der Ministerpräsidenten zu den Erklärungen der Militärgouverneure, 22. 7. 1948, in: Parl. Rat, Bd. 1, S. 270–272.

50 Schlußkonferenz der Militärgouverneure mit den Ministerpräsidenten der westlichen Besatzungszonen, 26. 7. 1948, in: Parl. Rat, Bd. 1, S. 273–285.

51 In unterschiedlicher Besetzung tagte die Planungsgruppe bzw. der Ausschuß zur Überprüfung der Ländergrenzen am 3. und 4. August im Jagdschloß Niederwald, am 27. August in Mannheim und am 28. August in Frankfurt. Protokolle der Sitzungen, in: Parl. Rat, Bd. 1, S. 291ff., 326ff.

52 Vgl. Theodor Eschenburg, Das Problem der Neugliederung der Deutschen Bundesrepublik dargestellt am Beispiel des Südweststaates, Frankfurt 1950;

Eberhard Konstanzer, Die Entstehung des Landes Baden-Württemberg, Stuttgart 1969; Maier, Erinnerungen, S. 67ff.

53 H. Lüdemann, Die Not eines Landes. Denkschrift über Schleswig-Holstein, Kiel 1948. In einer Rundfunkansprache hatte Lüdemann am 3. 8. 1948 erklärt: »Wir Deutschen dürfen die uns jetzt gebotene Gelegenheit nicht ungenutzt verstreichen lassen. Wir haben für absehbare Zeit eine einzige Chance, im Interesse des gesamten deutschen Volkes den Fundamenten des neuen demokratischen Staates bessere Formen zu geben«. Text im Nachlaß Menzel, R. 1, Archiv der sozialen Demokratie, Bonn.

54 Konferenz der Ministerpräsidenten der westdeutschen Besatzungszonen, Jagdschloß Niederwald, 31. 8. 1948, in: Parl. Rat, Bd. 1, S. 337f.

55 Parl. Rat, Bd. 1, S. 291ff. Die abschließende Sitzung des Ländergrenzenausschusses fand am 30. 9. 1948 statt; vgl. Parl. Rat, Bd. 1, S. 333f. u. 419 (Anm. 5).

56 Bericht Pollocks an Clay, Pollok Papers, IfZ, ED 122, Bd. 37.

57 Ernst Portner, Koch-Wesers Verfassungsentwurf, in: VfZ 14 (1966), S. 280ff.; vgl. Benz (Hrsg.), Bewegt von der Hoffnung, S. 9ff.; Werner Röder, Deutschlandpläne der Sozialdemokratischen Emigration in Großbritannien 1942–1945, in: VfZ 17 (1969), S. 72–86.

58 Secret Report of Carl J. Friedrich, Sept. 1948: Recommendations drafted at Herrenchiemsee by the commission of experts appointed by the Minister Presidents of the three western zones, OMGUS, 11/44–3/7; vgl. Parl. Rat, Bd. 2, S. CXXVII.

59 Friedrich Glum, Der künftige Deutsche Bundesstaat, München 1948.

60 Interne Besprechung (der Ministerpräsidenten der US-Zone) mit General Clay, 8. 1. 1947, in: Benz (Hrsg.), Bewegt von der Hoffnung, S. 233f.

61 Friedrich Glum, Bemerkungen zum organisatorischen Teil einer künftigen deutschen Verfassung, März 1948, in: Benz (Hrsg.), Bewegt von der Hoffnung, S. 264ff.; vgl. Piontkowitz, Anfänge westdeutscher Außenpolitik, S. 140f.

62 Vorschläge der Süddeutschen Sachverständigenkommission für eine deutsche Verfassung, 16. 7. 1948, in: Benz (Hrsg.), Bewegt von der Hoffnung, S. 289f.

63 Wolfgang Benz, Föderalistische Politik in der CDU/CSU. Die Verfassungsdiskussion im Ellwanger Kreis 1947/48, in: VfZ 25 (1977), S. 776–820; vgl. Ley, Föderalismusdiskussion und Salzmann (Bearb.), Die CDU/CSU im Parlamentarischen Rat. Sitzungsprotokolle der Unionsfraktion, S. XXVIf.; vgl. OMGUS, 3/162–2/16.

64 Richtlinien für den Aufbau der Deutschen Republik, 13./14. 3. 1947, in: Benz (Hrsg.), Bewegt von der Hoffnung, S. 359f.

65 Walter Menzel, Zur deutschen Verfassung, 17. 4. 1947, in: Benz (Hrsg.), Bewegt von der Hoffnung, S. 363f.

66 Sörgel, Konsensus und Interessen, S. 62.

67 Carlo Schmid, Gliederung und Einheit. Die verfassungspolitischen Richtlinien der SPD, August 1948, in: Benz (Hrsg.), Bewegt von der Hoffnung, S. 388 f.

68 Westdeutsche Satzung (Erster Menzel-Entwurf), 26. Juli 1948, in: ebenda, S. 367f.

69 »Grundgesetz« (Zweiter Menzel-Entwurf), 2. 9. 1948, in: ebenda, S. 391f.

70 Parl. Rat, Bd. 2, S. XLIXf.

71 Vgl. Jakob Fischbachers Entwurf einer Bundessatzung (Januar 1949), in: Benz (Hrsg.), Bewegt von der Hoffnung, S. 433f.
72 Heinrich Hellwege, Richtlinien für die künftige deutsche Verfassung, in: ebenda, S. 430f.
73 Carl Spiecker, Richtlinien für eine künftige deutsche Verfassung, in: ebenda, S. 424f.
74 Der Zonenbeirat zur Verfassungspolitik (als Manuskript gedruckt), Hamburg 1948, Archiv IfZ.
75 Entwurf einer Verfassung für die Deutsche Demokratische Republik, 14. 11. 1946, in: Benz (Hrsg.), Bewegt von der Hoffnung, S. 449f.; s. a. Erklärung der kommunist. Fraktion des Zonenbeirats v. 16. 10. 1947, ebenda, S. 446f.
76 Joachim Schilling, Idyll auf Herrenchiemsee, in: Die Neue Zeitung, 21. 8. 1948.
77 Der Verfassungskonvent auf der Herreninsel. Juristische Generalstabsarbeit auf unsicherem Boden. Von unserem zum Chiemsee entsandten Sonderberichterstatter Erich Kuby, in: Süddeutsche Zeitung, 14. 8. 1948.
78 Süddeutsche Zeitung, 24. 8. 1948 (Lebensfremde Theaterattrappe).
79 Tagebuch Theodor Spitta, 22. 8. 1948 (unveröffentlicht), Archiv IfZ, ED 125 (und Forschungsstelle für die Geschichte des Nationalsozialismus in Hamburg).
80 Bericht über den Verfassungskonvent auf Herrenchiemsee vom 10. bis 23. August 1948, hrsg. vom Verfassungsausschuß der Ministerpräsidenten-Konferenz der westlichen Besatzungszonen, München 1948, S. 5.
81 »Bayerische Leitgedanken« sowie verschiedene Ergänzungen und Korrespondenz im Nachlaß Hoegner, IfZ, ED 120, Bd. 130b; Parl. Rat, Bd. 2, S. LVII und S. 1f., sowie Benz (Hrsg.), Bewegt von der Hoffnung, S. 305f.
82 S. Anm. 80; Text (S. 10–94) auch in Parl. Rat, Bd. 2, S. 504–630.
83 Bericht über den Verfassungskonvent, S. 5.
84 Nach Süddeutscher Zeitung, 28. 8. 1948 (»Staatspolitisch notwendige Neukonstruktion«. Zurückhaltende Aufnahme des Verfassungswerkes von Herrenchiemsee).
85 DPD, Köln, 24. 8. 1948, zit. nach SOPADE Querschnitt, September 1948, S. 12.
86 Die Neue Zeitung, 25. 8. 1948 (Arbeit auf Herrenchiemsee beendet).
87 Parl. Rat, Bd. 2, S. CXXXIIf.
88 SPD-Pressedienst, 18. 8. 1948; SOPADE Querschnitt, September 1948, S. 12. In der Erklärung hieß es, nach der Feststellung, daß der »Chiemsee-Ausschuß« zuviel Publizität genieße: »Der Chiemsee-Ausschuß ist entstanden auf Grund einer privaten Vereinbarung der Ministerpräsidenten der deutschen Länder, die ihre Verfassungsspezialisten zu vertraulichen Beratungen zusammenkommen ließen. Sie sollen einen Entwurf für das kommende Grundgesetz ausarbeiten, wie es nach der Meinung der Ministerpräsidenten unter dem besonderen Aspekt der Länderinteressen aussehen sollte. Insofern handelt es sich bei diesem Ausschuß um die Vertretung einer bestimmten politischen Interessengruppe, wie sie auch sonst bestehen in den Parteien, in Arbeitsgemeinschaften und dergleichen. Die Ausarbeitung eines offiziellen Entwurfs für das kommende Grundgesetz ist und bleibt allein dem Parlamentarischen

Rat vorbehalten, der durch die Vorschläge des Chiemsee-Ausschusses in keiner Weise präjudiziert wird.«

89 SPD-Pressedienst, 25.8.1948; SOPADE, September 1948, S. 11; s. a. Stuttgarter Zeitung, 28.8.1948; Schwäbisches Tagblatt, 31.8.1948.

90 Tägl. Rundschau, zit. nach Süddeutscher Zeitung, 28.8.1948 (Staatspolitisch notwendige Neukonstruktion).

91 Konferenz der Ministerpräsidenten der westdeutschen Besatzungszonen, Jagdschloß Niederwald, 31.8.1948, in: Parl. Rat, Bd. 1, S. 337–410.

92 Aufzeichnung über Besprechung einer Delegation der Ministerpräsidenten mit alliierten Verbindungsoffizieren, Wiesbaden, 31.8.1948, ebenda, S. 410 bis 414, Zitat nach dem Protokoll im BA, Z 12, Bd. 8, Bl. 101. Namentlich auf britischer Seite war man dann auch sehr verstimmt, daß die Berliner Delegation bei der Eröffnung des Parlamentarischen Rats »nicht in der unauffälligen Form vor sich gegangen sei, welche die alliierten Befehlshaber vorgesehen hatten«. Die Briten fühlten sich erpreßt. Sie brachten gegenüber dem Büro der Ministerpräsidenten zum Ausdruck, man würde auf seiten der Alliierten die vollendeten Tatsachen zwar hinnehmen, »sie würden aber unter Umständen bei der gespannten internationalen Lage ungünstige Wirkungen haben und den Berlinern mehr schaden als nützen«. Aufzeichnung Werz, Büro der Ministerpräsidenten, 3.9.1948, BA, Z 12, Bd. 8, Bl. 95; vgl. auch OMGUS/Polad/455/31–38 und Noiret an Clay, 10. 5.1948, betr. Berliner Repräsentanz in der Konstituante, OMGUS/AG/21/2.

93 Aufzeichnung über Besprechungen von Mitgliedern des Büros der Ministerpräsidenten mit französischen Verbindungsoffizieren am 19.8.1948, in: Parl. Rat, Bd. 1, S. 324.

94 Festakt bei der Eröffnung des Parlamentarischen Rats am 1.9.1948 in Bonn, IfZ, Nachlaß Strauß, ED 94, Bd. 135; Berichte OMGUS/CAD: Establishment and activities of the Parliamentary Council, 2. u. 4.9.1948, OMGUS, 17/261–3/28.

95 Rede Stocks u. a. in: Parl. Rat, Bd. 1, S. 414f.

96 Protokoll der Sitzung des Ausschusses zur Schaffung eines Modellgesetzes für die Errichtung des Parlamentarischen Rats, Wiesbaden, 27.7.1948, in: Parl. Rat, Bd. 1, S. 283ff.

97 Salzmann (Bearb.), Die CDU/CSU im Parlamentarischen Rat. Sitzungsprotokolle der Unionsfraktion, S. XIII.

98 Sörgel, Konsensus und Interessen, S. 104 und 236f.

99 Walter Henkels, Väter des Grundgesetzes, in: Südkurier (Konstanz), 12.5.1949 und Adenauer–Heuss–Schmid, in: Mannheimer Morgen, 25.5.1949.

100 Ursula von Kardorff, Verfassungsmacher bei Licht betrachtet, in: Süddeutsche Zeitung, 26.2.1949.

101 Th. H., Das ABC des Parlamentarischen Rates, IfZ, Nachlaß Strauß, ED 94, Bd. 136.

102 Carlo Schmid, Erinnerungen, S. 406.

103 Civil Administration Division, OMGUS, Bundesstaatliche Verfassungen, September 1948, Archiv IfZ (DK 105.004); Arnold Brecht hatte im August einen systematischen Vergleich der vier großen Verfassungskonzepte angefertigt: Chiemseer Gutachten, Richtlinien des Deutschen Volksrats, Vorschläge des Ellwanger Kreises, Erster Menzel-Entwurf. Über die amerikani-

sche Verbindungsstelle wurde die Ausarbeitung vom 5. September dem Parlamentarischen Rat zugeleitet; ein Exemplar im Nachlaß Fritz Hoch, Archiv der sozialen Demokratie, Bonn; vgl. Arnold Brechts Memorandum vom Januar 1946: Constitutional problems in Germany, OMGUS, 17/255-1/26.

104 Bestandsliste im Nachlaß Strauß, IfZ, ED 94, Bd. 135.

105 Parl. Rat, Sten. Bericht, 2. u. 3. Plenarsitzung, S. 7–40.

106 Richard Ley, Organisation und Geschäftsordnung des Parlamentarischen Rates, in: Zeitschrift für Parlamentsfragen 6 (1975), S. 192ff.

107 Erhard H. M. Lange, Die Diskussion um die Stellung des Staatsoberhauptes 1945–1949 mit besonderer Berücksichtigung der Erörterungen im Parlamentarischen Rat, in: VfZ 26 (1978), S. 601ff.

108 In einer Eingabe der Arbeitsgemeinschaft evangelischer Religionslehrer/innen am 6. 1. 1949 an die Mitglieder des Parlamentarischen Rates wurde vehement gegen die kirchliche Aufsicht des Religionsunterrichts in Schulen gekämpft, Archiv der sozialen Demokratie, Nachlaß Hoch, Bd. 2.

109 Erklärung der deutschen Bischöfe zum geplanten Grundgesetz, 11.2.1949, IfZ, Nachlaß Eberhard, ED 117, Bd. 64; vgl. Sörgel, Konsensus und Interessen, S. 317f.

110 Dörpinghaus an Adenauer über Gespräche mit Pater Zeiger, 7. und 8.2. 1949, Stiftung Bundeskanzler-Adenauer-Haus, Rhöndorf, Best. 09.07/1.

111 Adenauer an Kardinal Frings, 7.2.1949 (Entwurf), ebenda.

112 Bischof Michael Keller an Adenauer, 19.4.1949, ebenda.

113 Adenauer an Bischof Keller, 30.4.1949 (Abgangsvermerk: 2.5.1949), ebenda.

114 Eingabe, 29.10.1948, gez. Schäfer (Landesverband NRW) und Hesse (Niedersachsen), (am 6.11.1948 wurden Erläuterungen nachgereicht) Original im Archiv der sozialen Demokratie, Nachlaß Fritz Hoch, Bd. 1; Zehn Jahre Deutscher Beamtenbund. Festschrift aus Anlaß des zehnjährigen Bestehens des Deutschen Beamtenbundes zum Bundesvertretertag 1959, S. 64.

115 Zehn Jahre Deutscher Beamtenbund, S. 63.

116 Entschließung anläßlich des Bundestags der Gewerkschaft Deutscher Beamtenbund für die britische Zone, 30.1.1949, Archiv der sozialen Demokratie, Nachlaß Fritz Hoch.

117 Wolfgang Benz, Versuche zur Reform des öffentlichen Dienstes in Deutschland 1945–1952, in: VfZ 29 (1981), S. 216ff.

118 Der Bund. Das Gewerkschaftsblatt der Britischen Zone, Nordrhein-Westfalen-Beilage, 25.9.1948 (Grundgesetz für Westdeutschland. Was erwartet die Arbeitnehmerschaft vom Parlamentarischen Rat?).

119 Eingabe Gewerkschaftsrat der vereinten Zonen an die Herren Abgeordneten des Parlamentarischen Rates im Oktober 1948, Archiv der sozialen Demokratie, Nachlaß Fritz Hoch, Bd. 1. Vgl. Der Bund, 20.11.1948 (Vorschläge zum Grundgesetz).

120 Der Bund, 20.11.1948.

121 Parl. Rat, Verhandlungen des Hauptausschusses, 18. Sitzung, 4.12.1948, Sten. Ber., S. 215.

122 Sörgel, Konsensus und Interessen, S. 210ff.

123 Zahlreiche Beispiele im Nachlaß Fritz Hoch, Archiv der sozialen Demokratie.

124 Archiv der sozialen Demokratie, Nachlaß Menzel, R. 1. Die rabulistische Berufung auf die Verfassung der UdSSR (Stalinverfassung vom 5.12.1936) erfolgte mit einiger Ahnungslosigkeit bezüglich des Inhalts; gemeint waren die Artikel 14 und 17; vgl. Reinhart Maurach, Handbuch der Sowjetverfassung, München 1955, S. 94ff.
125 Archiv der sozialen Demokratie, Nachlaß Menzel, R 1.
126 Rundfunkansprache Hans Ehard, 2.4.1949, hekt. Manuskript, Archiv der sozialen Demokratie, Nachlaß Menzel, R. 1.
127 Rudolf Morsey, Zwischen Bayern und der Bundesrepublik. Die politische Rolle des bayerischen Ministerpräsidenten Hans Ehard 1946–1949, in: Juristenzeitung 36 (1981), S. 366.
128 Berichte Menzels an den Parteivorstand der SPD, 1.10., 8. 10., 15.10., 22.10.1948, Archiv der sozialen Demokratie, Nachlaß Menzel, R 1.
129 Salzmann (Bearb.), Die CDU/CSU im Parlamentarischen Rat, S. 90ff.; Rudolf Morsey, Die Entstehung des Bundesrats im Parlamentarischen Rat, in: Der Bundesrat als Verfassungsorgan und politische Kraft, Bad Honnef 1974, S. 71ff.; Morsey, Zwischen Bayern und der Bundesrepublik, S. 366ff.
130 CDU-Politik des nationalen Verrats, in: SOPADE, Querschnitt, Dezember 1948, S. 21; Parlamentarischer Rat, Verhandlungen des Hauptausschusses, 25. Sitzung, 9.12.1948, Sten. Ber., S. 295.
131 Parlamentarischer Rat, Verhandlungen des Hauptausschusses, 27. Sitzung, 15.12.1948, Sten. Ber., S. 315; vgl. den Artikel von F.-H. Pielmeyer, Die Konkordatsfrage im Rheinischen Merkur, 18.12.1948, in dem die Vorwürfe wiederholt wurden.
132 Text of Aide-Mémoire left with the President of the Parliamentary Council at Bonn, 22.11.1948, in: Documents of the Creation of the German Federal Constitution, prepared by Civil Administration Division, OMGUS, Berlin 1949, S. 105; vgl. Memo of the Military Governor's meeting in Frankfurt, 16.11. 1948, OMGUS/POLAD 461/59.
133 Aktenvermerk Fritz Eberhard, 11.12.1948, IfZ, Nachlaß Eberhard, ED 117, Bd. 64.
134 Aktennotiz Adenauers (18.11.1948) über das Gespräch mit Robertson am 17.11.1948, Stiftung Bundeskanzler-Adenauer-Haus, Rhöndorf, Best. 09.10.
135 Parlamentarischer Rat, Verhandlungen des Hauptausschusses, 9. Sitzung, 25.11.1948, Sten. Ber., S. 111.
136 Carlo Schmid, Erinnerungen, S. 382; Schmid an Adenauer, 18.12.1948, Stiftung Bundeskanzler-Adenauer-Haus, Rhöndorf, Best. 09.05; vgl. handschriftliche Notizen Adenauers v. 17.12.1948, ebenda.
137 Parlamentarischer Rat, Verhandlungen des Hauptausschusses, 28. Sitzung, 18.12.1948, Sten. Ber., S. 331ff.; vgl. Adenauers Darstellung im stenographischen Protokoll seiner Pressekonferenz am 18.12.1948 (das Protokoll wurde im Auftrag des CDU-Abgeordneten Chapeaurouge von dessen Sekretärin aufgenommen und Adenauer am 22.12.1948 übersandt), Stiftung Bundeskanzler-Adenauer-Haus, Rhöndorf, Best. 09.03; vgl. Rudolf Morsey, Die Rolle Konrad Adenauers im Parlamentarischen Rat, in: VfZ 18 (1970), S. 62ff.
138 OMGUS, Monthly Report of the Military Governor, Januar 1949, S. 9.
139 Erklärung der Fraktion der SPD zum Ruhrstatut im Hauptausschuß des Parlamentarischen Rates am 7.1.1949, Drucksache 462.

140 Ebenda, Drucksache 480.
141 Ebenda, Drucksache 461.
142 Hans-Jürgen Grabbe, Die deutsch-alliierte Kontroverse um den Grundgesetzentwurf im Frühjahr 1949, in: VfZ 26 (1978), S. 401 ff.
143 Adenauer, Erinnerungen 1945–1953, S. 164.
144 Gimbel, Amerikanische Besatzungspolitik, S. 294 f.; Bonn decisions, confidential memo to Clay, 4. 4. 1949, OMGUS 17/261–3/28.
145 Message to the Military Governors, 8. 4. 1949, in: FRUS 1949, Vol. III, S. 185 ff.
146 Tagesspiegel Berlin, 3. 5. 1949; Otto, Das Staatsverständnis des Parlamentarischen Rates, S. 45 f.
147 Walter Menzel an Fritz Heine, 29. 7. 1949, Archiv der sozialen Demokratie, Nachlaß Menzel, R 46 (Personalien).
148 Meeting of the three western Military Governors with a Parliamentary Council delegation, 25. 4. 1949 in Frankfurt, OMGUS, 17/213–3/39.
149 Parlamentarischer Rat, Sten. Ber. (Plenum), 10. Sitzung, 8. 5. 1949, S. 233 f.
150 Ebenda, S. 237.
151 Protokoll der Fraktionssitzung, 8. 5. 1949, in: Salzmann (Bearb.), Die CDU/CSU im Parlamentarischen Rat, S. 555 ff.
152 Konferenz der drei Militärgouverneure mit Vertretern des Parlamentarischen Rats und der Ministerpräsidenten in Frankfurt, 12. 5. 1949, in: AVBRD, Bd. 5, S. 423 ff.
153 Parlamentarischer Rat, Verhandlungen des Hauptausschusses, 26. Sitzung, 10. 12. 1948, Sten. Ber., S. 311 f.
154 Occupation Statute, 10. 4. 1949 u. Nichtamtliche Übersetzung im Nachlaß Strauß, IfZ, ED 94, Bd. 128.
155 Bayer. Landtag, 110. Sitzung, 19. und 20. 5. 1949, Sten. Ber., S. 80 ff.
156 Süddeutsche Zeitung, 24. 5. 1949 (Bayerische Volksbefragung – bedeutungslos).
157 Ehard, Bayerische Politik, S. 51.
158 Ehard an Arnold, 20. 11. 1948 (mit Anschreiben Arnolds erhielt Adenauer am 23. 11. 1948 eine Abschrift dieses Briefes), Stiftung Bundeskanzler-Adenauer-Haus, Rhöndorf, Best. 09.01.
159 Ehard an Adenauer, 20. 1. 1949, ebenda; vgl. Ehard an Menzel, 23. 2. 1949, Archiv der sozialen Demokratie, Nachlaß Walter Menzel, R 1.
160 Protokoll, o. D., Stiftung Bundeskanzler-Adenauer-Haus, Rhöndorf, Best. 09.0 9./6.
161 Entwurf Fernschreiben Adenauer an Ehard 7. 5. 1949, Antwort Hundhammer 9. 5. 1949 und Schreiben Adenauer an Hundhammer 14. 5. 1949, ebenda, Best. 09.01.
162 Parlamentarischer Rat, Sten. Ber., Plenum, 12. Sitzung, 23. 5. 1979, S. 273.
163 Erhard H. M. Lange, Entstehung des Grundgesetzes und Öffentlichkeit: Zustimmung erst nach Jahren, in: Zeitschrift für Parlamentsfragen 10 (1979), S. 378 ff.; zum Echo der Arbeit des Parlamentarischen Rats in der ausländischen Presse vgl. die Zusammenstellung des Deutschen Büros für Friedensfragen v. 21. 6. 1949, u. a. im Nachlaß Laforet, Archiv für Christlich-Demokratische Politik, St. Augustin, I–122, Karton 12, Mappe 32.
164 Walter Dirks, Die neuen Verfassungen, in: Frankfurter Hefte 1 (1946), H. 4, S. 3.

165 Wolfgang Benz, Amerikanische Besatzungsherrschaft in Japan 1945–1947, in: VfZ 26 (1978), S. 265 ff.
166 Kurt Hiller, Das Grundgesetz als Prosastück, in: Die Zeit, 16. 6. 1949.
167 Erklärung der deutschen Bischöfe zum Grundgesetz der Bundesrepublik Deutschland vom 23. 5. 1949, Kirchlicher Nachrichten Dienst Köln, Nr. 122, 26. 5. 1949.
168 Hans Robinsohn, Das »verkehrte« Grundgesetz, in: Vorgänge 18 (1979), Nr. 37, S. 45.
169 Weber, Spannungen und Kräfte, S. 9.
170 Fromme, Von der Weimarer Verfassung zum Bonner Grundgesetz, S. 212.
171 Bericht über den Verfassungskonvent auf Herrenchiemsee vom 10. und 25. August 1948, S. 45.
172 Karl Loewenstein, Verfassungsrecht und Verfassungsrealität, in: Archiv des öffentlichen Rechts 72 (1951/52), S. 428.
173 Weber, Spannungen und Kräfte, S. 21 f.; Leibholz, S. 121.
174 Otto, Das Staatsverständnis des Parlamentarischen Rates, S. 149 f.

V. Der Übergang zur Bundesrepublik

1 Memorandum über die zwischen den Außenministern der Vereinigten Staaten, des Vereinigten Königreichs und Frankreichs beschlossenen Maßnahmen zur Deutschlandpolitik, Washington, 6./8. April 1949, Anhang VI, Deutschland: Reparationen, S. 8 (Drucksache im Nachlaß Strauß, IfZ, ED 94, Bd. 128).
2 Ebenda, Anhang VII, Verbotene und beschränkte Industrien, S. 10.
3 Ebenda, Anhang II, Abkommen über Dreimächte-Kontrolle, S. 6.
4 Im toten Winkel. Die französische Zone drei Wochen nach der Währungsreform, in: Die Zeit, 22. 7. 1948.
5 Die Neue Zeitung, 25. 8. 1948 (Großer Grenzverkehr im Westen).
6 Besprechung zwischen General Koenig und den Regierungschefs der Französischen Zone, Baden-Baden, 11. 3. 1949, AVBRD, Bd. 5, S. 278.
7 Neue Zürcher Zeitung, 28. 7. 1949 (Vereinheitlichung der westdeutschen Eisenbahnen. Deutsche Bundesbahnen im Werden).
8 Clay, Entscheidung, S. 448 und 467; Tripartite Military Governors meetings, Okt. 1948 – Sept. 1949, OMGUS, 17/8241/35–38.
9 Vgl. Amelunxen, Ehrenmänner und Hexenmeister, S. 61.
10 Morsey (Hrsg.), Konrad Adenauer und die Gründung der Bundesrepublik Deutschland, S. 32.
11 Salzmann (Bearb.), Die CDU/CSU im Parlamentarischen Rat, S. 559.
12 Ebenda, S. 563.
13 Frankfurter Hefte 4 (1949), S. 549 (Juli 1949).
14 Wirtschaftsrat, 40. Vollversammlung, 8. 8. 1949, Wörtl. Berichte, S. 1996.
15 Gesetz Nr. 25 der amerikanischen bzw. Verordnung Nr. 201 der britischen Militärregierung, Amtsblatt amerikanische Militärregierung, Ausg. 0, S. 17.
16 Besprechung der Militärgouverneure mit bizonalen Vertretern in Frankfurt, 16. 8. 1949, in: AVBRD, Bd. 5, S. 1046.

17 Guy A. Lee, The Establishment of the Office of U.S. High Commissioner for Germany, Bonn (U.S. HICOG) 1951, S. 52; vgl. Corr. OMGUS März–Juni 1949 recreation of High Commission for Germany and Occupation Statute and Constitution of Federal Republic Germany, OMGUS/AGTS/24/1.
18 Der Spiegel, 4.8.1949, S. 5 (Zaunkönig in der Ente. Schlußstrich unter die Erbfeindschaft).
19 Der Spiegel, 25.8.1949, S. 3.
20 Morsey (Hrsg.), Konrad Adenauer und die Gründung der Bundesrepublik, S. 32–33.
21 Ministerpräsidentenkonferenz in Koblenz, 25./26.8.1949, in: AVBRD, Bd. 5, S. 1060.
22 Empfehlungen des Juristischen Ausschusses der Ministerpräsidenten, Wiesbaden 1949, S. 9.
23 Bundesarchiv, Nachlaß Pünder, Bd. 721.
24 Knappstein an Pünder, 23.9.1949, ebenda.
25 Adenauer an Pünder, 26.9.1949, ebenda.
26 Pünder an Brüning, 26.10.1949, BA, Nachlaß Pünder, Bd. 721.
27 Pünder an Adenauer, 3.6.1949, BA, Z 5, Bd. 145; Pünder an Adenauer, 24.8.1949 und 6.9.1949, BA, Nachlaß Pünder, Bd. 265.
28 Pünder an Adenauer, 26.9.1949, BA, Nachlaß Pünder, Bd. 274.
29 Pünder an Pferdmenges, 15.10.1949, ebenda.
30 Pünder an Adenauer, 7.2.1950, Adenauer an Pünder, 25.5.1950 u. Vermerk Pünder v. 4.5.1950, BA, Nachlaß Pünder, Bd. 721.
31 Erhard Lange, Der Parlamentarische Rat und die Entstehung der ersten Bundestagswahlgesetze, in: VfZ 20 (1972), S. 280–318.
32 Ebenda, S. 314f.
33 Bundesgesetzblatt 1949 und 1950, S. 21f. und S. 24.
34 Telegraf (Berlin), 22.7.1949.
35 Die Welt, 19.7.1949 (Polizei beschlagnahmt »Trautes Heim«).
36 Der Spiegel, 18.8.1949, S. 7 (Nach zwei Jahren Kampf. Dann gehen ja die Geschäfte).
37 Neue Zürcher Zeitung, 14.8.1949 (Letzte Heerschau der Parteien).
38 Morsey (Hrsg.), Konrad Adenauer und die Gründung der Bundesrepublik, S. 35. Zur generalstabsmäßigen Vorbereitung des CDU-Wahlkampfes vgl. Protokoll der 3. Sitzung des Wahlrechts-Ausschusses und des Presse- und Propaganda-Ausschusses am 19.5.1949 in Königswinter, Nachlaß Adenauer, Best. 09.03, Stiftung Bundeskanzler-Adenauer-Haus, Rhöndorf.
39 SPD-Pressedienst, 27.7.1949 (»Pathologisch schwachsinnig«).
40 Der Spiegel, 18.8.1949, S. 10.
41 Unger, Bayernpartei, S. 142.
42 Woller, Loritz-Partei, S. 116ff.
43 Niedersächsische Stimmen, 2. August – Ausgabe 1949, Nr. 13/14 (Was das Grundgesetz nicht enthält).
44 Ebenda (Was uns trennt – was uns verbindet).
45 Niedersächsische Stimmen, 1. August – Ausgabe 1949, Nr. 11/12 (Bauer und Bundestagswahl).
46 Ebenda, 2. August – Ausgabe 1949, Nr. 13/14 (Was uns trennt – was uns verbindet).
47 Ebenda (Warum DP und nicht CDU!!).

48 Ebenda (Es ergeht der Ruf ... Ein Wort an die jugendlichen Wähler).
49 Rhein-Ruhr-Zeitung Essen, 18.7.1949.
50 Die Neue Zeitung, 11.7.1949 (Verankerung der Menschenrechte. DZP: Auf jeden Fall Sozialisierung der Grundstoffindustrie).
51 Rhein-Echo (Düsseldorf), 28.6.1949.
52 Stuttgarter Nachrichten, 25.6.1949.
53 Bremer Plattform von 1949, Text in: Flechtheim, Dokumente zur parteipolitischen Entwicklung, Bd. 2, S. 274–295.
54 Wahlaufruf der FDP Bayerns, Flugblatt, IfZ, Zeitgeschichtl. Slg. Dn 031.
55 Flugblatt der FDP: »Werktätige! Arbeiter!«, IfZ, Zeitgeschichtl. Slg. Dn 031.
56 Neue Zürcher Zeitung, 1.8.1949 (Wahlreden Schumachers und Adenauers in Hamburg).
57 Wahlrede bei einer CDU/CSU-Kundgebung im Heidelberger Schloß, 21.7.1949, in: Adenauer, Reden 1917–1967, S. 137–149.
58 Vgl. Brief Walter Menzels an Fritz Heine, 29.7.1949, Archiv der sozialen Demokratie Bonn, Nachlaß Menzel, R 46 (Personalien); vgl. S. 220 f.
59 Adenauer, Erinnerungen 1945–1953, S. 217f.
60 Alle Zitate nach: Wer lügt? Dokumentarisches Material zur Information der Sozialdemokratischen Partei durch die britische Militärregierung am 14.4.49, vervielfältigtes Ms., Archiv für Christlich-Demokratische Politik, St. Augustin, Best. I–071 (Mappe 137); vgl. Brief Theophil Kaufmanns an Herbert Blankenhorn v. 26.7.1949 mit Entwurf einer Erklärung zur Kontroverse um Adenauers Heidelberger Rede, Nachlaß Adenauer 09.01, Stiftung Bundeskanzler-Adenauer-Haus, Rhöndorf.
61 Paul Wilhelm Wenger, »Der kranke Führer«, in: Rheinischer Merkur, 16. 4.1949.
62 SPD-Pressedienst, 25.7.1949 (Zum ersten Mal in der französischen Zone. Schumacher in Koblenz – CDU: »Partei des Mammonismus«).
63 SPD-Pressedienst, 20.6.1949 (Schumacher eröffnet Wahlkampf).
64 SPD-Pressedienst, 17.7.1949, und Neuer Vorwärts, 23.7.1949 (Politik oder Glaubenskrieg. Auszug aus einem Brief Kurt Schumachers vom 15.7. 1949 an einen Freund).
65 Heidelberger Rede (s. Anm. 57), S. 148f.
66 Paul Wilhelm Wenger, in: Morsey (Hrsg.), Konrad Adenauer und die Gründung der Bundesrepublik Deutschland, S. 65.
67 Rheinischer Merkur, 30.7.1949 (Schumacher am Rhein. Eine sehr erfolgreiche Wahlreise gegen seine eigene Partei).
68 SPD-Pressedienst, 5.8.1949 (Aufruf an die katholischen Wähler und Wählerinnen!).
69 Union im Wahlkampf. Informations- und Rednerdienst der Arbeitsgemeinschaft der CDU/CSU Deutschlands, Nr. 25, 13.8.1949.
70 Rheinischer Merkur, 30.7.1949 (Schumacher am Rhein. Eine sehr erfolgreiche Wahlreise gegen seine eigene Partei).
71 Wahlrede bei einer CDU/CSU-Kundgebung im Heidelberger Schloß, 21.7. 1949, in: Adenauer, Reden 1917–1967, S. 146–147.
72 Wahlaufruf, Neuer Vorwärts, 16.7.1949 (Für ein freies Deutschland in einem neuen Europa).
73 Willy Brandt, Parolen und Überzeugungen, in: SPD-Pressedienst, 27.7.1949.

74 Neue Zürcher Zeitung, 8.8.1949 (Die Wahlen zum westdeutschen Bundestag).
75 Ebenda.
76 Zit. nach Der Spiegel, 11.8.1949, S.3.
77 Text bei Flechtheim, Dokumente zur parteipolitischen Entwicklung, Bd. 2, S.58–76.
78 Ambrosius, Die Durchsetzung der sozialen Marktwirtschaft, S.172.
79 Uertz, Christentum und Sozialismus in der frühen CDU, S.200f.
80 Informationsdienst des Zonenausschusses der CDU für die britische Zone, 23.7.1949.
81 Wahlaufruf, Neuer Vorwärts, 16.7.1949 (Für ein freies Deutschland in einem neuen Europa).
82 Neuer Vorwärts, 25.6.1949 (Wahlkampfbeginn im Ruhrgebiet – Rede Kurt Schumachers anläßlich einer Großkundgebung der SPD in Gelsenkirchen am 19.6.1949).
83 Wahlaufruf, Neuer Vorwärts, 16.7.1949 (Für ein freies Deutschland in einem neuen Europa).
84 Neuer Vorwärts, 25.6.1949 (Wahlkampfbeginn im Ruhrgebiet – Rede Erik Nöltings anläßlich einer Großkundgebung der SPD in Gelsenkirchen am 19.6. 1949).
85 Union im Wahlkampf. Informations- und Rednerdienst der Arbeitsgemeinschaft der CDU/CSU Deutschland, Nr. 15, 13.7.1949.
86 Erhard am 10.12.1971, in: Dreher, Der Weg zum Kanzler, S.358.
87 Erhard an Blücher, 14.7.1949, Ludwig-Erhard-Archiv, Bonn, Nachlaß Erhard, I.3/27.
88 Erhard an Heuss, 14.7.1949, ebenda.
89 Erhard an Blücher, 28.7.1949, ebenda.
90 Dem Leiter des Ludwig-Erhard-Archivs, Herrn Dr. Volkhard Laitenberger, danke ich herzlich für diese Informationen sowie für die Erlaubnis zu ihrer Veröffentlichung.

Quellen und Literatur

1. Ungedruckte Quellen

Archiv des Instituts für Zeitgeschichte, München
Nachlaß Josef Baumgartner (ED 132)
Nachlaß Fritz Eberhard (ED 117)
Nachlaß Wilhelm Hoegner (ED 120)
Nachlaß Walter Strauß (ED 94)
Depositum Hans Möller
Johannes Semler, Rede vom 4. 1. 1948 mit Kommentar und Anlagen (MA 90)
Johannes Semler, Kommentar zu meiner Erlanger Rede (F 84)
Monthly Report of the Control Commission for Germany (British Element), Juni 1946 ff. (DK 200.001)
Pollock Papers (ED 122) (Tagebuch, Korrespondenz und Handakten James K. Pollock: Originale in der Michigan Historical Collection, Ann Arbor)
OMGUS-Akten (MF 260) (Mikrofiche-Kopien von Akten der Record Group 260, National Archives Washington: Office of Military Government for Germany, U.S.)
OMGUS, Monthly Report of the Military Governor, August 1945 ff. (MA 560)
OMGUS Staff Conferences (Fg 12)

Bundesarchiv, Koblenz
Wirtschaftsrat des Vereinigten Wirtschaftsgebietes (Z 3)
Parlamentarischer Rat (Z 5)
Personalamt des Vereinigten Wirtschaftsgebietes (Z 11)
Büro der Ministerpräsidenten des amerikanischen, britischen und französischen Besatzungsgebietes (Z 12)
Direktorialkanzlei des Verwaltungsrates des Vereinigten Wirtschaftsgebietes (Z 13)
Rechtsamt der Verwaltung des Vereinigten Wirtschaftsgebietes (Z 22)
Sonderstelle Geld und Kredit bei der Verwaltung für Finanzen des Vereinigten Wirtschaftsgebietes (Z 32)
Nachlaß Hermann Pünder

Friedrich-Ebert-Stiftung –
Archiv der sozialen Demokratie, Bonn-Bad Godesberg
Nachlaß Walter Menzel
Nachlaß Erwin Schoettle
Nachlaß Fritz Hoch
Nachlaß Heinrich Troeger

Konrad-Adenauer-Stiftung – Archiv für Christlich-Demokratische Politik, St. Augustin b. Bonn
Nachlaß Theophil Kaufmann
Nachlaß Wilhelm Laforet
Niederschriften der Sitzungen der CDU-Fraktion und des CDU-Fraktionsvorstandes im Wirtschaftsrat, Juli 1947 – August 1949

Ludwig-Erhard-Stiftung, Bonn
Nachlaß Ludwig Erhard

Parlamentsarchiv des Deutschen Bundestages, Bonn
Best. 2, Wirtschaftsrat des Vereinigten Wirtschaftsgebietes
Grundgesetzdokumentation

Stiftung Bundeskanzler-Adenauer-Haus, Rhöndorf
Nachlaß Konrad Adenauer

2. Gedruckte Quellen, Dokumentensammlungen

Am Abend der Demontage. 6 Jahre Reparationspolitik. Mit Dokumentenanhang (hrsgg. vom Bremer Ausschuß für Wirtschaftsforschung), Bremen 1951 (Abschlußband von: Reparationen, Sozialprodukt, Lebensstandard)
Abschließender Bericht des Präsidenten des Wirtschaftsrats des Vereinigten Wirtschaftsgebiets über die Gesetzgebung des Wirtschaftsrats, Frankfurt 1949
Acht Jahre sozialdemokratischer Kampf um Einheit, Frieden und Freiheit. Ein dokumentarischer Nachweis der gesamtdeutschen Haltung der Sozialdemokratie und ihrer Initiativen, hrsgg. vom Vorstand der Sozialdemokratischen Partei Deutschlands, Bonn 1954
Konrad Adenauer und die CDU der britischen Besatzungszone 1946–1949. Dokumente zur Gründungsgeschichte der CDU Deutschlands. Hrsgg. von der Konrad-Adenauer-Stiftung, Einl. und Bearb.: Helmuth Pütz, Bonn 1975
Akten zur Vorgeschichte der Bundesrepublik Deutschland 1945–1949. Hrsgg. von Bundesarchiv und Institut für Zeitgeschichte, 5 Bände, München 1976–1983 zit: AVBRD
Band 1: September 1945 – Dezember 1946, bearb. von Walter Vogel und Christoph Weisz;
Band 2: Januar 1947 – Mitte Juni 1947, bearb. von Wolfram Werner;
Band 3: Mitte Juni 1947 – Dezember 1947, bearb. von Günter Plum;
Band 4: Januar 1948 – Dezember 1948, bearb. von Christoph Weisz, Hans-Dieter Kreikamp und Bernd Steger;
Band 5: Januar 1949 – Dezember 1949, bearb. von Hans-Dieter Kreikamp.
Bericht über den Verfassungskonvent auf Herrenchiemsee vom 10. bis 25. August 1948, hrsgg. vom Verfassungsschutz der Ministerpräsidenten-Konferenz der Westlichen Besatzungszonen, München 1948
Berlin. Kampf um Freiheit und Selbstverwaltung 1945–1946, Berlin 1957

Berlin. Behauptung von Freiheit und Selbstverwaltung 1946–1948, Hrsgg. im Auftrage des Senats von Berlin, Berlin 1959

Berlin Quellen und Dokumente 1945–1951. Hrsgg. im Auftrage des Senats von Berlin. Bearb. durch Hans J. Reichhardt, Hans U. Treutler und Albrecht Lampe, 2 Bde., Berlin 1964

»Bewegt von der Hoffnung aller Deutschen«. Zur Geschichte des Grundgesetzes. Entwürfe und Diskussion 1941–1949. Hrsgg. von Wolfgang Benz, München 1979 (dtv dokumente)

Die CDU/CSU im Parlamentarischen Rat. Sitzungsprotokolle der Unionsfraktion. Eingeleitet u. bearbeitet von Rainer Salzmann, Stuttgart 1981

Documents on the creation of the German Federal Constitution. Prepared by Civil Administration Division, OMGUS, Berlin 1949

Dokumente betreffend die Begründung einer staatlichen Ordnung in der amerikanischen, britischen und französischen Besatzungszone, hrsgg. vom Büro der Ministerpräsidenten des amerikanischen, britischen und französischen Besatzungsgebietes, Wiesbaden 1948

Dokumente des Geteilten Deutschland. Quellentexte zur Rechtslage des Deutschen Reiches, der Bundesrepublik Deutschland und der Deutschen Demokratischen Republik. Mit einer Einführung hrsgg. von Ingo von Münch, Stuttgart 1968

Dokumente zur parteipolitischen Entwicklung in Deutschland seit 1945. Bearb. und hrsgg. von Ossip K. Flechtheim, 9 Bände, Berlin 1962–1971

Empfehlungen des Finanzausschusses der Ministerpräsidentenkonferenz zu dem Finanz-, Haushalts- und Kassenwesen. Hrsgg. vom Büro der Ministerpräsidenten des amerikanischen, britischen und französischen Besatzungsgebietes, Wiesbaden 1949

Empfehlungen des Juristischen Ausschusses der Ministerpräsidenten des amerikanischen, britischen und französischen Besatzungsgebietes, Wiesbaden 1949

Empfehlungen des Organisationsausschusses der Ministerpräsidentenkonferenz über den Aufbau der Bundesorgane. Hrsgg. vom Büro der Ministerpräsidenten des amerikanischen, britischen und französischen Besatzungsgebietes, Wiesbaden 1949

Die Entstehung des Bundeslandes Baden-Württemberg. Eine Dokumentation. Bearb. von Paul Sauer. Hrsgg. vom Landtag von Baden-Württemberg in Verbindung mit dem Hauptstaatsarchiv Stuttgart, Ulm 1977

Foreign Relations of the United States. Diplomatic Papers.
1947. Vol. II: Council of Foreign Ministers; Germany and Austria, Washington 1972
1948. Vol. II: Council of Foreign Ministers; Germany and Austria, Washington 1973
1949. Vol. III: Council of Foreign Ministers; Germany and Austria, Washington 1974
zit.: FRUS

Germany 1947–1949. The Story in Documents, Washington 1950 (Department of State Publication)

Informationsdienst des Zonenausschusses der Christlich-Demokratischen Union für die britische Zone. Als Manuskript gedruckt, Köln 1947–1949

Lehrjahre der CSU. Eine Nachkriegspartei im Spiegel vertraulicher Berichte an die amerikanische Militärregierung, hrsgg. von Klaus-Dietmar Henke und Hans Woller, Stuttgart 1984

The Papers of General Lucius D. Clay: Germany 1945–1949. Ed. by Jean Edward Smith. Bloomington, London 1974, 2 Vol.
Parlamentarischer Rat. Verhandlungen des Hauptausschusses, Bonn 1948/49
Parlamentarischer Rat, Stenographische Berichte über die Plenarsitzungen (1.–12. Sitzung, 1.9.1948–23.5.1949), Bonn 1948/49
Parlamentarischer Rat, Grundgesetz für die Bundesrepublik Deutschland (Entwürfe). Formulierungen der Fachausschüsse, des Allgemeinen Redaktionsausschusses, des Hauptausschusses und des Plenums, Bonn 1948/49
Parlamentarischer Rat 1948/49. Schriftlicher Bericht zum Entwurf des Grundgesetzes für die Bundesrepublik Deutschland (erstattet von den Berichterstattern des Hauptausschusses für das Plenum), Bonn 1949
Der Parlamentarische Rat 1948–1949. Akten und Protokolle. Hrsgg. für den Deutschen Bundestag von K. G. Wernicke, für das Bundesarchiv von H. Booms unter Mitwirkung von W. Vogel,
Band 1: Vorgeschichte, bearb. von Johannes Volker Wagner,
Band 2: Der Verfassungskonvent auf Herrenchiemsee, bearb. von Peter Bucher, Boppard 1975 und 1981
zit. Parl. Rat I, II
Potsdam 1945. Quellen zur Konferenz der »Großen Drei«, hrsgg. von Ernst Deuerlein, München 1963
Die Rechtsvorschriften der Besatzungsmächte. Chronologische und systematische Übersicht über alle veröffentlichten Rechtsnormen der Besatzungsmächte nach dem Stand vom 15.10.1949. Hrsgg. vom Juristischen Ausschuß der Ministerpräsidenten, Tübingen o. J.
Reparationen, Sozialprodukt, Lebensstandard. Versuch einer Wirtschaftsbilanz (Verf.: G. W. Harmssen). Als Manuskript gedruckt, Bremen 1948
Im Schatten des Hungers. Dokumentarisches zur Ernährungspolitik u. Ernährungswirtschaft in den Jahren 1945–1949. Hrsgg. v. Hans Schlange-Schöningen. Bearb. v. Justus Rohrbach, Hamburg 1955
SOPADE. Querschnitt durch Politik und Wirtschaft. Hrsgg. vom Vorstand der Sozialdemokratischen Partei Deutschlands, Hannover 1946ff.
Sozialdemokratischer Pressedienst, Hannover, Jg. 1–4 (1946–1949)
Rolf Steininger, Deutsche Geschichte 1945–1961. Darstellung und Dokumente in zwei Bänden, Frankfurt 1983
Union in Deutschland. Informationsdienst der Christlich-Sozialen Union Deutschlands, hrsgg. von Bruno Dörpinghaus. Deutschland-Union-Dienst (DUD), Frankfurt 1947–1949
Union im Wahlkampf. Informations- und Rednerdienst der Arbeitsgemeinschaft der CDU/CSU Deutschlands, hrsgg. von Bruno Dörpinghaus. Sonderausgabe des Deutschland-Union-Dienstes, Frankfurt Mai bis August 1949
Die Wiedergesundung Europas. Schlußbericht der Pariser Wirtschaftskonferenz der sechzehn Nationen, Oberursel 1948 (Dokumente und Berichte des Europa-Archivs, Bd. 4)
Wirtschaftsstatistik der deutschen Besatzungszonen 1945–1948 in Verbindung mit der deutschen Produktionsstatistik der Vorkriegszeit, Oberursel 1948 (Dokumente und Berichte des Europa-Archivs, Bd. 3)
Wörtliche Berichte und Drucksachen des Wirtschaftsrats des Vereinigten Wirtschaftsgebietes 1947–1949. Hrsgg. vom Institut für Zeitgeschichte und dem

Deutschen Bundestag, Wiss. Dienste, Bearb. Christoph Weisz und Hans Woller, 6 Bände, München 1977
Zonenbeirat für die Britische Besatzungszone, Der Zonenbeirat zur Verfassungspolitik. Als Manuskript gedruckt, Hamburg 1948

3. Memoiren, Tagebücher, Reden, Briefe

Adenauer. Briefe 1945–1947. Bearb. von Hans Peter Mensing (Rhöndorfer Ausgabe, hrsgg. von Rudolf Morsey und Hans-Peter Schwarz, Bd. 1), Berlin 1983
Konrad Adenauer, Erinnerungen 1945–1953, Stuttgart 1965
Konrad Adenauer, Reden 1917–1967. Eine Auswahl. Hrsgg. von Hans-Peter Schwarz, Stuttgart 1975
Rudolf Amelunxen, Ehrenmänner und Hexenmeister. Erlebnisse und Betrachtungen, München 1960
James Francis Byrnes, In aller Offenheit, Frankfurt 1949
Lucius D. Clay, Entscheidung in Deutschland, Frankfurt 1950
Walther L. Dorn, Inspektionsreisen in der US-Zone. Notizen, Denkschriften und Erinnerungen aus dem Nachlaß, übersetzt und herausgegeben von Lutz Niethammer, Stuttgart 1973
Hans Ehard, Bayerische Politik. Ansprachen und Reden des bayerischen Ministerpräsidenten, ausgew. u. eingeleitet von Karl Schwend, München 1952
Entscheidung für die SPD. Briefe und Aufzeichnungen linker Sozialisten 1944–1948, hrsgg. von Helga Grebing, München 1984
Ludwig Erhard, Deutsche Wirtschaftspolitik. Der Weg der Sozialen Marktwirtschaft, Düsseldorf und Frankfurt 1962
Ludwig Erhard, Wohlstand für alle. Bearb. von Wolfram Langer, Düsseldorf, Wien 1957
Ferdinand Friedensburg, Es ging um Deutschlands Einheit, Berlin 1971
Abraham Frowein. Erinnerungen an seine Tätigkeit im Deutschen Wirtschaftsrat bei der Britischen Kontrollkommission in München, hrsgg. und bearb. von Walter Vogel, Boppard 1968
Friedrich Glum, Zwischen Wissenschaft, Wirtschaft und Politik. Erlebtes und Erdachtes in vier Reichen, Bonn 1964
Wilhelm Hausenstein, Licht unter dem Horizont. Tagebücher von 1942 bis 1946, München 1967
Theodor Heuss, Lieber Dehler! Briefwechsel mit Thomas Dehler, hrsgg. u. kommentiert von Friedrich Henning, München 1983
Erwin Hielscher, Der Leidensweg der deutschen Währungsreform, München 1948
Wilhelm Hoegner, Der schwierige Außenseiter. Erinnerungen eines Abgeordneten, Emigranten und Ministerpräsidenten, München 1959
Frank Howley, Berlin Command, New York 1950
Wilhelm Kaisen, Meine Arbeit, mein Leben, München 1967
George F. Kennan, Memoiren eines Diplomaten. Memoirs 1925–1950, Stuttgart 1968

Heinrich Köhler, Lebenserinnerungen des Politikers und Staatsmannes 1878 bis 1949, unter Mitw. v. Franz Zilken hrsgg. von Josef Becker, Stuttgart 1964
Rolf Lahr, Zeuge von Fall und Aufstieg. Private Briefe 1934–1974, Hamburg 1981
Heinz Kühn, Aufbau und Bewährung. Die Jahre 1945–1978, Hamburg 1981
Lehrstücke in Solidarität. Briefe und Biographien deutscher Sozialisten 1945 bis 1949, hrsgg. von Helga Grebing u. a., Stuttgart 1983
Reinhold Maier, Ein Grundstein wird gelegt. Die Jahre 1945–1947, Tübingen 1964
Reinhold Maier, Erinnerungen 1948–1953, Tübingen 1966
Robert Murphy, Diplomat unter Kriegern, Berlin 1965
Hermann Pünder, Von Preußen nach Europa. Lebenserinnerungen, Stuttgart 1968
Carlo Schmid, Erinnerungen, Bern, München, Wien 1979
Kurt Schumacher, Reden und Schriften. Hrsgg. von Arno Scholz und Walther Georg Oschilewski, Berlin 1962
Theodor Spitta, Aus meinem Leben. Bürger und Bürgermeister in Bremen, München 1969
Theodor Steltzer, Sechzig Jahre Zeitgenosse, München 1966
Otto Suhr, Eine Auswahl aus Reden und Schriften. Mit einer biographischen Einleitung von Susanne Suhr, Tübingen 1967
Ludwig Vaubel, Zusammenbruch und Wiederaufbau. Ein Tagebuch aus der Wirtschaft 1945–1949, hrsgg. von Wolfgang Benz, München 1984

4. Literatur

Werner Abelshauser, Wirtschaft in Westdeutschland 1945–1948. Rekonstruktion und Wachstumsbedingungen in der amerikanischen und britischen Zone, Stuttgart 1975
Werner Abelshauser, Zur Entstehung der »Magnet-Theorie« in der Deutschlandpolitik. Ein Bericht von Hans Schlange-Schöningen über einen Staatsbesuch in Thüringen im Mai 1946, in: VfZ 27 (1979), S. 661–679
Hans Altendorf, SPD und Parlamentarischer Rat – Exemplarische Bereiche der Verfassungsdiskussion, in: Zeitschrift für Parlamentsfragen 10 (1978), S. 405–420
Gerold Ambrosius, Die Durchsetzung der Sozialen Marktwirtschaft in Westdeutschland 1945–1949, Stuttgart 1977
John H. Backer, Die deutschen Jahre des General Clay. Der Weg zur Bundesrepublik 1945–1949, München 1983
John H. Backer, Die Entscheidung zur Teilung Deutschlands. Amerikas Deutschlandpolitik 1943–1948, München 1981
Nicholas Balabkins, Germany under direct controls. Economic aspects of industrial disarmament, New Brunswick, N. J. 1964
Josef Becker, Theo Stammen, Peter Waldmann (Hrsg.), Vorgeschichte der Bundesrepublik Deutschland. Zwischen Kapitulation und Grundgesetz, München 1979

Gerhard Beier, Der Demonstrations- und Generalstreik vom 12. November 1948. Im Zusammenhang der parlamentarischen Entwicklung Westdeutschlands, Frankfurt 1975

Wolfgang Benz, Föderalistische Politik in der CDU/CSU. Die Verfassungsdiskussion im »Ellwanger Kreis« 1947/48, in: VfZ 25 (1977), S. 776–820

Wolfgang Benz, Die Gründung der Bundesrepublik. Von der Bizone zum souveränen Staat, München 1984

Wolfgang Benz (Hrsg.), Die Bundesrepublik Deutschland. Geschichte in drei Bänden. Politik. Gesellschaft. Kultur, Frankfurt 1983

Wolfgang Benz, Günter Plum und Werner Röder, Einheit der Nation. Diskussionen und Konzeptionen zur Deutschlandpolitik der großen Parteien seit 1945, Stuttgart 1978

Wolfgang Benz, Versuche zur Reform des öffentlichen Dienstes in Deutschland 1945–1952. Deutsche Opposition gegen alliierte Initiativen, in: VfZ 29 (1981), S. 216–245

Adolf M. Birke, Das konstruktive Mißtrauensvotum in den Verfassungsverhandlungen der Länder und des Bundes, in: Zeitschrift für Parlamentsfragen 8 (1977), S. 77–92

Dieter Johannes Blum, Das passive Wahlrecht der Angehörigen des öffentlichen Dienstes in Deutschland nach 1945 im Widerstreit britisch-amerikanischer und deutscher Vorstellungen und Interessen. Ein alliierter Versuch zur Reform des deutschen Beamtenwesens, Göppingen 1972

Dieter Blumenwitz, Klaus Gotto, Hans Maier, Konrad Repgen, Hans-Peter Schwarz (Hrsg.), Konrad Adenauer und seine Zeit. Politik und Persönlichkeit des ersten Bundeskanzlers. Stuttgart 1976
Bd. 1: Beiträge von Weg- und Zeitgenossen
Bd. 2: Beiträge der Wissenschaft

Willy Brandt und Richard Löwenthal, Ernst Reuter – ein Leben für die Freiheit. Eine politische Biographie, München 1957

Günter Buchstab, Klaus Gotto (Hrsg.), Die Gründung der Union. Traditionen, Entstehung und Repräsentanten, München, Wien 1981

Bundesrat (Hrsg.), Der Bundesrat als Verfassungsorgan und politische Kraft. Beiträge zum fünfundzwanzigjährigen Bestehen des Bundesrates der Bundesrepublik Deutschland, Bad Honnef/Darmstadt 1974

Werner Conze, Jakob Kaiser, Politiker zwischen Ost und West 1945–1949, Stuttgart 1969

W. Phillips Davison, Die Blockade von Berlin. Modellfall des Kalten Krieges, Frankfurt, Berlin 1959

Determinanten der westdeutschen Restauration 1945–1949 (Autorenkollektiv: E.-K. Huster, G. Kraiker, B. Scherer, F.-K. Schlotmann, M. Welteke), Frankfurt 1972

Ernst Deuerlein, Die Einheit Deutschlands. Ihre Erörterung und Behandlung auf den Kriegs- und Nachkriegskonferenzen 1941–1949. Darstellung und Dokumentation, Frankfurt, Berlin 1957

Klaus-Berto von Doemming, Rudolf Werner Füßlein, Werner Matz, Entstehungsgeschichte der Artikel des Grundgesetzes, Tübingen 1951 (Jahrbuch des öffentlichen Rechts der Gegenwart, Neue Folge Band 1)

Klaus Dreher, Der Weg zum Kanzler Adenauers Griff nach der Macht, Düsseldorf 1972

Klaus Dreher, Ein Kampf um Bonn, München 1979
Bernhard Diestelkamp, Rechts- und verfassungsgeschichtliche Probleme zur Frühgeschichte der Bundesrepublik Deutschland, in: Juristische Schulung 20 (1980), S. 401–405, 481–485, 790–796 und 21 (1981), S. 96–102, 409–413, 488–494
Annelies Dorendorf, Der Zonenbeirat der britisch besetzten Zone. Ein Rückblick auf seine Tätigkeit, Göttingen 1953
Lewis J. Edinger, Kurt Schumacher. Persönlichkeit und politisches Verhalten, Köln 1967
Ulrich Enders, Die Bodenreform in der amerikanischen Besatzungszone 1945 bis 1949 unter besonderer Berücksichtigung Bayerns, Ostfildern 1982
Theodor Eschenburg, Jahre der Besatzung 1945–1949, Stuttgart, Wiesbaden 1983
Theodor Eschenburg, Das Problem der Neugliederung der Deutschen Bundesrepublik dargestellt am Beispiel des Südweststaates, Frankfurt/M. 1950
Theodor Eschenburg, Regierung, Bürokratie und Parteien 1945–1949. Ihre Bedeutung für die politische Entwicklung der Bundesrepublik, in: VfZ 24 (1976), S. 58–74
Jürgen W. Falter, Kontinuität und Neubeginn. Die Bundestagswahl 1949 zwischen Weimar und Bonn, in: Polit. Vierteljahresschrift 22 (1981), S. 236–263
Michael Fichter, Besatzungsmacht und Gewerkschaften. Zur Entwicklung und Anwendung der US-Gewerkschaftspolitik in Deutschland 1944–1948, Opladen 1982
Marie Elise Foelz-Schroeter, Föderalistische Politik und nationale Repräsentation 1945–1947. Westdeutsche Länderregierungen, zonale Bürokratien und politische Parteien im Widerstreit, Stuttgart 1974
Josef Foschepoth, Die britische Deutschlandpolitik zwischen Jalta und Potsdam, in: VfZ 30 (1982), S. 675–714
Friedrich Karl Fromme, Von der Weimarer Verfassung zum Bonner Grundgesetz. Die verfassungspolitischen Folgerungen des Parlamentarischen Rates aus Weimarer Republik und nationalsozialistischer Diktatur, Tübingen 1960
John Gimbel, Amerikanische Besatzungspolitik in Deutschland 1945–1949, Frankfurt 1968
John Gimbel, Byrnes' Stuttgarter Rede und die amerikanische Nachkriegspolitik in Deutschland, in: VfZ 20 (1972), S. 39–62
John Gimbel, Byrnes und die Bizone – Eine amerikanische Entscheidung zur Teilung Deutschlands, in: W. Benz u. H. Graml (Hrsg.), Aspekte deutscher Außenpolitik im 20. Jahrhundert. Aufsätze Hans Rothfels zum Gedächtnis, Stuttgart 1976, S. 193–210
John Gimbel, The Origins of the Marshall Plan, Stanford, Cal. 1976
Hans-Jürgen Grabbe, Die deutsch-alliierte Kontroverse um den Grundgesetzentwurf im Frühjahr 1949, in: VfZ 26 (1978), S. 393–418
Hans-Jürgen Grabbe, Unionsparteien, Sozialdemokratie und Vereinigte Staaten von Amerika 1945–1966, Düsseldorf 1983
Hermann Graml, Die Alliierten und die Teilung Deutschlands. Konflikte und Entscheidungen 1941–1948, Frankfurt 1985
Hermann Graml, Zwischen Jalta und Potsdam. Zur amerikanischen Deutschlandplanung im Frühjahr 1945, in: VfZ 24 (1976), S. 308–323

Wilhelm Grewe, Ein Besatzungsstatut für Deutschland. Die Rechtsformen der Besetzung, Stuttgart 1948

Alfred Grosser, Geschichte Deutschlands seit 1945. Eine Bilanz, München 1979[7] (1. Aufl. u. d. T.: Deutschlandbilanz. Geschichte Deutschlands seit 1945)

Jörg Michael Gutscher, Die Entwicklung der FDP von ihren Anfängen bis 1961. Meisenheim/Glan 1967

Lia Härtel, Der Länderrat des amerikanischen Besatzungsgebietes, Stuttgart 1951

Klaus-Dietmar Henke, Politische Säuberung unter französischer Besetzung. Die Entnazifizierung in Württemberg-Hohenzollern, Stuttgart 1981

Klaus-Dietmar Henke, Politik der Widersprüche. Zur Charakteristik der französischen Militärregierung in Deutschland nach dem Zweiten Weltkrieg, in: VfZ 30 (1982), S. 500–537

Hans-Günther Hockerts, Sozialpolitische Entscheidungen im Nachkriegsdeutschland. Alliierte und deutsche Sozialversicherungspolitik 1945 bis 1957, Stuttgart 1980

Peter Hörter, Die Entstehung des Landes Hessen nach 1945. Unter bes. Berücksichtigung der Mitwirkung der Besatzungsmächte, 1 Phil. Diss. Würzburg 1968

Peter Hüttenberger, Nordrhein-Westfalen und die Entstehung seiner parlamentarischen Demokratie, Siegburg 1973

Friedrich Jerchow, Der Außenkurs der Mark 1944–1949, in: VfZ 30 (1982), S. 256–298

Friedrich Jerchow, Deutschland in der Weltwirtschaft. Alliierte Deutschland- und Reparationspolitik und die Anfänge der westdeutschen Außenwirtschaft, Düsseldorf 1978

Kurt Jürgensen, Die Gründung des Landes Schleswig-Holstein nach dem Zweiten Weltkrieg. Der Aufbau der demokratischen Ordnung in Schleswig-Holstein unter dem ersten Ministerpräsidenten Theodor Steltzer 1945–1947, Neumünster 1969

Christoph Kleßmann, Die doppelte Staatsgründung. Deutsche Geschichte 1945 bis 1955, Göttingen 1982

Christoph Kleßmann, Peter Friedemann, Streiks und Hungermärsche im Ruhrgebiet 1946–1948, Frankfurt, New York 1977

Kurt Klotzbach, Der Weg zur Staatspartei. Programmatik, praktische Politik und Organisation der deutschen Sozialdemokratie 1945 bis 1965, Berlin, Bonn 1982

Manfred Knapp (Hrsg.), Von der Bizonengründung zur ökonomisch-politischen Westintegration. Studien zum Verhältnis zwischen Außenpolitik und Außenwirtschaftsbeziehungen in der Entstehungsphase der Bundesrepublik Deutschland (1947–1952), Frankfurt 1984

Peter Jakob Kock, Bayerns Weg in die Bundesrepublik, Stuttgart 1983

Kommentar zum Bonner Grundgesetz (Bonner Kommentar), Hamburg 1950ff.

Eberhard Konstanzer, Die Entstehung des Landes Baden-Württemberg, Stuttgart 1969

Bernhard Koolen, Die wirtschafts- und gesellschaftspolitische Konzeption von Viktor Agartz zur Neuordnung der westdeutschen Nachkriegsgesellschaft, Köln 1979

Hans-Dieter Kreikamp, Die Entflechtung der I. G. Farbenindustrie A. G. und die Gründung der Nachfolgegesellschaften, in: VfZ 25 (1977), S. 220–251

Hans-Dieter Kreikamp, Die amerikanische Deutschlandpolitik im Herbst 1946 und die Byrnes-Rede in Stuttgart, in: VfZ 29 (1981), S. 269–285
Peter Kritzer, Wilhelm Hoegner. Politische Biographie eines bayerischen Sozialdemokraten, München 1979
Wolfgang Krüger, Entnazifiziert! Zur Praxis der politischen Säuberung in Nordrhein-Westfalen, Wuppertal 1982
Karl-Heinz Lamberty, Die Stellung der Liberalen zum Föderativen Staatsaufbau in der Entstehungsphase der Bundesrepublik Deutschland 1945–1949, Phil. Diss. Bonn 1983
Erhard H. M. Lange, Die Diskussion um die Stellung des Staatsoberhauptes 1945 bis 1949 mit besonderer Berücksichtigung der Erörterungen im Parlamentarischen Rat, in: VfZ 26 (1978), S. 501–651
Erhard H. M. Lange, Der Parlamentarische Rat und die Entstehung des ersten Bundestagswahlgesetzes, in: VfZ 20 (1972), S. 280–318
Erhard H. M. Lange, Entstehung des Grundgesetzes und Öffentlichkeit: Zustimmung erst nach Jahren, in: Zeitschrift für Parlamentsfragen 10 (1979), S. 378–404
Conrad F. Latour/Thilo Vogelsang, Okkupation und Wiederaufbau. Die Tätigkeit der Militärregierung in der amerikanischen Besatzungszone Deutschlands 1944–1947, Stuttgart 1973
Gerhard Leibholz, Strukturprobleme der modernen Demokratie, Karlsruhe 1958
Claus Leusser, Ministerpräsidentenkonferenzen seit 1945, in: Hanns Seidel (Hrsg.), Festschrift für Hans Ehard, München, 1957, S. 60–84
Richard Ley, Föderalismusdiskussion innerhalb der CDU/CSU von der Parteigründung bis zur Verabschiedung des Grundgesetzes, Mainz 1978
Richard Ley, Die Mitglieder des Parlamentarischen Rates. Ihre Wahl, Zugehörigkeit zu Parlamenten und Regierungen, in: Zeitschrift für Parlamentsfragen 4 (1973), S. 373–391
Richard Ley, Organisation und Geschäftsordnung des Parlamentarischen Rates, in: Zeitschrift für Parlamentsfragen 6 (1975), S. 192–202
Werner Link, Der Marshallplan und Deutschland, in: aus politik und zeitgeschichte 30 (1980), B 50, S. 3–18
Karl Loewenstein, Verfassungsrecht und Verfassungsrealität, Beiträge zur Ontologie der Verfassungen (1952), in: Archiv des öffentlichen Rechts 77 (1951/52), S. 387–435
Wilfried Loth, Die Teilung der Welt. Geschichte des Kalten Krieges 1941–1955, München 1980
Jess Lukomski, Ludwig Erhard. Der Mensch und der Politiker, Düsseldorf, Wien 1965
Mathias Manz, Stagnation und Aufschwung in der französischen Besatzungszone 1945 bis 1948, Mannheim 1968
Wolfgang Marienfeld, Konferenzen über Deutschland. Die alliierte Deutschlandplanung und -politik 1941–1949, Hannover 1962
Udo Mayer, Gerhard Stuby (Hrsg.), Die Entstehung des Grundgesetzes. Beiträge und Dokumente, Köln 1976
Charles L. Mee jun., Die Teilung der Beute. Die Potsdamer Konferenz 1945, Wien, München, Zürich, Innsbruck 1977
Peter H. Merkel, Die Entstehung der Bundesrepublik Deutschland, Stuttgart 1965

Hermann Meyn, Die Deutsche Partei. Entwicklung und Problematik einer national-konservativen Rechtspartei nach 1945, Düsseldorf 1965
Alf Mintzel, Die CSU. Anatomie einer konservativen Partei 1945–1972, Opladen 1975
Hans Möller, Die westdeutsche Währungsreform von 1948, in: Währung und Wirtschaft in Deutschland 1876–1975. Hrsg.: Deutsche Bundesbank, Frankfurt 1976, S. 433–483
Hans Möller, Zur Vorgeschichte der Deutschen Mark. Die Währungsreformpläne 1945–1948, Basel, Tübingen 1961
Rudolf Morsey (Hrsg.), Konrad Adenauer und die Gründung der Bundesrepublik Deutschland (Rhöndorfer Gespräche 3), Stuttgart, Zürich 1979
Rudolf Morsey, Zwischen Bayern und der Bundesrepublik. Die politische Rolle des bayerischen Ministerpräsidenten Hans Ehard 1946–49, in: Juristenzeitung 36 (1981), S. 361–370
Rudolf Morsey, Entscheidung für den Westen. Die Rolle der Ministerpräsidenten in den drei Westzonen im Vorfeld der Bundesrepublik Deutschland 1947–1949, in: Westfälische Forschungen 26 (1974), S. 1–24
Rudolf Morsey, Personal- und Beamtenpolitik im Übergang von der Bizonen- zur Bundesverwaltung (1947–1950). Kontinuität oder Neubeginn? in: Rudolf Morsey (Hrsg.), Verwaltungsgeschichte. Aufgaben, Zielsetzungen, Beispiele, Berlin 1977, S. 191–238
Rudolf Morsey, Die Entstehung des Bundesrats im Parlamentarischen Rat, in: Der Bundesrat als Verfassungsorgan und politische Kraft, Bad Honnef/Darmstadt 1974, S. 63–77
Rudolf Morsey, Die Rolle Konrad Adenauers im Parlamentarischen Rat, in: VfZ 18 (1970), S. 62–94
Rudolf Morsey, Die Rhöndorfer Weichenstellung vom 21. August 1949. Neue Quellen zur Vorgeschichte der Koalitions- und Regierungsbildung nach der Wahl zum ersten Deutschen Bundestag, in: VfZ 28 (1980), S. 508–542
Günter Müchler, CDU/CSU. Das schwierige Bündnis, München 1976
Georg Müller, Die Grundlegung der westdeutschen Wirtschaftsordnung im Frankfurter Wirtschaftsrat 1947–1949, Frankfurt 1982
Wolf-Dieter Narr, CDU–SPD. Programm und Praxis seit 1945, Stuttgart 1966
Wolf-Dieter Narr und Dietrich Thränhardt (Hrsg.), Die Bundesrepublik Deutschland. Entstehung. Entwicklung. Struktur, Königstein/Ts. 1979
Karlheinz Niclauß, Demokratiegründung in Westdeutschland. Die Entstehung der Bundesrepublik von 1945–1949, München 1974
Lutz Niethammer, Entnazifizierung in Bayern. Säuberung und Rehabilitierung unter amerikanischer Besatzung, Frankfurt 1972 (Neuaufl. u. d. T.: Die Mitläuferfabrik, Berlin, Bonn 1982)
Lutz Niethammer (Hrsg.), »Hinterher merkt man, daß es richtig war, daß es schiefgegangen ist.« Nachkriegs-Erfahrungen im Ruhrgebiet, Berlin, Bonn 1983
Lutz Niethammer, Zum Verhältnis von Reform und Rekonstruktion in der US-Zone am Beispiel der Neuordnung des öffentlichen Dienstes, in: VfZ 21 (1973), S. 177–188
Ernst Nolte, Deutschland und der Kalte Krieg, München 1974
Volker Otto, Das Staatsverständnis des Parlamentarischen Rates. Ein Beitrag zur Entstehungsgeschichte des Grundgesetzes für die Bundesrepublik Deutschland, Düsseldorf 1971

Manfred Overesch, Die gesamtdeutsche Konferenz der Erziehungsminister in Stuttgart am 19./20. Februar 1948, in: VfZ 28 (1980), S. 248–285
Manfred Overesch, Die Reise des Generalsekretärs des Länderrats Roßmann in die Ostzone vom 15. bis 20. Mai 1947, in: VfZ 23 (1975), S. 454–466
Anton Pfeiffer, Vom Werden einer Verfassung, in: Die öffentliche Verwaltung 1 (1948), S. 49–51 und 89–93
Eberhard Pikart, Auf dem Weg zum Grundgesetz, in: R. Löwenthal, H.-P. Schwarz (Hrsg.), Die zweite Republik. 25 Jahre Bundesrepublik Deutschland – eine Bilanz, Stuttgart 1974, S. 149–176
Falk Pingel, »Die Russen am Rhein?« Zur Wende der britischen Besatzungspolitik im Frühjahr 1946, in: VfZ 30 (1982), S. 98–116
Heribert Piontkowitz, Anfänge westdeutscher Außenpolitik 1946–1949, Das Deutsche Büro für Friedensfragen, Stuttgart 1978
Theo Pirker, Die blinde Macht. Die Gewerkschaftsbewegung in Westdeutschland, 2 Bände, München 1960
Theo Pirker, Die verordnete Demokratie. Grundlagen und Erscheinungen der »Restauration«, Berlin 1977
Elmer Plischke, The Allied High Commission for Germany, Bad Godesberg 1953
Manfred Pohl, Wiederaufbau. Kunst und Technik der Finanzierung 1947–1953. Die ersten Jahre der Kreditanstalt für Wiederaufbau, Frankfurt 1973
Heinrich Potthoff, Rüdiger Wenzel (Bearb.), Handbuch politischer Institutionen und Organisationen 1945–1949, Düsseldorf 1983
Tilman Pünder, Das Bizonale Interregnum. Die Geschichte des Vereinigten Wirtschaftsgebiets 1946–1949, Rastatt 1966
Hans Roeper, Die D-Mark. Vom Besatzungskind zum Weltstar. Eine deutsche Wirtschaftsgeschichte der Gegenwart, Frankfurt 1978
Peter G. Rogge, Die amerikanische Hilfe für West-Berlin. Von der deutschen Kapitulation bis zur westdeutschen Souveränität, Tübingen 1959
Karl-Heinz Rothenberger, Die Hungerjahre nach dem Zweiten Weltkrieg. Ernährungs- und Landwirtschaft in Rheinland-Pfalz 1945–1950, Boppard 1980
Siegmar Rothstein, Die Londoner Sechsmächtekonferenz 1948 und ihre Bedeutung für die Gründung der BRD, Jur. Diss. Freiburg 1968
Siegmar Rothstein, Gab es eine Alternative? Zur Vorgeschichte der Gründung der Bundesrepublik Deutschland, in: aus politik und zeitgeschichte 19 (1969), B 20, S. 3–61
Wolfgang Rudzio, Die Neuordnung des Kommunalwesens in der Britischen Zone. Zur Demokratisierung und Dezentralisierung der politischen Struktur. Eine britische Reform und ihr Ausgang, Stuttgart 1968
Paul Sauer, Demokratischer Neubeginn in Not und Elend. Das Land Württemberg-Baden von 1945–1952, Ulm 1978
Claus Scharf/Hans-Jürgen Schröder (Hrsg.), Die Deutschlandpolitik Großbritanniens und die britische Zone 1945–1949, Wiesbaden 1979
Claus Scharf/Hans-Jürgen Schröder (Hrsg.), Die Deutschlandpolitik Frankreichs und die Französische Zone 1945–1949, Wiesbaden 1983
Jens van Scherpenberg, Öffentliche Finanzwirtschaft in Westdeutschland 1944 bis 1948. Steuer- und Haushaltswesen in der Schlußphase des Krieges und den unmittelbaren Nachkriegsjahren dargestellt unter besonderer Berücksichtigung der Entwicklung in der britischen Zone, Rer. pol. Diss. München 1982

Eberhard Schmidt, Die verhinderte Neuordnung 1945–1952. Zur Auseinandersetzung um die Demokratisierung der Wirtschaft in den westlichen Besatzungszonen und in der Bundesrepublik Deutschland, Frankfurt 1970

Ute Schmidt, Tilman Fichter, Der erzwungene Kapitalismus. Klassenkämpfe in den Westzonen 1945–1948, Berlin 1971

Gerhard Schröder, Alfred Müller-Armack, Karl Hohmann, Johannes Gross, Rüdiger Altmann (Hrsg.), Ludwig Erhard. Beiträge zu seiner politischen Biographie. Festschrift zum 75. Geburtstag, Frankfurt 1972

Dieter Schuster, Die deutschen Gewerkschaften seit 1945, Stuttgart 1974

Hans-Peter Schwarz, Vom Reich zur Bundesrepublik. Deutschland im Widerstreit der außenpolitischen Konzeptionen in den Jahren der Besatzungsherrschaft 1945–1949, Stuttgart 1980[2]

Jean E. Smith, Der Weg ins Dilemma. Preisgabe und Verteidigung der Stadt Berlin, Berlin 1965

Werner Sörgel, Konsensus und Interessen. Eine Studie zur Entstehung des Grundgesetzes für die Bundesrepublik Deutschland, Stuttgart 1969

Bernd Steger, Konstruktionsfehler der bizonalen »Verfassung«. Vorschläge Edmund Kaufmanns zur Überwindung struktureller Mängel des Vereinigten Wirtschaftsgebiets 1947/48, in: VfZ 29 (1981), S. 286–304

Rolf Steininger, Reform und Realität. Ruhrfrage und Sozialisierung in der angloamerikanischen Deutschlandpolitik, in: VfZ 27 (1979), S. 167–240

Rolf Steininger, Die britische Deutschlandpolitik in den Jahren 1945/46, in: aus politik und zeitgeschichte 32 (1982), B 1–2, S. 28–47

Michael Stolleis, Rechtsordnung und Justizpolitik 1945–1949, in: Europäisches Rechtsdenken in Geschichte und Gegenwart. Festschrift für Helmut Coing zum 70. Geburtstag, hrsgg. von Norbert Horn, München 1982, Bd. 1, S. 383–407

Gudrun Stoltenberg, Das Wahlsystem zum ersten Bundestag. Funktion und Bedeutung des Parlamentarischen Rats, Phil. Diss. Heidelberg 1970

Walter Strauß, Entwicklung und Aufbau des Vereinigten Wirtschaftsgebiets, Heidelberg 1948

Walter Strauß, Die gesamtdeutsche Aufgabe der Ministerpräsidenten während des Interregnums 1945–1949, in: Hanns Seidel (Hrsg.), Festschrift zum 70. Geburtstag von Hans Ehard, München 1957, S. 85–96

Günter J. Trittel, Die Bodenreform in der Britischen Zone 1945–1949, Stuttgart 1975

Rudolf Uertz, Christentum und Sozialismus in der frühen CDU. Grundlagen und Wirkungen der christlich-sozialen Ideen in der Union 1945–1949, Stuttgart 1981

Ilse Unger, Die Bayernpartei. Geschichte und Struktur 1945–1957, Stuttgart 1979

Walter Vogel, Westdeutschland 1945–1950. Der Aufbau von Verfassungs- und Verwaltungseinrichtungen über den Ländern der drei westlichen Besatzungszonen. 3 Teile, Koblenz 1956, Boppard 1964, Boppard 1983

Walter Vogel, Organisatorische Bemühungen und die Rechtseinheit in den westlichen Besatzungszonen Deutschlands 1945–1948, in: Heinz Boberach und Hans Booms (Hrsg.), Aus der Arbeit des Bundesarchivs. Beiträge zum Archivwesen, zur Quellenkunde und Zeitgeschichte, Boppard 1977, S. 456–479

Thilo Vogelsang, Die Bemühungen um eine deutsche Zentralverwaltung 1945/46, in: VfZ 18 (1970), S. 510–528

Thilo Vogelsang, Koblenz, Berlin und Rüdesheim. Die Option für den westdeutschen Staat im Juli 1948, in: Festschrift für Hermann Heimpel zum 70. Geburtstag, Erster Band, Göttingen 1971, S. 161–179
Thilo Vogelsang, Das geteilte Deutschland, München 1980[10]
Thilo Vogelsang, Hinrich Wilhelm Kopf und Niedersachsen, Hannover 1963
Eckhard Wandel, Die Entstehung der Bank deutscher Länder und die deutsche Währungsreform 1948. Die Rekonstruktion des westdeutschen Geld- und Währungssystems 1945–1949 unter Berücksichtigung der amerikanischen Besatzungspolitik, Frankfurt 1980
Werner Weber, Spannungen und Kräfte im westdeutschen Verfassungssystem, Stuttgart 1958[2]
Christoph Weisz, Organisation und Ideologie der Landwirtschaft 1945–1949, in: VfZ 21 (1973), S. 192–199
Christoph Weisz, Deutsche Überlegungen zur Bildung der Bizone. Erich Roßmanns Reise in die britische Zone im August 1946, in: VfZ 22 (1974), S. 204–225
Udo Wengst (Bearb.), Staatsaufbau und Regierungspraxis 1948–1953. Zur Geschichte der Verfassungsorgane der Bundesrepublik Deutschland, Düsseldorf 1983
Westdeutschlands Weg zur Bundesrepublik 1945–1949. Beiträge von Mitarbeitern des Instituts für Zeitgeschichte, München 1976
F. Roy Willis, The French in Germany 1945–1949, Stanford, Cal. 1968[2]
Heinrich August Winkler (Hrsg.), Politische Weichenstellungen im Nachkriegsdeutschland 1945–1953, Göttingen 1979 (Geschichte und Gesellschaft. Sonderheft)
Hans-Josef Wollasch, Humanitäre Auslandshilfe für Deutschland nach dem Zweiten Weltkrieg. Darstellung und Dokumentation kirchlicher und nichtkirchlicher Hilfen, Freiburg im Breisgau 1976
Hans Woller, Die Loritz-Partei. Geschichte. Struktur und Politik der Wirtschaftlichen Aufbau-Vereinigung (WAV) 1945–1955, Stuttgart 1982
Christine van Wylick, Das Besatzungsstatut – Entstehung, Revision, Wandel und Ablösung des Besatzungsstatuts, Jur. Diss. Köln 1956
Daniel Yergin, Der zerbrochene Frieden. Der Ursprung des Kalten Krieges und die Teilung Europas, Frankfurt 1977

Personenregister

Sachregister